W0350006

Die nackte Eva

DESMOND MORRIS

Die nackte Eva

Ins Deutsche übertragen
von Jochen Winter

HEYNE

Die Originalausgabe erschien 2004 unter dem Titel
The Naked Woman
im Verlag Jonathan Cape, London

Umwelthinweis:
Dieses Buch wurde auf chlor-
und säurefreiem Papier gedruckt

Copyright © 2004 by Desmond Morris
Copyright © der deutschsprachigen Ausgabe
by Wilhelm Heyne Verlag, München,
in der Verlagsgruppe Random House GmbH
Umschlaggestaltung: Hauptmann und Kampa
Werbeagentur, München-Zürich
Umschlagfoto: Brett Heathcote, Leicester
Gesetzt aus der Simoncini Garamond
bei Leingärtner, Nabburg
Bildteil: RMO, München
Druck und Bindung: RMO, München
Printed in Germany

ISBN 3-453-12006-x
www.heyne.de

INHALT

EINLEITUNG

Dieses Buch nimmt den Leser mit auf eine Art Entdeckungsreise. Erkundet und erklärt werden soll der weibliche Körper mit seinen vielen ungewöhnlichen Merkmalen. Was Sie in Händen halten, ist jedoch weder eine medizinische Abhandlung noch eine psychologische Analyse, sondern die Darstellung eines Zoologen – ein bewunderndes Porträt, das die Frauen so darstellt, wie sie sich in der realen Welt, in ihrer natürlichen Umgebung zeigen.

Der weibliche Mensch hat im Laufe seiner biologischen Entwicklung dramatische Veränderungen erfahren – weitaus mehr als der männliche. Er hat zahlreiche weibliche Eigenschaften der anderen Primaten hinter sich gelassen und ist – in Gestalt der modernen Frau – zu einem einzigartigen Wesen in einer außergewöhnlichen Spezies geworden.

Jede Frau hat einen schönen Körper – das großartige Endergebnis einer Jahrmillionen währenden Evolution. Dieser Körper ist reich an erstaunlichen Anpassungen und subtilen Verfeinerungen, die ihn zum bemerkenswertesten Organismus auf unserem Planeten machen. Ungeachtet dessen haben menschliche Gesellschaften zu verschiedenen Zeiten und an verschiedenen Orten den Versuch unternommen, die Natur zu übertreffen, indem sie den weiblichen Körper auf ganz unterschiedliche Weise veränderten und verschönerten. Einige dieser kulturellen Ausprägungen waren angenehm, andere schmerzhaft, doch alle zielten darauf ab, die Frau noch schöner werden zu lassen, als sie es ohnehin schon ist.

Die jeweiligen Schönheitsideale wichen extrem voneinander ab, und jede menschliche Gesellschaft hat ihre eigenen Vorstellungen davon entwickelt, was anziehend auf sie wirkt. Manche Kulturen bevorzugen schlanke Figuren, andere eher runde Formen; einige schätzen kleine, andere große Brüste; manche mögen strahlend weiße, andere abgefeilte Zähne; diese haben ein Faible für kahl geschorene Schädel, jene lieben geradezu abgöttisch langes, wallendes Haar. Selbst innerhalb der westlichen Kultur gab und gibt es auffällige Unterschiede, die von der launenhaften Welt der Mode und deren ständig wechselnden Prioritäten abhängig sind.

Folglich erklärt jedes Kapitel – als Station auf unserer Reise vom Kopf bis zum Zeh – nicht nur die aufregenden biologischen Merkmale, die alle Frauen aufweisen, sondern erörtert auch die zahlreichen Verfahren, mit denen diese überhöht oder unterdrückt, vergrößert oder verkleinert wurden. So entsteht ein abgerundetes Bild des faszinierendsten Gegenstands, den es überhaupt gibt – der nackten Eva.

Das vorliegende Buch spiegelt meine persönliche lebenslange Faszination von diesem Thema wider: Entwicklung und Status der Frau. Deshalb drehte ich vor einigen Jahren für das amerikanische Fernsehen eine Serie mit dem Titel *The Human Sexes*, in der ich einige wesentliche Aspekte der Beziehung zwischen Mann und Frau rund um den Globus untersuchte. Doch je weiter die Reise mich führte, desto unruhiger und wütender machte mich die Diskriminierung von Frauen in vielen Ländern. Trotz aller Fortschritte dank der feministischen Rebellion im Westen leben in anderen Teilen der Welt noch immer Frauen, die als »Eigentum« der Männer und minderwertige Mitglieder der Gesellschaft gelten. Für sie hat die feministische Bewegung schlicht und ergreifend nicht stattgefunden.

Der Zoologe in mir, der die Evolution des Menschen studiert, kann diese Tendenz zur männlichen Vorherrschaft einfach nicht in Einklang bringen mit der Entwicklung des *Homo sapiens* über mehrere Millionen Jahre. Unser Erfolg als Spezies geht in erster Linie auf die Arbeitsteilung zwischen Männern und Frauen zurück, wobei die Männer sich auf die Jagd verlegten und dazu spezielle Fertigkeiten ausbildeten. In kleinen Stammesgemeinschaften hatte dies zur Folge, dass die Frauen in Abwesenheit der Männer im Mittelpunkt des sozialen Lebens standen, dass sie Nahrung sammelten und zubereiteten, Kinder großzogen und gewöhnlich auch das Miteinander innerhalb der Gruppe regelten. Während die Männer bei ihrer einen äußerst wichtigen Aufgabe immer besser wurden, verstanden sich die Frauen immer besser darauf, mit mehreren Problemen gleichzeitig fertig zu werden. (Dieser Geschlechtsunterschied gilt noch heute.) Niemals ging es jedoch darum, dass das eine Geschlecht das andere beherrschte. Um des Überlebens willen waren beide ganz und gar aufeinander angewiesen. Zwischen ihnen bestand ein ursprüngliches Gleichgewicht – sie waren verschieden und doch gleich.

Dieses Gleichgewicht ging allmählich verloren, als die Bevölkerungszahl wuchs, Dörfer und Städte gebaut und die Stammesangehörigen zu Bürgern wurden. Hierbei spielte die Religion, das Zentrum der menschlichen Gesellschaften, eine bedeutende Rolle. Im Altertum war die höchste Gottheit stets eine Frau, doch als dann die Verstädterung weiter zunahm, machte sie eine verhängnisvolle Geschlechtsumwandlung durch – dabei wurde, überspitzt ausgedrückt, aus der gütigen Muttergottheit der autoritäre Gottvater. Mit Hilfe eines rachsüchtigen männlichen Gottes, der ihnen gleichsam Rückendeckung bot, haben skrupellose heilige Männer durch die Zeiten hindurch sowohl ihre eigene, von Wohlstand begleitete Sicherheit als auch den höheren Sozialstatus der Männer im Allgemeinen gewährleistet – auf Kosten der Frauen, die auf ein niedriges soziales Niveau absanken, das von ihrem evolutionären Geburtsrecht weit entfernt war. Eben dieses angeborene Recht haben die Frauenrechtlerinnen und später die Feministinnen zurückzugewinnen versucht. Es mag vielleicht so aussehen, als forderten diese Frauen etwas Neues: neue soziale Achtung und neue Rechte; doch im Grunde wollen sie lediglich ihre angestammte, ursprüngliche Rolle wiedererlangen. Im abendländischen Kulturraum ist ihnen das zum großen Teil geglückt, doch anderswo setzt sich die Unterwerfung der Frauen unvermindert fort.

Nach Beendigung der Serie *The Human Sexes* hatte mich das Thema mehr und mehr gefangen genommen. Und als dann eine revidierte Neuausgabe meines 1986 erschienenen Buches *Bodywatching* (Deutsche Fassung: *Körpersignale. Bodywatching*, Wilhelm Heyne Verlag 1986) anstand, beschloss ich, das neue Buch allein auf den weiblichen Körper zu beschränken, statt dem ursprünglichen Muster von *Bodywatching* zu folgen und beide Geschlechter zu behandeln. In *Bodywatching* hatte ich den menschlichen Körper vom Kopf bis zum Zeh untersucht und die Körperteile der Reihe nach unter die Lupe genommen. Dieses Schema wurde im vorliegenden Buch beibehalten, sodass der Leser gewissermaßen einen anatomischen Rundgang macht – vom Kopf bis zum Zeh oder, genauer, vom Haar bis zu den Füßen. Einige wenige Passagen des vorliegenden Buches sind aus *Bodywatching* übernommen, doch ist *Die nackte Eva*, obwohl es zunächst nur um die Überarbeitung eines früheren Buches ging, schließlich zu einem fast gänzlich neuen Werk geworden.

In jedem Kapitel erläutere ich zunächst die allen Frauen gemeinsamen biologischen Aspekte des betreffenden Körperteils und gehe dann zu den vielfältigen Methoden über, nach denen unterschiedliche Gesellschaften diese biologischen Eigenschaften verändert haben. Es war eine fesselnde Entdeckungsreise, an deren Ende ein großer, unerfüllbarer Wunsch in mir zurückbleibt: Hätte ich doch all das, was ich heute dank der Niederschrift des Buches über die Komplexität der weiblichen Gestalt weiß, schon damals gewusst, als ich achtzehn war!

1. DIE EVOLUTION

Für den Zoologen sind Menschen schwanzlose Affen mit einem sehr großen Gehirn. Ihr verblüffendstes Merkmal besteht ganz einfach in ihrem unglaublichen Erfolg. Während andere Affen an ihren letzten Zufluchtsorten hocken und auf die Ankunft der Kettensäge warten, haben die sechs Milliarden Menschen fast den ganzen Globus heimgesucht und sich – wie riesige, in Massen einfallende Heuschrecken – so weit und so schnell ausgebreitet, dass die Erdoberfläche dramatisch verändert wurde.

Das Geheimnis ihres Erfolgs ist ihre Fähigkeit, in immer größeren Populationen zu leben, sich auch bei höchster Bevölkerungsdichte an die Belastungen des Lebens anzupassen und sich unter Bedingungen zu vermehren, die jeder andere Affe als unerträglich empfände. Verbunden mit dieser Fähigkeit ist eine unstillbare Neugier, die sie unaufhörlich antreibt, neue Herausforderungen zu suchen.

Die wundersame Verbindung aus freundschaftlicher Gesinnung und Neugier wurde ermöglicht durch einen als *Neotenie* (Entwicklungsverzögerung) bezeichneten evolutionären Prozess, der dafür sorgte, dass Menschen jugendliche Charakterzüge ins spätere Leben übernehmen. Andere Tiere sind in ihrer Jugend verspielt, verlieren jedoch diese Eigenschaft, sobald sie heranreifen. Die Menschen bleiben ihr ganzes Leben lang verspielt – sie sind die Peter-Pan-Spezies, die nie erwachsen wird. Natürlich, im Erwachsenenalter geben sie dem Spiel unterschiedliche Namen, nennen es Kunst oder Forschung, Sport oder Philosophie, Musik oder Dichtung, Reise oder Unterhaltung. Doch wie die Spiele in der Kindheit umfassen alle derartigen Tätigkeiten Erfindungsgabe, Risikobereitschaft, Forschergeist und Kreativität. Gerade diese Tätigkeiten haben uns zu den Menschen gemacht, die wir sind.

Männer und Frauen sind dieser Entwicklungstendenz nicht ganz in derselben Weise gefolgt. Beide Geschlechter haben zwar eine lange Strecke auf dem Weg des »kindlichen Erwachsenen« gemeinsam zurückgelegt, dabei aber in leicht unterschiedlichem Tempo bestimmte Wesensmerkmale jeweils stärker ausgebildet. Männer sind ein wenig kindlicher in ihrem Verhalten, Frauen in ihrer Anatomie. Das soll an einigen Beispielen veranschaulicht werden.

Im Alter von dreißig Jahren neigen Männer im Durchschnitt fünfzehn Mal mehr zu Unfällen als Frauen. Dem ist so, weil Männer die im Kinderspiel vorhandene Risikobereitschaft in höherem Maße beibehalten als Frauen. Obwohl diese Eigenschaft Männer häufig in Schwierigkeiten bringt, war sie in Urzeiten äußerst nützlich, denn um erfolgreiche Jäger zu sein, mussten die Männer Wagnisse eingehen. Urzeitliche Frauen waren zu wertvoll, um bei der Jagd aufs Spiel gesetzt zu werden. Die männlichen Stammesangehörigen hingegen waren entbehrlich, also entwickelten sie das spezielle Vermögen, Risiken auf sich zu nehmen. Wenn dabei einige von ihnen ums Leben kamen, wurde die Fähigkeit zur Fortpflanzung innerhalb der kleinen Stämme nicht gemindert, doch wenn einige Frauen starben, war die Geburtenrate sofort bedroht. In diesem Zusammenhang muss man sich vergegenwärtigen, dass in Urzeiten nur wenige Menschen auf der Erde lebten, sodass die Geburtenraten außerordentlich wichtig waren.

Es gibt mehr männliche als weibliche Erfinder. Das Risiko erforderte nicht nur körperliche Kraft, sondern auch geistige Fähigkeiten. Jede Neuerung setzt ein Wagnis voraus – man muss etwas Unbekanntes ausprobieren, anstatt auf bewährte, allgemein anerkannte Traditionen zu vertrauen. Frauen hingegen mussten vorsichtig sein. In ihrer damaligen Rolle als Mittelpunkt der Stammesgesellschaft, verantwortlich für fast alle Bereiche mit Ausnahme der Jagd, konnten sie es sich nicht leisten, folgenschwere Fehler zu machen. Im Laufe der Evolution verstanden sie es immer besser, mehrere Dinge gleichzeitig zu tun; sie wurden zu redegewandteren Übermittlerinnen verbaler Botschaften; ihr Geruchs-, Gehör- und Tastsinn sowie ihre Farbwahrnehmung waren denen der Männer überlegen; sie erwarben ausgeprägtere Fertigkeiten in der Kinderpflege, entwickelten sich zum einfühlsameren Elternteil; außerdem wurden sie widerstandsfähiger gegen Krankheiten – ihre Gesundheit als Mütter war von höchstem Wert.

All diese Aspekte bewirkten Unterschiede zwischen männlichem und weiblichem Gehirn, wodurch mehr Eigenschaften des »kleinen Jungen« bei Männern erhalten blieben als Eigenschaften des »kleinen Mädchens« bei Frauen. Männer wurden einfallsreicher und manchmal pervers. Frauen wurden sensibler und fürsorglicher. Diese Unterschiede stimmten mit den jeweiligen Rollen in der Gesellschaft überein. Diese ergänzten einander, und ihre Kombination verhieß Erfolg.

Auf der körperlichen Ebene verlief die Entwicklung ziemlich anders. Aufgrund der neuen Arbeitsteilung, die sich allmählich herauskristallisierte, mussten Männer für die Jagd körperlich stärker und athletischer sein. Der männliche Körper enthält durchschnittlich 28 Kilogramm Muskelmasse, der weibliche dagegen nur 15 Kilogramm. Der typische männliche Körper ist um 30 Prozent stärker, 10 Prozent schwerer und 7 Prozent größer als der typische weibliche Körper. Dieser wiederum, der für die Fortpflanzung so wichtig ist, musste besser geschützt sein gegen das Verhungern. Infolgedessen enthält der kurvenreiche Körper der Frau im Durchschnitt 25 Prozent Fett, während der des sehnigen Mannes nur 12,5 Prozent aufweist.

Dieser höhere Anteil an aufgespeichertem »Babyspeck« bei der erwachsenen Frau war ein stark infantiles Merkmal, dem sich zahlreiche weitere jugendliche Eigenschaften anschlossen, die ihr ebenfalls dienlich waren. Erwachsene Männer waren von der Evolution darauf festgelegt worden, ihre Kinder in besonderer Weise zu schützen. Um zu gedeihen, benötigte die nur langsam heranwachsende Nachkommenschaft den Beistand beider Elternteile. Die väterlichen Reaktionen auf die rundlichen, in Speck gehüllten Körper der Babys waren so überschwänglich, dass sie von den Partnerinnen ausgenutzt werden konnten. Das heißt, je mehr körperliche Eigenschaften des Babys die Frauen an den Tag legten, desto fürsorglichere Reaktionen riefen sie in ihren Gefährten hervor.

Das hatte zur Folge, dass die Stimmen der erwachsenen Frauen in einer höheren Tonlage blieben als die der Männer. Tiefe männliche Stimmen haben eine Frequenz von 130–145 Hz, bei weiblichen Stimmen liegt sie zwischen 230 und 255 Hz. Mit anderen Worten: Frauen bewahrten eher kindliche Stimmen. Außerdem behielten sie mehr jugendliche Gesichtszüge und – am deutlichsten sichtbar – ihr kindliches Behaarungsmuster bei. Während heranwachsende Männer buschigere Augenbrauen, Haare am Kinn, in der Nase und auf der Brust bekamen und ihnen Schnurr- und Backenbärte wuchsen, behielten die Frauen ihre glatten, feinknochigeren Babygesichter.

Zusammenfassend kann man also feststellen: Während beide menschliche Geschlechter den evolutionären Weg in Richtung einer immer ausgeprägteren Neotenie gemeinsam gingen, *verhielten sich* die Männer mehr und mehr in kindlicher Weise, wobei sie weniger körperliche Veränderungen durchliefen, während die Frauen mehr und mehr kindliche Körpermerkmale *entwickelten*, dabei aber weniger kindliche Eigenschaften im Geistigen aufwiesen.

Hinsichtlich der genannten Unterschiede zwischen Männern und Frauen darf man jedoch keinesfalls vergessen, dass beide Geschlechter des Menschen in jeder Hinsicht hundert Mal stärker durch Neotenie bestimmt sind als die Geschlechter anderer Spezies. Die Unterschiede zwischen Männern und Frauen sind sehr real und sehr interessant, doch letztlich bleiben sie geringfügig. Ich habe ihnen hier nur deshalb besondere Beachtung geschenkt, weil es wichtig ist, von Anfang an zu betonen, dass bei den Menschen der weibliche Körper vielfach weiter entwickelt – und damit auch neotenischer – ist als der männliche. Diese Einsicht hilft uns, zahlreiche Eigenschaften der weiblichen Anatomie zu klären, auf die wir im Verlauf unserer Entdeckungsreise von Kopf bis Fuß stoßen werden. Doch lässt sich damit natürlich nicht alles erklären, da es in der weiblichen Anatomie viele ganz spezielle evolutionäre Entwicklungen gab, zumal in den Bereichen der Fortpflanzung und der Sexualität – Entwicklungen, die den Körper der Frau zu einem äußerst komplexen und höchst raffinierten Organismus machen. Diesen wollen wir uns nun vor Augen führen ...

2. DAS HAAR

Es gibt heute kaum eine Frau, die ihr Haar so wachsen lässt, wie die Natur es beabsichtigte. Wenn sie es dennoch täte, hätte sie am Ende eine Mähne, die bis zu den Knien reichte, oder, im Fall einer dunkelhäutigen Frau, einen riesigen wolligen Busch, der ihren Schädel beherrschte. Die Frage, wie unsere fernen Urahnen es schafften, diese überbordende Haarfülle in den Griff zu bekommen, ehe Messer, Scheren, Kämme und andere Utensilien zur Haarpflege erfunden waren, wird von den Anthropologen immer ausgespart – vielleicht, weil sie darauf keine Antwort wissen. Wenn prähistorische Menschen in Büchern beschrieben werden, stellen die auf phantasievoller Rekonstruktion beruhenden Abbildungen immer Frauen dar, die unerklärlicherweise beim Friseur waren, bevor sie Modell standen. Ihr Haar ist immer zu kurz. Wenn nicht das Friseurhandwerk – anstelle der Prostitution – das älteste Gewerbe der Welt ist, dann liegt hier ein Irrtum vor. Und dieser Irrtum birgt eines der großen Geheimnisse der weiblichen Anatomie: Warum hat die Frau so lächerlich lange Haare? In einer urzeitlichen Stammeswelt hätte dieser übertriebene, hin und her schwingende Umhang aus Haaren sich als ernsthafte Behinderung erwiesen. Er hätte an einen Pfauenschwanz erinnert. Worin also bestand der evolutionäre Vorteil solch exzessiver Entwicklung?

Noch seltsamer ist die Tatsache, dass – abgesehen von der Oberseite des Kopfes, den Achselhöhlen und den Genitalien – die typische Frau nahezu haarlos ist. Gewiss, unter einem Vergrößerungsglas kann man überall auf ihrer Haut winzige, verkümmerte Haare erkennen, aber aus der Ferne betrachtet sind sie unsichtbar, ist die Haut praktisch nackt. Das lässt ihr meterlanges Kopfhaar nur umso fremdartiger erscheinen.

Es ist nicht allzu schwierig, das menschliche Behaarungsmuster zu seinen Ursprüngen zurückzuverfolgen. Wenn ein Schimpansenfötus etwa 26 Wochen alt ist, ähnelt die Verteilung seiner Haare sehr der eines erwachsenen Menschen. Dass bei uns dieses Muster bis ins Erwachsensein fortbesteht, ist ein weiteres Zeugnis der Neotenie. Im Gegensatz zu den Affen, die vor ihrer Geburt ein dichtes Fell ausbilden, behalten wir das fötale Behaarungsmuster unser ganzes Leben lang bei. In diesem Punkt sind Männer weniger »fortschrittlich« als Frauen, da sie stärker behaarte Körper mit langen Schnurr- und Backenbärten haben. Funktional gesehen bleibt die Haut beider Geschlechter jedoch zum größten Teil nackt. Selbst der behaarteste Mann würde durch seine Brusthaare nicht in eiskalter Nacht gewärmt werden oder in großer Hitze einen Sonnenbrand vermeiden.

Demnach scheint uns die Natur im Vergleich zu allen anderen Spezies mit einem äußerst merkwürdigen Behaarungsmuster ausgestattet zu haben. Die fötale Erklärung kann uns zwar verständlich machen, wo wir dieses Muster herhaben, aber nicht, welchen Überlebensvorteil wir dadurch erzielt haben, dass wir es beibehielten. Immer wenn es für einen Sachverhalt keine einleuchtende Erklärung gibt, nehmen zwangsläufig die Spekulationen überhand.

Die Verfechter der Theorie, wonach das menschliche Leben seinen Ursprung im Wasser hat, behaupten, dass wir unser Körperfell einbüßten, um uns besser an das Schwimmen anzupassen, unser Kopfhaar hingegen behielten, um den Schädel vor Sonnenstrahlen zu schützen. Außerdem vertreten sie die Ansicht, dass das meterlange weibliche Kopfhaar nützlich war für Kinder, insofern sie sich beim Schwimmen mit ihren Müttern daran festhalten konnten. Kritiker dieser Theorie meinen, derlei Argumente seien »an den Haaren herbeigezogen«. Wenn Mütter im Wasser nach Nahrung tauchten, würden sie ihren Kindern wohl kaum gestattet haben, sie zu begleiten. Und außerdem: Wenn unsere Urahnen sich im heißen afrikanischen Klima entwickelten, deutet vieles darauf hin, dass ihr Haar nicht lang und wallend war, sondern weitaus buschiger – eher wie das Haar auf modernen afrikanischen Köpfen.

Die Vorstellung, dass das Kopfhaar Schutz bietet, hat dennoch einiges für sich – mit oder ohne Bezug zur genannten Theorie. Wenn urzeitliche Menschen in den afrikanischen Savannen tagsüber zu Jägern beziehungsweise Sammlern wurden, so brauchten sie einen Schutz gegen die brütende tropische Sonnenhitze. Dichtes Kopfhaar würde diesen gewährleisten, während zugleich eine ansonsten nackte Haut die Abkühlung durch Schwitzen extrem erleichtern würde. (Der Abkühlungseffekt von Schweiß auf nackter Haut ist fünfmal größer als auf Fell.) Wenn afrikanische Tiere ihr Fell behielten, dann vermutlich deshalb, weil sie die größte Aktivität in der Morgen- und Abenddämmerung entfalteten, wenn die Sonne nicht auf sie herabbrannte. Die frühen Menschen hingegen waren – wie andere Affenarten – typische Tagestiere.

Das mag zwar die unverkennbare afrikanische Frisur erklären – den dichten buschigen Schopf, der das Gehirn nachhaltig vor Überhitzung schützt –, aber es lüftet nicht das Geheimnis des langen, wallenden Menschenhaares in den kühleren Regionen bis zum hohen Norden. Einigen Anthropologen zufolge trug das sehr lange Kopfhaar dazu bei, die Körper der nördlichen Menschen im Winter warm zu halten – wie ein natürlicher Umhang, der über die Schultern geworfen wird und am Rücken herabhängt. In der Nacht ausgebreitet, könnte die üppige Mähne fast wie eine Decke gegen die bittere Kälte gedient haben. Vielleicht gab sie ihnen auch die Idee ein, ihre erste Kleidung »herzustellen«, indem sie Tierhäute um den Körper schlangen. Doch wenn das der Fall gewesen wäre, warum wuchs dann den Menschen in kalten Regionen nicht wieder ein ganzer Mantel aus dickem Fell, der sie schützte? Wie die zuvor genannten Argumente hat auch dieses schwer wiegende Mängel.

Die plausibelste Erklärung ist die, dass das bizarre menschliche Behaarungsmuster als ein Markierungszeichen der Spezies fungierte – als ein zur Schau gestelltes Merkmal, das uns von all unseren nahen Verwandten (die wir schon vor langer Zeit beseitigt haben) unterschied. Wenn wir uns eine kleine Gruppe unserer fernen Ahnen vorzustellen versuchen – lange bevor sie sich Kleidung zulegten oder ein Werkzeug zum Schneiden erfanden –, dann ist klar, dass sie ganz anders aussähen als irgendein anderes Lebewesen auf der Erde. Mit ihren nackten Körpern, gekrönt von langen, hin und her schwingenden Haarumhängen oder riesigen wolligen Büschen, wären sie sofort als Mitglieder jener »neumodischen« Spezies identifizierbar, die auf den Hinterbeinen geht. Das mag eine seltsame Beschreibung sein, aber schon ein kurzer Blick auf die anderen Affenarten zeigt, wie oft außergewöhnliche Haarformen als besondere Kennzeichen einer Spezies auftauchten. Es gibt eine ganze Reihe verschiedener Haarbüschel, Mähnen, Schnurr- oder Backenbärte und leuchtend bunter Flecken im Haar. Primaten sind in erster Linie visuelle Tiere, und folglich ist die Zurschaustellung auffälliger visueller Zeichen die schnellste und wirksamste Methode, sich von anderen Spezies abzuheben.

In ihrem urzeitlichen Zustand konnten unsere Vorfahren mit ihren nackten Körpern und ihrem langen Kopfhaar aus weiter Ferne genau ausgemacht und von ihren in Fell gehüllten Verwandten leicht unterschieden werden. Aus geringerer Entfernung war es dann möglich, auch zwischen den Geschlechtern zu unterscheiden. Die Männer mit ihren behaarten Gesichtern konnten nicht mit den Frauen verwechselt werden, deren Gesicht nackt war.

Allerdings dienen die menschlichen Behaarungsmuster nicht nur zur Erkennung der Spezies und der Geschlechter. Als menschliche Lebewesen aus ihrer ursprünglichen Heimat in Afrika aufbrachen, um in andere Gebiete vorzudringen, und damit gezwungen waren, sich an die jeweilige Umwelt anzupassen, unterschieden sie sich in zunehmendem Maße von ihren tropischen Artgenossen, die sie zurückgelassen hatten. Die Notwendigkeit, sich auf andere Klimata einzustellen, zwang sie auf evolutionäre Wege, die zur Entwicklung neuer Rassentypen führten. Um in heißen, trockenen Wüsten oder in warmen, gemäßigten Zonen oder in eiskalten nördlichen Landschaften zu überleben, mussten sich ihre Körper entsprechend verändern. Sobald diese Veränderungen stattgefunden hatten, war es wichtig, sie nicht mehr zu verlieren. Wie bei jeder anderen evolutionären Tendenz mussten Schranken gesetzt werden, die Rassenkreuzungen eindämmten. Die verschiedenen Rassen sollten sich in ihrem Aussehen so weit wie möglich voneinander abheben. Eine der am schnellsten wirksamen Methoden, dieses Ziel zu erreichen, bestand im Variieren des menschlichen Behaarungsmusters. Wolliges Haar, gekräuseltes Haar, gewelltes Haar, glattes Haar, blondes Haar – derartige Abweichungen garantierten eine sofortige Unterscheidung zwischen den einzelnen menschlichen Gruppen.

Dieser Prozess beschleunigte sich bereits in einem frühen Stadium, als Menschen sich immer weiter über den Globus ausbreiteten. Es besteht kaum Zweifel daran, dass wir im Begriff waren, uns als eine neue Gruppe eng miteinander verbundener Spezies zu entwickeln – tropische Menschen, Menschen in der Wüste, in gemäßigten Zonen, im Polargebiet usw. Unsere unterschiedlichen Frisuren waren der erste Hinweis darauf, dass dieser Prozess sich vollzog. Doch bevor er seine ganze Tragweite entfalten konnte, nahm die Geschichte des Menschen eine neue dramatische Wendung. Dank unserer höher entwickelten Intelligenz wurden wir unglaublich mobil. Wir erfanden Boote und Schiffe, zähmten Pferde und ritten auf ihnen, wir erfanden das Rad und bauten Kutschen, wir konstruierten Züge und Schienennetze, Autos und Autobahnen und schließlich Flugzeuge. Die Rassenunterschiede, die sich allmählich herausgebildet hatten, steckten immer noch in den Anfängen. Nur zwei typische Merkmale waren weiter ausgereift: eines, das ausschließlich mit Hitze und Feuchtigkeit zu tun hat (Unterschiede bei der Hautpigmentierung, bei der Dichte der Schweißdrüsen und dergleichen), und eines, das der visuellen Kennzeichnung dient – die Behaarungsmuster.

Die modernen menschlichen Populationen machen kaum Gebrauch von den Anpassungen ihrer Körper an das Klima. Solche Anpassungen stellen Spezialisierungen dar, die fast obsolet geworden sind. Denn wir haben gelernt, die jeweilige Umwelt durch unsere Kleidung, durch Feuer und Zentralheizung, durch Kältetechnik und Klimaanlage zu bezähmen. Die übrig gebliebenen Unterschiede zwischen den Rassen fallen nicht länger ins Gewicht. Die verschiedenen Behaarungsmuster, einst trennende Mechanismen, durch die einzelne Menschentypen auseinander gehalten wurden, sind heute lediglich ein lästiger Anachronismus. Da sich die Rassen nicht mehr voneinander fern halten, sondern, im Gegenteil, sich auf der ganzen Welt vermischen, führen diese Mechanismen nur zu Disharmonie. Aufgrund der Tatsache, dass der Vermischungsprozess zunehmend an Intensität gewinnt, werden sie irgendwann wohl ganz verschwinden, aber bis es so weit ist, müssen sie gründlich verstanden werden. Wenn wir der irrigen Vorstellung anhängen, sie würden tiefere Unterschiede zwischen den Rassen widerspiegeln, so werden sie weiterhin Probleme verursachen. Sie mögen auffällig sein, aber sie sind ebenso oberflächlich wie belanglos, und so sollte man sie auch betrachten.

Wenden wir uns nun speziell dem Kopf der Frau und ihrem Haar zu, so wird deutlich, dass die langen Strähnen und das nackte Gesicht zwangsläufig einen ins Auge springenden visuellen Kontrast bildeten. Wenn – so meine These – der übermäßige Haarwuchs auf dem Kopf sich hauptsächlich als visuelles Differenzierungsmerkmal entwickelte, dann sollte es nicht verwundern, dass er im Laufe der Jahrhunderte so viel Aufmerksamkeit erregte – dass er sowohl anziehend als auch abstoßend wirkte. Das Haar wurde in mannigfacher Weise hervorgehoben, versteckt, in Form gebracht, geschnitten, zurechtgestutzt, in die Länge gezogen, geglättet, gewellt, hochgesteckt, aufgemacht, gefärbt und geschmückt. Es war alles Mögliche – von der krönenden Zierde der Frau bis zur Ursache strenger religiöser Tabus. Kein anderer Teil des weiblichen Körpers unterlag einer so breiten Skala kultureller Verschiedenheiten.

Bevor wir diese genauer untersuchen, lohnt es sich, einen näheren Blick auf die Haare selbst zu werfen. Auf jedem menschlichen Kopf gibt es davon etwa 100 000. Blonde Menschen haben feinere Haare und kompensieren diesen Umstand durch eine überdurchschnittliche Anzahl, die gewöhnlich bei 140 000 liegt. Brünette Menschen haben ungefähr 108 000 Haare, während Rotköpfe, deren Haare am gröbsten sind, nur 90 000 davon besitzen.

Normalerweise wächst jedes Haar etwa sechs Jahre lang. Dann geht es in eine dreimonatige Ruhephase über, um schließlich auszufallen. Somit befinden sich immer 90 Prozent der Haare in einem aktiven Wachstumsprozess, 10 Prozent ruhen. Im Laufe eines Lebens treibt eine Haarpapille also nacheinander 12 Haare aus. Im Gegensatz zu vielen anderen Säugetieren verlieren Menschen ihr Haar nicht in einer bestimmten Jahreszeit. Unser Kopfhaar weist das ganze Jahr über die gleiche Dichte auf.

Jedes Haar wächst pro Jahr durchschnittlich 13 Zentimeter. Doch bei gesunden jungen Erwachsenen erhöht sich die Länge auf 18 Zentimeter pro Jahr. Demnach würde jedes ihrer Kopfhaare, wenn es unbeschnitten bliebe, über einen Meter lang werden, ehe es ausfiele. Das übertrifft jeden vergleichbaren, bei anderen Primaten beobachteten Vorgang und ist eines der wirklich einzigartigen Merkmale der menschlichen Spezies.

In seltenen Fällen hat diese Regel eine kuriose Ausnahme. Anstatt nach sechs Jahren auszufallen, wachsen die Haare einfach weiter, werden immer länger, bis sie den Boden berühren. Es kommt sogar vor, dass sie auch diese Grenze überschreiten – einige Frauen haben so lange Haare, dass sie darauf stehen können. Das Haar einer jungen Amerikanerin war über vier Meter lang, doch selbst diese außergewöhnliche Leistung wurde noch übertroffen von einer Chinesin, die mit fast fünf Metern Haarlänge den Weltrekord hält. Es scheint, als hätte der genetische Trend zu längerem menschlichem Haarwuchs eine so unbändige Kraft entwickelt, dass er gelegentlich »durchgeht« und Individuen mit maßlosem Haarwuchs hervorbringt.

Auch wenn man derartige Extreme außer Acht lässt, liegt es auf der Hand, dass der stets erfinderische Mensch bei so vielen Kopfhaaren schon bald versucht sein würde, damit zu spielen und verschiedene Formen und Stile auszuprobieren. Einige sehr alte Venusfigurinen zeigen uns, dass dies schon seit mindestens 20 000 Jahren geschieht. Es wurden geritzte Darstellungen aus der Steinzeit gefunden, die mehrere unterschiedliche Frisuren in aller Deutlichkeit zeigen – mit exakt gezogenem Mittelscheitel und in einem Fall überdies mit einem über die rechte Schulter geworfenen Zopf.

Im Rückblick auf frühere historische Perioden kann man erkennen, wie die vorherrschenden Stile sich allmählich veränderten, wobei jede Epoche Haarmoden kreierte, die für ihre Zeit besonders charakteristisch waren. In der Moderne mit ihren professionellen Friseursalons und globalen Kommunikationssystemen hat die Geschwindigkeit dieser modischen Veränderungen dramatisch zugenommen.

Heute, im 21. Jahrhundert, gibt es so viele miteinander konkurrierende Einflüsse, dass kein Thema, keine Stilrichtung mehr alleinige Gültigkeit beanspruchen kann. Da Individualität an der Tagesordnung ist, werden mehr unterschiedliche Frisuren zur Schau getragen als jemals zuvor. Der Drang, berühmte Persönlichkeiten zu imitieren, erzeugt zwar weiterhin kurzlebige Mini-Trends, aber es stehen derart viele Vorbilder zur Auswahl, dass kein klarer Gewinner hervortreten und verkünden kann: »Dies ist die dominierende Frisur des frühen 21. Jahrhunderts.« Das kurze, Kompetenz und Tüchtigkeit suggerierende Haar der Politikerin, das lange wallende Haar des Popstars, das sorgfältig zerzauste Haar der Hollywoodschauspielerin, das wilde, stachelige Haar der Aufsässigen – all diese Frisuren und andere sind nebeneinander in unseren Tageszeitungen abgebildet. Doch selbst die groben Bezeichnungen, die man diesen konkurrierenden Stilen gibt, sind ungerechtfertigte Stereotypen, da jede Richtung wiederum unzählige kleinere Variationen umfasst.

Hier ist nicht der Ort, um sämtliche Erfindungen dieser Art im Einzelnen aufzuführen, aber es ist wichtig festzuhalten, dass es im Laufe der Jahrhunderte einige wenige hervorstechende »Strategien« in Sachen weiblicher Frisur gab. Diese hängen nicht mit modischen Spleens zusammen, sondern mit den grundsätzlichen Möglichkeiten, das Kopfhaar der Frau zu modellieren. Einige jener Strategien sind in der Geschichte verschwunden und muten heute sehr seltsam an; andere sind weiterhin gegenwärtig.

Die einfachste Strategie besteht darin, den *natürlichen Look* zu übernehmen. Dabei trägt die Frau ihr Haar die ganze Zeit offen, sodass es natürlich herabfällt – ob in der Öffentlichkeit oder im Privatbereich, sowohl bei besonderen gesellschaftlichen Anlässen als auch im Alltag. Sie mag es waschen, bürsten und kämmen, versucht jedoch nicht, es in irgendeiner Weise zu frisieren oder zu stylen. Obwohl dies die elementare Strategie schlechthin ist, wird sie heute nur mehr recht selten angewandt. Man findet sie vielleicht noch in unverfälschten Gesellschaften oder in Kulturen, die die Einfachheit zum sozialen Ideal erhoben haben. Außerdem kann sie durch Armut bedingt sein; aber selbst dort, wo kein Geld für Haarprodukte oder professionelle Haarpflege zur Verfügung steht, finden eingeborene Frauen Gefallen daran, ihr Haar zu frisieren. Es einzudrehen, zu flechten, zu schmücken kostet wenig oder nichts und hilft, sich die Zeit zu vertreiben.

Bei Frauen, die anstrengende körperliche Arbeit verrichten müssen – zum Beispiel auf dem Feld oder in der Fabrik –, kommt der *praktische Look* ins Spiel. Das Haar wird um der Zweckmäßigkeit willen zurückgebunden, damit es nicht über die Augen fällt oder durcheinander gerät. Wenn die Frau nicht mit ihren täglichen Aufgaben beschäftigt ist, löst sie es und lässt es locker herabfallen. In vergangenen Zeiten war dies besonders unter Bäuerinnen eine weit verbreitete Strategie, auf die auch heute noch viele Frauen zurückgreifen, selbst wenn sie keine schweren körperlichen Tätigkeiten mehr ausführen müssen. Sich einen Pferdeschwanz zu binden, um am Arbeitsplatz oder auch zu Hause das unordentliche Haar zu bändigen, erscheint ihnen oft als ein nützliches Hilfsmittel.

Für die Mehrzahl der Frauen – zumal für jene, die in städtischen Gesellschaften leben – haben die natürlichen und die praktischen Lösungen nie ausgereicht. Über Jahrhunderte haben sie sich den *gestylten Look* zu Eigen gemacht, also ihr Haar in bestimmter Weise modelliert – geschnitten, geformt, gefärbt, gewellt, geglättet, geschichtet, gesträhnt oder geschmückt. Das ist die übliche Strategie, die gerade in jenen Ländern Anwendung findet, wo Friseursalons weit verbreitet sind, die jedoch dort verboten ist, wo strenge religiöse Grundsätze gelten und die Zurschaustellung weiblicher Schönheit tabu ist.

Zwei der hauptsächlichen Methoden, die bei dieser Strategie zum Einsatz kommen, bestehen darin, das Haar entweder fülliger oder spärlicher erscheinen zu lassen. Im ersteren Fall wird der visuelle Eindruck jedes diesbezüglichen Eingriffs noch verstärkt: Die Frau wirkt größer und auffälliger. Um diesen Effekt zu erzielen, trug sie bevorzugt irgendeine Art von Perücke.

Unechtes Haar zu benutzen ist eine Strategie, die mindestens 5 000 Jahre alt ist. Im alten Ägypten war es bei hochrangigen Frauen Sitte, sich den Schädel völlig kahl zu rasieren und dann in der Öffentlichkeit eine reich verzierte Perücke zu tragen. Römische Damen rasierten sich zwar nicht den Kopf, aber auch ihnen gefiel es, kunstvolle Perücken als Statussymbole zur Schau zu stellen. Ihr Hang zur Prahlerei führte zu einer sehr unerfreulichen Entwicklung, als es Mode wurde, darauf zu bestehen, dass das Haar der Perücke von den Köpfen der Bewohner jener Länder stammen sollte, die die römische Armee besiegt hatte; das war die Spielart der Römer, den Feind gleichsam zu skalpieren.

Im Mittelalter wurden ausgefallene Perücken von der Kirche verboten, doch tauchten sie dann im Elisabethanischen Zeitalter wieder auf – vor allem deshalb, weil die primitiven Kosmetika der Epoche Haar und Haut dermaßen schädigten, dass es massiver »Verschleierungen« bedurfte. Doch die kunstvolle Perücke erreichte ihre Blütezeit erst im 18. Jahrhundert, als eine übertriebene Ausführung auf die andere folgte und die pompösen Frisuren modischer Frauen schließlich alles in den Schatten stellten, was man bis dahin gesehen hatte oder später noch sehen sollte. Einige ihrer Perücken waren über 76 Zentimeter hoch und reich verziert. Türöffnungen mussten nach oben hin vergrößert werden, damit die Perückenträgerinnen hindurchgehen konnten, und die Sitze in den Kutschen mussten in eine niedrigere Position gebracht werden. Man entwarf spezielle Bettstützen, damit die Frauen sich hinlegen und ruhen konnten, während sie ihre riesigen Perücken aufbehielten. An der Pariser Oper waren Perücken nur in den Logen gestattet – anderswo hätten sie den Blick auf die Bühne versperrt. Keine andere Haar-Strategie übte je einen solchen Einfluss auf die gesellschaftlichen Verhältnisse aus. Sie war das Zeugnis einer besonderen Art von mondänem Lebensstil. Wegen der enormen Kosten für die Herstellung und Pflege der Perücken mussten die Ehemänner derer, die sie trugen, ungewöhnlich großzügig sein, um diese Mode zu finanzieren. Folglich hat man die prunkvolle Zurschaustellung ihrer Frauen als Beispiel einer »aufwändigen Lebenshaltung aus Prestigegründen« bezeichnet, wodurch diese Frauen deutlich zur Geltung bringen konnten, wie reich ihre Gatten waren.

Die einzige Frau, die dieser unerhört extremen Mode ein Ende setzen konnte, war Madame Guillotine, indem sie die Köpfe der aristokratischen Perückenträgerinnen abschlug. Nach der Französischen Revolution erlebten kunstvolle Perücken keine echte Renaissance mehr. Es gab zwar Phasen, da sie in der einen oder anderen Form noch einmal kurz auftauchten – wie etwa die »Spaßperücken« der sechziger Jahre des 20. Jahrhunderts, die aus synthetischem Material und in vielen leuchtenden, künstlichen Farben hergestellt wurden –, aber ihre große Zeit war vorbei. Wenn man in moderneren Zeiten Perücken trug, waren sie oft so naturgetreu, dass sie ihre Existenz gewissermaßen zu verleugnen schienen.

Einige Frauen (zumal diejenigen, deren Haar mit zunehmendem Alter ausdünnt) werden sich nie ohne naturgetreue, ordentlich angebrachte Perücke in der Öffentlichkeit zeigen. Eine Reihe berühmter Persönlichkeiten bedient sich ebenfalls dieser Strategie, nicht infolge von Haarproblemen, sondern aus praktischen Gründen. Selbst wenn sich ihr eigenes Haar in gutem Zustand befindet, ist es für sie oft angenehmer, eine Perücke aufzusetzen als kostbare Zeit mit einer anspruchsvollen Frisur zu vergeuden. Das hat den großen Vorteil, dass eine ganze Serie eleganter Perücken gepflegt und in tadellosem Zustand aufbewahrt werden kann, während ihr(e) Träger(in) keinen Gebrauch von ihnen macht.

Wenden wir uns nun wieder der Strategie zu, die darauf abzielt, das Haar fülliger wirken zu lassen. Ein bemerkenswertes Beispiel hierfür aus der jüngeren Vergangenheit ist der *Big-Hair Look*, der in den achtziger Jahren des 20. Jahrhunderts populär wurde. Anstatt eine Perücke zu tragen, gab man seinem echten Haar den Anschein größtmöglichen Volumens. Dieser Eindruck wurde dadurch hervorgerufen, dass man das Haar »nach oben fönte, toupierte, gelte und dann reichlich sprayte«. Das Ergebnis, das der Schwerkraft trotzte, beschrieb ein Kritiker sarkastisch als »eines der architektonischen Wunder unserer Zeit«. Manchmal *Dolly Parton Hair* (nach der amerikanischen Country-Sängerin) genannt, war diese toupierte Frisur besonders in amerikanischen Kleinstädten und in den Südstaaten der USA weit verbreitet, wo man oft den Slogan »Je höher das Haar, desto näher bei Gott« hörte. Solche Frisuren waren vor allem deshalb so beliebt, weil die Haarfülle große oder grobe Gesichtszüge kleiner und damit anziehender erscheinen ließ. Außerdem waren sie extrovertiert und strahlten etwas fröhlich Positives aus, wodurch sich die Person selbstbewusster fühlte. Doch in den Augen ihrer Gegner waren diese Frisuren aufdringlich und vulgär, nichts anderes als eine Kompensation von Charakterschwächen. Darüber hinaus hatten sie einen großen Fehler: Auch wenn solche Frisuren das Weibliche vorteilhaft zur Geltung brachten, erwiesen sie sich zugleich als sexfeindlich – Männer konnten nicht mit den Händen hindurch fahren, konnten sie weder zerzausen noch sanft streicheln.

Seit einiger Zeit wird eine raffiniertere Methode bevorzugt, durch die das Haar länger erscheint. An das natürliche Haar knüpft man Haarteile an – entweder um die vorübergehende Abwechslung gegenüber einer Kurzhaarfrisur zu genießen, oder wenn das eigene Haar nicht in der Weise wächst, wie die Frau es sich wünscht. Die Geschicklichkeit der heutigen Hair-Stylisten macht es nahezu unmöglich, solche Haarteile zu erkennen, obwohl einige von ihnen sichtlich und gewollt unecht sind und fast die Funktion einer Teilperücke haben.

Die zweite wesentliche Strategie besteht darin, das natürliche Haar auf die eine oder andere Art spärlicher wirken zu lassen, indem man es kürzt beziehungsweise in eine strenge Form bringt. Im extremen Fall resultiert daraus eine kühle, kontrollierte Frisur, die bei bestimmten gesellschaftlichen Anlässen ihre Wirkung entfaltet, dann aber im privaten Bereich und den alltäglichen Bedürfnissen entsprechend gelöst und offen getragen wird. Seit einigen Jahrzehnten wollen viele Frauen meistens »frei und lässig« erscheinen, doch für jede besondere Gelegenheit – Hochzeiten und Beerdigungen, große Ereignisse und Feiern – nehmen sie zusätzliche Mühen hinsichtlich ihres Äußeren gerne in Kauf. Um sich ihrer gesellschaftlichen Stellung und auch ihrer Disziplin zu versichern, treffen sie häufig die Entscheidung, das Haar entweder hochzustecken oder auf andere Weise zu bändigen. Mit dieser Demonstration geben sie dem Betrachter zu verstehen: »Ich bin wichtig, ich bin seriös, also sei mir gegenüber nicht plump-vertraulich.«

Manche Frauen gehen noch einen Schritt weiter und tragen ihr Haar niemals offen. Sie binden es in einem engen Knoten zusammen oder wählen eine ähnlich »restriktive« Frisur – zu jeder Gelegenheit, selbst daheim in intimer Atmosphäre. Man könnte hier von der »Gouvernanten«- oder »Direktorinnen«-Strategie sprechen. Frauen, die den Drang verspüren, anderen Menschen ihre Autorität aufzuzwingen, können ihren von Kontrolle und Macht geprägten Ausdruck dadurch verstärken, dass sie das Haar so straff wie möglich am Kopf befestigen. Das macht sie weniger weiblich und raubt ihnen jeden Anschein von lässiger Entspanntheit oder persönlicher Freiheit. Ihr Haar ist so gepflegt, dass es nicht zerzaust werden kann, so säuberlich angeordnet, dass es sich nicht streicheln lässt. Infolgedessen wirken sie im buchstäblichen wie im übertragenen Sinne glatt – unnahbar und unberührbar.

Andere Frauen beschließen, ihr Haar so kurz schneiden zu lassen, dass es nicht mehr zurückgebunden, hochgesteckt, aufgemacht werden kann. Was davon übrig bleibt, mag zwar weiterhin lose herabhängen, aber man braucht es nicht zu bändigen, um die körperliche Arbeit zu erleichtern, noch kann man die einmal gewählte Frisur ändern, um verschiedenen gesellschaftlichen Anlässen zu entsprechen. Die jungen Frauen, die sich während der zwanziger Jahre des 20. Jahrhunderts in Verhalten und äußerer Erscheinung über die Konventionen hinwegsetzten, waren die Ersten, die sich diesen Stil als modischen Akzent aneigneten; er kam dann erst wieder in den sechziger Jahren auf – durch die Kreationen des Hair-Stylisten Vidal Sassoon.

Die Botschaft der *Kurzhaarfrisur* läuft eindeutig darauf hinaus, dass ihre Trägerinnen aktiv und unbekümmert sind. Sie ziehen es vor, ihr Haar auf eine elegante, zugleich aber äußerst verkürzte, jungenhafte Aussage zu reduzieren, anstatt eine ausgeklügelte, betont weibliche Frisur zur Schau zu tragen. Obwohl das prinzipiell durchaus Sinn macht, hatten die Kurzhaarfrisuren der zwanziger und der sechziger Jahre jedoch den praktischen Nachteil, dass sie – nach Verlassen des Salons – nur mit Mühe in einem ansprechenden Zustand gehalten werden konnten.

Dieser Stil kam in den siebziger Jahren wieder zum Vorschein, als er, in strengerer Form, zu einer weit verbreiteten feministischen Strategie wurde; er diente den Frauen gewöhnlich dazu, am Arbeitsplatz Selbstbewusstsein zu demonstrieren, um von ihren männlichen Kollegen respektvoller behandelt zu werden. Danach, bis in die neunziger Jahre hinein, wurden die Kurzhaarfrisuren anmutiger – sie hatten jetzt einen weiblicheren Touch. Der Wahlspruch der postfeministischen, sich ihrer Frisur bewussten Geschäftsfrau lautete: »Ich bin weiterhin diszipliniert, aber ich brauche meine Weiblichkeit nicht mehr aufzugeben, um in dieser Welt eine dominierende Rolle zu spielen.« Als sanfter wirkende Kurzhaarfrisur vollführte der Look der neunziger Jahre eine Art Balanceakt: Einerseits war er zu aggressiv, zu maskulin, andererseits zu dekorativ, zu kunstvoll. Sein Ziel bestand darin, subtile Kontrollmechanismen mit einem Sinn für sexuelle Freiheit zu verbinden. Diese Wechselbeziehung wurde für die westlichen Hair-Stylisten des anbrechenden 21. Jahrhunderts zu einer ganz neuen Herausforderung.

Um ihr Haar in einer noch drastischeren Weise zu kürzen, entscheiden sich einige Frauen für eine Bürstenfrisur. Dadurch wird jegliche »natürliche Lockerheit« von vornherein beseitigt – selbst im privaten Bereich. Für schöne Frauen ist es eine provozierende Aussage, wenn sie erklären: »Schau mich an, ich brauche keine hübsche Frisur, um attraktiv zu sein.« Insofern könnte man darin einen Ausdruck von Eitelkeit sehen. Zudem handelt es sich hier um die Aussage einer Rebellin, die gesellschaftliche Konventionen ignoriert und sich weigert, den vorherrschenden Trends modebewusster oder konformistischer Frauen zu folgen. Frauen, die diese aufrührerische Haltung ablehnen, betrachten sie als einen gezielten Versuch, die eigene Person mit Hilfe schockierender Aktionen noch mehr ins Rampenlicht zu rücken. Männer hingegen fühlen sich dadurch vielleicht bedroht, da sie nun nicht mehr nach jenen sanft herabfallenden Locken suchen können, die sie so liebend gerne streicheln würden.

Manche Frauen unternehmen einen noch extremeren Schritt und rasieren sich den Schädel komplett, um jede Spur von Kopfhaar vollends zu entfernen. In einigen Kulturen galt das Rasieren des weiblichen Kopfes als Strafmaßnahme. In anderen war es das Zeichen der Sklaverei oder der freiwilligen Unterwerfung unter eine Gottheit. In wieder anderen wurde es anlässlich besonderer Trauerzeremonien von allen Frauen verlangt. Bei den Phöniziern war der Verstoß gegen dieses Gebot gleichbedeutend damit, dass die betreffende Frau sich als Prostituierte im Tempel verdingen musste. In jüngster Vergangenheit überredete ein französischer Modedesigner alle seine Models, sich den Schädel rasieren zu lassen, um damit zu demonstrieren, dass moderne Frauen nicht »die Gefangenen ihres eigenen Haars« sein sollten. Für Männer war und ist dieser kahle weibliche Schädel (von Jeanne d'Arc bis zu den Punkrock-Musikerinnen) nahezu immer unappetitlich und fast oder ganz ohne Sex-Appeal, da er in ihren Augen all das verleugnet, was das lange Haar der Frau so sinnlich macht.

Üppige weibliche Frisuren, gleich welchen Stils, werden manchmal sogar verboten, eben weil sie auf Männer anziehend und erregend wirken können. Um mögliche erotische Signale zu unterbinden, wird die Frau gezwungen, ihr Haar zu bedecken oder zu verbergen. Irgendeine Art von Kopfbedeckung ist die mildeste Form dieser puritanischen »Verschleierung«. Die Forderung, dass Frauen beim Betreten einer katholischen Kirche entweder Hut oder Kopftuch tragen sollen, ist eine Erinnerung an jene Zeiten, als sie während des Gottesdienstes ihr Haar vollkommen verbergen mussten. Die weiterhin gültige Übereinkunft, bei offiziellen Anlässen wie Hochzeiten oder Begräbnissen einen Hut aufzubehalten, ist ein modernes Überbleibsel dieses alten Brauchs.

In strengen religiösen Gemeinschaften verlangt man von Frauen heute genauso wie früher, ihren Kopf in der Öffentlichkeit stets zu bedecken und ihn nur in der privaten häuslichen Atmosphäre zu enthüllen, vorausgesetzt, dass keine Fremden zugegen sind. In Ländern beispielsweise, in denen das islamische Religionsgesetz (die Scharia) mit unerbittlicher Konsequenz angewandt wird, ist dieses Erscheinungsbild allgegenwärtig. Wenn beim Gang durch die Straßen auch nur eine kleine Strähne zufällig unter der traditionellen Kopfbedeckung hervorlugt, läuft die Frau Gefahr, von offiziellen Vertretern der Religion geschlagen zu werden. Strenge christliche Gemeinschaften haben ebenfalls Regeln hinsichtlich der weiblichen Kopfbedeckung erlassen. In der Vergangenheit betrafen sie vor allem fromme Ehefrauen, deren Haar der Öffentlichkeit verborgen blieb, und selbst heute noch gelten sie für Nonnen.

Ein außergewöhnliches Beispiel dieses Phänomens findet man heute unter den orthodoxen Juden in New York. Die in solchen Gemeinschaften lebenden Frauen müssen ihr natürliches Haar in der Öffentlichkeit völlig verbergen und dürfen es lediglich ihren Ehemännern im heimischen Schlafzimmer zeigen. Da diese Frauen trotzdem wie typische New Yorkerinnen leben möchten, haben sie einen einfallsreichen Ausweg aus ihrem Dilemma gefunden. Sie tragen äußerst »realistische« Perücken, die mit hohem finanziellem Aufwand hergestellt werden und genau wie ihr eigenes Haar aussehen. Wenn sie eine derartige, *sheitel* genannte Perücke auf ihr Haar setzen, ändert sich ihr Aussehen kaum. Einem zufälligen Beobachter würde es schwer fallen festzustellen, ob sie eine Perücke tragen oder nicht. So befolgen sie das religiöse Gebot, ohne dafür ihr persönliches Image zu opfern.

Offensichtlich verlockt das Haar mehr zu Experimenten als jeder andere Teil des weiblichen Körpers. Das hat seinen Grund darin, dass es leicht zu verändern ist, dass diese Veränderungen schnell herbeigeführt und jederzeit rückgängig gemacht werden können. Sobald das Haar herauswächst, lassen sich neue Varianten ausprobieren. Vor allem aber ist es deutlich sichtbar – selbst der zufällige Betrachter bemerkt sofort noch die kleinste Veränderung der Frisur.

Die Symbolik des weiblichen Haares weist eine einfache Dichotomie auf – den Kontrast zwischen langem, frei herabfallendem, natürlichem Haar, über das man streichen kann, und kurzem, strengem, straff frisiertem Haar. Langes, lockeres Haar wurde mit Zügellosigkeit, Sexualität, geistiger Freiheit, friedlicher Rebellion und Kreativität assoziiert; kurzes, straffes Haar mit Disziplin, Selbstbeherrschung, Tüchtigkeit, Anpassungsfähigkeit und Selbstbewusstsein. Das sind gewiss allzu grobe Verallgemeinerungen, aber überraschenderweise stimmen sie in vielen Fällen mit den Tatsachen überein. Die größte Freude der Frau an ihrem Haar bleibt jedoch, dass sie stets die Möglichkeit hat, mittels der Frisur ebenso ihren persönlichen Stil und ihre Individualität wie auch ihre Grundstimmung zum Ausdruck zu bringen. Vorausgesetzt, sexistische religiöse Traditionen beeinträchtigen nicht ihre innere und äußere Freiheit, kann sie ihr Haar als höchst ausdrucksvolle Zierde einsetzen, um sich der Welt zu präsentieren.

Neben den zahlreichen Alternativen, das Haar zu schneiden, zu frisieren und zu gestalten, gibt es noch die, seine Farbe zu verändern. Die natürliche Bandbreite von sehr dunkel bis sehr hell zeugt – wie die der Hautfarbe – von einer Anpassung an die klimatischen Verhältnisse in der jeweiligen Umwelt. Jede Farbe, ob schwarz, braun, rot, gelb oder blond, hat eine eigene, der Anpassung gemäße Bedeutung und einen besonderen Reiz. Daher erstaunt die Feststellung, dass, sobald Frauen beschließen, ihre Haarfarbe mehr oder weniger radikal zu ändern, eine davon alle anderen dominiert. Von hundert Frauen, die diesen Schritt tun, entscheiden sich durchschnittlich wohl über neunzig, blond zu werden. Auf den ersten Blick erscheint das rätselhaft. Warum in aller Welt sollten so viele dunkelhaarige Frauen den Wunsch haben, wie blonde Skandinavierinnen auszusehen, wenn zugleich so wenige Skandinavierinnen ihr Haar braun oder schwarz färben möchten? Das hat eindeutig weder etwas mit dem Klima noch mit der Rasse zu tun, da zum Beispiel die Mehrheit aller weißen Frauen dunkelhaarig ist. Worin also liegt der besondere Reiz des blonden Haars, der so stark ist, dass es heute – welch bizarre Situation! – auf der Welt mehr künstliche als echte Blondinen gibt?

Die Anziehungskraft des blonden Haars beruht zum Teil auf dessen Feinheit. Durch diesen ungewöhnlichen Umstand sind die blonden Strähnen wirklich weicher bei Berührungen und sinnlicher in Augenblicken intimen Körperkontakts. Unter streichelnden Fingern oder an der männlichen Wange spiegelt die Weichheit des Kopfhaares die Weichheit der runden weiblichen Formen wider. In diesem Sinne *sind* Blondinen also femininer als brünette oder rothaarige Frauen.

Tatsächlich breitet sich die weibliche Zartheit der Blondine über ihren ganzen Körper aus. Dort, wo die Brünetten den Rasierer schwingen oder epilieren müssen, hat sie einen samtigen Flaum. Besonders ihre Achselhöhlen und ihr Schamdreieck sind fein behaart. Die seidenartige Weichheit ihres Schamhaars bildet einen scharfen Kontrast zu dem der Brünetten, das rau und buschig ist. In den Augenblicken größter Intimität hat sie daher einen leichten Vorteil gegenüber dunkelhaarigeren Frauen.

Wenn man argumentiert, gerade diese Weichheit des blonden Haares veranlasse die anderen Frauen, das ihre aufzuhellen, sollte man nicht vergessen, dass jeder erzielte Vorteil nur relativ ist. Durch Bleichen wird dunkles Haar keineswegs feiner oder weicher; es *wirkt* bloß feiner und weicher.

Allerdings haben blonde Frauen einen weiteren Vorteil, der ausschließlich von optischen Signalen abhängt: Das blonde Haar erzeugt ein jugendlicheres Erscheinungsbild als das dunkle. Und dieses von einer erwachsenen Frau ausgestrahlte Bild erhöht ihren sexuellen Reiz, übermittelt intensive Botschaften wie »Kümmere dich um mich«. Die blonde Haarfarbe suggeriert deshalb Jugendlichkeit, weil bei einem großen Teil der Menschheit die Babys blonder sind als ihre Eltern, und so werden »blaue Augen« und »blonde Locken« zwangsläufig mit früher Kindheit in Verbindung gebracht.

Es versteht sich von selbst, dass das gute Nachrichten für Coiffeure und Perückenmacher sind. Angefangen bei den Imperien der alten Welt bis zu den Salons der Barockzeit in Europa strömte eine Generation dunkelhaariger oder mausgrauer Frauen nach der anderen in deren Geschäfte – auf der Suche nach neuesten Moden und zauberkräftigen Elixieren, fest entschlossen, ein wenig oder viel blonder zu werden, als die Natur es beabsichtigt hatte. Praktisch seit Beginn der Geschichtsschreibung ist das Blondieren des weiblichen Haares ein wichtiger Gewerbezweig.

Einige Methoden zur Befriedigung des gesellschaftlichen Verlangens nach blondem Haar waren gefährlich und manchmal sogar tödlich. Die alten Griechen verwendeten eine Pomade aus gelben Blütenblättern, eine Kaliumlösung und gefärbte Puder, die das Haar »einhüllten«, um so den aufreizenden blonden Look zu erzielen. Römische Damen färbten ihr Haar mit einer germanischen Seife, die eigens aus dem Norden importiert werden musste, bevorzugten aber oft einfachere Mittel und Wege, indem sie eine blonde Perücke aufsetzten. Diese frühen Perücken wurden – wie bereits dargestellt – aus dem blonden Haar der nördlichen Europäer hergestellt, deren Länder die Römer auf ihren ausgedehnten Feldzügen erobert hatten. Diese Mode breitete sich derart aus, dass der römische Dichter Martial sie in den folgenden Zeilen verspottete:

> Das goldene Haar auf Gallas Kopf/Ist ihres – wer hätte das gedacht?/Sie schwört, es sei ihres, was auch stimmt./Denn ich weiß, wo sie's gekauft hat.

Im Laufe der Jahrhunderte wandte man immer neue Kunstgriffe an, um das Haar aufzuhellen. Zu diesem Zweck waren in früher Zeit die Asche bestimmter Pflanzen, Nussschalen, Holunderbeeren und Essigsatz besonders beliebt. Mit großer Sorgfalt wurde Safran ins Haar einmassiert. Man stellte Versuche mit dem Dotter abgekochter Eier und wildem Honig an, nachdem diese lange starker Sonneneinstrahlung ausgesetzt worden waren. Frauen des Elisabethanischen Zeitalters puderten ihr Haar mit Goldstaub oder behandelten es – auf weniger kostspielige Art – mit einer Mischung aus Rhabarberkompott und Weißwein. Manchmal nahmen sie gar das Risiko auf sich, ihr Haar in Vitriolöl oder alaunhaltiges Wasser zu tauchen. Diese chemischen Behandlungen lösten bei einigen von ihnen das Problem ungewollten dunklen Haares so nachhaltig, dass sie völlig kahl wurden und gezwungen waren, für den Rest ihres modebewussten Lebens eine blonde Perücke zu tragen.

Die Rezepte wurden zunehmend komplizierter und anspruchsvoller. Im Jahre 1825 informierte eine gelehrte Abhandlung unter dem Titel *The Art of Beauty* (Die Kunst der Schönheit) ihre Leserinnen über die Zutaten für ein Gemisch, das sie brauen sollten, wenn sie sich flachsfarbenes Haar wünschten: Man koche gut einen Liter Lauge ab; gebe etwa 15 Gramm salzige Schöllkrautwurzel und Gelbwurz hinzu; außerdem 8 Gramm Safran und Lilienwurzel sowie jeweils 4 Gramm von den Blütenblättern der Königskerze, des gelben Stechapfels, des Ginsters und des Johanniskrauts. Den daraus hergestellten Sud trage man regelmäßig auf die Kopfhaut auf.

Natürlich probierten im Laufe der Geschichte viele, sich ihrer gesellschaftlichen Stellung bewusste Frauen bereitwillig alle möglichen Methoden aus, um die gewünschte blonde Tönung zu erzielen. Doch wie zahlreiche andere modische Ideen erweckte auch das Bleichen des Haares und dessen übertriebene Zurschaustellung fast zwangsläufig eine weitere Assoziation. Schon in römischer Zeit wurde sein Reiz nicht nur mit der unberührten Jungfrau in Verbindung gebracht. Die

Künstlichkeit der Färbungen und der Perücken verminderte den symbolischen Wert der hellen Farbe, sodass diese irgendwann nicht mehr mit unschuldiger Weiblichkeit gleichgesetzt wurde, sondern mit professioneller Sexualität: Sie entwickelte sich zum charakteristischen Merkmal der Hure.

Das Gewerbe römischer Prostituierter war gut organisiert. Sie wurden behördlich registriert, besteuert und vom Gesetz tatsächlich zu blondem Haar verpflichtet. Die dritte Frau des Kaisers Claudius, die ausschweifende, nymphomane Messalina, war derart erregt von der Vorstellung, jähen, brutalen Sex mit Fremden zu haben, dass sie nachts die Perücke einer Hure aufsetzte, sich aus dem Palast schlich und in den Straßen Roms auf Männerfang ging. Ihr Liebesspiel muss so wild gewesen sein, dass man munkelte, sie habe sich dabei oft ihr Haarteil vom Kopf gerissen und sei dann in allzu identifizierbarem Zustand in den kaiserlichen Bezirk zurückgekehrt.

Andere römische Damen, die auf vorherrschende Trends großen Wert legten, taten es ihr bald nach, und so sahen sich die Gesetzgeber außer Stande, dem orgiastischen Treiben Einhalt zu gebieten. Ihr Gesetz, das Prostituierten das Tragen blonder Perücken vorschrieb, war somit Makulatur, doch das Element der Verruchtheit und der Hemmungslosigkeit, das inzwischen mit der blonden Haarfarbe assoziiert wurde, sollte über die Jahrhunderte fortbestehen und mehrfach wieder auftauchen – als Gegensatz zu dem Bild blonder, jungfräulicher Unschuld. Gewöhnlich lief die Unterscheidung darauf hinaus, dass echte Blondinen engelhaft und falsche Blondinen promiskuitiv sind. Die Tatsache, dass künstliche Blondinen nichts unversucht ließen, um anziehend zu wirken, bedeutete dann, dass sie fast die ganze Zeit nur an Sex dachten; die extreme und daher unechte Blondine wurde zum Inbegriff des vergnügungssüchtigen Mädchens, der Sexbombe, des Püppchens, der kessen Biene, des Flittchens, der Swingerin. Jede Generation hatte ihre Super-Blondinen und gab ihnen spezielle Namen.

Nach dem Ersten Weltkrieg betrat dann die Platinblonde die Bühne. Als Jean Harlow 1937 im Alter von 26 Jahren starb, hatte sie durch ihr Beispiel bereits einer langen Reihe blonder Filmstars den Weg geebnet – Golden Girls, die bis zum heutigen Tag die Leinwand beherrschen. Eine Vielzahl der großen weiblichen Persönlichkeiten, die aus Hollywoods Traumfabrik hervorgehen, ist blond – allerdings oft eher durch künstlichen Eingriff als aufgrund von Erbfaktoren. Einige haben keine Mühe gescheut, ihre blonde Haarfarbe zu perfektionieren; Marilyn Monroe etwa unterzog sich gar einer schmerzhaften Prozedur, bei der ihr Schamhaar so aufgehellt wurde, dass es zu ihren platinblonden Locken passte. Die meisten von ihnen vertrauten der von alters her bestehenden Gedankenverbindung zwischen der Sonne und dem Gold im Haar – sie waren fröhlich und warmherzig, spendeten

Lebenskraft und förderten diese beim Publikum. Oft erlitten sie Schiffbruch, aber auch das war Teil ihrer natürlichen Anmut – die kindliche Verletzlichkeit der Blondine.

Zur Verteidigung brünetter Frauen bemerkte ein Kommentator in den späten sechziger Jahren des 20. Jahrhunderts: »Wenn ein Mann es mit einem Mädchen ernst meint, dann möchte er, dass es natürlich ist. Ein vernünftig denkender Mann findet keinerlei Gefallen an der Künstlichkeit... Im Allgemeinen zieht er eine Blondine als Mätresse und eine Brünette als Ehefrau vor. Brünette Frauen sind einfach integrer.«

3. DIE AUGENBRAUEN

Der Bereich um die Augenbrauen spielt in der Körpersprache eine wichtige Rolle. Im 18. Jahrhundert schrieb ein Experte der Physiognomie über die Stirn, dass sie »von allen Gesichtspartien die wichtigste und charakteristischste« sei. Heute mag diese Äußerung einige Menschen überraschen, weil Make-up und Lippenstift so viel Aufmerksamkeit gewidmet wird – mit der Folge, dass Augen und Mund das weibliche Gesicht zu beherrschen und andere Teile davon gleichsam in den Schatten zu stellen scheinen. Doch ungeachtet dessen ist es zweifelhaft, ob irgendein Mensch je ein Gespräch von Angesicht zu Angesicht genossen hat, ohne mit der Stirn unbewusst Signale in Form von Brauenbewegungen und Faltenbildungen auszusenden, die wechselnde Stimmungen anzeigen und daher äußerst wichtig sind.

Bevor wir diese Signale sowie die Unterschiede zwischen weiblichen und männlichen Augenbrauen untersuchen, lohnt es sich danach zu fragen, warum wir überhaupt Augenbrauen haben. Wirft man einen genaueren Blick auf das Gesicht eines Schimpansen und vergleicht man es mit dem eines Menschen, so fällt auf, wie sehr die beiden Stirnen voneinander abweichen. Beim Affen gibt es fast keinen Brauenbereich. Beim Menschen hingegen erhebt sich die Stirn über den Augen als nackte Hautfläche, die deutlich sichtbar mit zwei kleinen Haarbögen verziert ist. In scharfem Kontrast dazu dehnt sich der Haaransatz des Schimpansen direkt bis zu den Augenbrauen aus, die selbst fast keine Haare aufweisen. Tatsächlich ist der Brauenbereich des Affen dem des Menschen diametral entgegengesetzt.

Betrachtet man das Gesicht des Schimpansen oder das irgendeines anderen Affen, hat man den Eindruck, dass sie riesige, vorstehende Stirnwülste besitzen – knochige Vorsprünge, die dazu beitragen, das Augenpaar zu schützen –, während wir diese Wülste scheinbar verloren haben. Aber das ist eine Täuschung. Wenn man den knochigen Bereich direkt über den Augenhöhlen mit den Fingerspitzen berührt, spürt man dort die Verdickung des Schädels, die weiterhin ihre schützende Funktion ausübt. Die geringere Auffälligkeit dieses Merkmals beim Menschen rührt nicht etwa daher, dass es verschwunden wäre, sondern daher, dass sich die darüber liegende Stirn extrem ausgedehnt hat, um unsere weitaus größeren Gehirne zu beherbergen. Die menschlichen Stirnwülste haben sich nicht in Luft aufgelöst, sondern wurden ganz einfach »integriert«. Ein Schimpansengehirn hat ein Volumen von rund 400 Kubikzentimetern, das Gehirnvolumen des Menschen hingegen beträgt 1350 Kubikzentimeter – mehr als dreimal so viel. Diese Ausdehnung des menschlichen Gehirns besonders im vorderen Bereich war es, die uns sozusagen zu einem »Gesicht über den Augen« verhalf.

Die neue, ausschließlich dem Menschen eigene Hautfläche über den Augen gab unseren Urahnen eine zusätzliche Zone für visuelle Signale. Diese werden dadurch ermöglicht, dass die Stirnhaut zwar straff über die Vorderseite des Schädels gespannt, aber nicht völlig unbeweglich ist. Sie kann sich ein wenig – aber deutlich sichtbar – bewegen, und diese Bewegung ist leicht wahrzunehmen, weil die Haut dabei faltige Muster wirft. Und was noch wichtiger ist, das menschliche Gesicht hat zwei kleine Haarbögen auf seiner ansonsten glatten Stirn zurückbehalten. Diese Haare, fachsprachlich *Supercilia* genannt, gemeinhin jedoch als Augenbrauen bezeichnet, fungieren als Markierungszeichen, damit Bewegungen der Haut aus der Ferne noch klarer zu sehen sind.

Früher dachte man, die Hauptaufgabe der Brauen bestünde darin, die Augen vor Schweiß und Regenwasser zu schützen. Obwohl sie als »ableitende Rinnen« am unteren Ende der Stirn diesen Zweck wenigstens teilweise erfüllen, sieht man heute ihre eigentliche Rolle doch zweifellos darin, Signale auszusenden – das heißt, Informationen über die oft sekundenschnellen Veränderungen in der eigenen Gemütsverfassung an das jeweilige Gegenüber zu übermitteln.

Wenn man das weibliche Gesicht mit seinem komplexen Mienenspiel studiert, erkennt man, dass es grundsätzlich sieben voneinander unterschiedene Bewegungen der Augenbrauen gibt, von denen jede mit einem bestimmten emotionalen Zustand in Verbindung steht. Sie sollen nun im Einzelnen erörtert werden.

Senken der Augenbrauen. Diese Bewegung, das Runzeln, verläuft nicht streng vertikal. Während die Brauen sich nach unten neigen, gehen sie zugleich ein wenig nach innen und rücken näher zusammen. Das hat zur Folge, dass die Haut zwischen ihnen zusammengezogen und in kurze, längliche Falten geworfen wird. Die Anzahl dieser Falten variiert von Mensch zu Mensch; jeder Erwachsene hat ein charakteristisches »Faltenmuster« aus einer, zwei, drei oder vier Linien. Häufig sind sie asymmetrisch, insofern die Linien auf der einen Seite des Raumes zwischen den Brauen (diese Stelle wird *Glabella* genannt) länger oder tiefer sind als auf der anderen.

Die horizontalen Falten auf der Stirn werden durch das Senken der Augenbrauen normalerweise geglättet, verschwinden jedoch nicht ganz. Der Alterungsprozess zeigt sich beim Menschen auch in einer zunehmenden Fixierung zunächst flüchtiger Ausdruckslinien. Im Laufe der Jahre graben sich Falten, die bei den Jüngeren auftauchen und wieder verschwinden, unauslöschlich in die Haut ein. Die Tiefe einer solchen Falte auf einer nicht gerunzelten Stirn ist ein deutlicher Hinweis auf die Summe aller Augenblicke, in denen ein Individuum eben diese Stirn schon einmal gerunzelt hat.

Zum Senken der Augenbrauen kommt es in zwei ziemlich unterschiedlichen Situationen, die grob als *aggressiv* und *beschützend* bezeichnet werden können. Im aggressiven Kontext umfasst diese Bewegung der Brauen eine ganze Reihe intensiver Gefühle – von bloßer Missbilligung oder selbstgewisser Entschlossenheit bis zu Verdruss und heftiger Wut. Dagegen übt sie überall dort eine schützende Funktion aus, wo den Augen Gefahr droht.

In Augenblicken der Gefahr bieten die gesenkten Augenbrauen jedoch keinen hinreichenden Schutz, weshalb sich dann die Wangen zugleich nach oben heben. Diese beiden Bewegungen zusammen sorgen für den bestmöglichen Schutz, wenn die Augen weiterhin offen und aktiv sind. Ein solches Zusammenkneifen der Augen charakterisiert ein erschrecktes Gesicht, das mit einem Angriff rechnet, oder ein Gesicht, das einem derart blendenden Licht ausgesetzt ist, dass die Augen darunter leiden.

Das schützende Zusammenkneifen erfolgt häufig auch beim Lachen, beim Weinen oder in Augenblicken tiefen Abscheus – und gibt damit zu erkennen, dass man diese Zustände vielleicht ebenfalls als übermäßiges Ausgesetztsein deuten kann.

Die Augen zu schützen – eben darin liegt der ursprüngliche Zweck der gesenkten Brauen. In aggressiver Umgebung erscheint der Nutzen dieser Bewegung, die aus dem Bedürfnis resultiert, die Augenpartie gegen mögliche Angriffe eines feindseligen Gegenübers zu verteidigen, eher sekundär. Oft assoziieren wir ja die gerunzelte Stirn mit einem grimmigen Gesicht – also nicht mit einem, dessen Miene an Selbstschutz denken lässt, aber das erweist sich als falsch. Es mag durchaus grimmig sein, doch ist es nicht so furchtlos grimmig, dass ihm das Bedürfnis, diese lebenswichtigen Organe – die Augen – zu schützen, völlig gleichgültig wäre. Das wirklich furchtlose, Aggression ausdrückende Gesicht hingegen kennzeichnet sich gerade durch nicht zusammengekniffene Augen und einen starren Blick; allerdings taucht es vergleichsweise selten auf, da man bei offen feindseligen Aktionen fast immer irgendwelche Vergeltungsmaßnahmen befürchten muss.

Hochziehen der Augenbrauen. Wie die zuvor beschriebene Bewegung ist auch diese nicht genau senkrecht. Wenn die Brauen sich heben, wandern sie ein wenig nach vorn und entfernen sich voneinander. Das hat zur Folge, dass die Haut zwischen ihnen sich strafft und dass an dieser Stelle die kurzen vertikalen Falten geglättet werden. Zugleich jedoch schiebt sich die gesamte Stirnhaut nach oben und erzeugt dadurch ein Muster langer horizontaler Falten. Diese – meistens vier oder fünf an der Zahl – verlaufen in etwa parallel. Manchmal entstehen auch nur drei Falten, manchmal sogar zehn, aber das lässt sich schwerlich abschätzen, da die oberen und die unteren Linien gewöhnlich unscharf oder fragmentarisch sind. Lediglich die mittleren Linien ziehen sich in der Regel bis über die Brauen.

Das also ist im allgemeinen Sprachgebrauch die »gerunzelte Stirn«, die häufig einem »besorgten« Menschen zugeschrieben wird. Im Grunde jedoch umfasst sie eine viel breitere Skala von Gefühlen und Einstellungen. Verschiedenen Autoren zufolge verweist sie auf Erstaunen, Verblüffung, Überraschung, Skepsis gegenüber dem Glück, Verneinung, Ignoranz, Arroganz, Vorahnung, Zweifel, Unverständnis, Sorge, Angst. Ein Musikkritiker gab jenen berühmten Kommentar ab, dass ein gewisser Opernstar »eine Sängerin« sei, die »jeden Ton über dem A mit ihren Augenbrauen nehmen muss«. Angesichts all dieser unterschiedlichen Interpretationen kann man die eigentliche Bedeutung dieser Bewegung nur verstehen, wenn man zurückblickt auf ihre evolutionären Ursprünge.

Das Hochziehen der Augenbrauen ist ein Verhaltensmuster, das wir mit anderen Primatenarten teilen; bei ihnen wie bei uns scheint es zunächst dazu gedient zu haben, die Sicht zu verbessern. Indem Stirnhaut und Brauen nach oben gehen, vergrößert sich sofort das Blickfeld. Demnach ist diese Bewegung, um eine bekannte Formulierung zu benutzen, ein »Augen-Öffner«. Sie erhöht die Anzahl der visuellen Eindrücke.

Unter Affen handelt es sich dabei offenbar um eine Notfall-Reaktion, die erfolgt, sobald die Tiere mit etwas konfrontiert sind, vor dem sie fliehen möchten. Allerdings entsteht sie nur dann, wenn es in der betreffenden Situation zugleich noch etwas anderes gibt, das sie davon abhält zu fliehen. Dieses »Andere« kann vieles beinhalten – zum Beispiel den Drang, zum Gegenangriff überzugehen, eine unzähmbare Neugier, die das Tier veranlasst, zu verweilen und das erschreckende Etwas zu betrachten, oder jeder andere Impuls, sich nicht von der Stelle zu rühren, der dem ursprünglichen Drang zu fliehen entgegenwirkt und ihn dadurch abblockt.

Wenn wir nun diese Vorstellung von »verhinderter Flucht« auf den Menschen übertragen, stellen wir fest, dass sie äußerst passend ist. Das Verhalten von Menschen und Affen weist viele Gemeinsamkeiten auf. Der besorgte Mensch mit gerunzelten Brauen würde gerne fliehen, aber aus irgendeinem Grund ist er dazu nicht imstande. Der lachende Mensch mit dem gleichen Ausdruck der Brauen ist ebenfalls etwas bekümmert. In seiner Haltung gibt es verräterische Kennzeichen für einen körperlichen Rückzug. Das Lachen mag zwar echt sein, aber das, was es auslöste, ist zugleich ziemlich beunruhigend. Derlei kommt gar nicht so selten vor. Der Humor treibt uns oft an den Rand der Angst und bringt uns nur deshalb zum Lachen, weil er uns nicht über diesen Rand stößt. Auch die arrogante Person mit steif gebogenen Augenbrauen würde gerne dem derben Treiben ringsum entfliehen. Daher bezeichnen wir sie gemeinhin – und dem physiognomischen Detail gemäß – als »highbrow«, als Person mit hoch gezogenen Brauen, die eben »hochnäsig« ist.

Wenn man diesen Ausdruck mit dem der nach unten gezogenen Brauen vergleicht, ergibt sich ein Problem. Nehmen wir einmal an, wir sehen etwas vor uns, das uns Angst macht; dann können wir unsere Brauen senken, um die Augen zu schützen, oder sie hochziehen, um unser Blickfeld zu erweitern. Beide Bewegungen werden uns nützlich sein, aber wir müssen uns für eine entscheiden. Das Gehirn muss abwägen, ob diese oder jene der Gefahr angemessener ist, und den Gesichtsmuskeln die entsprechenden Anweisungen übermitteln. Wenn wir die Affen betrachten, so bemerken wir, dass ihre Brauen bei den schlimmsten Bedrohungen nach unten, bei weniger erschreckenden Bedrohungen nach oben und in Augenblicken völliger Unterwerfung wieder nach unten gezogen sind. Das menschliche Gesicht zeigt in den betreffenden Situationen jeweils fast die gleiche Stellung der Augenbrauen.

Wenn Menschen sehr aggressiv sind und dadurch vielleicht eine sofortige Vergeltungsmaßnahme des Gegenübers provozieren oder wenn sie geschlagen werden und Angst haben vor einem drohenden Angriff, so opfern sie die bessere Sicht und schützen die Augen mit heruntergezogenen Brauen. Wenn sie ein wenig aggressiv, zugleich aber sehr ängstlich sind oder wenn sie sich in irgendeiner Konfliktsituation befinden, die nicht unmittelbar die Gefahr eines körperlichen Angriffs heraufzubeschwören scheint, so opfern sie den Schutz der Augen zugunsten des taktischen Vorteils, klarer zu erkennen, was ringsum passiert, und ziehen die Brauen hoch.

Sobald diese beiden Bewegungen ihre primären Funktionen entwickelt hatten, konnten sie als Indikatoren auch in »gemäßigteren« Verhältnissen eingesetzt werden. Deshalb benutzen wir sie als mehr oder weniger affektierte Signale. Leute können ihre Augenbrauen absichtlich hochziehen, selbst wenn sie nicht beunruhigt sind, einfach um jemand anders zu verstehen zu geben: Wie beunruhigend für *dich*. Aber solche Veränderungen und Verfeinerungen wären nicht möglich, dienten sie nicht letzten Endes der ursprünglichen Bedeutung der Bewegungen.

Ebenso wie die Falten können auch die Bögen, verursacht durch das Hochziehen der Augenbrauen, mit zunehmendem Alter »erstarren«. Die Haut unserer Stirn wird mehr und mehr verunstaltet von Spuren all jener Mienen, die wir im Laufe der Jahre aufgesetzt haben. Wenn wir häufig nervös oder besorgt sind, zeichnen sich auf unserer immer wieder hoch gezogenen Stirnhaut ständig dünne, gebogene Linien ab. Infolge des Alters verliert sie an Elastizität; wie ein zerknittertes Blatt Papier, das wir glatt zu streichen versuchen, sträubt sie sich dagegen, ihren vollkommen glatten, jugendlichen Zustand wiederzuerlangen – selbst in Zeiten der Entspannung und der Ruhe.

Die weibliche Stirn, die allmählich von Furchen durchzogen wird, ist ein verräterisches Zeichen dafür, dass die Frau nicht mehr jung ist. Außerdem lässt sie auf eine überängstliche Persönlichkeit schließen. »Alt und nervös« – das ist nicht die Botschaft, die eine imagebewusste Frau der Welt gerne übermitteln möchte, und deshalb muss sie irgendwelche Maßnahmen ergreifen, um den Schaden zu beheben oder wenigstens zu verbergen.

Starkes Make-up kann Abnutzungserscheinungen mildern, mehr aber auch nicht. Ein dichtes Haarteil mag als nützliches Hilfsmittel dienen – bis dann ein Windstoß kommt und es wegweht. Frauen, deren soziale Stellung und Einkommen in hohem Maße von ihrem Äußeren abhängt, bedürfen drastischerer Maßnahmen. Seit vielen Jahren schon ist das Facelifting eine Methode, die die Schönheitschirurgie bietet. Sie ist ebenso extrem wie effektiv – die Haut wird so straff über den Schädel gespannt, dass sie nicht einmal die kleinste Falte zeigen kann.

Seit Anfang der neunziger Jahre gibt es ein moderneres Verfahren zur Beseitigung von Falten – nämlich in gewissen Abständen *Botox* zu injizieren. Die dadurch gelähmte Stirnhaut ist zu keiner Bewegung mehr fähig, ganz gleich, wie emotional die betreffende Person sein mag. Eigentlich ist Botox ein Gift, ein neurotoxisches Protein, erzeugt von einem Bakterium namens *Clostridium botulinum.* Es wird direkt in jene Muskeln gespritzt, die Falten hervorrufen, und inaktiviert sie für einen Zeitraum von drei bis fünf Monaten. Bei dieser Art von kosmetischer Behandlung verwendet man es in so schwachen Dosen, dass keine oder nur geringe Gefahr besteht. Doch das muss von offiziellen medizinischen Stellen erst noch bestätigt werden. Trotzdem handelt es sich hierbei wohl um die zweitpopulärste Form kosmetischer Chirurgie, die heute zur Anwendung kommt.

Das Problem dieser ernsten Eingriffe liegt darin, dass sie die Stirnhaut fast *zu* glatt machen, weshalb sie dann überhaupt keine Gefühle mehr zeigen kann. Das Resultat ist eine maskenhafte Erscheinung – ein junges, aber starres Gesicht. Eine zufriedenstellendere medizinische Lösung bleibt also noch zu finden.

Schrägstellen der Augenbrauen. Hierbei handelt es sich um eine Mischung der beiden vorherigen Bewegungen, wobei die eine Braue gesenkt und die andere hoch gezogen wird. Das ist kein besonders üblicher Ausdruck – vielen Menschen fällt es schwer, ihn überhaupt zu erzeugen.

Die Botschaft, die diese Bewegung übermittelt, ist ebenso direkt wie der Ausdruck selbst. Die eine Gesichtshälfte wirkt aggressiv, während die andere ängstlich erscheint. Aus irgendeinem Grund lässt sich diese widersprüchliche Reaktion viel häufiger bei Männern als bei Frauen beobachten. Die Stimmung, die sich hinter den beiden »schief stehenden« Augenbrauen verbirgt, zeugt gewöhnlich von Skepsis. Die hoch gezogene Braue bildet gleichsam ein Fragezeichen – zumal zusammen mit der anderen, die sich über ein fast wütend starrendes Auge wölbt.

Zusammenziehen der Augenbrauen. Das heißt, die Brauen werden gleichzeitig gehoben und gegeneinander geschoben. Wie die zuvor beschriebene Bewegung setzt sich auch diese aus zwei Elementen zusammen, dem Senken und dem Heben. Die nach innen gerichtete Bewegung resultiert aus der Bewegung nach unten und erzeugt kurze vertikale Falten in dem verengten Raum zwischen den Augenbrauen. Die nach oben gerichtete Bewegung wiederum wirft horizontale Falten über die Stirn. Das Zusammenziehen der Brauen verursacht daher zwei Arten von Hautfalten.

Dieser Ausdruck wird mit großer Angst und tiefer Trauer in Verbindung gebracht. Außerdem beobachtet man ihn in einigen Fällen von chronischem – nicht akutem – Schmerz. Ein jäher stechender Schmerz bewirkt, dass das Gesicht zusammenzuckt und die Brauen folglich nach unten gehen, wohingegen ein dumpfer, lang anhaltender Schmerz eher dazu führt, dass die Brauen sich zusammenziehen. Ein gutes Beispiel ist der übliche Gesichtsausdruck, der in Werbeanzeigen für Kopfschmerztabletten abgebildet wird.

Ursprünglich erscheint diese Bewegung als ein Versuch der Brauen, auf ein zweifaches Signal aus dem Gehirn zu reagieren. Die eine Botschaft besagt: »Zieh die Braue hoch«, die andere: »Senke sie«. Verschiedene Muskelstränge beginnen in entgegengesetzter Richtung zu ziehen. Den einen gelingt es, die Augenbrauen ein wenig zu heben, doch die anderen, die sie nach unten und nach innen zu schieben versuchen, schaffen es nur, sie nach innen und zueinander zu bewegen.

Manchmal – aber nicht zwangsläufig – werden die inneren Enden der Brauen höher gezogen als die äußeren, wodurch dann jene »schräg stehenden Augenbrauen der Trauer« entstehen. Diese extreme Form des Zusammenziehens kann man meistens bei Menschen wahrnehmen, die mehr als den üblichen Anteil an schwerem Leid ertragen mussten. Wenn Frauen mit weniger tragischen Geschichten ihre Augenbrauen nach oben in die genannte Stellung zwingen wollen, mögen sie damit wenig Erfolg haben, obwohl sie vielleicht spüren, wie ihre Brauen sich dieser Position anzunähern versuchen. Prinzipiell sollte es möglich sein festzustellen, wie viel Unglück im früheren Leben einer Frau geschah, indem man einfach überprüft, ob es ihr mühelos gelingt, die Augenbrauen in diese schräge Stellung zu bringen.

Kurzes Hochziehen der Augenbrauen. Dabei werden die Brauen im Bruchteil einer Sekunde gehoben und wieder gesenkt. Diese blitzartige Bewegung nach oben ist ein wichtiges und offenbar auf der ganzen Welt verbreitetes menschliches Begrüßungssignal. Es wurde nicht nur bei Europäern aus unterschiedlichen Ländern registriert, sondern auch in so weit voneinander entfernten Gebieten wie Bali, Neuguinea und dem Amazonasbecken, wobei in einigen Fällen keine europäischen Einflüsse auszumachen waren. Es hat stets die gleiche Bedeutung, insofern es das freundliche Wiedererkennen der anderen Person anzeigt.

Dieses jähe Zucken der Augenbrauen findet gewöhnlich in einiger Entfernung vom Gegenüber statt, zu Beginn einer Begegnung; es gehört nicht zu den Ausdrucksformen des näheren Umgangs wie zum Beispiel das Händeschütteln, das Küssen und Umarmen, das dann folgt. Es wird oft begleitet von einem leichten Zurückwerfen des Kopfes und einem Lächeln, kann aber auch isoliert in Erscheinung treten.

Im ursprünglichen Sinne ist es eindeutig eine »Übernahme« der nach oben gerichteten Brauenbewegung, die Überraschung ausdrückt. Verbunden mit dem Lächeln wird es zum Signal einer angenehmen Überraschung. Seine extrem kurze Dauer – weniger als eine Sekunde – weist darauf hin, dass die Überraschung schnell verfliegt, damit das freundliche Lächeln die Szene dominieren kann.

Wie schon erwähnt, beinhaltet das Hochziehen der Augenbrauen auch eine gewisse Angst; es mutet vielleicht seltsam an, dass dieser Faktor bei der Begrüßung zwischen Freunden eine Rolle spielt. Doch jede Begrüßung, wie freundschaftlich sie auch sein mag, erhöht das Maß an gesellschaftlichen Unwägbarkeiten. Wir wissen einfach nicht, wie die anderen reagieren werden oder inwieweit sie sich seit dem letzten Treffen verändert haben. Dadurch wohnt der Begegnung zwangsläufig ein Hauch von vager Angst inne.

Neben seiner Funktion als Begrüßungssignal dient das Zucken der Augenbrauen in alltäglichen Gesprächen als Markierungszeichen für Betonungen. Jedes Mal, wenn ein Wort stark betont wird, schnellen die Brauen nach oben. Bei den meisten von uns geschieht das nur gelegentlich, bei einigen jedoch häufig und in übertriebener Weise. Es ist, als würden wir damit während der verbalen Kommunikation sagen: »Das hier sind die überraschenden Punkte.«

Zucken der Augenbrauen. Die Brauen werden nach oben gezogen, einen Moment lang in der erhöhten Position gehalten und dann wieder gesenkt. Es ist dieses kurze Verharren, das die Bewegung vom jähen Zucken bei Begrüßungen und bei Betonungen unterscheidet.

Damit partizipieren die Augenbrauen an der komplexen Reaktion des Zuckens, die sich auch auf andere Körperteile erstreckt: den Mund, den Kopf, die Schultern, die Arme und Hände. Sie kann gesondert ablaufen, nur eine Partie erfassen, oder zwei beziehungsweise drei davon zu einem zusammengesetzten Ausdruck miteinander verbinden. Obwohl das Zucken der Brauen manchmal allein auftritt, wird es doch gewöhnlich vom Zucken des Mundes begleitet – von einer schnellen und momentanen Bewegung der Mundwinkel nach unten. Diese Kombination – die als »Gesichtszucken« bezeichnet werden könnte – entsteht häufig ohne Beteiligung des Kopfes, der Schultern, der Arme und Hände.

Im Gegensatz zum jähen Zucken der Augenbrauen bekundet das etwas langsamere Zucken daher in typischer Weise eher eine betrübte als eine frohe Stimmung. Das gibt ihm die Bedeutung einer mehr oder weniger unangenehmen Überraschung, und dementsprechend wird es auch eingesetzt. Wenn zum Beispiel zwei Personen zusammensitzen, und eine dritte in der Nähe tut etwas, das »unangenehm« auffällt, so zuckt die eine der beiden vielleicht mit den Augenbrauen, um ihrem Gegenüber mitzuteilen, dass sie überrascht ist und dieses Verhalten missbilligt.

Bei bestimmten Menschen geht das Zucken der Augenbrauen oft mit dem Sprechen einher. Fast alle von uns machen, wenn wir angeregt reden, kleine, sich wiederholende Bewegungen, um den eigenen Worten einen intensiveren Ausdruck zu verleihen. Jeder verbalen Betonung fügen wir eine visuelle Betonung hinzu. Die meisten bewegen die Hand oder den Kopf, um wichtige Punkte zu akzentuieren, einige jedoch ziehen es vor, dies mit den Augenbrauen zu tun. Während sie sprechen, zucken ihre Brauen immer genau dann, wenn ein Argument besonderes Gewicht erhalten soll. Das ist charakteristisch für den chronischen »Nörgler«, der von den Wechselfällen des Lebens ständig überrascht zu werden scheint, aber es trifft auch auf andere Persönlichkeitstypen zu.

Wenn wir nun die Bewegungen der Augenbrauen beiseite lassen und uns deren Anatomie zuwenden, so stoßen wir auf einen wesentlichen Unterschied zwischen den Geschlechtern: die weiblichen Brauen sind feiner und weniger buschig als die der Männer. Dieser Unterschied hat zu zahlreichen Formen der »Verschönerung« geführt. Weibliche Augenbrauen wurden superweiblich, indem man ihre Feinheit und Schmalheit extrem betonte.

Das wird schon seit Jahrhunderten praktiziert, wobei eine ganze Reihe verschiedener Techniken zur Anwendung kommt – rasieren, epilieren, auszupfen und anmalen. Ursprünglich geschah dies unter dem Vorwand, dass diese Verfahren dazu beitrügen, Unheil fern zu halten; später sollten sie den Körper vor Krankheiten schützen und insbesondere Blindheit verhindern; und noch später dienten sie dazu, die Schönheit der Frau mehr zur Geltung zu bringen. All diese Bestrebungen waren getragen von dem dringenden Wunsch, die Augenbrauen noch viel weiblicher aussehen zu lassen.

Im 20. Jahrhundert erreichte das Auszupfen der Brauen seinen Höhepunkt zwischen den Weltkriegen, in den zwanziger und dreißiger Jahren nämlich, als »der Augenbrauenstift in jedem Schminktäschchen zu finden war, verfügbar in fünf bezaubernden Farbtönen«. Nachdem man den dichten Wuchs der Brauen mit Pinzetten ausgedünnt hatte, benutzte man diesen Stift, um die dünne gebogene Linie der verbliebenen Haare stärker hervorzuheben.

Einigen Frauen erschien die Behandlung mit der Pinzette als zu grob. Im Moment des Auszupfens konnten deren Metallenden das Haar leicht abbrechen, sodass es dann schnell wieder nachwuchs. Deshalb bevorzugte man die Methode, einen winzigen Faden um jedes Haar zu binden und es auf diese Weise auszureißen. Damit war sichergestellt, dass die Haarwurzel ebenfalls entfernt wurde. Diese Technik ist heute noch besonders in Asien und im Nahen Osten weit verbreitet.

Wenn eine Frau das Gefühl hatte, dass ihre Augenbrauen auf der Stirn deplatziert oder unschön wirkten, konnte sie sie natürlich auch ganz beseitigen und künstliche Linien an einer anderen Stelle ziehen, die mehr ihrem Geschmack entsprach. Wenn das geschah, tauchten die neuen »Augenbrauen« fast immer *oberhalb* der ursprünglichen Stelle auf, wodurch das Gesicht sich aufhellte. Ein Sprichwort aus dem späten 18. Jahrhundert lautet: »Sanft geschwungene Augenbrauen passen zur Bescheidenheit einer Jungfrau.« Fest steht jedenfalls, dass künstlich nach oben versetzte Brauen einen unschuldigeren, kindlichen, großäugigen Blick verursachen. Eine Frau mit tief liegenden natürlichen Brauen kann derart finster schauen, dass man ihr vielleicht nachsagt, sie habe »die Brauen einer Hexe«.

Die Formen der veränderten Augenbrauen variieren von Epoche zu Epoche und von Mensch zu Mensch. Oft wurde große Sorgfalt darauf verwandt, beide so zu gestalten, dass sie der Mode der Zeit entsprachen, zugleich aber auch mit dem Gesicht harmonierten. Ein Augenbrauenkenner beharrt darauf, dass die perfekte Form »zu zwei Dritteln von einer schwungvoll aufsteigenden Kurve und zu einem Drittel von einer schwungvoll abfallenden Kurve gebildet wird«, obwohl diese Vorgabe im Einzelfall wohl gewisser Modifikationen bedarf. Man sieht, welch subtile Details die Augenbrauenästhetik kennzeichnen.

Das vielleicht seltsamste Beispiel falscher Augenbrauen stammt aus dem England des frühen 18. Jahrhunderts. Zu jener Zeit wurden Brauen ebenfalls rasiert und ersetzt, aber die Art und Weise, wie man sie ersetzte, war sehr sonderbar. Die gefragtesten »Fälschungen« wurden nämlich aus der Haut von Mäusen hergestellt. Jonathan Swift beschrieb diese merkwürdige Mode mit den Versen: »Ihre Brauen sind aus Mäusehaut,/Kunstvoll angeklebt auf beiden Seiten.«

Da dieser Einsatz stets der Verschönerung des weiblichen Äußeren galt, folgte daraus, dass es häufig eine ausgeprägt asexuelle Aussage war, wenn eine Frau die Augenbrauen in ihrem natürlichen, nicht gezupften Zustand beließ. Frauen, die in Verhältnissen arbeiteten, wo von ihnen erwartet wurde, die eigene Sexualität zu unterdrücken, sollten auch ihre Augenbrauen nicht antasten. In den dreißiger Jahren des 20. Jahrhunderts gab es einen heftig diskutierten Fall in einem Londoner Krankenhaus, wo die Oberin einer Krankenschwester verbieten wollte, sich die Brauen zu zupfen. Diese legte Beschwerde ein mit dem Argument, dass ein solches Verbot die persönliche Freiheit einschränke, doch die Entscheidung der Oberin wurde vom Londoner Stadtrat unterstützt. Demnach mussten die Patienten in ihren Betten auf jenen erotischen Reiz verzichten, den der Anblick einer behutsam gezupften Augenbraue auslösen kann. (Einem hätte dieses Urteil besonders gefallen, nämlich dem Propheten Mohammed, dessen Offenbarungen auch den Satz enthalten: »Möge Allah die Frauen verfluchen, die ... sich die Augenbrauen zupfen.«)

Schließlich muss noch jenes weibliche Gesicht erwähnt werden, das eine spektakuläre »Monobraue« aufweist. In diesem Zustand sind beide Augenbrauen über ihre inneren Enden miteinander verbunden, sodass sie eine lange, durchgehende Brauenleiste bilden. Sie ist eine Ausnahme, und wo sie auftaucht, wird sie meistens entsprechend gestutzt. Jede Frau, die mit einer solchen Braue auf die Welt gekommen ist, wird alles unternehmen, um jene störenden Haare zu entfernen, die die Glabella über ihrem Nasenrücken bedecken. Dafür gibt es auch einige triftige Gründe. Erstens wirkt der üppige Haarwuchs der Brauenregion übermäßig männlich. Zweitens ist es eine »animalische« Eigenschaft, an Stellen Haare zu haben, wo normalerweise keine wachsen. Drittens vermittelt das Haar in der Mitte den Eindruck eines ständigen Stirnrunzelns. Und viertens besteht seit Jahrhunderten der Aberglaube, dass jede Frau mit einer Monobraue ein Vampir sei.

Diese verhängnisvollen Assoziationen reichen aus, um jede modebewusste Frau zu veranlassen, ihre Pinzette zu holen. Wer die finstere Monobraue behält, muss schon »über der Mode« stehen. Im 20. Jahrhundert gab es eine solche Frau – die berühmte bisexuelle mexikanische Malerin Frida Kahlo. Für sie wurde die behaarte Glabella zu einem persönlichen Kennzeichen, das sie in all ihren Selbstporträts naturgetreu abbildete. Ihre kohlrabenschwarze Monobraue, die »über den stechenden dunklen Augen schwebt wie ein fliegender Vogel«, wurde sogar mit einem berühmten Monument verglichen. So die Worte eines Kritikers: »Frida Kahlo mag eine interessante und kreative Frau gewesen sein, aber sie hatte nur eine Augenbraue. Sie zog sich von der einen Gesichtshälfte zur anderen wie die Chinesische Mauer, und wie diese Mauer war sie wahrscheinlich vom Mond aus zu sehen.«

Es ist amüsant, dass solche extremen Vergleiche durch ein paar dunkle Haare oberhalb von Kahlos Nase inspiriert wurden, und es ist bemerkenswert, dass eine so geringfügige Verlängerung der menschlichen Augenbraue derart heftige Reaktionen auslösen konnte. Wir betrachten die Brauen als etwas so Selbstverständliches, dass wir nur dann aufmerken und Notiz von ihnen nehmen, wenn sie irgendeine seltsame Eigenschaft aufweisen.

Abgesehen von Frida Kahlos charakteristischer Monobraue gab es in den letzten Jahren nur einen Fall, in dem üppige weibliche Augenbrauen akzeptiert und eine Zeit lang sogar populär wurden. Das war in den achtziger Jahren, als die feministische Bewegung ein gewisses Stadium erreicht hatte und Frauen zu der Überzeugung gelangten, dass sie gut mit dem anderen Geschlecht konkurrieren konnten, indem sie männlicher aussahen. Damals tauchte ein junger Hollywoodstar, Brooke Shields, in Filmen auf mit einem Merkmal, das man als »Raupenbrauen« beschrieb. Sie waren wohl nicht miteinander verwachsen wie die von Kahlo, aber so üppig wie die eines Mannes, und verliehen ihr einen wild entschlossenen, höchst selbstbewussten Blick. Da Frauen seither beschlossen haben, dass es viel angemessener und befriedigender ist, *als Frauen* statt als Pseudo-Männer zu reüssieren, sind ihre Augenbrauen jetzt wieder in jenem gestutzten und geschwungenen Zustand, der seit Jahrhunderten begehrt ist. Wie Shakespeare im *Wintermärchen* schrieb: »Doch schwarze Brauen, sagen sie, steh'n manchen Frauen doch am besten, auf dass dort nicht zu viele Haare sind, sondern ein Halbkreis oder Halbmond, mit dem Stift gezogen.«

4. DIE OHREN

Weibliche Ohren sind noch nie gut behandelt worden. Entweder hat man sie ignoriert oder verstümmelt. Puder und Farbe, die so liebevoll auf das Gesicht der Frau aufgetragen werden, sind an ihnen vorübergegangen. Während das sorgfältig geschminkte Gesicht im Mittelpunkt stand, wurden die Ohren gering geschätzt oder häufig unter dem Haar verborgen. Und wenn sie doch einmal aus ihrem Versteck auftauchten, hielt man sie allenfalls für geeignet, durchbohrt zu werden und Schmuck zu tragen. Kam es in seltenen Fällen zu einer Schönheitsoperation, so zielte diese lediglich darauf ab, die Ohren noch unsichtbarer zu machen – indem man leicht abstehende Ohren zum Kopf hin »zurückbog«. Doch bevor wir die kulturellen Misshandlungen genauer untersuchen, die das Ohr so lange Zeit erleiden musste, lohnt es sich, zunächst Biologie und Anatomie dieses weiblichen Körperteils zu betrachten.

Der sichtbare Teil des menschlichen Ohres ist ziemlich unauffällig. Im Laufe der Evolution hat dieses seine lang gezogene Spitze ebenso verloren wie seine Beweglichkeit. Auch seine feinen, sensiblen Ränder sind verschwunden – sie wurden gleichsam zu »eingerollten Krempen«. Doch ganz gewiss sollte man das Ohr nicht als ein nutzloses Überbleibsel betrachten.

Die Hauptfunktion des Außenohres besteht nach wie vor darin, Geräusche aufzunehmen und zu sammeln – ein Hörrohr aus Fleisch und Blut. Wir können unsere Ohren zwar weder spitzen noch drehen, um ein plötzliches Geräusch zu orten, wie andere Tiere es tun, aber wir sind auch jetzt noch in der Lage, eine Geräuschquelle in einem Winkel von 3 Grad ausfindig zu machen. Was unser Ohr an Beweglichkeit eingebüßt hat, wurde durch eine größere Beweglichkeit unseres Kopfes wettgemacht. Wenn ein Hirsch oder eine Antilope ein alarmierendes Geräusch hört, hebt er oder sie den Kopf und dreht die Ohren hierhin und dorthin. Wenn dagegen wir ein solches Geräusch vernehmen, drehen wir den Kopf, und das funktioniert fast genauso gut.

Obwohl unsere Ohren sich starr anfühlen, bewahren sie doch einen Bruchteil jener Bewegungen, die sie einmal ausführen konnten. Wenn man vor dem Spiegel die Muskeln des Ohres straff anspannt, so sieht man gerade noch eine Spur seiner schützenden Bewegung, indem es sich an die Seite des Kopfes zu drücken versucht. Die großen beweglichen Ohren der Tiere tun das fast immer in Kampfsituationen, um nicht verletzt zu werden – und auch die unseren reagieren noch so, wenn wir in Augenblicken der Panik die Kopfhaut straffen, obwohl unsere Ohren in ihrer normalen Ruheposition bereits eng anliegen.

Die Form unseres äußeren Ohres ist wichtig für die Übertragung unverzerrter Geräusche an das Trommelfell. Ein Mensch, der das Pech hätte, dass ihm die Ohren abgeschnitten werden, müsste feststellen, dass seine Fähigkeit zuzuhören stark eingeschränkt ist. Die Ohrkanäle und das Trommelfell bilden ein »Resonanzsystem«, in dem einige Geräusche auf Kosten anderer stärker betont werden. Die anscheinend willkürliche Form des Ohres mit ihren gebogenen Falten und Furchen ist in Wirklichkeit eine besondere »Konstruktion«, die jede akustische Verzerrung verhindert.

Eine weitere, weniger bedeutsame Funktion unserer Ohren ist das Ausgleichen der Körpertemperatur. Wenn Elefanten überhitzt sind, schlagen sie mit ihren riesigen Ohren und kühlen sich dadurch ab. Direkt unter der Haut des Ohres liegen Blutgefäße in Überfülle, weshalb es für viele Spezies wichtig sein kann, Körperwärme über sie abzustrahlen. Bei uns mag diese Art der Wärmeregulierung nur eine geringfügige Rolle spielen, dafür aber ist sie zu einem gesellschaftlichen Signal geworden. Wenn einer Frau während eines emotionalen Konflikts heiß wird, laufen ihre Ohren vielleicht leuchtend rot an. Dieses Erröten der Ohren hat seit der Antike Anlass zu Kommentaren gegeben. Vor fast zweitausend Jahren schrieb Plinius der Ältere: »Wenn unsere Ohren glühen und brennen, so spricht jemand über uns in unserer Abwesenheit.« Und Shakespeare lässt Beatrice in *Viel Lärm um nichts* gerade da, als andere über sie reden, die Frage stellen: »Welch Feuer ist in meinen Ohren?«

Schließlich scheinen unsere Ohren mit der Entwicklung weicher fleischiger Läppchen eine neue, erotische Funktion erworben zu haben. Diese Ohrläppchen, die bei unseren nächsten Verwandten fehlen, sind offenbar ein spezifisches Merkmal des Menschen, das sich im Zuge unserer gesteigerten Sexualität ausbildete. Frühe Anatomen dachten, sie seien funktionslos: »… ein neues Merkmal, das anscheinend keinem nützlichen Zweck dient, es sei denn, man durchsticht sie, um Schmuck daran zu befestigen«. Doch kürzlich durchgeführte Untersuchungen des sexuellen Verhaltens haben gezeigt, dass sich die Ohrläppchen bei starker Erregung mit Blut füllen und anschwellen. Dadurch reagieren sie äußerst empfindlich auf Berührungen. Für viele Frauen ist das Streicheln, Einsaugen und Küssen der Ohrläppchen während des Liebesaktes ein starker Stimulus. Kinsey und seine Kollegen am Institute for Sex Research in Indiana haben festgestellt, dass eine Frau infolge der Liebkosung ihrer Ohren in seltenen Fällen sogar zum Orgasmus kommen kann.

In der Mitte des Außenohres befindet sich das dunkle »Ohrloch«, das zu einem engen, etwa zweieinhalb Zentimeter langen Kanal, dem äußeren Gehörgang, führt. Dieser ist leicht gebogen, sodass seine Form dazu beiträgt, das Ohr innen warm zu halten. Diese Wärme ist wichtig für das reibungslose Funktionieren des Trommelfells am anderen Ende. Das Trommelfell selbst ist ein extrem empfindliches Organ und der Gehörgang hält es nicht nur angenehm warm, sondern schützt es auch vor Verletzung. Dieser Schutz hat allerdings seinen Preis, insofern wir diese Vertiefung nicht mit unseren Fingern reinigen können. Wir sind imstande, unseren übrigen Körper relativ mühelos zu pflegen, ihn von Schmutz und kleinen Parasiten zu befreien, uns außerdem die Nase zu schnäuzen und so jene anderen Öffnungen, die Nasenlöcher, zu säubern; aber wenn ein Eindringling in unsere Gehörgänge gelangt, haben wir ein Problem. Versuche, die Irritation mit einem Wattestäbchen zu beseitigen, können leicht das Trommelfell schädigen; deshalb brauchen wir unbedingt einen besonderen Schutz gegen derartige Störungen. Die Evolution hat die Lösung gefunden in Gestalt von feinen Härchen, die größere Insekten fern halten, und von Ohrenschmalz, das kleinere Erreger abtötet. Das gelbliche Ohrenschmalz hat einen bitteren Geruch, der auf Insekten abstoßend wirkt. Er wird von 4 000 winzigen Talgdrüsen produziert, extrem abgewandelten apokrinen Drüsen, die ihrerseits den stark riechenden Schweiß im Bereich der Achselhöhlen und zwischen den Beinen erzeugen.

Hier ist nicht der Ort, um die inneren Teile des Ohres im Detail zu beschreiben. Kurz gesagt werden die auf das Trommelfell treffenden akustischen Schwingungen in Nervenimpulse umgewandelt, die an das Gehirn übermittelt werden. Das Trommelfell ist äußerst empfindlich – und fähig, eine Schwingung wahrzunehmen, die seine Oberfläche nur um einen Milliardstel Zentimeter bewegt. Diese minimale Veränderung wird dann durch drei merkwürdig geformte Knöchelchen (Hammer, Amboss und Steigbügel) im Mittelohr weitergeleitet, die den Druck um das Zweiundzwanzigfache vergrößern. Das verstärkte Signal gelangt anschließend ins Innenohr, wo ein seltsames schneckenförmiges, mit Flüssigkeit gefülltes Organ aktiviert wird. Darin entstehen Schwingungen, die auf haarähnliche Nervenzellen treffen. Es gibt Tausende dieser Zellen, wobei jede auf eine bestimmte Schwingung »eingestellt« ist; zusammen senden sie ihre Botschaften über den Gehörnerv ins Gehirn.

Darüber hinaus enthält das Innenohr lebenswichtige Gleichgewichtsorgane, drei halbkreisförmige Kanäle, von denen der Erste die Auf-und-ab-Bewegungen steuert, der Zweite die Vorwärtsbewegungen und der Dritte die Bewegungen von der einen Seite zur anderen. Die Bedeutung dieser Organe wuchs dramatisch, als sich unsere Urahnen zum ersten Mal auf die Hinterbeine stellten und auf zwei Füßen fortbewegten. Ein Tier auf vier Füßen ist verhältnismäßig standfest, wohingegen der aufrechte Gang fast ständig feine Anpassungen an das Gleichgewicht erfordert. Obwohl wir diese Gleichgewichtsorgane als selbstverständlich betrachten, sind sie für unser Überleben im Grunde noch wichtiger als jene Teile des Ohrs, die Geräusche verarbeiten. Ein tauber Mensch kann leichter überleben als einer, der jedes Gleichgewichtsgefühl verloren hat.

Ein bedauerlicher Aspekt unseres Gehörsinns ist der, dass er von Geburt an nachlässt. Der menschliche Säugling kann Wellenfrequenzen von 16 Hz bis zu 30 000 Hz wahrnehmen. Im Jugendalter liegt die obere Grenze bereits bei 20 000 Hz und mit sechzig Jahren bei nur noch etwa 12 000 Hz. Das heißt, mit zunehmendem Alter können wir immer weniger hohe Töne hören. Dem alten Menschen fällt es schwer, in überfüllten Räumen einem Gespräch zu lauschen, obwohl es ihm vielleicht immer noch vergönnt ist, an einem ruhigen Ort eine einzelne Stimme gut zu verstehen. Da sein Hörbereich extrem eingeschränkt ist, hat er Mühe, zwischen verschiedenen Stimmen zu unterscheiden, wenn sie alle gleichzeitig sprechen.

Moderne Hi-Fi-Anlagen können Frequenzen bis zu 20 000 Hz wiedergeben; für eine Frau in mittleren Jahren, die gerade viel Geld ausgegeben hat, um eine solche Anlage bei sich zu Hause zu installieren, ist es eine ärgerliche Vorstellung, dass ihre kleinen Kinder die einzigen Familienmitglieder sind, die den ausgedehnten Frequenzbereich würdigen können. Sie selbst hat Glück, wenn sie Töne irgendwo oberhalb von 15 000 Hz noch wahrzunehmen vermag.

Unsere Ohren haben eine gravierende Schwäche in Bezug auf Geräusche und Lautstärke. Wie andere Spezies entwickelten wir uns in einer relativ ruhigen Welt, wo die lautesten Geräusche Brüllen und Schreien waren. Es gab nichts Lauteres, das unsere empfindlichen Trommelfelle hätte verletzen können, und daher entwickelten wir keinen besonderen Schutz gegen sehr laute Geräusche. Heute sind wir – dank unserer unerschöpflichen Erfindungsgabe – umgeben von donnernden Maschinen, hoch explosiven Sprengstoffen und einer ganzen Reihe anderer extremer Geräusche, die unser Gehör leicht schädigen können.

Die Ohren erinnern uns alle deutlich daran, dass wir heute in einer Welt leben, die sich von jener, in der wir uns als Spezies entwickelten, grundlegend unterscheidet.

Wenn wir uns nun wieder dem äußeren Ohr zuwenden, so bleibt anzumerken, dass man lange Zeit die Ansicht vertrat, jedes Individuum könne an der Form seiner Ohren erkannt werden. Im letzten Jahrhundert schlug man vor, dieses charakteristische Merkmal zu benutzen, um Kriminelle aufzuspüren, doch eine konkurrierende Methode – die Identität eines Menschen durch Fingerabdrücke festzustellen – setzte sich durch, und so geriet die Typisierung anhand der Ohren in Vergessenheit. Allerdings ist es nach wie vor richtig, dass zwei Menschen nie exakt gleiche Ohren haben. Man teilte das Ohr in dreizehn Abschnitte ein und bezeichnete sie; zwei davon verdienen hier besondere Erwähnung.

Da ist zunächst das fleischige Ohrläppchen. Abgesehen von seiner variierenden Größe weist es ein spezifisches Merkmal auf. Jeder von uns hat entweder »frei hängende« oder »angewachsene« Ohrläppchen. Erstere sind vom Kopf ein wenig abgelöst, Letztere nicht. Ein Arzt, der die Mühe auf sich nahm, die Ohren von 4 171 Europäern zu untersuchen, fand heraus, dass 64 Prozent von ihnen frei hängende Ohrläppchen hatten, 36 Prozent angewachsene Ohrläppchen.

Außerdem gibt es einen kleinen Buckel am Rand des Ohres, der »Darwin'scher Höcker« genannt wird. Die meisten Ohren haben ihn, aber oft ist er so schwach ausgeprägt, dass man ihn nur schwer erkennen kann. Wenn Sie von oben mit dem Finger über die Innenseite des gefalteten Rands streichen, werden Sie nach etwa einem Drittel der Gesamtlänge des Ohres auf ihn treffen. Er fühlt sich an wie eine leichte Schwellung oder ein Pickel, aber Darwin war davon überzeugt, dass er ein bedeutsames Überbleibsel aus unserer Urzeit darstellt, als wir noch lange, spitze Ohren hatten, die sich frei bewegen und auf diese Weise feine Geräusche orten konnten. Darwin zufolge handelt es sich bei diesen Punkten um »Restspuren der Spitzen von einstmals aufgerichteten, spitz zulaufenden Ohren«. Sorgfältig durchgeführte Untersuchungen haben ergeben, dass diese Höcker bei ungefähr 26 Prozent der Europäer in sichtbarer Form vorkommen.

Es sind solche Variationen im Detail, die die Ohren zum geeigneten Hilfsmittel für kriminalistische Identifizierungen machen könnten, doch die Auswertung der Fingerabdrücke ist inzwischen so weit fortgeschritten, dass man die Struktur der Ohren wohl nie mehr für derlei Zwecke brauchen wird. Leider sind die einzigen Personen, die heute noch umfangreiche Studien über die Abschnitte des Ohres anfertigen, romantische Nachzügler unter den Physiognomen – »Forscher«, die behaupten, man könne von den Proportionen und Ausdrucksformen des Gesichts auf Charakter- und Persönlichkeitsmerkmale schließen. Ihre fantasievollen Kommentare, die schon zu Anfang des 20. Jahrhunderts jegliche Glaubwürdigkeit eingebüßt hatten, kamen überraschenderweise in den achtziger Jahren wieder zum Vorschein. Da konnte man wieder lesen, dass ein großes Ohr den Erfolgstyp kennzeichne, ein kleines, wohl geformtes Ohr den Konformisten und ein spitz zulaufendes Ohr den Opportunisten. Diese und Hunderte ähnlicher »Interpretationen«, die oft ins Detail gehen, sind eine Beleidigung der menschlichen Intelligenz. Ihre Popularität am Ende des 20. Jahrhunderts ist kaum noch nachvollziehbar.

Kriminologen, die das menschliche Gesicht näher unter die Lupe nahmen, haben berichtet, dass sich aus diesem nie ein bestimmtes »Ohrmuster« ableiten lässt. Betrachtet man ein rundliches und ein kantiges Gesicht, so kann man unmöglich vorhersagen, welches von beiden eher rundliche oder eher kantige Ohren hat. Experten der Körpertypologie (Somatologen) stimmen damit nicht ganz überein. Sie behaupten, dass der endomorphe Typ (Menschen von untersetzter Gestalt) tatsächlich andere Ohren habe als der ektomorphe Typ (Menschen von hagerer, hoch aufgeschossener Gestalt). Endomorphe Ohren zeichnen sich dadurch aus, dass sie eng am Kopf anliegen und dass ihr Ohrläppchen sowie ihre Ohrmuschel gleich gut entwickelt sind. Dagegen ist bei ektomorphen Ohren die Ohrmuschel etwas nach außen gerichtet und besser entwickelt als das Ohrläppchen. Vielleicht kommt diese Unstimmigkeit daher, dass Kriminologen lediglich den Kopfbereich untersuchen, Somatologen aber die gesamte Körpergestalt.

Dem Ohr wurden mehrere symbolische Bedeutungen zugeschrieben. Da es ein Hautlappen mit einer Öffnung ist, verglich man es zwangsläufig mit den weiblichen Genitalien. In Jugoslawien etwa ist die Vulva dem Jargon nach »das Ohr zwischen den Beinen«. In einigen Kulturen war die Verstümmelung der Ohren ein Ersatz für die Beschneidung der Frau. In einigen Ländern des Orients waren Mädchen in der Pubertät gezwungen, einen Initiationsritus zu vollziehen, bei dem Löcher in ihre Ohren gebohrt wurden. Im alten Ägypten bestrafte man eine Ehebrecherin, indem man ihr mit einem scharfen Messer die Ohren abschnitt – ein weiteres Beispiel dafür, dass die Ohren mit den weiblichen Genitalien assoziiert wurden.

Aufgrund dieser symbolischen Korrespondenz ist es nicht besonders überraschend, dass bestimmte außergewöhnliche Individuen durch das Ohr zur Welt kamen. Karna, der Sohn des Hindu-Sonnengottes Surya, soll aus diesem Organ hervorgegangen sein – was nichts anderes bedeutete, als dass seine Mutter Kunti eine Jungfrauengeburt erlebte. In einigen Legenden wird auch behauptet, dass Buddha durch das Ohr seiner Mutter ins Diesseits gelangte.

Im satirischen, 1553 veröffentlichten Abenteuerroman von François Rabelais kam die Hauptfigur Gargantua ebenfalls auf diese ungewöhnliche Weise zur Welt. Als Gargamelle kurz vor der Entbindung stand, »sprang das Kind auf und in die Höhe, gelangte so in die Hohlvene, kletterte am Zwerchfell entlang sogar über ihre Schultern, wo diese Vene sich zweiteilt, und von dort den Weg nach links nehmend, kam er schließlich an ihrem linken Ohr heraus«. Der Autor gab zwar zu, dass dies nur schwer zu glauben sei, verteidigte sich aber durch den Hinweis, dass keine

Stelle in der Bibel einer solchen Geburt widerspräche und dass, wenn Gott es wünschte, »von nun an alle Frauen ihre Kinder am Ohr zur Welt bringen sollten«.

In einem ganz anderen symbolischen Kontext repräsentiert das Ohr die Weisheit – eben weil es das Wort Gottes vernimmt. Dies wiederum diente als Entschuldigung dafür, ungezogene Kinder an den Ohren zu ziehen; der Gedanke war, dass die »Aktivierung« des Ohres die Intelligenz wachrütteln würde, die darin verborgen lag.

Einige dieser Varianten des Aberglaubens sollten zu dem alten Brauch führen, die Ohrläppchen zu durchstechen und Ringe daran zu befestigen. Diese urtümliche Form von Verstümmelung hat sich als bemerkenswert ausdauernd erwiesen, insofern sie eine der wenigen künstlichen Verunstaltungen darstellt, die auch in der modernen Welt äußerst populär sind. Heute lassen sich die meisten Frauen ihre Ohren zu rein dekorativen Zwecken durchstechen, ohne zu wissen, was das einmal bedeutete. In früheren Epochen gab es dafür mehrere Erklärungen, die hier kurz aufgelistet werden sollen.

Da der Teufel und andere böse Geister ständig versuchen, in den menschlichen Körper einzudringen und ihn zu beherrschen, ist es notwendig, all jene Öffnungen zu schützen, durch die sie sich Zugang verschaffen könnten. Das Tragen von Talismanen an den Ohren galt als das beste Mittel, die zahlreichen Dämonen von ihnen fern zu halten.

Da die Ohren der Sitz der Weisheit sind, haben sehr weise Menschen demnach sehr große Ohren und insbesondere lange Ohrläppchen. Schwere Ohrringe, die sie nach unten und noch mehr in die Länge ziehen, werden daher zwangsläufig die natürliche Weisheit vergrößern und die Intelligenz erhöhen. Eine Untersuchung hinduistischer, buddhistischer und chinesischer Skulpturen aus früherer Zeit gibt deutlich zu erkennen, dass die wichtigen religiösen und königlichen Figuren stets verlängerte Ohrläppchen haben.

Anderen Glaubensvorstellungen zufolge heilen Ohrringe eine schwache Sehkraft oder dienen als Schutz gegen das Ertrinken.

Im Laufe der Zeit gerieten diese ursprünglichen Gründe für das Tragen von Ohrringen allmählich in Vergessenheit. In der Neuzeit werden fast alle Ohrringe – ob in Stammesgemeinschaften oder hoch entwickelten Zivilisationen – ausschließlich als Schmuck und nur um der Schönheit oder des sozialen Status willen angelegt. In Stammeskulturen, wo lange Ohrläppchen in Mode sind, beginnt der Verstümmelungsprozess schon im frühen Lebensabschnitt, wenn kleinen Kindern Löcher in die Ohrläppchen gebohrt werden. Diese Löcher vergrößert man immer mehr, Jahr um Jahr, sodass sich das Ohr weiter und weiter nach unten dehnt. Später, in der Pubertät, gelten nur die Mädchen mit den längsten Ohrläppchen als schön. Die wirklich Prachtvollen unter ihnen müssen Ohren haben, die bis zu den Brüsten reichen. Wenn dabei diese tief herabhängenden Schlaufen aus Fleisch unter dem Druck wiederholten Zerrens und der Last schweren Schmucks abreißen, ist die Schönheit eines Mädchens sofort zerstört. In einigen Kulturen betrachtet man sie dann als zu hässlich für eine Heirat.

Überraschenderweise lassen sich Beispiele für diese extremen Verlängerungen des weiblichen Ohres überall auf der Welt finden. Dieser Brauch scheint wieder und wieder ohne fremde Einflüsse entstanden zu sein – an so fernen Orten wie Borneo und Brasilien, Afrika und Kambodscha. Wenn ein Mädchen auf den Trobriand-Inseln in der Salomonsee es wagte, diese Sitte zu missachten, wurde sie verspottet als eine, die »die Ohren eines Buschschweins hat«.

In einigen Stämmen findet ein besonderes Fest statt, bei dem das Ritual, die Ohrläppchen der jungen Mädchen zu durchstechen, im Mittelpunkt steht. In manchen Kulturen dürfen die schweren Schmuckstücke, die an den lang gezogenen Ohrläppchen einer verheirateten Frau hängen, erst nach dem Tod ihres Mannes abgenommen werden. Sie werden dann als ein Zeichen der Trauer während der Bestattungszeremonie entfernt.

Die Größe dieses Ohrschmucks ist bisweilen ganz erstaunlich. Bei einem Stamm hängen nicht weniger als fünfzig Messingringe mit einem Durchmesser von je 10 cm an jedem Ohr. Bei einem anderen werden noch schwere Kupferringe hinzugefügt, sodass das Gesamtgewicht, das jedes verlängerte Ohrläppchen nach unten zieht, sage und schreibe 1 Kilo beträgt. Und bei einem weiteren Stamm setzt man sogar große Marmeladengläser oder Konservendosen, die von westlichen Besuchern erbettelt wurden, in die klaffenden Löcher der Ohrläppchen ein.

In früheren Jahrhunderten waren die abendländischen Menschen geschockt durch diese extremen Verstümmelungen. John Bulwer widmete ein ganzes Kapitel seines 1654 verfassten Buches *A View of the People of the Whole World* (Eine Darstellung der Menschen auf der ganzen Welt) der Kritik an »Ohrenmoden oder seltsamen Erfindungen von Menschen, die ihre Ohren umgestalten«, geißelte Frauen, die es »für besonders schön halten, sich die Ohren in höchst schändlicher Weise durchstechen zu lassen«, ein Loch hineinmachen und »es mit Blei füllen, das durch sein Gewicht das Ohr so in die Länge zieht, dass es herunterhängt bis zu den Schultern, das Loch so groß, dass man seinen Arm hindurchstrecken kann«. Für Bulwer und seine Zeit war jeder Versuch, die menschliche Gestalt zu verändern oder zu verbessern, eine Beleidigung Gottes.

Eine solche Missbilligung trug kaum dazu bei, derartige Bräuche zu unterbinden. Sie waren zu tief eingebettet in die kulturelle Vergangenheit des jeweiligen Stammes, als dass sie ohne weiteres hätten aufgegeben werden können. In wenigen

Fällen mögen fremde Einflüsse die übertriebeneren Formen von Verstümmelung beseitigt haben, aber in vielen ferneren Gesellschaften bestehen sie bis ins 21. Jahrhundert unverfälscht fort.

Ungeachtet ihrer oft extravaganten Moden hat die westliche Welt nie etwas hervorgebracht, das mit den verlängerten Ohrläppchen in jenen Stammesgesellschaften konkurrieren könnte. Die krassesten Beispiele, die wir anzubieten haben, mögen in der kurzen Blütezeit des Punkrock der achtziger Jahre zu finden sein. Um zu schockieren, suchten die Punker nach bizarren Objekten, die sie in ihre ungeschickt durchbohrten Ohrläppchen stoßen konnten. Große Sicherheitsnadeln waren eindeutig am begehrtesten, aber auch Ketten mit allen möglichen Anhängern – von Rasierklingen bis zu elektrischen Glühbirnen – wurden von den Stoßtruppen des New Wave benutzt. Sie waren jedoch zu ungeduldig, um sich mit dem zeitaufwändigen und mühsamen Dehnen der Ohrläppchen abzugeben, wie es in Stammesgruppen gepflegt wird.

Als dann gegen Ende des 20. Jahrhunderts das Piercing in Mode kam und sich dramatisch ausbreitete, sah man die Ohren westlicher Frauen mit mehreren Ohrringen. Das Ohr wurde nicht nur einmal, sondern am Rand entlang wieder und wieder durchbohrt, sodass eine ganze Serie von Ohrringen daran befestigt werden konnte.

Doch die große Mehrheit der heutigen Frauen schmückt ihre Ohren auf schlichte Weise – mit leicht zu entfernenden Ohrringen in Zapfen- oder Tropfenform, die an einem einzelnen kleinen Loch befestigt oder einfach nur angesteckt werden. Im Gegensatz zu den Ohrringen in Stammesgemeinschaften trägt man sie nicht ständig, sondern wechselt sie oft täglich, je nachdem, welche Kleidung am besten dazu passt. Manche Frauen besitzen nur wenige Paare, während andere geradezu süchtig danach sind, sie anzuhäufen. Nach dem Guinness-Buch der Rekorde ist die Rekordhalterin eine Amerikanerin aus Pennsylvania, deren Kollektion 17 122 Paar Ohrringe umfasst. Würde sie jeden Tag eines davon tragen, so bräuchte sie fast ein halbes Jahrhundert, um alle der Reihe nach vorzuführen.

5. DIE AUGEN

Seit vielen Jahrhunderten wird den weiblichen Augen ein großes Maß an Aufmerksamkeit zuteil. Und seit mehr als 6000 Jahren gibt es Belege für die Verwendung von Augen-Make-up. Schon im alten Ägypten benutzte man schwarze Pigmente, um die Lider anzumalen. Später dann, im ersten Jahrhundert unserer Zeitrechnung, gab der römische Satiriker Martial folgenden bissigen Kommentar ab: »... trotzdem zwinkerst du den Männern mit einem Augenlid zu, das du morgens aus einer Schublade genommen hast«. Augenlider, Augenwimpern und die Haut um das Auge waren in jeder großen Kultur, die die Weltgeschichte hervorgebracht hat, ein begehrtes Objekt für unzählige subtile Variationen der Farbe, der Schattierung, der Verschönerung. Lidschatten, Eyeliner, Wimpernzangen, falsche Augenwimpern und getönte Kontaktlinsen wurden eingesetzt, um den weiblichen Augenbereich noch besser zur Geltung zu bringen. Doch bevor wir diese Verfeinerungen des natürlichen Zustandes näher betrachten, wollen wir uns dem Auge selbst zuwenden.

Die Augen sind das wichtigste Sinnesorgan des menschlichen Körpers. Man schätzt, dass ungefähr 80 Prozent der Informationen über die Außenwelt durch diese bemerkenswerten Gebilde aufgenommen werden. Trotz allen Redens und Hörens sind wir im Wesentlichen visuelle Tiere geblieben. Darin unterscheiden wir uns nicht sonderlich von unseren nahen Verwandten, den Affen und Menschenaffen. Die gesamte Ordnung der Primaten wird vom Sehvermögen beherrscht. Da sich beide Augen vorn am Kopf befinden, wird eine binokulare Sicht der Welt ermöglicht.

Das menschliche Auge hat zwar nur einen Durchmesser von rund 2,5 cm, doch lässt es noch die technisch ausgereifteste Fernsehkamera wie ein Gerät aus der Steinzeit erscheinen. Die lichtempfindliche Netzhaut auf der hinteren Seite des Augapfels enthält 137 Millionen Zellen, die Impulse ins Gehirn senden und ihm übermitteln, was wir sehen. 130 Millionen dieser Zellen sind stäbchenförmig und für das Hell-Dunkel-Sehen zuständig; die übrigen 7 Millionen sind kegelförmig und steuern das farbige Sehen. In jedem Augenblick können diese Zellen eineinhalb Millionen gleichzeitig eintreffende Signale verarbeiten. Angesichts dieser ungeheuren Komplexität überrascht es kaum, dass das Auge jener Körperteil ist, der zwischen Geburt und Erwachsenenalter am wenigsten wächst. Selbst das Gehirn wächst stärker als das Auge.

Im Zentrum des Auges liegt die schwarze Pupille – jene Öffnung, durch die das Licht eindringt und auf die Netzhaut fällt. Die Pupille vergrößert sich bei schwachem Licht und verkleinert sich bei starkem Licht, wodurch sie die Lichtmenge reguliert, die auf die Netzhaut trifft. In dieser Hinsicht arbeitet das Auge fast so wie eine Kamera mit einer verstellbaren Blende, aber es verfügt außerdem über einen speziellen Mechanismus für starke Reize. Wenn es etwas sieht, das ihm sehr gefällt, weitet sich die Pupille mehr als sonst, und wenn es etwas Abstoßendes erblickt, schrumpft sie auf die Größe einer Nadelspitze zusammen. Letztere Reaktion ist leicht zu verstehen, denn eine zusätzliche Verengung der Pupille führt dazu, dass weniger Licht auf die Netzhaut fällt und das abstoßende Bild quasi »verschluckt« wird. Dagegen ist die durch einen attraktiven Gegenstand bewirkte Weitung der Pupille nicht so leicht zu erklären. Denn dieser Vorgang beeinträchtigt zwangsläufig unsere Sehschärfe, eben weil zu viel Licht auf die Netzhaut einströmt. Anstelle eines ausgewogenen, scharf konturierten Bildes entsteht ein verschwommenes Glühen. Das mag jedoch von Vorteil sein für junge Liebende, wenn sie sich gegenseitig tief in die geweiteten Pupillen schauen. Sie mögen es genießen, ein undeutliches, von strahlendem Licht umgebenes Bild zu sehen – das genaue Gegenteil jenes Bildes, das Pickel, Warzen und sonstige Unreinheiten der Haut schonungslos offenbart.

In früheren Jahrhunderten träufelten italienische Kurtisanen einige Tropfen Belladonna in ihre Augen, kurz bevor sie einen Besucher empfingen. Das hatte den Effekt, dass sich die Pupillen extrem vergrößerten; so wirkten die Frauen anziehender, weil sie den Eindruck vermittelten, das zu lieben, was sich ihren Augen darbot (auch wenn es nur das aufgedunsene, verlebte Gesicht eines in die Jahre gekommenen Lebemanns war).

Rings um die Pupille befindet sich die farbige Iris, deren muskuläre Kontraktionen und Expansionen für die Größenveränderungen der Pupille verantwortlich sind. Diese Muskelbewegungen sind unwillkürlich, weshalb wir die Größe unserer Pupille niemals bewusst kontrollieren können. Darum sind deren Verengungen und Ausdehnungen auch äußerst verlässliche »Wegweiser« zu unseren emotionalen Reaktionen auf visuelle Eindrücke. Unsere Pupillen können nicht lügen.

Die Farbe der Iris variiert von Mensch zu Mensch, aber das liegt nicht an einer unterschiedlichen Pigmentation. Blauäugige Menschen haben keine blauen Augenpigmente, sondern einfach *weniger* Pigmente als andere, und das erzeugt den Eindruck der Bläue. Dunkelbraune Ringe um die Pupillen deuten darauf hin, dass die oberen Schichten der Iris eine große Menge Melanin-Pigmente enthalten. Ist dieser Anteil geringer und kommt das Pigment hauptsächlich in den tieferen Schichten vor, so erscheint die Iris blasser – von haselnussbraun oder grün bis grau oder blau, je nachdem, inwieweit die Anzahl der Pigmente abnimmt. Eine violette Farbe rührt daher, dass Blut hindurchschimmert.

Helle Augenfarben bei Menschen sind demnach eine Art optische Täuschung. Sie verweisen auf einen Mangel an Melanin und scheinen einherzugehen mit dem allgemeinen »Erblassen« des Körpers, das eintritt, wenn man sich vom Äquator aus in Richtung der weniger sonnigen Zonen bewegt. Dieses Phänomen ist besonders auffallend, wenn man die Babys von weißen Menschen mit denen dunkelhäutigerer Rassen vergleicht. Fast alle weißen Babys sind bei der Geburt blauäugig, die von Eltern mit dunklerer Hautfarbe dunkeläugig. Werden sie dann älter, erzeugen die meisten weißen Nachkommen allmählich das Melanin-Pigment auf der Vorderseite der Iris, sodass ihre Augen immer dunkler werden. Nur ein kleiner Prozentsatz tut das nicht und behält die blaue Augenfarbe des Babys.

Pupille und Iris werden von einer durchsichtigen Hülle bedeckt, der Hornhaut oder Kornea, und darum liegt der Bereich, den wir als das »Weiß der Augen« oder, anatomisch gesprochen, als Lederhaut (Sklera) bezeichnen. Gerade dieser nicht der Optik zugehörige Teil des menschlichen Auges ist dessen ungewöhnlichstes Merkmal. Einzig und allein bei uns sind Abschnitte des weißen Bindegewebes gut sichtbar. Die meisten Tiere haben dagegen runde »Knopfaugen« – auch die niederen Primaten. Doch bei den meisten Affenarten ist die Haut um die Augen auf beiden Seiten leicht nach hinten gezogen, sodass dort »Winkel« entstehen. Die Form dieser Augen ähnelt zwar weiterhin mehr dem Kreis als dem Oval, aber die Tendenz setzt sich fort bei den Menschenaffen mit ihren eher elliptischen Augen, die denen des Menschen schon näher kommen. Selbst hier ist indes noch kein Weiß zu sehen, die offen liegende Region um die Iris hat deren dunkelbraune Farbe. Durch das leuchtende Weiß seiner Augen fällt der Mensch also besonders auf. Diese evolutionäre Veränderung hat zur Folge, dass bei sozialen Begegnungen ein Wechsel der Blickrichtung auch aus einigem Abstand leicht wahrzunehmen ist.

Den sichtbaren Teil des Auges gleichsam einfassend, haben die Lider, gesäumt mit gebogenen Wimpern, fettige glänzende Ränder. Die Fettigkeit wird durch die Absonderungen einer Reihe von winzigen Drüsen verursacht, die als winzige Einstiche direkt hinter den Wurzeln der Wimpern zu sehen sind. Das regelmäßige

Blinzeln der Lider befeuchtet und reinigt die Hornhaut. Dieser Prozess wird unterstützt durch die Absonderung von Tränen aus der Tränendrüse, die unter dem oberen Augenlid verborgen ist. Die Flüssigkeit rinnt dann durch zwei kleine Tränenkanäle, ebenfalls sichtbar als – etwas größere – Einstiche an den Rändern der Lider. Sie liegen an deren Ende, zur Nase hin, einer im oberen und einer im unteren Lid. Die beiden Kanäle verbinden sich zu einer Röhre, die die »verbrauchten« Tränen hinunter ins Innere der Nase befördert und damit »entsorgt«. Wenn eine Reizung im Auge oder ein intensives Gefühl die Tränendrüsen anregt, schneller Tränen zu produzieren, als die Kanäle sie abfließen lassen können, weinen wir. Die überschüssigen Tränen laufen über, ergießen sich über unsere Wangen, wo wir sie dann abwischen. Das ist das zweite außergewöhnliche Merkmal des menschlichen Auges, denn wir sind das einzige Landtier, das häufig aus emotionalen Gründen weint.

Zwischen den beiden Tränenkanälen, im inneren Augenwinkel, befindet sich ein kleiner rosafarbener Klumpen. Er ist das Überbleibsel unseres dritten Augenlids, das jetzt völlig funktionslos zu sein scheint. Bei vielen Spezies jedoch handelt es sich dabei um ein ziemlich wichtiges Organ. Einige benutzen es als »Scheibenwischer«, indem sie seitwärts blinzeln, um das Auge zu reinigen; bei anderen ist es farbig und kann aufblitzen als visuelles Signal; und bei wieder anderen ist es vollkommen transparent, sodass es als natürliche Sonnenbrille dient. Enten sind in dieser Hinsicht noch weiter entwickelt, da es bei ihnen nicht nur transparent, sondern auch besonders verdickt ist und während des Tauchens unter Wasser über die empfindliche Hornhaut gezogen wird. Wenn unsere Urahnen doch nur mehr im Wasser gelebt hätten, dann wäre unser heutiges Vergnügen unter Wasser noch viel schöner!

Die Wimpern, die uns mit einem schützenden Kranz über und unter dem Auge ausstatten, haben eine ganz besondere Eigenschaft: Im Gegensatz zu unseren Haaren am Kopf und am Körper werden sie mit zunehmendem Alter nicht weiß. Jedes Auge besitzt etwa 200 davon, am oberen Lid mehr als am unteren, und jede Wimper überdauert drei bis fünf Monate, bis sie ausfällt und ersetzt wird. Wimpern haben damit die gleiche Lebensspanne wie die Haare der Augenbrauen.

Eine weitere Form des Augenschutzes kommt bei asiatischen Menschen vor, die einen Hautlappen besitzen, die so genannte Epikanthusfalte, die zwischen innerem Winkel und oberem Lid verläuft und ihren Augen das charakteristische Aussehen von »Schlitzen« verleiht. Diese Falte besitzen menschliche Föten aller Rassen, doch wird sie nur im östlichen Zweig unseres Stammbaums bis ins Erwachsenenalter beibehalten. Auch einige westliche Babys kommen mit dieser Falte zur Welt, die jedoch allmählich verschwindet, wenn die Nase schmaler wird und mit zunehmendem Alter ihre Form ändert. Bei den Asiaten existiert die Epikanthusfalte offenbar weiterhin als Teil der allgemeinen Anpassung an die Kälte. Das ganze Gesicht ist untersetzter, flacher und besser imstande, mit eiskalten Wetterverhältnissen zurechtzukommen; die zusätzliche Hautfalte über den Augen trägt dazu bei, dieses empfindliche Organ gegen eine extreme Umwelt zu schützen.

Die Form des asiatischen Auges ist unbestreitbar anziehend. Doch viele Frauen im Fernen Osten sehen das nicht so; heute sind die dortigen Kliniken voll von jungen Menschen, die sich einer chirurgischen Operation zur Entfernung der Epikanthusfalte unterziehen, damit ihre Augen ein westlicheres Aussehen bekommen.

Das Auge weist minimale Unterschiede zwischen den Geschlechtern auf. Das der Frau ist ein wenig kleiner als das des Mannes, und es zeigt einen größeren Anteil an weißem Bindegewebe. In vielen Kulturen sind die Tränendrüsen bei emotionalen Frauen aktiver als bei emotionalen Männern, aber es ist schwer zu sagen, ob dieser Umstand auf kulturelle Prägungen zurückgeht, wonach das »stärkere« Geschlecht seine Gefühle nicht so deutlich zeigen soll, oder auf einen tieferen biologischen Unterschied. Jedenfalls erscheint er zu häufig, um lediglich ein Resultat kultureller Prägungen zu sein.

Ein Wort noch zu den Tränen selbst. Sie befeuchten die exponierte Oberfläche des Auges nicht nur, sondern töten auch Bakterien ab; dank eines in den Tränen enthaltenen Enzyms (Lysozym) wird das Auge vor Infektionen geschützt.

Schwache Sehkraft muss für viele unserer fernen Vorfahren ein Fluch gewesen sein, einerseits wegen der mangelnden Präzision visueller Informationen, andererseits weil die ständige Anspannung, trotz schlechter Augen etwas deutlich erkennen zu müssen, möglicherweise starke Kopfschmerzen und Migräne verursacht. Solches Unheil konnten die Menschen frühester Kulturen nicht erträglicher gestalten – und es verschlimmerte sich noch mit der Erfindung der Schrift, als ältere Gelehrte auf die Dienste junger Männer angewiesen waren, die ihnen vorlasen.

Seneca, der römische Philosoph und Kenner der Redekunst, der um die Zeit Christi lebte, scheint der Erste gewesen zu sein, der dieses schreckliche Problem zu lösen versuchte. Es heißt, er habe sich trotz seines schwachen Augenlichts durch die Bibliotheken Roms gelesen, indem er eine mit Wasser gefüllte Kugel als Vergrößerungsglas benutzte. Diese geniale Lösung hätte zu einer frühen Entwicklung der Brille führen können, aber dem war leider nicht so. Erst im 13. Jahrhundert hielt der englische Philosoph Roger Bacon folgende Beobachtung fest: »Wenn jemand Buchstaben oder kleine Gegenstände durch Kristall oder Glas betrachtet … und wenn dieses wie das kleinere Segment einer Kugel geformt ist, die konvexe Seite dem Auge zugewandt, wird er die Buchstaben viel besser sehen und sie werden ihm groß erscheinen«. Er führte weiter aus, dass ein derartiges Glas

Leuten mit schwachen Augen hilfreich sein würde – doch erneut bestand keine Eile, diesen Segen dem menschlichen Sehvermögen zuteil werden zu lassen. Gegen Ende des Jahrhunderts tauchten dann endlich in Italien echte Lesebrillen auf, obwohl nicht klar ist, ob und inwieweit sie auf Bacons Untersuchungen zurückgehen. 1306 hielt ein florentinischer Mönch eine Predigt, die den folgenden Satz enthielt: »Es ist nicht einmal zwanzig Jahre her, dass die Kunst, Brillen herzustellen – eine der nützlichsten Künste auf Erden –, entdeckt wurde.« Etwa zur gleichen Zeit berichtete Marco Polo davon, ältere Chinesen gesehen zu haben, die zum Lesen Linsen verwendeten – womit kein Zweifel daran besteht, dass man sich im 14. Jahrhundert ernsthaft für die Verbreitung von Brillen einsetzte. Im 15. Jahrhundert kamen spezielle Linsen auf, die die Kurzsichtigkeit korrigierten, und im 18. Jahrhundert erfand Benjamin Franklin die Zweistärkenbrille. Die ersten brauchbaren Kontaktlinsen wurden 1887 in der Schweiz hergestellt.

Diese kurz gefasste Geschichte der Brille ist nicht nur von medizinischem Interesse, weil Gestell und Gläser auch das Aussehen unserer Augen verändert haben. Die Brillenform ist Teil des Gesichtsausdrucks geworden. Ein schwerer oberer Rand wird zu einer tiefen Falte, die den Träger grimmiger und dominanter wirken lässt. Ein breiter runder Rand erzeugt einen großäugigen, staunenden Blick, so als ob die gebogene Fassung gewölbte Augenbrauen darstellte. Die Brille kann – im Gegensatz zu einem subtilen Make-up – nichts vortäuschen. Zwar gehört sie nicht zum Gesicht selbst, aber man vermag sich der Wirkung ihrer Linien ebenso wenig zu entziehen wie der einer Augenklappe, die den gesamten Gesichtsausdruck verändert.

Dunkle Gläser haben einen besonders dramatischen Effekt. Verräterische Augenbewegungen, sichtbar gemacht durch das Weiß der Augen – wovon bereits die Rede war –, sind bei zwischenmenschlichen Begegnungen eine nie versiegende Informationsquelle. Doch von dunklen Gläsern wird sie fast völlig verdeckt. Stechende Blicke, verstohlene Blicke, zerstreute Blicke, allzu wachsame Blicke, Blicke aus weit aufgerissenen Augen – sie werden hinter Sonnenbrillen verborgen. Man kann nur erraten, was sich hinter dieser »Maske« abspielt.

Was fehlt einem dann? Stellen wir uns einmal vor, mehrere Frauen kämen aus offiziellem Anlass zusammen. Was genau teilen ihre Augenbewegungen mit? Bei jedem Treffen dieser Art haben die eher unterwürfigen Frauen normalerweise die Neigung, die dominanten Frauen anzuschauen, während diese gewöhnlich dazu tendieren, ihr Gegenüber nicht weiter zu beachten. Wenn zum Beispiel eine freundliche, eher devote Frau den Raum betritt, wirft sie einen Blick hierhin und dorthin, um alle Anwesenden zu begutachten. Erspäht sie dann hochrangige, dominante Frauen, wird sie ständig ein wachsames Auge auf sie haben. Wann immer jemand eine witzige Bemerkung macht, ein kontroverses Argument vorträgt oder eine persönliche Meinung zum Ausdruck bringt, wird die unterwürfige Frau kurz zu der dominanten Frau blicken, um deren Reaktion einzuschätzen. Die dominante Frau wiederum bleibt bei solchen Interaktionen typischerweise auf Distanz und gibt sich nicht damit ab, die unterwürfigen Frauen anzusehen. Doch wenn sie eine direkte Frage an eine von ihnen abschießt, dann blickt sie ihr ebenso direkt in die Augen. Die so fixierte Frau fühlt sich außer Stande, diesen starren Blick auch nur flüchtig zu erwidern, und schaut, während sie antwortet, meistens anderswohin.

Das ist die Situation, in der eine klare Hackordnung in Kraft tritt und in der bestimmte Individuen Macht über andere haben und sie auch auszuüben wünschen. Wenn sich dagegen Freundinnen mit dem gleichen sozialen Status treffen, sind die Augenbewegungen ziemlich verschieden. In diesem Rahmen führt jede Anwesende »unterwürfige« Augenbewegungen aus, obwohl eigentlich keine von ihnen unterwürfig ist. Das geschieht deshalb, weil man eine freundliche Gesinnung am leichtesten durch Körpersprache zum Ausdruck bringen kann, indem man sich eben nicht feindselig und nicht dominant zeigt. Folglich haben wir ein wachsames Auge auf unsere Freundinnen und behandeln sie durch unsere Blicke so, als wären sie dominant. Wenn sie sprechen oder aktiv sind, schauen wir zu ihnen; wenn wir sprechen und sie uns beobachten, schauen wir weg und werfen ihnen bisweilen nur einen kurzen Blick zu, um ihre Reaktion auf unsere Worte zu überprüfen. Auf diese Weise wird jede Freundin die andere als die Überlegene betrachten, womit sich dann alle gegenseitig wohl tun.

Wenn eine dominante Frau eine andere für sich einnehmen möchte, kann sie dies dadurch tun, dass sie die freundliche Körpersprache einer Gleichrangigen benutzt. Sobald sie sich einer Angestellten oder Untergebenen zuwendet, hat sie die Möglichkeit, ihr gleichsam manipulativ aufmerksame Blicke zuzuwerfen und förmlich an ihren Lippen zu hängen. Solche Mittel werden jedoch von dominanten Personen nur selten eingesetzt – nimmt man besondere Umstände wie Wahlkämpfe einmal aus.

Ein längerer direkter Augenkontakt findet lediglich in Augenblicken intensiver Liebe oder abgründigen Hasses statt. Die meisten Menschen empfinden einen starrenden Blick, der mehr als nur ein paar Sekunden auf ihnen ruht, in den meisten Situationen als bedrohlich, weshalb sie dann schnell wegschauen. Zwischen Liebenden hingegen besteht ein so unbedingtes, wechselseitiges Vertrauen, dass sie den Blick des Gegenübers aushalten, ohne auch nur mit der Wimper zu zucken. Während sie sich tief in die Augen schauen, überprüfen sie unbewusst, wie weit sich die anderen Pupillen vergrößert haben. Wenn sie tiefe schwarze Teiche sehen, wissen sie intuitiv, dass ihre Gefühle erwidert werden. Erspähen sie jedoch punktförmige Pupillen, verspüren sie vielleicht ein Unbehagen und ahnen, dass in ihrer Beziehung nicht alles in Ordnung ist.

Geht man von der Liebe zum Hass über, so zeigt sich, dass die starren Blicke einer wütenden Person sehr einschüchternd wirken. In früheren Zeiten, als der Aberglaube weit verbreitet war, herrschte die Überzeugung vor, dass übernatürliche Wesen die menschlichen Ereignisse überwachen und deren Folgen beeinflussen. Die Tatsache, dass diese göttlichen Kräfte oder Gottheiten uns *beobachteten,* deutete darauf hin, dass sie Augen hatten. Da sie über so vieles wachen mussten, nahm man an, dass sie viele Augen hätten und alles sähen. Gute, segensreiche Götter waren für die Menschen zweifellos von großem Vorteil, da sie ihnen Schutz gewähren konnten. Doch es gab auch übel gesinnte Götter, Dämonen und Teufel – böse Geister mit bösen Blicken –, und ein Blick aus ihren Augen brachte vielleicht Verderben.

Der Glaube an die Macht böser Blicke war weit verbreitet und besteht selbst heute in einigen Teilen der Welt noch fort. Aus den bösen Blicken wurde »der böse Blick« – jene feindselige, schädliche und sogar tödliche Zauberkraft, die ein Opfer angeblich mit einem einzigen Blick und ohne Warnung niederstrecken konnte. Jedenfalls würde, wenn er auf einen fiel, etwas Schreckliches passieren. Manchmal wurde eine ganz normale Frau gegen ihren Willen vom bösen Blick besessen – und jeder, den sie ansah, hatte bald darauf unter irgendetwas zu leiden. Infolgedessen benutzte man viele Glücksbringer und Talismane, um sich und andere gegen diese Bedrohungen zu schützen; gewöhnlich wurden sie an einem Kleidungsstück getragen, in der Handtasche mitgeführt oder im Haus aufgehängt. Einige dieser Amulette entfalteten ihre Wirkkraft nach dem Grundsatz, dass ein stark sexuell geprägtes Bild den bösen Blick ablenken und beschäftigen würde.

Diese Vorstellung führte erstaunlicherweise dazu, dass man über den Türen vieler christlicher Kirchen in Stein gehauene Darstellungen weiblicher Genitalien anbrachte, die den »bösen Geistern« den Eintritt ins Gebäude verwehren sollten. Um den Eindruck des Bildes noch zu verstärken, wurden zusätzlich zwei Hände eingemeißelt, die die Genitalien geöffnet hielten. Daher ist es keineswegs überraschend, dass die meisten dieser Tafeln im prüden Viktorianischen Zeitalter entfernt oder versteckt wurden, aber einige haben bis auf den heutigen Tag überdauert. Ein anderer Gegenstand war weitaus zählebiger, nämlich das Hufeisen, das man ebenfalls als Glücksbringer an Gebäuden befestigte. Wäre allgemein bekannt, dass es, dem Abwehrzauber dienend, ursprünglich auch die weiblichen Genitalien repräsentierte, würde es vielleicht genauso verschwinden wie jene steinernen Bildnisse.

Da die schlimmsten »Taten« des bösen Blicks angeblich durch Neid verursacht wurden, achtete man darauf, einen allzu verletzlichen Menschen nicht mit Lob zu überhäufen. Eine Mutter zum Beispiel, die entsetzt war, wenn ein Fremder ihr Baby in höchsten Tönen pries, musste einen Talisman über das Kinderbettchen hängen, um das Neugeborene vor Unheil zu bewahren, oder irgendein anderes schützendes Ritual ausführen. Noch heute nehmen viele Leute – zumal im mediterranen Raum – solche auf Aberglauben beruhenden Vorsichtsmaßnahmen sehr ernst.

Wenn wir nun die vorgestellten Blicke böser Geister hinter uns lassen und die echten Blicke der Frau untersuchen, können wir an deren wechselndem Ausdruck zahlreiche visuelle Botschaften ablesen, die im Folgenden beschrieben werden sollen.

Senken des Blicks. Geschieht dies mit Bedacht, dient es manchmal als Zeichen der Bescheidenheit. Eine solche Augenbewegung basiert auf dem natürlichen Verhalten von Untergebenen, die es nicht wagen, ihre Respektspersonen anzuschauen – und sie verläuft nicht zufällig in dieser Richtung. Das schüchterne und bescheidene »Mauerblümchen« wendet den Blick weder nach rechts noch nach links, sondern nach unten. Darin deutet sich eine Verbeugung an oder zumindest ein devotes Senken des Kopfes.

Heben des Blicks. Auch dabei handelt es sich bisweilen um ein bewusstes Signal. Wenn die Augen eine Zeit lang in der höheren Position gehalten werden, erwecken sie den Anschein von Unschuld. Diese Augenbewegung, die heute nur mehr zum Scherz ausgeführt wird, gründet in der Vorstellung, zum Himmel aufzuschauen und damit die in Anspruch genommene Reinheit zu bezeugen.

Wütendes Funkeln des Blicks. Ein solcher Blick wird oft von einer Mutter eingesetzt, die ihre Kinder zu bändigen versucht, ohne dass ein Wort über ihre Lippen kommt. Der wütend funkelnde Blick ist eine komplexe Variante des starren Blicks. Die Augen fixieren mit gerunzelten Brauen das »Opfer«, bleiben dabei aber weit geöffnet. Das sind zwei einander widersprechende Bewegungen, weil das weite Öffnen der Augen normalerweise einhergeht mit hoch gezogenen Brauen; also müssen die beiden Gesichtspartien gleichsam gegeneinander arbeiten. Eben deshalb kann dieser Ausdruck nicht lange beibehalten werden. Beim wütend funkelnden Blick drücken die oberen Lider derartig heftig nach oben, dass sie hinter den sich senkenden Brauen fast verschwinden. Deren faltige Haut begrenzt dann anstelle der Lider die Augen, was ihnen eine seltsame, deutlich sichtbare Form verleiht, die nicht misszuverstehen ist. Dieser Blick signalisiert: Ich bin ebenso verärgert wie unangenehm überrascht.

Der Seitenblick. Man will einen verstohlenen Blick auf jemand anders werfen, ohne dabei ertappt zu werden. Außerdem benutzt man ihn, um die eigene Scheu bewusst zum Ausdruck zu bringen. »Ich bin zu ängstlich, um dir in die Augen zu schauen, aber ich muss dich einfach ansehen«, lautet die Botschaft. Auch die geläufige Redewendung »jemandem schmachtende Blicke zuwerfen« umschreibt diese Augenbewegung.

Der abwesende Blick. Er stellt sich dann ein, wenn wir sehr müde sind oder Tagträumen nachhängen. Eine Person, die zu erkennen geben möchte, dass sie allen Grund hat, verträumt an jemanden zu denken (zum Beispiel an einen neuen Geliebten), starrt vielleicht ganz bewusst mit abwesendem Blick aus dem Fenster oder auf irgendeinen fernen Punkt im Zimmer, um die Anwesenden zu beeindrucken.

Weite Öffnung der Augen. Werden die Augen so weit geöffnet, dass das weiße Bindegewebe über und/oder unter der Iris zum Vorschein kommt, so handelt es sich um eine allgemeine Reaktion, die eine gewisse Überraschung ausdrückt. Diese Bewegung vergrößert das Blickfeld und steigert die Empfänglichkeit für visuelle Reize. Wie viele andere unwillkürliche Reaktionen der Augen wird auch diese heute manchmal bewusst »gesteuert«, um Überraschung nur vorzutäuschen.

Zusammenkneifen der Augen. Auch hier gibt es eine Variante, die bewusst gewählt wird. Grundsätzlich handelt es sich um eine Reaktion, die vor zu hellem Licht oder drohendem Schaden schützen soll, die aber ebenso Geringschätzung bekunden kann – dann nämlich, wenn man weder geblendet noch einer Gefahr ausgesetzt ist und also gar nicht leidet. Dieser unechte, von Schmerz erfüllte Ausdruck zeigt an, dass einem die Anwesenden mehr oder weniger ständige Qualen bereiten. Er ist geprägt von Widerwille, ja von Ekel – ein hochmütiger, verächtlicher Blick auf die Welt ringsum. Die charakteristische Hautfalte über dem Auge der Asiaten erweckt manchmal den falschen Anschein von Arroganz, weil sie ein absichtliches Zusammenkneifen der Augen suggeriert.

Glänzende Augen. Sie übermitteln eine völlig andere Botschaft, die nur schwer fingiert werden kann (außer von professionellen Schauspielern). Die glitzernde, funkelnde oder glänzende Oberfläche der Augen ist ein wenig »überschwemmt« –

infolge einer erhöhten Produktion der Tränendrüsen, die wiederum durch erregte Gefühle ausgelöst wurde. Doch diese Gefühle sind nicht intensiv genug, um die Person wirklich zum Weinen zu bringen. Vielmehr handelt es sich hier um die leuchtenden Augen des leidenschaftlichen Liebhabers, des heißen Verehrers, der stolzen Mutter oder des triumphierenden Athleten – aber auch um die blitzenden Augen der Qual, des Kummers, des schmerzlichen Verlusts – und jeder anderen starken Gemütsbewegung, die kurz vor dem Weinen endet.

Weinende Augen. Das Weinen an sich ist ebenfalls ein starkes gesellschaftliches Signal. Die Tatsache, dass wir Menschen weinen, die anderen Primaten aber nicht, hat großes Interesse erregt; einige Forscher meinten, dieser Unterschied sei darauf zurückzuführen, dass unsere Urahnen vor mehreren Millionen Jahren eine Zeit lang im Wasser lebten. Robben weinen, wenn sie traurig sind, und auch Seeotter sah man weinen, als sie ihre Jungen verloren hatten. Man nahm an, das reichliche Vergießen von Tränen sei bei Säugetieren, die ins Meer zurückkehren, eine Begleiterscheinung der verbesserten Reinigungsfunktion der Tränen.

Diese »Wassertheorie« hat gewiss einiges für sich. Wenn der Mensch vor mehreren Millionen Jahren eine aquatische Phase durchlebte, infolge eines längeren Kontakts mit Meerwasser seine Tränenproduktion steigerte und dann ans trockene Land zurückkehrte, um in der Savanne zu jagen, kann er sehr wohl seine tränenden Augen behalten und das emotionale Weinen als neues soziales Signal genutzt haben. Das würde erklären, warum er der einzige Primat ist, der dieses Merkmal aufweist.

Eine andere Erklärung läuft darauf hinaus, dass die staubige Welt der Savanne die Tränenproduktion erhöhte und dass das emotionale Weinen gleichsam ein Nebenprodukt der gründlicher gereinigten Augen war. Wenn dann das Argument vorgebracht wird, dass alle übrigen Säugetiere, die unter staubigen Bedingungen leben, nicht aus Kummer weinen, lässt sich dagegen einwenden, dass diese Tiere allesamt behaarte Wangen haben, auf denen Tränen sofort verschwinden würden. Nur auf der nackten Gesichtshaut der menschlichen Spezies stellen die glänzenden Tränen ein wirkungsvolles visuelles Signal für nahe Gefährten dar.

Eine völlig andere Erklärung der weinenden Augen beruht auf der Vorstellung, dass Tränen – wie Urin – die wesentliche Funktion erfüllen, körperliche Abfallprodukte auszuscheiden. Chemische Analysen der Tränen, die durch Kummer hervorgerufen wurden, und jener Tränen, die aus einer äußeren Reizung der Augen resultierten, haben ergeben, dass beide Flüssigkeiten unterschiedliche Proteine enthielten. Daraus hat man den Schluss gezogen, dass emotionales Weinen in erster Linie dazu dient, den Körper von überschüssigen Stresssubstanzen zu befreien, was erklären würde, warum es einem tatsächlich besser geht, wenn man sich einmal richtig ausgeweint hat; die gehobene Stimmung wäre somit das Resultat eines biochemischen Prozesses. Das visuelle Signal der tränenfeuchten Wangen eines traurigen Menschen, das dessen Gefährten dazu veranlasst, ihn zu umarmen und zu trösten, müsste dann als zusätzliche Nutzung dieses Mechanismus zur Entsorgung von körperlichen Abfallstoffen betrachtet werden. Doch ist auch diese Theorie nur schwer mit der Tatsache in Einklang zu bringen, dass etwa Schimpansen nicht weinen – obwohl sie doch unter den aufreibenden Streitigkeiten mit ihren Artgenossen in der Wildnis heftig leiden.

Blinzeln. Wenn wir vom dramatischen Thema des Weinens zum eher alltäglichen des Blinzelns übergehen, so stoßen wir auf verschiedene bewusste Signale, die heute in diesem Zusammenhang üblich sind. Normales Blinzeln – quasi die Scheibenwischertätigkeit der Augenlider, mit der die Hornhaut in regelmäßigen Abständen befeuchtet und gereinigt wird – dauert ungefähr eine Vierzigstel Sekunde. Bei starken Gemütsbewegungen, wenn die Tränenproduktion allmählich zunimmt, bewegen sich auch die Augenlider öfter auf und ab, sodass die Häufigkeit des Blinzelns als ein Gradmesser für die Stimmung herangezogen werden kann.

Das Blinzeln hat mehrere Erscheinungsformen, zu denen das heftige Blinzeln, das übertriebene Blinzeln, das Klimpern mit den Wimpern und das Zwinkern gehören.

Das heftige Blinzeln. Es ereignet sich dann, wenn jemand den Tränen nahe ist. Die Lider bemühen sich verzweifelt, das Wasser aus den Augen zu »schöpfen«, bevor sie überlaufen. Daher kann man es auch bewusst als Signal einsetzen, um tiefes Mitgefühl mit einem traurigen Menschen auszudrücken.

Das übertriebene Blinzeln. Hier handelt es sich um ein einziges, stark überbetontes Blinzeln, wobei die Bewegung langsamer vonstatten geht und die Lider weiter nach oben und nach unten gezogen werden als beim normalen Blinzeln. Es dient als melodramatisches Signal, um Überraschung vorzutäuschen, und hat lediglich den Zweck, eine künstliche »Theatralik« zu erzeugen. Die Botschaft lautet: »Ich traue meinen Augen nicht. Darum wische ich sie mir mit einem gewaltigen Blinzeln sauber, um sicherzustellen, dass ich mich nicht täusche und das, was ich sehe, wirklich wahr ist.«

Mit den Wimpern klimpern. Diese Bewegung, bei der die Lider schnell zusammengekniffen und wieder geöffnet werden, gleicht der des heftigen Blinzelns, aber die Augen sind hierbei wegen eines großäugigen, »unschuldigen« Blicks weiter geöffnet. Es handelt sich auch hier um einen koketten, theatralischen Ausdruck, der zu verstehen geben soll: »Auf mich kleines Ding kannst du doch gar nicht böse sein.«

Das Zwinkern. Es handelt sich hier um ein bewusstes, einäugiges Blinzeln, das auf ein geheimes Einverständnis zwischen der zuzwinkernden und der angezwinkerten Person schließen lässt. Die Botschaft lautet: »Du und ich, wir haben momentan etwas miteinander gemeinsam, das alle anderen insgeheim ausschließt.« Wenn bei einer Zusammenkunft mehrerer Menschen zwei Freunde oder Freundinnen sich gegenseitig zuzwinkern, so heißt das, dass zwischen ihnen stillschweigendes Einverständnis herrscht in Bezug auf eine bestimmte Angelegenheit oder dass sie einander grundsätzlich näher sind als den übrigen Anwesenden. Wenn dagegen zwei Fremde sich begegnen, »überbringt« das Zwinkern eine stark sexuell geprägte Einladung, ganz gleich welchem Geschlecht sie angehören. Da Zwinkern ein inniges Verständnis zwischen zwei Personen andeutet, kann das verschwörerische Zwinkern offen als eine Art »neckische« Geste benutzt werden, die einer dritten Person das Gefühl geben soll, völlig abseits zu stehen. Ganz gleich, ob es heimlich oder offen eingesetzt wird – die Verfasser von Anstandsregeln betrachten es als unschicklich. Eine Autorität auf diesem Gebiet erklärte, das Zwinkern einer Frau sei in Europa nicht »vornehm« und könne mit »einem Rippenstoß zur Verdeutlichung« auf eine Stufe gestellt werden. Eine in England wohlbekannte Fernsehmoderatorin erinnert mit ihrem Abschiedsgruß am Ende jeder Sendung daran, dass viele Frauen Mühe haben, überzeugend zu zwinkern, und unbeholfen wirken, wenn sie einen solchen Versuch unternehmen. Aus irgendeinem noch unbekannten Grund (es sei denn, die Schwierigkeit würde durch das Augen-Make-up verursacht) fällt es Männern wesentlich leichter, ein überzeugendes Zwinkern zustande zu bringen.

Im Grunde könnte das Zwinkern als eine »angedeutete Schließbewegung des Auges« umschrieben werden. Das Schließen des Auges weist darauf hin, dass das Geheimnis nur der angeschauten Person gilt. Das andere Auge wird offen gehalten für den Rest der Welt, die von dem kurzen vertraulichen Kontakt ausgeschlossen bleibt.

Da die weiblichen Augen so viele wichtige visuelle Signale übermitteln, ist es nicht überraschend, dass sie zum begehrten Objekt für zahlreiche kosmetische Verschönerungen wurden. Um 5000 v. Chr. war im alten Ägypten das Augen-Make-up bereits ziemlich ausgereift. Galenit, eine frühe Art von puderigem Antimonsulfid, zusammengesetzt aus Graphit und Blei, wurde verwendet, um schwarze Linien zu ziehen, die die Form der Augenlider stärker hervorhoben. Außerdem benutzte man eigens importiertes Malachit, ein Kupferoxyd, um jene berühmte grüne Schminke herzustellen, die wie eine Paste um die Augen aufgetragen wurde. Sie hatte nicht nur einen dekorativen Zweck, sondern diente auch als Schutz gegen die sengende Sonne. Eine luxuriösere Form des rein dekorativen Augen-Make-ups wurde zusammengemischt aus zerdrückten Ameiseneiern.

Natürlich war das Augen-Make-up für die modebewusste Frau im alten Ägypten ebenso kostspielig und zeitaufwändig. Neuere Forschungen haben ergeben, dass es ab dem zweiten Jahrtausend v. Chr. noch raffinierter wurde, als man zunächst annahm. Es stellte sich heraus, dass die ägyptische Dame zu jener Zeit zusätzlich zu den allgemein bekannten schwarzen und grünen Farben auch über violette, gelbe, blaue sowie drei verschiedene weiße Töne verfügte, und zwar dank einer relativ fortgeschrittenen Chemie. Zwei dieser weißen Farben wirkten sogar antibiotisch. Darüber hinaus war das verwendete Schwarz in matter und in glänzender Form erhältlich, je nachdem, wie fein es zermahlen wurde.

Um diese Kosmetika auf die Augen aufzutragen, benutzte die Ägypterin abgerundete Stäbchen, die sorgfältig aus Holz geschnitzt oder aus Bronze, Hämatit, Obsidian beziehungsweise Glas hergestellt wurden. Solche Stäbchen-Sets fand man zusammen mit herrlich verzierten Schminktöpfen in kleinen Kosmetikschränken und Toilettenkästen, die über dreitausend Jahre alt sind.

Die tatsächliche Verschönerung des Auges der ägyptischen Frau beinhaltete ein seltsames Element – eine waagerechte schwarze Linie, die sich von der äußeren Seite jedes Auges bis zum Ohr zog. Dieses höchst charakteristische dekorative Kennzeichen hatte eine magische Bedeutung, da es die Musterung um das Auge der Katze darstellte – eines der heiligen Tiere im alten Ägypten.

Dieser fast obsessive Umgang mit Augen-Make-up überdauerte mehrere Jahrtausende. Selbst als sich die große ägyptische Kultur ihrem Ende zuneigte, experimentierte Königin Kleopatra weiterhin mit ungewöhnlichen Farbkombinationen, malte sie ihre oberen Lider tiefblau und ihre unteren Lider hellgrün an.

Im alten Griechenland hingegen lagen die Dinge anders. Dort wurde von anständigen Frauen erwartet, die Reinheit und Anmut der natürlichen Gesichtsfarbe zur Geltung zu bringen. Ungeachtet der Tatsache, dass das Wort »Kosmetik« aus dem Griechischen stammt (*kosmetike* heißt so viel wie »Kunst des Schmückens«), konnten sich nur die griechischen Kurtisanen an den durch Schminke bewirkten Verschönerungen des Gesichts erfreuen. Für sie war es angenehm, die Lider mit Hilfe einer in schwarzen Weihrauch getauchten Bürste ebenso zu betonen wie die Augenränder mit Galenit. Obwohl viele griechische Männer die Gesellschaft der geschminkten Kurtisanen schätzten, wurden diese von den puritanischen Autoren jener Zeit verspottet; einer bemerkte gar, würde man eine solche Frau morgens aus dem Bett steigen sehen, »fände man sie noch weniger anziehend als einen Affen«.

In dieser Hinsicht waren die alten Römer weniger streng. Ovid, der überhaupt das erste Buch zum Thema Kosmetik schrieb, berichtet über den modischen

Gebrauch von schwarzem Lidschatten, aus Holzasche hergestellt, und goldenem Lidschatten, aus Safran gewonnen. Der römische Komödiendichter Plautus erklärte: »Eine Frau ohne Schminke ist wie Nahrung ohne Salz«.

Nach dem Untergang Roms verschwand das weibliche Augen-Make-up in Europa, und viele Jahrhunderte lang sollte es nicht wieder zum Vorschein kommen. Wenn es dennoch einmal auftauchte, dann in der Welt der leichten Mädchen – ganz nach griechischem Vorbild. Erst zu Beginn des 20. Jahrhunderts, als eine heftige Reaktion gegen die spröden und verstaubten Wertvorstellungen des Viktorianischen Zeitalters einsetzte, erlebte es eine echte Renaissance. Auf das Jahr 1910 fiel die Veröffentlichung eines bemerkenswerten kleinen Bandes mit dem Titel *The Daily Mirror Beauty Book*, in dem der kühne Vorschlag gemacht wurde, dass die Frau mit dem Stift durchaus einen Lidstrich ziehen könne, um die Augen »zu verlängern«. Außerdem wurde ein Gerät vorgestellt, das dazu diente, die Wimpern einzudrehen, damit sie »wie Sterne aussehen«.

In den zwanziger und dreißiger Jahren erwuchs aus diesen zarten Anfängen in der Regierungszeit Eduards VII. allmählich die kommerzielle Welt der kosmetischen Massenartikel. Die frisch emanzipierten jungen Frauen jener Epoche waren fest entschlossen, ihre Körper nach eigenem Geschmack zu verschönern und keinerlei Einmischung seitens männlicher Autoritätspersonen zu dulden. Sie waren stark beeinflusst von den ersten Kinobildern; die Schauspielerinnen, die auf den damals technisch primitiven Leinwänden erschienen, waren gezwungen, ihre Gesichtszüge zu betonen, damit das Publikum sie deutlich sehen konnte.

Besonders die Filmschauspielerin Theda Bara übte einen großen Einfluss auf die Entwicklung serienmäßig hergestellter Kosmetika aus, indem sie mit überbetonten, schweren Augenlidern auftrat, die eine neue Modewelle auslösten. Ihr Augen-Make-up war eine Kreation von Helena Rubinstein, der ersten bedeutenden Pionierin moderner Kosmetikartikel. Rubinstein hatte die Idee der farbig getönten Lider aus dem französischen Theater entlehnt und – dank ihrer Kenntnisse der altägyptischen Kosmetik – mit puderigem Antimonsulfid experimentiert, um die dramatisch wirkende Mascara für Theda Bara in der Filmrolle der Kleopatra herzustellen.

Das war der Beginn einer kosmetischen Revolution. Innerhalb weniger Jahrzehnte breiteten sich Hollywoods extreme Make-ups über die ganze Welt aus. In den frühen sechziger Jahren sollte Ägypten erneut einen enormen Einfluss darauf haben, wie Frauen ihre Augen verschönerten. Nun war es Elizabeth Taylor, die Kleopatra verkörperte. Ihre stark geschminkten Augen in dem Filmepos aus dem Jahre 1961 inspirierten viele junge Frauen, sodass Lidschatten, Eyeliner und falsche Wimpern reißenden Absatz fanden.

Gegen Ende der sechziger Jahre wich zwar das ebenso aufreizende wie künstliche Augen-Make-up des Kleopatra-Looks einem natürlicheren Stil, aber die Kosmetik für die Augen war gewiss nicht von der Bildfläche verschwunden. Das angeblich natürliche Aussehen war im Grunde ebenso künstlich. Auf raffinierte und subtile Weise ahmte man dabei »die Unschuld der Kindheit« nach. Eine Werbung aus der damaligen Zeit verkündete: »Für das nackte Auge ist es ein nacktes Gesicht.« Die Sache hatte nur einen Haken: Dieses »nackte Gesicht« war das Resultat der längsten und sorgfältigsten kosmetischen Prozedur in der Geschichte des Make-ups.

Seither ist das Augen-Make-up ein allgegenwärtiger – hier dezent, dort eher auffällig wirkender – Bestandteil der modernen weiblichen Kosmetik: mit den Schattierungen über und unter den Augen, dem Lidstrich und der Wimperntusche, denen je nach modischer Laune mehr oder weniger Aufmerksamkeit zuteil wird. Zumindest in der westlichen Welt deutet nichts auf eine bevorstehende Beschränkung auf diesem Gebiet der weiblichen Schönheitspflege hin. Selbst in Ländern, in denen religiöse Dogmen die Unterwerfung der Frauen in einem so hohen Maße fordern, dass diese ihr Gesicht in der Öffentlichkeit verhüllen müssen, gibt es (wenn die religiösen Eiferer es nur sehen könnten) raffiniertes Augen-Make-up, dem wie seit eh und je viel Beachtung geschenkt wird – auch wenn es lediglich in privater Umgebung Freude schenken kann. Das bestätigt eine iranische Autorin, wenn sie erklärt, die Führer der Islamischen Republik könnten die Frauen zwar zu einem schlichten Aussehen zwingen, aber »ironischerweise erlebt gerade die iranische Kosmetikindustrie einen Boom«. Offensichtlich ist der Wunsch der Frau, die Schönheit ihrer Augen noch zu betonen, heute ebenso stark wie zur Zeit der alten Kulturen.

6. DIE NASE

Die Nase bildet zwar nur einen sehr kleinen Teil der weiblichen Anatomie, aber ihre Bedeutung übertrifft ihre Größe bei weitem. Sie ist eine ausdrucksarme Gesichtspartie, die kaum mehr kann, als sich vor Ekel zu rümpfen, und doch hat sie stets ungewöhnlich viel Aufmerksamkeit erregt. Ihre exakte Form spielt eine wichtige Rolle bei der Beurteilung weiblicher Schönheit – so sehr, dass die kosmetische Chirurgie, die hier verändernd eingreift, seit über einem halben Jahrhundert äußerst gefragt ist. Warum ist das so? Was ist an diesem Körperteil derart besonders? Warum rühmt zum Beispiel der englische Dichter Tennyson »ihre schlanke Nase,/Leicht aufwärts gebogen wie ein Blütenblatt«?

Es ist nur allzu offensichtlich, warum im Laufe der menschlichen Entwicklungsgeschichte primäre Merkmale wie ein gebärfreudiges Becken, strahlend gesunde Haut und große Brüste starke Anziehungskraft ausübten – aber welchen evolutionären Vorteil sollte ausgerechnet die Nasenform einer Frau haben? Um diese Frage zu beantworten, müssen wir zunächst die biologischen Grundlagen der Nase untersuchen.

Wenn wir unsere Nase mit der unserer tierischen Verwandten vergleichen, so stellt sich bald heraus, dass die menschliche Nase mit ihrem vorspringenden Rücken, ihrer in die Länge gezogenen Spitze und ihren nach unten zeigenden Löchern einzigartig ist. Bei Affen und Menschenaffen findet man nichts dergleichen. Jene, deren Schnauze lang gezogen ist, haben dementsprechend auch ein längliches Gesicht. Wir dagegen haben eine hervorstehende Nase an einem flachen Gesicht. Dieses seltsame Phänomen bedarf einer besonderen Erklärung.

Einige Anatomen haben folgende keineswegs überzeugende These vorgebracht: Als das menschliche Gesicht im Laufe der Evolution flacher wurde, blieb die Nase einfach dort, wo sie war – wie ein großer Fels, der bei zurückweichender Flut sichtbar wird. Diese Ansicht ist wenig plausibel. Denn die exponierte

Lage der Nase gegenüber den Gesichtspartien ringsum erscheint so überzeugend, so zweckmäßig, dass dieses »rüsselartige Organ« seinen Besitzern einen bestimmten biologischen Vorteil verschaffen musste. Dazu gibt es mehrere Erklärungsversuche.

Der ersten Theorie zufolge fungiert der stolze menschliche Rüssel als Resonanzkörper. Demnach unterstützte sein vergrößerter Umfang die Ausformung der immer wichtiger werdenden menschlichen Sprechwerkzeuge. In dem Maße, wie Stimme und Sprache sich entwickelten – so das Argument –, bildete sich auch die Nase weiter aus. Um das zu veranschaulichen, muss man nur einmal sprechen, während Daumen und Zeigefinger die Nase zusammendrücken. Die stimmliche Qualität nimmt rapide ab. Eben deshalb haben Opernsänger und -sängerinnen eine so panische Angst vor Erkältungen. Aber vielleicht benötigt eine klare menschliche Stimme ja nur die großen unsichtbaren Nebenhöhlen der Nase, um voll zu tönen. Dann müssten wir für das markante Profil der Nase eine andere Erklärung suchen.

Eine zweite Theorie besagt, dass die menschliche Nase eine Art Schild ist – ein knochiger Panzer, der dazu beiträgt, die Augen zu schützen. Wenn man die Daumenspitze auf den Wangenknochen legt, eine Fingerspitze auf die Augenbraue und eine weitere auf den Nasenrücken, so spürt man deutlich drei Vorwölbungen, die das Auge schützend umgeben. Dieses knochige Dreieck schirmt die weichen, verletzlichen Augen gegen Stöße von vorn ab.

Eine dritte, ziemlich ausgefallene Theorie versucht zu zeigen, dass die menschliche Nase ein Schutzschild gegen Wasser ist. Vor mehreren Millionen Jahren haben unsere Urahnen vielleicht eine Zeit lang im Wasser gelebt und während dieser Phase ihren Körper in vielfältiger Weise an die nasse Umgebung angepasst. Daher betrachten die Verfechter dieser Theorie die Nase als Schutz gegen das anströmende Wasser beim Tauchen. Sie weisen darauf hin, dass wir uns die Nase zuhalten, wenn wir mit den Beinen voran ins Wasser springen, dies aber nicht tun, wenn wir kopfüber hineinspringen. Das stimmt zwar, doch sehr wahrscheinlich hätten wir im Laufe einer ausgedehnten aquatischen Phase die näher liegende Entwicklungsstufe durchlaufen und – wie die Robbe – Nüsternklappen ausgebildet. Es hätte nur eines kleinen evolutionären Schrittes bedurft, um eine Nase zu entwickeln, die sich unter Wasser fest verschließen lässt. Wäre dies geschehen, hätte keine Notwendigkeit bestanden für eine lange, spitze Nase mit nach unten gerichteten Löchern – wo doch einem im Wasser lebenden Menschenaffen Nüsternklappen viel nützlicher gewesen wären.

Aber vielleicht verhalf die spezielle Form der menschlichen Nase dazu, eine andere Art von Schild zu sein – ein Schild gegen Staub und Schmutz, den der Wind heranwirbelt. Als unsere fernen Urahnen von den friedlichen Bäumen stiegen und hinaus in die offenen Ebenen und in andere, feindlichere Gegenden schritten, waren sie zwangsläufig rauen, stürmischen Bedingungen ausgesetzt, unter denen eine nach unten gebogene Nase ihnen wohl sehr zustatten kam. Diesem Argument zufolge fungiert die Nase als eine Art Klimaanlage, die umso mehr belastet wurde, je weiter unsere Urahnen in die kälteren und trockeneren Gebiete der Erde vorstießen. Um die Funktionsweise der Nase zu verstehen, muss man einen Blick in ihr Inneres werfen.

Wenn die Außenluft durch die Nasenlöcher eingeatmet wird, ist sie fast nie in jenem idealen Zustand, dass sie direkt in die Lungen gelangen dürfte. Die Lungen sind sehr eigen, was die ihnen zugeführte Luft angeht; im Idealfall muss sie eine Temperatur von 35 Grad Celsius sowie eine Feuchtigkeit von 95 Prozent haben und staubfrei sein. Mit anderen Worten, sie muss warm, feucht und sauber sein, damit die feinen Lungenbläschen weder austrocknen noch beschädigt werden. Die Nase stellt diese optimalen Voraussetzungen in bemerkenswerter Weise her, indem sie jeden Tag vierundzwanzig Stunden lang über 14 Kubikmeter »klimatisierter« Luft an die Lungen weiterleitet.

Wenn Menschen aus irgendeinem Grund ihre Nase verlieren, sind ihre Lungen innerhalb nur eines Tages in ernster Gefahr. Die Versuche, für solche Patienten künstliche Nasen herzustellen, haben sich als äußerst problematisch erwiesen – wodurch die erstaunliche technische Leistungsfähigkeit der menschlichen Nase noch unterstrichen wird.

Die gesamte innere Oberfläche der verschlungenen Nasenhöhlen ist mit einer Schleimhaut bedeckt, die täglich etwa einen Liter Wasser absondert. Diese feuchte Oberfläche ist jedoch keineswegs statisch, sondern stets in Bewegung, denn darin befinden sich Millionen winziger Härchen, die so genannten Zilien. Diese schwingen ungefähr 250 Mal pro Minute hin und her und verschieben so die schleimige Decke um gut einen Zentimeter in der Minute. Mit Hilfe der Schwerkraft bewegt sie sich abwärts in Richtung des Rachens, wo sie geschluckt wird. Währenddessen wird die Luft, die durch die Nasenhöhlen strömt, immer wärmer und feuchter. Staub und Schmutz, die sie mit sich trägt, bleiben an der Schleimhaut haften und werden weggeschwemmt. Die Lungen können gefahrlos einen weiteren Atemzug aufnehmen.

Das heißt, als unsere Urahnen ihre ursprüngliche tropisch feuchte Umwelt verließen, ins Grasland ausströmten, um Wild zu jagen, waren ihre Nasen immer stärkeren Belastungen ausgesetzt. In einem *feuchtheißen* Klima zum Beispiel stammen 76 Prozent der Feuchtigkeit von außen, sodass die Nase lediglich 24 Prozent beizusteuern hat. In einem *trockenheißen* Klima hingegen kommen nur

27 Prozent der Feuchtigkeit aus der Luft, während 73 Prozent im Innern der Nase produziert werden müssen. Dies wiederum bedeutet, dass die Nase des Bewohners der heißen Savanne oder der Wüste viel größer und auffälliger sein musste, um ihre Leistungsfähigkeit zu bewahren, als die des Regenwaldbewohners.

Heute haben die Menschen, deren frühe Vorfahren einstmals über lange Zeitspannen ihre jetzigen Gebiete besiedelten, genau die Nasen, die den jeweiligen klimatischen Gegebenheiten entsprechen. Sorgfältig durchgeführte geographische Untersuchungen haben ergeben, dass es möglich ist, Menschen aufgrund ihres Nasentypus einzuteilen und zu zeigen, wie sie dann in die Kategorie einer bestimmten regionalen Gruppe fallen, die mit der dort herrschenden Temperatur und Luftfeuchtigkeit gut zurechtkommt. Das heißt jedoch nicht, dass man sie nach den üblicherweise so bezeichneten »Menschenrassen« klassifiziert. Zum Beispiel werden dunkelhäutige Menschen, die in feuchtheißen Gegenden – etwa in Westafrika – leben, trotzdem viel breitere und flachere Nasen haben als die noch dunkelhäutigeren Menschen, die in den wesentlich trockeneren Grasländern Ostafrikas wohnen. Die Nasenform ist lediglich ein Hinweis auf die Art von Luft, die die Urahnen eingeatmet haben, weiter nichts.

Zusammenfassend kann man also sagen, dass die menschliche Nase ein Resonanzkörper und ein knochiger Panzer ist, der größer und länger wurde, als unsere Spezies ihren feuchtheißen Garten Eden hinter sich ließ und trockenere Zonen aufsuchte, wobei sie die Funktionen ihrer organischen »Klimaanlage« stets auf die jeweiligen Erfordernisse einstellte. Natürlich hat die Nase aber noch andere Eigenschaften. Schließlich ist sie auch unser wichtigstes Geruchs- und Geschmacksorgan. Das Riechen wird bewerkstelligt durch zwei geruchsempfindliche Zelllappen in der Größe einer kleinen Münze hoch oben in den Nasengängen. Diese Lappen bestehen aus ungefähr fünf Millionen gelblichen Zellen, die uns viel empfänglicher machen für Düfte und Gerüche, als es uns normalerweise bewusst ist. Wir sind imstande, bestimmte Substanzen in Verdünnungen von weniger als einem Partikel in mehreren Milliarden Luftpartikeln wahrzunehmen. Andere Experimente haben gezeigt, dass die menschliche Nase die bemerkenswerte Fähigkeit besitzt, einer frischen Spur unsichtbarer menschlicher Fußabdrücke auf einem »Teppich« grünen Löschpapiers zu folgen.

Die weibliche Nase reagiert besonders empfindlich auf männliche Gerüche. Bei wissenschaftlichen Untersuchungen, die man in den siebziger Jahren des 20. Jahrhunderts durchführte, wurden über 200 verschiedene chemische Verbindungen in Körperflüssigkeiten entdeckt – etwa in Schweiß, Speichel, Hautölen und Genitalflüssigkeiten. Erstaunlicherweise stellte man fest, dass Frauen, die regelmäßig und häufig sexuelle Kontakte haben, bei denen ihnen zwangsläufig eine Vielzahl männlicher Düfte in die Nasenhöhlen steigt, eine viel ausgeglichenere Physiologie aufweisen. Ihre Monatszyklen sind weniger Schwankungen unterworfen, und ihre Fruchtbarkeit ist mit weniger Problemen behaftet. Daran sieht man, welch großen Einfluss die Nase auf das Allgemeinbefinden der Frau ausübt.

Außerdem können Mütter ihre Babys allein schon an deren Duft erkennen. Wenn man bei einem einfachen Experiment mehrere Mütter in eine Reihe stellt, ihnen die Augen verbindet und dann ein Baby nach dem anderen an ihnen vorbeiträgt, so ist jede von ihnen in der Lage, das eigene Kind zu »erschnuppern« und von allen anderen zu unterscheiden. Die jungen Frauen sind oft überrascht, dass sie über diese Fähigkeit verfügen – über ein so feines Wahrnehmungsvermögen, das ihnen gar nicht bewusst war. Auch in diesem Fall hat man also das »Potenzial« der Nase unterschätzt. (Der Statistik zuliebe sei hinzugefügt, dass die »Trefferquote« der jungen Väter bei nur 50 Prozent lag.)

Die hohe Leistungsfähigkeit unserer Nase fällt uns deshalb kaum mehr auf, weil wir ihre Funktionen zunehmend missachten und beeinträchtigen. Wir leben in Städten und Metropolen, wo die natürlichen Düfte erstickt werden, wir tragen Kleidung, die unsere körpereigenen, gesunden Gerüche sauer macht, und wir sprühen unsere Welt voll mit duftenden Substanzen, die die ursprünglichen Gerüche verdecken oder abtöten. Ja, wir betrachten das Riechen sogar als etwas Primitives und Rohes – als einen Urinstinkt, den man am besten unterdrückt und vergisst. Nur auf einigen speziellen Gebieten – etwa beim Verkosten von Weinen oder in der Parfümherstellung – wird noch der Versuch unternommen, den modernen Geruchssinn zu trainieren und dessen außerordentliche Fähigkeiten voll zur Entfaltung zu bringen.

Die Bezeichnung der Nase als wichtigstes Geruchs- und Geschmacksorgan bedarf einer näheren Erklärung. Das eigentliche Geschmacksorgan ist die Zunge, aber sie kann nur grob unterscheiden zwischen vier Qualitäten – süß, sauer, bitter und salzig. Alle anderen »Geschmacksrichtungen« unserer vielfältigen Küche werden nicht auf der gierigen Oberfläche unserer Speichel absondernden Zunge wahrgenommen, während wir unsere Mahlzeiten mehr oder weniger geräuschvoll kauen und hinunterschlucken, sondern auf jenen kleinen, geruchsempfindlichen Lappen hoch oben in den Nasenhöhlen. Dorthin gelangen Geruch transportierende Partikel entweder direkt durch die Nase, wenn wir die Nahrung zum Mund führen, oder indirekt über den Mund. Eine Speise mag gut schmecken (auf der Zunge), aber sie duftet köstlich (in der Nase).

Das also ist der biologische Aspekt der Nase; doch inwiefern kann er uns helfen, die enge Verbindung zu verstehen, die zwischen weiblicher Nasenform und weiblicher Schönheit besteht? Eine Antwort auf diese Frage kann man in der einzigartigen knochigen Vorwölbung der menschlichen Nase finden – in der Art und Weise, wie der Nasenrücken das sonst eher flache Gesicht überragt. Wenn – wie bereits dargelegt wurde – dies dazu beiträgt, die Augen vor heftigen Schlägen zu schützen, dann haben die jagenden Männer der Urzeit einen derartigen Schutz wohl dringender benötigt als die Nahrung sammelnden Frauen. In primitiven Stammesgesellschaften waren die erwachsenen Frauen zu wertvoll für den Fortbestand der Gruppe, um auf die Jagd geschickt zu werden. Erwachsene Männer waren zwar eher zu entbehren, doch trotzdem brauchten sie – in Anbetracht der mit der Jagd verbundenen Gefahren – jeden erdenklichen Schutz. Er wurde ihnen dadurch zuteil, dass sie schwerere Schädel mit dickeren Stirnwülsten, kräftigeren Wangenknochen und breiteren Nasenrücken ausbildeten. Dank dieser neuen Merkmale waren ihre Augen besser geschützt. Und die breiteren Nasenrücken wiederum deuteten darauf hin, dass die Nasen der Männer normalerweise größer sein würden als die der Frauen.

Darüber hinaus führte die gesteigerte körperliche Aktivität der Männer beim Erjagen der flinken Beute dazu, dass die Nase als klimaregulierendes Element umso wichtiger wurde. Auch in dieser Hinsicht »erzwang« die Evolution bei den Männern eine größere Nase als bei den Frauen.

Dieser Geschlechtsunterschied führte zu der Gleichung »kleinere Nase = weibliche Nase«. Daraus folgte, dass jedes mit einer besonders kleinen Nase geborene Mädchen als äußerst weiblich galt, während jedes Mädchen mit besonders großer Nase sich in seiner Haut unwohl fühlte.

Aber es machte sich noch ein weiterer Einfluss bemerkbar, der die kleine weibliche Nase begünstigte. Als Babys haben wir alle winzige Knopfnasen. Im Laufe der Kindheit und der Jugend wachsen diese kleinen, vorspringenden Teile im Verhältnis zu den anderen Teilen des Gesichts und erreichen ihre maximale Größe im Erwachsenenalter. Demnach ist eine kleine Nase zuallererst eine junge Nase. Berücksichtigt man außerdem noch den heute allgemein verbreiteten »Kult der Jugend«, ist die Konsequenz klar: Je kleiner die Nase, desto jugendlicher das Aussehen.

Es ist für eine Frau also doppelt wichtig, eine kleine Nase zu haben, wenn sie feminin und zugleich jugendlich wirken will. Die meisten Frauen haben damit kein Problem – die Natur hat sie entsprechend ausgestattet. In einigen jedoch nagt das Gefühl, von der Natur mit einer übergroßen, männlichen Nase benachteiligt worden zu sein. Dafür gibt es zwei mögliche Gründe. Entweder hatten sie das Pech, Teil der natürlichen Variation zu sein, die in allen Populationen stattfindet und bei bestimmten Individuen sichtbar wird – oder ihre letzten Vorfahren kamen aus einem Teil der Welt, wo größere Nasen eine wertvolle Anpassung an das dort herrschende Klima darstellten. Nasen aus trockenheißen Wüstengebieten, etwa aus dem Nahen Osten und Nordafrika, sind überdurchschnittlich lang; jene aus feuchtheißen Regionen, zum Beispiel denen des tropischen Afrikas, sind überdurchschnittlich breit. Wenn Frauen aus diesen Gebieten in anderen Teilen der Welt leben, wo das Klima gemäßigter ist, werden manche von ihnen die eigene Nase als nicht weiblich genug empfinden und den Wunsch haben, sie möge kleiner sein. Bis ins 20. Jahrhundert konnten sie daran nur wenig ändern; doch dann kamen ihnen die immer weiter entwickelten Verfahren der kosmetischen Chirurgie zu Hilfe – die »verkleinerte Nase« war geboren.

Die kosmetische Chirurgie hatte sich zunächst als Methode bewährt, die zerschmetterten Gesichter der in den beiden Weltkriegen schwer verletzten Soldaten neu zu modellieren. Aufgrund der dabei erzielten Fortschritte erkannte man, dass die gleichen Techniken auch für rein ästhetische Zwecke angewandt werden konnten – eben wenn jemand unglücklich war mit dem Gesicht, das die Natur ihm oder ihr zugedacht hatte. Seither ist die Verkleinerung der weiblichen Nase die mit Abstand am häufigsten durchgeführte Operation.

Der Fachbegriff dafür lautet Rhinoplastik – das griechische Wort für »Nasenkorrektur«. Der Eingriff findet im Innern der Nase statt, damit keine sichtbaren Narben entstehen. In vielen Fällen wird ein knochiger Höcker entfernt, dessentwegen die Nase zu weit vorsteht und zu stark abwärts gebogen ist. Mit einer speziellen Säge beseitigt man dieses Knochenstück, wodurch dann das Nasenprofil extrem reduziert wird. Andere Modifikationen sind seltener – etwa die Verkleinerung einer Knollennase, die Verengung der Nasenlöcher, das Anheben herabhängender Nasenspitzen.

Wie bei vielen neuen Entwicklungen auf dem Gebiet der »körperlichen Verschönerungen« waren auch bei der Nasenkorrektur die Stars aus dem Showbusiness unter den ersten Kunden. 1923 bestellte die später berühmt gewordene Theaterschauspielerin Fanny Brice einen namhaften Schönheitschirurgen in ihr Apartment im Ritz, wo er ihrer weit vorspringenden Nase ein bescheideneres Aussehen verlieh. Ihr Arbeitgeber war darüber entsetzt und ereiferte sich, sie hätte doch diese unnachahmliche »Eine-Million-Dollar-Nase« gehabt, woraufhin Dorothy Parker, bekannt für ihre bissigen Kommentare über die Berühmtheiten jener Zeit, anmerkte, Brice (eine Jüdin) habe sich »die Nase abschneiden lassen, um ihrer Rasse zu trotzen«. Die Schauspielerin hingegen verteidigte den Eingriff vehement. Später, in den sechziger Jahren, wurde die Rolle der Fanny Brice von Barbra Streisand in dem Film *Funny Girl* verkörpert; die wehrte sich tapfer dagegen, ihre eindrucksvolle Nase einer plastischen Operation zu unterziehen, weshalb dann die Episode, die von Brices Nasenkorrektur handelte, aus dem Drehbuch der verfilmten Biographie gestrichen wurde.

Streisand, deren Entschlossenheit auf einer starken Persönlichkeit beruhte, war jedoch eine Ausnahme. Während der zweiten Hälfte des 20. Jahrhunderts erfreuten sich Nasenkorrekturen in der westlichen Welt zunehmender Beliebtheit; nicht nur Schauspielerinnen und Models, sondern auch Frauen aus allen sozialen Schichten ließen ihre großen Nasen auf ein geringeres Maß verkleinern. Zu Beginn des 21. Jahrhunderts geht die Zahl der operativ veränderten Nasen schon weit in die Hunderttausende.

Selbst in der natürlichen Heimat der größeren Nasen begann diese »Sitte« sich auszubreiten. Kosmetische Chirurgen in Israel etwa sind inzwischen vollauf damit beschäftigt, die ständig wachsende Nachfrage nach verkleinerten Nasen zu befriedigen. Neben der Klientel aus der eigenen Bevölkerung strömen junge, auf ihren sozialen Status bedachte Frauen aus Ägypten, Jordanien, Saudi-Arabien und anderen Golfstaaten in die israelischen Kliniken, um einen solchen Eingriff vornehmen zu lassen.

Er findet sogar immer häufiger an Orten statt, wo man ihn am wenigsten vermutet hätte. Gerade unter dem streng islamischen Regime im Iran, das Frauen zwingt, ihr Haar in der Öffentlichkeit zu verbergen und nur einen Teil ihres Gesichts zu zeigen, floriert erstaunlicherweise die rhinoplastische Chirurgie. Anfang dieses Jahrhunderts wurde berichtet, Nasenkorrekturen seien bei den jungen, aufgeschlossenen Iranerinnen zu einer solchen Obsession geworden, dass über 100 Schönheitschirurgen jährlich etwa 35 000 Nasenoperationen durchführen. Ein Teenager aus Teheran meinte dazu: »Dieser Trend ist so stark, dass selbst Frauen, die sich die Nase nicht operieren lassen, ein Heftpflaster darauf kleben, um Aufmerksamkeit zu erregen.« Als Vorwand dient ihnen die islamische Lehre, der zufolge »Allah schöne Menschen liebt«, aber der eigentliche Grund liegt natürlich darin, dass angesichts der durch die islamische Kleiderordnung fast gänzlich verhüllten weiblichen Anatomie insbesondere der Nase ein hohes Maß an Beachtung zuteil wird.

In einigen Regionen des tropischen Afrikas setzt sich eine andere Art von Eingriff immer mehr durch. Er bewirkt, dass die übermäßig flache und breite Nase der einheimischen Frauen insgesamt schmaler und der Nasenrücken fester wird. Hierbei – wie auch beim Glätten des gekräuselten Haars – handelt es sich um den Versuch junger, modebewusster Afrikanerinnen, ihr Aussehen dem der Europäerinnen anzugleichen. Eine ähnliche Tendenz lässt sich auch im Fernen Osten beobachten: In Vietnam und in China wird heute eine große Anzahl von Nasen gleichsam verwestlicht.

Als Träger für Schmuck war und ist die weibliche Nase nicht so beliebt wie die Ohren, der Hals, das Handgelenk oder die Finger. In einigen Stammesgesellschaften wurde die Nasenscheidewand zwar manchmal durchbohrt, um Schmuckstücke daran zu befestigen, aber diese Praxis fand niemals weite Verbreitung. Dagegen hat das Durchstechen der Haut um die Nasenlöcher eine längere Geschichte, die vor rund 4000 Jahren im Nahen Osten begann. Noch heute ist diese Tradition lebendig bei nomadischen Berbern und Beduinen in Nordafrika und im Nahen Osten, wo der Mann seiner Braut zur Hochzeit einen goldenen Nasenring überreicht. Die Größe des Rings zeigt den Reichtum der Familie an; falls es später zur Scheidung kommt, kann die verstoßene Ehefrau das Gold in ihrer Nase benutzen, um ihre Lebensgrundlage zu sichern.

Das Nasen-Piercing gelangte während der Mogul-Periode im 17. Jahrhundert aus dem Nahen Osten nach Indien, wo es Sitte wurde, die Haut am linken Nasenloch zu durchstechen. Diese Seite wählte man deshalb, weil sie nach indischem Glauben mit der weiblichen Fortpflanzung und Niederkunft in Zusammenhang steht. Man nahm an, dass die Geburt weniger schmerzlich verlaufen würde, wenn die Frau einen Nasenstift trüge (der manchmal durch eine Goldkette mit dem linken Ohr verbunden war).

Während der sechziger Jahre des 20. Jahrhunderts galt es unter westlichen Hippies als in, nach Asien zu reisen, um »sich selbst zu finden«; als sie dann die durchstochenen Nasen der einheimischen Frauen sahen, beschlossen viele, diese neue Form von Verstümmelung am eigenen Leib auszuprobieren. In Großbritannien wurde sie dann in grober Manier von den Punks der achtziger Jahre übernommen, aber weiterhin als eher exotische Variante des Piercing betrachtet. Später, gegen Ende des 20. Jahrhunderts, vielleicht unter dem wachsenden Einfluss der »Bollywood«-Filme, kamen kleine, mit einem Edelstein besetzte Nasenstifte immer mehr in Mode. An zahlreichen Orten gab es wütende Proteste von Arbeitgebern und Entlassungen von Angestellten, weil sie diese neue Art von weiblichem Schmuck trugen. Doch schließlich wurde er allgemein akzeptiert, sodass er seinen »rebellischen Reiz« verlor und heute, im 21. Jahrhundert, schon wieder in den Hintergrund tritt.

Nasenkontakte waren in sozialen Zusammenhängen stets rar. Wenn sie in Europa zwischen zwei Personen außerhalb der Privatsphäre stattfanden, waren sie meistens von Gehässigkeit und Brutalität geprägt. Die Nase konnte nichts

Besseres erwarten, als gekniffen oder geschlagen zu werden. Am schlimmsten war eine besonders grausame Form der Bestrafung, bei der man ein Messer in die Nasenlöcher steckte und diese aufschlitzte. Sie wurde im 9. Jahrhundert eingeführt, um Leute zu züchtigen, die ihre Steuern nicht zahlen wollten. Obwohl heute die Steuerbeamten ihre Messer weggesteckt haben, leben ihre früheren Methoden noch fort in der angelsächsischen Redewendung »mit der Nase bezahlen«.

In der westlichen Welt wurden der Nase zärtlichere Berührungen nur im intimen Kontakt zwischen Liebenden zuteil. Beim Liebesakt ist es seit jeher üblich, die Nasen aneinander zu reiben, zu drücken und zu küssen, aber derlei geschieht immer nur in privater Abgeschiedenheit. Inselbewohner im Pazifik hingegen praktizieren es sowohl in sexuellen wie in nicht sexuellen Situationen; ein Mann von den Trobriand Islands beschreibt seinen Liebesakt folgendermaßen: »Ich schließe sie in die Arme, umfange sie mit meinem ganzen Körper, reibe meine Nase an der ihren. Wir lutschen uns gegenseitig die Unterlippe, sodass wir entflammt sind von Leidenschaft. Wir saugen an unseren Zungen, beißen einander in die Nase, beißen einander ins Kinn, beißen in die Wangen, liebkosen die Achselhöhle und die Leiste ...«

In rein sozialen Zusammenhängen hat der Kontakt von Nase zu Nase bei den Völkern der Pazifikregion in etwa die gleiche Bedeutung wie bei uns der freundschaftliche Kuss. Diese Geste wird gewöhnlich als »Nasenreiben« bezeichnet, aber das ist ein Irrtum. Die reibenden Bewegungen sind normalerweise dem zuvor beschriebenen erotischen Kontakt vorbehalten. In der Öffentlichkeit passiert kaum mehr, als dass die Nasenspitzen sich berühren oder kurz aneinander gepresst werden. Der Sinn dieses Rituals liegt darin, das Gegenüber zu riechen, dessen Körperduft durch die Nase aufzunehmen.

Als formelle Begrüßung ist der Nasenkontakt manchmal strengen, aus der sozialen Hierarchie abgeleiteten Regeln unterworfen. In einer Kultur, der der Tikopia, die auf den Salomoninseln im Südpazifik entdeckt wurde, gibt es eine ganze Reihe von Körperteilen, die der Begrüßende mit der Nase berühren beziehungsweise nicht berühren darf. Der Kontakt zwischen Nase und Nase oder Nase und Wange ist nur zwischen den Mitgliedern der gleichen Schicht erlaubt. Begegnet ein Jüngerer einem Älteren, muss seine Nase dessen Handgelenk berühren; grüßt ein Gefolgsmann einen großen Häuptling, muss seine Nase dessen Knie berühren.

Derartige Begrüßungen mit der Nase sind heute im Schwinden begriffen. Der zunehmend kosmopolitische Lebensstil, vermehrte Reisen, die fortschreitende Vermischung der Kulturen, verstärkter Tourismus und internationaler Handel – all das hat zu einer umso ausgeprägteren Gleichförmigkeit der Begrüßungsgesten beigetragen, wobei sich das übliche Händeschütteln fast über den gesamten Globus ausbreitet. Wenn heutzutage hochrangige Maoris zusammentreffen, verbinden sie ein kräftiges Händeschütteln mit einer flüchtigen Nasenberührung – die neue Geste verdrängt die alte.

7. DIE WANGEN

Seit Urzeiten gelten die zarten, glatten weiblichen Wangen als Inbegriff menschlicher Schönheit, Unschuld und Bescheidenheit. Zum Teil deshalb, weil die fast vollkommen runden Wangen des Babys – ein spezifisches Merkmal des Menschen – einen starken kindlichen Reiz ausüben, der wiederum starke Gefühle elterlicher Liebe hervorruft. Diese frühe Verbindung von glatten Wangen und intensiver Liebe hinterlässt ihre Spuren in den Beziehungen, die wir später als Erwachsene haben. In zärtlicheren Augenblicken beugen wir uns nach vorn, um die Wangen eines geliebten Menschen zu berühren, zu küssen, zu streicheln oder sanft zu zwicken, wenden wir uns spontan diesem Teil des Körpers zu, weil er uns an die unbedingte Liebe zwischen Eltern und Kind erinnert. Genauso wie die junge Mutter die Wange ihres Säuglings behutsam an die ihre drückt, tanzen Liebende Wange an Wange, küssen alte Freunde sich auf die Wange. Symbolisch betrachtet ist die Wange der zarteste Teil des gesamten weiblichen Körpers.

Darüber hinaus markiert sie den Bereich, der die wahren Gefühle des Individuums unmittelbar zum Vorschein bringt, denn hier werden die emotional bedingten Veränderungen der Gesichtsfarbe am deutlichsten sichtbar. Das Erröten aus Verlegenheit oder sexueller Scham beginnt genau im Zentrum der Wangen – an zwei kleinen Punkten, die tiefrot werden, woraufhin blitzschnell die gesamte Oberfläche diese Farbe annimmt, die dann, wenn das Erröten sich noch intensiviert, auch auf andere Hautzonen ausstrahlt, etwa am Hals, an der Nase, an den Ohrläppchen und am oberen Teil der Brust. Mark Twain erklärte einmal: »Der Mensch ist das einzige Tier, das rot wird. Oder rot werden muss« – als wären es die schrecklichen Missetaten der Menschen, die ihre Wangen flammend vor Scham erröten lassen. Indes, nicht bei solchen Verfehlungen ist das Erröten zu beobachten. Denn der errötende Mensch ist normalerweise jung, gehemmt und in Gesellschaft ziemlich scheu; gewöhnlich gibt es kaum etwas, wofür er sich schämen müsste – außer seiner Unerfahrenheit und unerwünschten Unschuld in einem Umfeld, das von Weltklugheit und Sachverstand geprägt ist.

Die Tatsache, dass das Erröten häufig in erotischen Situationen auftritt, lässt es eher als ein besonderes sexuelles Signal jungfräulicher Unschuld erscheinen. Die »errötende Braut« ist ein weit verbreitetes Klischee bei Hochzeitsfeiern, wobei das Erröten aus dem peinlichen Gedanken resultiert, dass alle Anwesenden insgeheim über den bevorstehenden Verlust der weiblichen Jungfräulichkeit nachsinnen. Da das Erröten mit dem Flirten und dem Werben sehr junger Erwachsener verbunden ist (oder war, bevor die moderne Sexualerziehung zu einer größeren Offenheit und Freizügigkeit bei diesem Thema führte), hat es auch viel mit erotischer Anziehungskraft zu tun. Die Frau, die nicht errötet, ist sich ihrer Sexualität entweder nicht bewusst oder sie schämt sich ihrer nicht. Dagegen ist die Frau, die aufgrund einer anzüglichen Bemerkung rot wird, sich ihrer eigenen Sexualität offensichtlich bewusst, aber immer noch unerfahren. Daher könnte man argumentieren, dass das Erröten im Grunde ein menschliches Farbsignal darstellt, das Jungfräulichkeit anzeigt. In diesem Zusammenhang ist es wichtig zu wissen, dass für junge Frauen, die auf den alten Sklavenmärkten angeboten wurden und dann in einem Harem dienten, ein höherer Preis zu erzielen war, wenn sie bei ihrer Zurschaustellung vor potenziellen Käufern erröteten.

Weibliche Wangen, die leuchtend rot anlaufen, können auch Indikatoren von Wut sein. Diese Rötung läuft nach einem anderen Muster ab – die Farbe breitet sich nicht vom Zentrum der Wange her aus, sondern schießt an allen Stellen gleichzeitig ein. Diese Frau befindet sich in einer Stimmung, die von unterdrückter Angriffslust zeugt. Sie mag zwar schreckliche Drohungen ausstoßen, aber die rote Haut deutet darauf hin, dass sie zugleich gehemmt ist. Die Wangen der wirklich aggressiven Frau werden sehr blass, da das Blut unter der Haut abfließt und die Bereitschaft zum sofortigen Handeln vorhanden ist. So sieht das Gesicht einer Frau aus, die jeden Moment zum Angriff übergehen kann. Hat sie dagegen große Angst, erbleichen ihre Wangen ebenfalls – das heißt, sie ist bereit zu fliehen oder um sich zu schlagen, wenn sie in die Enge getrieben wird.

In modernen Zeiten sind die gebräunten Wangen der Sonnenanbeterin das »Statussymbol« einer Frau, die sich die Zeit nehmen konnte, um an irgendeinem Ferienstrand in der Sonne zu liegen. Dieser Trend ist relativ neu. In früheren Jahrhunderten hätte man keine auf Prestige bedachte junge Frau – oder »junge Dame von Lebensart«, wie man sie damals nannte – mit braun gebrannter Haut zu Gesicht bekommen. In jenen Tagen bedeutete gebräunte Haut nur eines: mühselige Feldarbeit in der Landwirtschaft. Junge Damen der Oberschicht hätten eine solche Haut als zutiefst abstoßend empfunden, ja besondere Maßnahmen ergriffen, um auch nur die leichteste Tönung nach einem Spaziergang im Park zu vermeiden – und einen Hut getragen oder einen Sonnenschirm benutzt.

Während bestimmter geschichtlicher Perioden führte diese sonnenfeindliche Einstellung dazu, dass man sich die Wangen mit Make-up weiß schminkte. In extremeren Fällen ließen die Frauen einen Aderlass bei sich vornehmen, damit die Wangen blasser wurden. Beide Methoden bargen große Risiken. Im 16. Jahrhundert war weißes Make-up besonders gefährlich, weil es Bleioxid enthielt. Durch häufigen Gebrauch sammelte sich im Körper dieses Gift an, das schließlich Muskellähmungen verursachte und manchmal auch tödlich wirkte.

In anderen Zeiten wiederum, da rosige Wangen – im Gegensatz zu gebräunten – als ein Zeichen von robuster Gesundheit und natürlicher Lebenskraft galten, wurde in deren Mitte Rouge aufgelegt. Wenn es fehlte, konnte man junge Damen abseits wichtiger gesellschaftlicher Ereignisse dabei beobachten, wie sie ihre Wangen kneteten, damit diese sich mit Blut füllten.

Solche roten oder rötlichen Farbtöne sind in der weiblichen Schönheitspflege bis auf den heutigen Tag beliebt, obwohl sie Jahr für Jahr kommen und gehen, während die Kosmetikfirmen aus kommerziellen Gründen bemüht sind, ständig irgendwelche Neuheiten auf den Markt zu bringen. Diese Form von Make-up vermittelt nicht nur den Eindruck von strahlender Gesundheit, sondern suggeriert auch das unschuldige Erröten des Teenagers, wodurch sie in erotischer Beziehung einen doppelten Vorteil hat.

Zu Beginn des 21. Jahrhunderts ist die gebräunte Wange wieder einmal weniger begehrt – eben aufgrund jener medizinischen Aufklärungskampagne, bei der zwischen übermäßigem Sonnenbaden und Hautkrebs eine direkte Verbindung hergestellt wird. Viele junge Frauen lassen sich jetzt nicht mehr »grillen« und benutzen Sonnencremes mit hohem Lichtschutzfaktor oder gehen überhaupt nicht mehr in die Sonne. Die blasse Wange ist erneut ein beliebtes Symbol – diesmal der Frau, die verantwortungsbewusst auf ihre Gesundheit achtet. Einige Frauen weigern sich jedoch nach wie vor, ihrem geliebten Sonnenbad abzuschwören, sodass jetzt die Urlauberhorden an den Stränden in zwei Gruppen geteilt sind: hier die vorsichtigen Blasshäutigen, dort die wagemutigen Sonnenanbeter. Es bleibt abzuwarten, welche der beiden am Ende die Oberhand gewinnen wird.

Wenn sonnengebräunte Haut medizinische Probleme verursachen kann, so sind diese eher geringfügig im Vergleich zu den verheerenden Nebenwirkungen einer bestimmten Art von Wangencreme, die unter dem Namen »Aqua Toffana« oder »Manna des heiligen Niccolo von Bar« im Italien des 17. Jahrhunderts verkauft wurde. Eine gewisse Signora Giulia Toffana bot dieses sehr spezielle Produkt eleganten Damen der Gesellschaft an – und es fand gerade bei den Frauen großen

Anklang, die ihre Ehemänner loswerden wollten. Als Creme oder als Puder erhältlich, war es eine höchst giftige Mixtur aus Arsen und anderen tödlichen Substanzen. Signora Toffana bestand darauf, dass jede Kundin ihr einen persönlichen Besuch abstattete, damit sie sie über die richtige Anwendung des Mittels informieren konnte. Sie erklärte ihr, sie dürfe es niemals schlucken und müsse es auf die Wangen auftragen, kurz bevor der Gatte den Beischlaf mit ihr vollziehen würde. Damit war gewährleistet, dass er über den an ihre Wangen gepressten Mund eine hinreichende Menge »Make-up« aufnehmen würde, um daran zu sterben. Hinterher hieß es immer, der Tod sei durch »sexuellen Exzess« eingetreten; diese teuflische List hatte über viele Jahre Erfolg.

Signora Toffana war für mehr als 600 Tode verantwortlich und damit auch für die Existenz ebenso vieler vermögender Witwen, wodurch sie zur größten Giftmörderin aller Zeiten avancierte. Ihre Verbrechen wurden 1709 aufgedeckt; man sperrte sie ein, folterte und erwürgte sie im Gefängnis.

Außer der Farbe ist auch die Form der Wange von Bedeutung. Eine Wange mit Grübchen galt in Europa stets als attraktiv, weil diese Grübchen angeblich den Abdruck von Gottes Finger darstellten. Heute scheinen sie nicht besonders weit verbreitet zu sein, und wahrscheinlich waren sie immer schon ziemlich rar, was als Erklärung dafür dienen mag, dass ungewöhnlich viele volkstümliche und abergläubische Vorstellungen mit ihnen verbunden sind. Es gibt zahlreiche alte Reime und Sprichwörter darüber, zum Beispiel (sinngemäß übersetzt): »Ein Grübchen in der Wange/Schon steh'n die Männer Schlange« oder »Wenn du ein Grübchen in der Wange hast, wirst du nie einen Mord begehen.«

Bei den frühen Griechen war ebenfalls die Form der Wange ein wichtiger Maßstab für die Schönheit der Frau, weshalb sie eine bestimmte Geste ausführten: das so genannte »Über-die-Wangen-Streichen«. Es bestand darin, Daumen und Zeigefinger einer Hand oben auf die beiden Wangen zu legen, den Daumen auf den einen Wangenknochen, den Zeigefinger auf den anderen. Von dort aus strich man mit der Hand sanft über die Wangen nach unten bis zum Kinn und ließ dann los. Bei dieser Bewegung wurden Daumen und Zeigefinger immer näher zueinander geführt, sodass das Gesicht gleichsam spitz zulief. Ein solch eiförmiges Gesicht galt den Griechen als Ideal weiblicher Schönheit. Für die heutigen Griechen hat diese Geste weiterhin die gleiche Bedeutung.

Das englische Wort *cheeky*, »frech« oder »unverschämt«, kommt von jener Gebärde, die als *tongue-in-cheek* (wörtlich: »Zunge in der Wange«, im übertragenen Sinn: »ironisch« oder »witzelnd«) bekannt ist. Wer seine Zunge fest an die Innenseite der Wange drückt, wodurch diese leicht deformiert wird, bringt damit seinen spöttischen Zweifel zum Ausdruck. Dem liegt die Vorstellung zugrunde, dass man sich eine kritische Bemerkung nur verkneifen kann, indem man dieses Organ gegen die Wange presst und so nicht die Worte ausspricht, die einem »auf der Zunge liegen«. Diese Gebärde wurde als grob empfunden, zumal bei Kindern, weshalb es nicht verwundert, dass *what a cheek!* (»was für eine Frechheit!«) und *cheeky* zu Beginn des Viktorianischen Zeitalters Eingang in die englische Sprache fanden.

Eine andere Geste, weitgehend auf Italien beschränkt, ist die »Wangenschraube«. Der Zeigefinger wird in die Wange gedrückt und herumgedreht, als würde er sich ins Fleisch bohren. Fast jeder im Land – von Turin im Norden bis nach Sardinien und Sizilien im Süden – kennt das. Es hat immer die gleiche Bedeutung, nämlich: »Gut!« Ursprünglich war es ein Kompliment für den Küchenchef – dass die Pasta »al dente« sei, nicht zu weich gekocht, wie es der Zeigefinger andeutet, der auf die Zähne hinter der Wange zeigt. Aber im Laufe der Zeit benutzte man diese Geste in immer neuen Zusammenhängen, um auf all das hinzuweisen, was gut ist. Wenn eine junge Frau dergleichen tut, so will sie damit zum Ausdruck bringen: »Sehr schmackhaft!«

Legt man die Handflächen aneinander und dann eine Wange auf den oberen Handrücken, bedeutet dies vielerorts »Ich bin schläfrig« – eben weil das Schlafen am besten durch jenen Moment versinnbildlicht wird, da die Wange auf dem Kopfkissen ruht. Es ist interessant zu beobachten, dass Menschen, wenn sie müde oder gelangweilt sind, zugleich aber am Schreibtisch oder Tisch sitzen bleiben müssen, sehr wahrscheinlich eine Ruhelage einnehmen, bei der eine Hand die Wange abstützt, als würde sie einen schweren Kopf hochhalten. Sobald ein Redner oder Lehrer diese Haltung sieht, sollte ihm bewusst sein, dass er mit seinem Vortrag in Schwierigkeiten ist. Ein noch deutlicheres Zeichen von Langeweile ist die »Wangenfalte«, wobei ein Mundwinkel nach hinten gezogen und das Fleisch der Wange zusammengerafft wird. Diese Miene bekundet ebenfalls starken Zweifel und zeugt im Grunde genommen von tiefem Sarkasmus.

In einigen Gebieten des mediterranen Raums weist das Kneifen der eigenen Wange darauf hin, dass etwas ausgezeichnet oder köstlich ist. Fast überall gilt die gleiche Handlung, ausgeführt an der Wange von jemand anders, als Zeichen der Zuneigung. In diesem Sinne wird sie seit über 2000 Jahren praktiziert, nachdem sie schon im alten Rom beliebt war. Normalerweise kneifen Eltern ihre Kinder in die Wange (die das oft hassen), aber es kann in scherzhafter Weise auch zwischen Erwachsenen geschehen.

Der »Klaps auf die Wange« mit der flachen Hand wird als etwas weniger irritierende Alternative gewählt, doch er kann ebenfalls unangenehm sein, wenn er mit zu viel Schwung erfolgt. Wenn die Zuneigung nur vorgetäuscht ist, mag das Tätscheln fast in eine Ohrfeige ausarten, wodurch sich das Opfer in einer peinlichen Situation befindet, da es zwar weiß, dass es verletzt wurde, aber nichts dagegen tun kann, denn die Aktion war von der freundschaftlichen Geste kaum zu unterscheiden.

Die Ohrfeige selbst hat eine lange Tradition. Sie war die klassische Reaktion einer Dame, um unschickliche Annäherungsversuche eines Mannes zurückzuweisen. Im Grunde ist die Ohrfeige ein »demonstrativer Schlag«, der zwar viel Lärm verursacht, doch so wenig körperlichen Schaden anrichtet, dass er das Gegenüber nicht sofort zu einer defensiven oder aggressiven Maßnahme veranlasst. Obwohl sie ihm Einhalt gebietet, wird ihre tiefere Bedeutung oft erst später verstanden.

Am anderen Ende der Gefühlsskala gibt es den Wangenkuss, die Berührung der Wange und das sanfte Streicheln der Wange. Der Wangenkuss stellt eine auf Gegenseitigkeit beruhende Geste dar, die sich nur für zwei Menschen eignet, die in der sozialen Rangordnung die gleiche Stufe einnehmen. Er ist sozusagen ein abgelenkter, flüchtiger Kuss auf den Mund, weit verbreitet in vielen Ländern als Teil ritueller Begrüßungen und Verabschiedungen. Wenn Lippenstift aufgetragen wurde, drückt man oft nur die Wangen aneinander und macht Kussgeräusche, ohne dass Lippe und Wange sich berühren. Der Wangenkuss taucht in zahlreichen subkulturell bedingten Variationen auf. In Theaterkreisen oder in Gruppen mit extravagantem Lebensstil wird er fast »überstrapaziert«, wohingegen er in Schichten mit niedrigerem Einkommen oft extrem selten ist, außer zwischen Familienmitgliedern. Doch auch hier sind die Sitten von Land zu Land zu verschieden. In Teilen Osteuropas zum Beispiel ist der ursprüngliche, nicht zur Wange »umgeleitete« Begrüßungskuss auf den Mund weiterhin gang und gäbe.

Verstümmelungen des Wangenbereichs waren nicht sonderlich beliebt, eben weil das Gesicht in vielen Situationen beweglich bleiben muss. In antiker Zeit jedoch pflegten die weiblichen Trauernden sich die Wangen aufzukratzen, bis diese bluteten, um ihr unerträgliches Leid in auffälligster Weise sichtbar zu machen. John Bulwer berichtet, dass dies zur Verabschiedung eines Gesetzes führte, welches eine derartige Misshandlung der Wangen untersagte: »Bei den alten Römerinnen war es Brauch, sich in tiefem Schmerz die Wangen zu zerkratzen und aufzureißen … und zwar so sehr, dass der Senat, der Notiz davon nahm, einen Erlass herausgab, dem zufolge in Zukunft keine Frau sich vor Schmerz oder Trauer die Wangen zerkratzen oder aufreißen dürfe, weil die Wangen der Sitz der Bescheidenheit und des Schamgefühls seien.«

In Stammesgesellschaften wurden die Wangen auf unterschiedlichste Weise geschmückt – etwa durch Bemalung, Tätowierung, Einschnitte und Löcher. Solche Verzierungen des Gesichts sind in der westlichen Welt eher selten, sieht man von jenen einfachen, zuvor genannten Kosmetika wie Creme, Puder und Rouge einmal ab. Allerdings tauchten sie mit der Londoner Punkrock-Bewegung während der achtziger Jahre kurz auf, als man Frauen sah, die ihre Wangen meist in der Nähe des Mundes mit Sicherheitsnadeln durchbohrt hatten. Diese wüsten Verstümmelungen bei den frühen Punks nahmen allmählich sanftere Formen an, sodass dann unechte Sicherheitsnadeln angeboten wurden, die nur scheinbar ins Fleisch eindrangen, ohne es zu verletzen.

Die einzige andere Form des Wangenschmucks, die besondere Erwähnung verdient, ist der aufgemalte Schönheitsfleck, der im 17. und 18. Jahrhundert »der letzte Schrei« war. Er diente zunächst dazu, kleine Unreinheiten der Haut zu kaschieren, gewann dann aber eine eigene kosmetische Bedeutung. Es hieß, die Göttin Venus sei mit einem natürlichen Schönheitsfleck auf der Wange zur Welt gekommen, und so könne jede Frau von Lebensart, die ihr nacheiferte, nur schöner werden. Damit hatte man allen Grund, ein Muttermal, eine Warze oder eine Pockennarbe mit einem runden schwarzen Pflästerchen oder mit einem schwarzen Punkt zu bedecken.

Dieser Wangenschmuck wurde in einem Maße populär, dass selbst Frauen mit vollkommen glatter Haut dem Trend folgten und Pflästerchen und Schönheitsflecken zu rein dekorativen Zwecken benutzten. Schließlich waren beide aus dem höfischen Leben kaum mehr wegzudenken, und es ging die Rede, dass »alle feinen Damen sich ihrer stets bedienen sollten, wenn sie nicht gerade in Trauer sind«. Am Ende des 17. Jahrhunderts fühlte sich ein scharfzüngiger Franzose bei einem Besuch in London zu folgendem Kommentar veranlasst: »In England sind alle jungen, alten und hässlichen Frauen zugepflastert, bis sie bettlägerig sind. Oft habe ich auf dem warzigen, faltigen Gesicht einer über siebzigjährigen Hexe fünfzehn oder noch mehr Pflästerchen gezählt.«

Im frühen 18. Jahrhundert war die Mode derart raffiniert geworden, dass der Stelle des Schönheitsflecks gar eine politische Bedeutung zukam, insofern die Anhängerinnen der (damals rechts orientierten) Whigs ihn auf die rechte Wange setzten, während die Anhängerinnen der (damals links orientierten) Tories die linke Wange damit zierten. Die Schönheitsflecken bezeichneten nicht mehr bloße Punkte, sondern verwandelten sich in Sterne, Mondsicheln, Kronen, Rauten und Herzen. Diese Übertreibungen sollten bald wieder verschwinden, doch auch dann konnte man bisweilen einen einzelnen Schönheitsfleck entdecken – gleichsam das Überbleibsel seiner eigenen vielschichtigen Vergangenheit.

In der Moderne hat der Drang nach Schönheitsflecken – von einigen bemerkenswerten Ausnahmen abgesehen – stark nachgelassen; der unreinen weiblichen Wange wird heute eine andere Art von Behandlung zuteil. Da eine glatte, makellose

Wange den Eindruck von Jugendlichkeit und Gesundheit erweckt, ist es für eine attraktive junge Frau doppelt wichtig, Aknenarben, Hautflecken, raue Stellen, Falten oder andere Hautverletzungen zu verbergen. Wenn gewöhnliches Make-up da nicht weiterhilft, bedarf es tieferer Eingriffe. Zu diesem Zweck haben Schönheitschirurgen mehrere neue Methoden entwickelt.

Eine davon besteht im Abtragen unreiner Haut, was man fachsprachlich als »mikrodermatische Abrasion« bezeichnet. Dabei werden die Wangen förmlich sandgestrahlt, bis sie glatt sind. Man richtet einen Strahl mit sandähnlichen, aus Aluminiumoxid bestehenden Kristallen auf die Wange und entfernt so die äußeren Hautschichten. Wenn die Behandlung erfolgreich verläuft, ist die Haut nach dem Heilungsprozess wesentlich glatter.

Ein weiteres Verfahren ist das chemische Peeling. Man trägt auf die Wangen ein spezielles Gel auf und wischt es nach etwa fünf Minuten behutsam ab. Die säurehaltige Substanz beseitigt die verletzten Außenschichten der Haut.

Darüber hinaus kommt eine High-Tech-Kombination aus Ultraschall, Schwachstrom, Hautvakuum und Laserstrahl zur Anwendung.

In allen drei Fällen muss die Prozedur gewöhnlich einige Male wiederholt werden und die Ergebnisse sind nicht immer perfekt; aber ständig werden Fortschritte erzielt, um die Wangen auf diese Weise zu verschönern. Bald wird der Tag kommen, da jede Frau sich vollkommen glatte Wangen kaufen kann – natürlich zum entsprechenden Preis.

8. DIE LIPPEN

Die menschlichen Lippen haben eine sehr merkwürdige Eigenschaft – sie sind von innen nach außen gestülpt, was in der Tierwelt einzigartig ist. Die meisten Menschen bemerken das gar nicht, weil sie die Lippen als etwas Selbstverständliches erachten und sich nie die Mühe machen, sie mit den Lippen unserer Verwandten unter den Primaten zu vergleichen, den Menschenaffen und Affen. Aber wenn wir den Mund eines Schimpansen oder Gorillas aus der Nähe betrachten würden, sähen wir sehr bald, dass dort die weiche, fleischige, glänzende Oberfläche, die jeden menschlichen Mund kennzeichnet, dem Blick entzogen ist.

Warum haben Menschen diese nach außen gedrehten Lippen? Auch die Antwort auf diese Frage ist mit unserer – im ersten Kapitel bereits skizzierten – Entwicklung zu infantil geprägten Erwachsenen verknüpft. Als unsere erwachsene Anatomie und Verhaltensweise im Laufe der Evolution zunehmend kindlicher wurde, behielten wir immer mehr jungen- beziehungsweise mädchenhafte Merkmale zurück – und unsere sichtbaren fleischigen Lippen sind Teil dieser Tendenz. Und da die Anatomie der Frau in dieser Hinsicht weiter entwickelt ist, das heißt: jugendlicher ist als die des Mannes, treten ihre Lippen im Allgemeinen stärker hervor. Folglich ziehen diese ein hohes Maß an Aufmerksamkeit auf sich.

Doch wo können wir die Ursprünge dieser außergewöhnlichen Lippen ausfindig machen? Nicht im menschlichen Baby, ja nicht einmal im Schimpansenbaby, sondern im Schimpansenembryo. Wenn der Affenfötus sechzehn Wochen alt ist, hat er einen typisch menschlichen Mund mit großen, vollen Lippen. Gut zwei Monate später, etwa in der sechsundzwanzigsten Woche, sind sie schon wieder verschwunden – zusammengeschrumpft auf jene dünnlippige Form, die den Affen während seines ganzen weiteren Lebens begleiten wird. Der Genauigkeit halber müsste man also sagen, dass die menschlichen Lippen nicht nur jugendlich, sondern sogar embryonal sind.

Im Gegensatz zum Schimpansenbaby bewahrt das menschliche Baby das frühe fötale Muster und gluckst bei der Geburt mit einem Schmollmündchen in Richtung seiner Mutter, mit *nach außen gerollten* Lippen, die es dann bald freudig auf ihre kurzen Brustwarzen presst, um Milch aus den sehr runden Brüsten zu saugen. Der kleine Schimpanse hingegen schließt seinen dünnlippigen, muskulösen Mund um die lange Zitze seiner Mutter und zieht die Milch aus ihr heraus wie ein Bauer, der eine Kuh melkt.

Demnach sind die einzigartigen menschlichen Lippen bestens geeignet für ihre erste Aufgabe, die ebenso einzigartige menschliche Brust zu »melken«. Auf deren runder Oberfläche bilden die Babylippen eine Art luftdichten Verschluss. Aber damit ist die Geschichte noch nicht zu Ende. Denn sonst würden sich die Lippen des Babys nach innen wölben, sobald es an festere Nahrung gewöhnt wird, und dann das typische dünnlippige Primatenmuster bis ins Erwachsenenalter beibehalten. Beim männlichen Erwachsenen werden die Lippen tatsächlich ein wenig fester und dünner und verschwinden dann – im primitiven Zustand – hinter dem Barthaar.

Die vollen, weichen Lippen der typischen Frau dagegen bleiben während ihres ganzen Erwachsenenlebens – oder zumindest bis ins hohe Alter, wenn auch sie sich der Gruppe der Dünnlippigen anschließt – gut sichtbar. Als junge Erwachsene mit erotischen Phantasien wird sie sich allmählich der neuartigen – stark sexuell geprägten – Signalwirkung ihrer Lippen bewusst. Sie befeuchtet sie, schürzt sie, schminkt sie und wirft Kusshände zu. Noch bevor sie ihre Lippen auf den Mund ihres ersten Liebhabers presst, haben sie eine wichtige Rolle bei ihrer Selbstdarstellung gespielt.

Warum üben die Lippen rein optisch eine so starke sexuelle Anziehungskraft aus? Die Antwort ist einfach: Weil sie in Form, Beschaffenheit und Farbe jene anderen weiblichen Lippen nachahmen, die durch und durch sexuell sind. Diese Ähnlichkeit wird auch sprachlich deutlich, wenn von Scham*lippen* (lateinisch und fachsprachlich: Labia) die Rede ist.

Sobald die junge Frau sexuelle Erregung verspürt, röten sich ihre Schamlippen und schwellen an. Gleichzeitig werden die Lippen voller, röter und empfindlicher. Diese Veränderungen vollziehen sich im Gleichklang, sind Teil der physiologischen Umwälzung, die mit höchster sexueller Erregung einhergeht. Hierbei ist ein Faktor ganz entscheidend, nämlich dass das Blut aus den tiefer gelegenen Organen Richtung Oberfläche dringt. Die Haut des sexuell aktiven Individuums glüht und glänzt, während sich die winzigen Blutgefäße infolge einer erhöhten Blutzufuhr ausdehnen. Das zusätzliche Blut schießt schneller ein, als es abfließen kann, weshalb die Oberfläche des Körpers immer empfindlicher auf

Berührungen reagiert. Dies trifft in besonderem Maße auf die Lippen zu. Außerdem bewirken die erweiterten Blutgefäße, dass Lippen und Schamlippen umso sichtbarer werden – ihre intensive Röte kontrastiert mehr und mehr mit dem Fleisch ringsum.

Die Frauen der frühen Gesellschaften besannen sich intuitiv darauf, aus dieser tiefen Verwandtschaft zwischen Lippen und Schamlippen Kapital zu schlagen. Im alten Ägypten benutzten Prostituierte rötlichen Ocker, um die Farbe ihrer Lippen stärker zu betonen. Aus der Zeit um 1150 v. Chr. stammt eine Zeichnung auf Papyrus, die eine Szene in einem thebanischen Bordell darstellt, wo eine halbnackte junge Frau sich einen Spiegel vors Gesicht hält und mit einem langen Stäbchen Lippenfarbe aufträgt. Daneben bewegt ein kahl werdender Kunde mit hoch erigiertem Glied seine Hand in Richtung ihrer Genitalien. Die enge Beziehung zwischen geröteten weiblichen Lippen und erotischer Aktivität ist also mehr als dreitausend Jahre alt.

Die Verwendung von Lippenfarbe ist aber noch älteren Ursprungs, denn deren Existenz reicht nachweislich viereinhalbtausend Jahre zurück in die sumerische Stadt Ur im heutigen Südirak. Dort wurde eine große Königin namens Puabi mit einem üppigen Vorrat an Make-up für das Leben nach dem Tode begraben. Ihre kosmetischen Farben befanden sich in breiten Herzmuscheln und nachgemachten Muscheln aus Silber und Gold. Es gab rote Farbe für ihre Lippen sowie weiße, grüne und schwarze Farbe – vermutlich für ihre Augen.

Die frühesten Lippenfarben wurden hergestellt, indem man rötlichen Ocker mit einem kleinen Mörser zu feinem Puder zermahlte und diesen dann mit tierischen Fetten mischte. Später, im vierten vorchristlichen Jahrhundert, waren die alten Griechen noch experimentierfreudiger; es wird berichtet, dass sie dem Gemisch pflanzliche Farbstoffe, menschlichen Speichel, Schafsschweiß und sogar Dung vom Krokodil beifügten. Im zweiten nachchristlichen Jahrhundert waren Frauen in Palästina so weit fortgeschritten, dass sie die Wahl hatten zwischen zwei Farben – leuchtendem Orangerot oder dunklem Himbeerviolett.

Seit jenen frühen Tagen ist das Anmalen der Lippen mit roter Farbe ein weit verbreitetes und ständig wiederholtes Thema der weiblichen Selbstdarstellung, obwohl es zu gewissen Zeiten mit den puritanischen Grundsätzen weltlicher und geistlicher Autoritäten in Konflikt geriet. In Kulturen, in denen sich restriktive Herrschaftsformen durchsetzten, die sexuelles Vergnügen zu unterdrücken suchten, blieben die Lippen schmucklos. In extremen Fällen galten sogar diese als zu aufreizend, um in der Öffentlichkeit gezeigt zu werden, und so zwang man die bedauernswerten Frauen, ihre Lippen unter einem Schleier zu verbergen.

Allgemein herrscht die Ansicht vor, derlei verlange der islamische Glaube, aber das stimmt nicht. Gewiss, die Verhüllung der Lippen ist in muslimischen Ländern gang und gäbe, doch sie hat mit den Lehren Mohammeds nichts zu tun. Vielmehr wurde sie den Frauen von ihrer männlich dominierten Gesellschaft aufoktroyiert. Es handelt sich also nicht um ein religiöses Gebot, sondern um ein sexistisches Verbot in einer Gesellschaft, in der Frauen willkürlich als Eigentum der Männer betrachtet werden.

Die christliche Kirche hatte schon immer ein ambivalentes Verhältnis zu rot geschminkten weiblichen Lippen. Manchmal war sie tolerant, dann aber auch unerbittlich repressiv, da sie die angemalten Lippen als Verkörperung des Bösen und als schändlichen Angriff auf Gottes Schöpfung – den menschlichen Körper in seinem natürlichen Zustand – brandmarkte. Ein Geistlicher aus dem 17. Jahrhundert verdammte geschminkte Lippen als »Kennzeichen einer Dirne«, als teuflische Verlockung, die das Feuer der Lust im Herzen der Männer entfache, sodass diese unglückseligerweise die Augen darauf hefteten.

Politiker mischten sich in derartige Angelegenheiten gewöhnlich nicht ein, aber im England des 18. Jahrhunderts hielten sie ein Gesetz für notwendig, das die Verwendung von Lippenfarbe untersagte. Einige ängstliche Herren glaubten, der Anblick rotlippiger Frauen könne sie zu Opfern von Heiratsschwindlerinnen machen. Diese absurde Situation bescherte den jungen Damen jener Zeit ein gewisses Problem. Sie lösten es, indem sie kurz vor einem gesellschaftlichen Ereignis an einem Granatapfel saugten oder ihre Lippen kneteten.

Gegen solche Repressionen von kirchlicher und staatlicher Seite wehrte sich die Lippenkosmetik mit Erfolg; im Verlauf der Geschichte kam sie in dieser oder jener modischen Variante immer wieder von neuem zum Vorschein. In einem *Lady's Magazine* der ausgehenden zwanziger Jahre des 19. Jahrhunderts ist klar zu erkennen, dass die Frauen damals eine bogenförmig geschwungene Lippenform bevorzugten – eine Form, die dem Bogen ähnelte, mit dem Amor seine Pfeile verschoss. Dabei wurden die Lippen nicht horizontal, sondern vertikal größer geschminkt. Die Unterlippe war weiter nach unten gezogen, während die geschwungene Bemalung der Oberlippe direkt unter der Nase eine kleine Delle aufwies (wie Amors Bogen). Das verlieh dem weiblichen Mund ein kindliches Aussehen und übermittelte den galanten Herren jener Epoche die reizvolle Botschaft, dass diese schönen jungen Mädchen ihres Schutzes bedurften.

In der Moderne hat sich der Lippenstift zu einem wichtigen Produkt der Kosmetikbranche entwickelt, das im Laufe des 20. Jahrhunderts immer mehr an Bedeutung gewann. Noch am Ende des Viktorianischen Zeitalters waren rote Lippen zumeist nur in den berüchtigten Freudenhäusern anzutreffen, wohin Prüderie und Doppelmoral sie verbannt hatten. Unzählige männliche Kunden zeigten sich, bevor sie zu ihren blasslippigen Ehefrauen nach Hause zurückkehrten, entzückt von dieser unerhört einladenden Farbe.

Während des Ersten Weltkrieges begann der Lippenstift seinen langsamen Aufstieg auf der gesellschaftlichen Stufenleiter. Er ging von den Bordellen zu den Theatern über und von dort zu den wagemutigeren Mitgliedern der Boheme. Anschließend, in den wilden zwanziger Jahren, breiteten sich die roten Lippen weiter aus, um die jungen Mädchen auf der Tanzfläche noch anziehender zu machen. Schon damals und dann auch in den dreißiger Jahren benutzten die großen weiblichen Stars des rasch sich entwickelnden Kinos den Lippenstift, der bald zur sozialen Norm wurde.

Einer der frühen Filmstars, Clara Bow, das erste Leinwand-Mädchen mit Sex-Appeal, führte die bogenförmig geschwungenen Lippen wieder ein, allerdings in einer noch kühneren Variante. Mit ihrem kindlichen Gesicht wurde sie zutreffend die »heißeste Jazz-Puppe des Films« genannt, und nicht zufällig spielte sie 1925 die Hauptrolle in *My Lady's Lips*. In den dreißiger Jahren betraten dominantere Frauen die Szene und reduzierten ihren Mund auf einen imposanten, rot glänzenden Spalt. Danach verschwanden die kindlich wirkenden, bogenförmig geschwungenen Lippen von der Bildfläche.

Bei Ausbruch des Zweiten Weltkrieges galt es zumindest unter den jungen Frauen als Ausdruck ihrer patriotischen Haltung, sich die Lippen leuchtend rot zu schminken, um so die tapfer kämpfenden Jungs anzufeuern. Auf Plakaten zur Rekrutierung von Soldaten tauchten weibliche Lippen in intensivem Rot auf, die jedem, der sein Land zu verteidigen gewillt war, die bedingungslose Unterstützung der Frauen zusichern sollten.

1945, nach Kriegsende, trat eine Zeit der Ernüchterung ein. Zwar war der Friede wiederhergestellt, doch Lippenstifte erschienen nun als überflüssiger Luxus und existierten nur in wenigen Farben – stets leuchtenden Rottönen in verschiedenen Abstufungen. Alle anderen Farben blieben unbeachtet. Erst während der fünfziger Jahre änderte sich das wieder. In Frankreich und in Italien mischten Kosmetiker ihren Lippenstiften Titanweiß bei, um blassere Töne herzustellen, wodurch die Skala der Farben und Schattierungen immer breiter wurde. Die damaligen Modemagazine übten einen großen Einfluss aus und konnten so jedes Jahr eine neue Farbe einführen, die eine Saison lang »der letzte Schrei« war, um dann zu verschwinden und »dem neuesten Hit« Platz zu machen.

In den sechziger Jahren, als die Antibabypille aufkam und die freizügige Sexualität sich großer Beliebtheit erfreute, begannen die Frauen ihre Persönlichkeit stärker zum Ausdruck zu bringen. Anstelle einer vorherrschenden Lippenstiftfarbe gab es eine ganze Reihe aufregender, rebellisch anmutender Farben und Schattierungen, zwischen denen sie wählen konnten – einschließlich zahlreicher sehr blasser Töne.

Mit dem Einsetzen der feministischen Bewegung in den siebziger Jahren schlug die Stimmung schnell um. Eine Zeit lang hieß es, wer sich die Lippen anmale, wolle damit nur die männlichen Bedürfnisse befriedigen, und so rückte eine neue Art von weiblich dominiertem Puritanismus in den Vordergrund. Die Lippen der Feministinnen hatten ungeschminkt zu sein. Zugleich protestierten Frauen vielerorts gegen den Vietnamkrieg und trugen, wenn sie der feministischen Bewegung nicht angehörten, dunkle, abschreckende Farben auf ihre Lippen auf – zum Beispiel Blau, Violett oder gar schauriges Schwarz.

Als der Vietnamkrieg vorbei war und die jungen Frauen ein größeres Maß an sozialer Gleichberechtigung erlangt hatten, wurden die eher militanten Uniformen und Einstellungen abgelegt; erfolgreiche Frauen fühlten sich nun frei genug, ihrer Weiblichkeit wieder Ausdruck zu verleihen. Folglich tauchte in den achtziger und neunziger Jahren der rote Lippenstift erneut auf.

Anfang des 21. Jahrhunderts bekennen sich junge Frauen offener und selbstbewusster denn je zu ihren sexuellen Bedürfnissen, und so wurde auch die Werbung für Lippenstifte immer erotischer. Sie zielt im Wesentlichen auf drei Motive ab – intensiv rote Lippen, leuchtender als je zuvor; Lippen mit natürlicher Farbe, glänzend gemacht durch Lipgloss; oder eine Kombination aus beiden – sehr rot und sehr glänzend. Das Schlagwort lautet nun »individuelle Note«. Frauen sind nicht mehr gezwungen, einem einzigen, vorherrschenden Modetrend zu folgen. Jede kann ihre eigene Wahl treffen. Bei einem Popkonzert kommt vielleicht die eine Musikerin mit blutrot geschminkten Lippen auf die Bühne, die andere mit glänzenden pinkfarbenen Lippen und die dritte ganz ohne Lippenstift.

Werbefachleute ereifern sich geradezu, wenn es um die Wirkung der von ihnen angepriesenen Produkte geht: extrem leuchtende Lippen, saftige Lippen, sinnliche Lippen, Hochglanz-Lippen, köstliche Schattierungen ... Die dazugehörigen Farbabbildungen zeigen weibliche Lippen mit einer so schimmernden Feuchtigkeit, dass man sich der dahinter verborgenen biologischen Botschaft nicht entziehen kann. Wenn starke sexuelle Erregung einhergeht mit der Absonderung genitaler Sekrete, dann ahmen die neuen Lippenstifte genau diese physiologische Veränderung nach. Die Hersteller haben nicht den Mund verschönert, sondern Super-Schamlippen suggeriert. Die Aussage ist jetzt für alle klar – Frauen zeigen vorbehaltlos ihre Freude am Sex und scheren sich nicht darum, wer davon weiß.

So eindrucksvoll all die westlichen Methoden zur Verschönerung der weiblichen Lippen auch sind, sinken sie doch zur Bedeutungslosigkeit herab neben den in einigen Stammesgesellschaften praktizierten Verfahren, die Lippen extrem zu vergrößern. So werden die erwachsenen weiblichen Angehörigen der Surma im Südwesten Äthiopiens gemeinhin als »Teller-Frauen« bezeichnet. Wenn sie Anfang zwanzig sind und sechs Monate vor ihrer Verheiratung stehen, schneidet man ihnen Unter- oder Oberlippe auf und setzt in die offene Stelle eine kleine, »Lippenpflock« genannte Platte ein. Diese dehnt die Lippe nach außen, sodass sich ein gummiartiger Ring aus Fleisch bildet. Sobald die jungen Frauen es ertragen können, die kleine Platte zu entfernen, ersetzen sie sie durch eine etwas größere, dann durch eine noch größere, bis ihre Lippe fast die Größe eines Esstellers hat. Früher waren Lippenpflöcke aus Holz geschnitzt und keilförmig, in neuerer Zeit jedoch sind es runde Plättchen aus gebranntem Ton. Wenn die Frau allein oder in Gesellschaft anderer Frauen ist, wenn sie speist oder schläft, darf sie die Platte herausnehmen. Dann hängt die aufgeschnittene, lang gezogene Lippe schlaff an ihrem Gesicht herab. Doch in Gegenwart von Männern muss sie sie immer tragen; die Platte fungiert als eine Art Statussymbol, wobei ihre Größe den Wert der jungen Frau anzeigt. Der Umfang gilt als Maßstab für deren Schönheit – und auch dafür, wie viele Rinder sie wert ist, wenn ihre Hand zur Heirat angeboten wird.

Diese bizarre Form von Lippenvergrößerung gibt es bei einigen afrikanischen Stämmen, also nicht nur bei den Surma, sondern auch bei den Makonde in Kenia, den Lobi in Ghana und den Sara-Kaba sowie den Ubangi im Kongobecken. Angesichts dieser extremen Verzierung des menschlichen Körpers ist es erstaunlich, dass frühe Forscher sie außerdem in einem ganz anderen Teil der Welt entdeckten, nämlich an der Westküste Kanadas, wo die Frauen der Tlingit-Indianer in British Columbia große Lippenscheiben trugen. Auch dort nahmen die Frauen mit den größten Scheiben die höchste soziale Stellung ein.

Die Details dieses Verfahrens sind von Stamm zu Stamm verschieden. Einige dehnen nur eine Lippe, andere beide Lippen, wieder andere schieben Holzpflöcke in die Löcher über und unter den Lippen. Stets soll der Lippenbereich vergrößert werden und damit die Blicke auf sich ziehen. Im Falle der Ubangi wurde die These vertreten, dass deren Häuptlinge diesen Eingriff vornehmen ließen, um arabische Sklavenhändler abzuschrecken, die dann tatsächlich nicht sonderlich angetan waren von den jungen Mädchen mit Platten im Mund und anderswo nach Sklavinnen Ausschau hielten. Obwohl diese Geschichte oft verbreitet wurde, scheint sie doch mehr erfunden als wahr zu sein. Viel wahrscheinlicher ist, dass die Ubangi – wie jeder andere Stamm, der diesem Brauch anhing –

die weit gedehnten Lippen ihrer Frauen als ein Schönheitsmerkmal betrachteten und dass der physische Ekel der Sklavenhändler ihnen einfach zusätzlich zustatten kam.

Andere Stämme bedienen sich wieder anderer Techniken. Die Shilluks im Sudan bevorzugen bei ihren Frauen blau gefleckte Lippen. Die Ainu in Japan hingegen mögen Frauen mit tätowierten Lippen. Die Tätowierung beginnt bereits in der Kindheit; wenn die Mädchen dann erwachsen sind, hat sich das blauschwarze Tattoo vom Mund her so weit ausgebreitet, dass es fast von einem Ohr zum andern reicht. Bei einigen philippinischen Stämmen hingegen benutzt man einen aus der Betelnuss hergestellten Kaugummi, um die Lippen blutrot zu färben.

Als die frühen Forscher diese ausgefallenen »Lippenmoden« zum ersten Mal erblickten, konnten sie manchmal kaum glauben, dass diese von Menschenhand geschaffen und eben nicht natürlichen Ursprungs waren: »... sie (die Frauen) werden geboren mit einer so großen Unterlippe, dass diese sich noch einmal zwirbelt und einen beträchtlichen Teil ihres Busens bedeckt, dann auf der herabhängenden Seite derart wund bleibt, dass sie durch die Einwirkung der extremen Sonnenhitze vor sich hin fault; so haben sie kein anderes Mittel, sich zu schützen, als ständig Salz darauf zu streuen.« Dieser sehr frühe Bericht aus dem Jahre 1654, verfasst von John Bulwer, erschien in einem der ersten anthropologischen Bücher, die überhaupt gedruckt wurden. Offenbar kam es dem Autor nicht in den Sinn, dass die von ihm genannten gesundheitlichen Probleme eine Folge jenes operativen Eingriffs waren, bei dem durch den Einschnitt hinter der Lippe und ihre Abspreizung wunde Öffnungen entstanden, in welche man die großen Scheiben einpasste.

Die an weiblichen Lippen praktizierte Schönheitschirurgie, früher weit verbreitet in afrikanischen Stammesgesellschaften, war jahrhundertelang in keiner der westlichen Gesellschaften anzutreffen. Doch vor einiger Zeit tauchte sie – unter anderen Vorzeichen – in Kalifornien wieder auf. Hollywoodschauspielerinnen, die sich der sexuellen Anziehungskraft voller, sinnlicher Lippen wohl bewusst sind, unterziehen sich verschiedenen chirurgischen Eingriffen, um ihre natürliche Schönheit noch stärker hervorzuheben. Ohne allzu sehr ins Detail zu gehen, kann man die wesentlichen Aspekte dieser Art von kosmetischer Chirurgie kurz zusammenfassen (obwohl zugleich betont werden muss, dass ständig neue Verfahren zur Anwendung kommen).

Die am wenigsten einschneidende Methode besteht in einer Reihe von Injektionen, bei denen Kollagen oder Hylaform-Gel in verschiedene Punkte entlang der Ober- und dann der Unterlippe gespritzt wird. Die Wirkung hält etwa drei bis sechs Monate an, das heißt, eine Schauspielerin kann sich auf diese Weise die Lippen für eine bestimmte Filmrolle vergrößern lassen.

Eine länger anhaltende Vergrößerung erfordert die operative Aushöhlung eines kleinen Tunnels in der Lippe, der zwischen den beiden Mundwinkeln verläuft. In den ausgehöhlten Raum wird dann zusätzliches Material eingefüllt, das das Lippengewebe aufbläht. Dieses Material setzt sich entweder aus synthetischen Fasern zusammen oder aus Alloderma, also gefriergetrockneter Haut, oder aus dem Fett der Patientin, das von ihren Pobacken abgenommen, gereinigt und anschließend in die Lippen injiziert wird.

Das radikalste Verfahren ist die Lippenchirurgie. Hierbei handelt es sich um eine nachhaltige Neugestaltung der Lippen durch das Messer des Chirurgen, die im Operationssaal stattfindet. Der Eingriff dauert ungefähr eine Stunde und hat den Nachteil, dass Narben zurückbleiben. Obwohl sie unsichtbar sind, kann die Patientin sie im Mund weiterhin spüren.

In jedem dieser Fälle dient die Vergrößerung entweder dazu, die Lippen insgesamt voller zu machen oder sie weiter vorspringen zu lassen. Welche der beiden Eigenschaften hervorgehoben wird, hängt davon ab, an welchen Stellen man die Substanzen einspritzt. Manchmal hat das erstere Verfahren den seltsamen Nebeneffekt, dass die geschwungene, in der Mitte abfallende und ansteigende Bogenform der Oberlippe verloren geht. Anstatt unterhalb der Nase leicht einzuknicken, wölbt sich die obere Linie über die gesamte Breite des Mundes, sodass er ein wenig künstlich aussieht.

Ein weiteres Risiko all dieser Prozeduren besteht darin, dass die Lippen nach dem verändernden Eingriff nicht mehr zu den übrigen Gesichtspartien passen. Es gibt bereits gewisse Schauspielerinnen, deren »geschwollene« Lippen derart übertrieben wirken, dass sie die anderen Züge allzu sehr dominieren (und deshalb manchmal abschätzig als »Forellenschnute« bezeichnet werden). Einige Kritiker äußerten die Ansicht, dass eine junge Frau, wenn sie nicht äußerst dünnlippig ist, lieber zwei Mal darüber nachdenken sollte, ob sie sich tatsächlich einer solchen Operation unterzieht. Doch derlei Kommentare bleiben größtenteils ungehört; im noch jungen 21. Jahrhundert hat sich diese Form von kosmetischer Chirurgie schnell ausgebreitet – von ihren Anfängen in Kalifornien über die Vereinigten Staaten nach Europa und darüber hinaus. Eines ist immerhin sicher: Wenn ein Lippenspezialist gute Arbeit leistet und die hier genannten Komplikationen zu vermeiden weiß, kann das Gesicht einer Frau plötzlich eine viel stärkere sexuelle Ausstrahlung haben. Das zeigt, welche erotische Wirkung von der weiblichen Lippenform ausgeht.

Bislang wurden in diesem Kapitel die Lippen nur hinsichtlich ihrer rein visuellen Signale behandelt, aber natürlich haben sie weitaus mehr zu bieten. Bei einer kürzlich unter Frauen durchgeführten Umfrage über die zehn Stellen am weiblichen Körper, die ein Mann während des Vorspiels berührt, stellte sich heraus, dass die Lippen die wichtigste erogene Zone sind. Nicht die Brüste oder die Genitalien, sondern die Lippen. Gewiss, in den späteren Phasen des Liebesaktes führt die Stimulierung der Klitoris aller Voraussicht nach zum Orgasmus, doch gerade während des Vorspiels ist es – nach Ansicht der befragten Frauen – der Lippenkontakt, der die stärkste Erregung hervorruft. Das mag erklären, warum Prostituierte gewöhnlich sagen: »Keine Küsse auf den Mund«, obwohl sie alle Arten von genitalem Kontakt zulassen. Auf die Frage nach dem Grund ihres »Kusstabus« geben sie, wie berichtet wird, zur Antwort, es gehe nicht darum, dass der Mund-zu-Mund-Kuss unhygienisch sei, sondern dass er »zu persönlich« sei – was viel über die Bedeutung der weiblichen Lippen sagt. Daraus wird vielleicht auch ersichtlich, warum in einigen Ländern, wie z. B. Japan, das Küssen in der Öffentlichkeit tabu ist.

Der erotische Mundkuss hat einen faszinierenden Ursprung. Wenn Liebende ihre geöffneten Lippen aneinander pressen und anfangen, mit der Zunge das Innere des anderen Mundes zu erforschen (der so genannte Zungenkuss oder »französische Kuss«), dann tun sie etwas, das bis auf die Urzeit zurückgeht. Bevor es geeignete »Babynahrung« gab, entwöhnten in Stammesgesellschaften die Frauen ihre Säuglinge der Muttermilch und gewöhnten sie an festere Nahrung, indem sie diese so lange vorkauten, bis sie halb flüssig und weich war. Dann legten sie ihren offenen Mund auf den des Kindes und fütterten es mit der Zunge. Als sich das Kind daran gewöhnte, begann es mit seiner eigenen Zunge nach der weichen Nahrung zu suchen, sobald der Mund-zu-Mund-Kontakt hergestellt war. Auf diese Weise wurde das forschende Eindringen der Zunge in den anderen Mund unauflöslich mit einem liebevollen Akt assoziiert.

Aus diesem urzeitlichen Beginn entwickelte sich der Zungenkuss der erwachsenen Liebenden. Wir sind uns dieses Zusammenhangs nicht mehr bewusst, weil es heute kaum noch Beispiele für den ursprünglichen »Nahrungskuss« gibt. Er wird zwar in einigen entlegenen Stammesgesellschaften weiterhin praktiziert, doch überall sonst auf der Welt ist er längst in Vergessenheit geraten.

Es ist durchaus erwähnenswert, dass der Kontakt der weiblichen Lippen – gerade aufgrund ihrer sehr ausgeprägten taktilen Sensibilität – mit verschiedenen Partien des männlichen Körpers während des Vorspiels und des Liebesaktes weniger »selbstlos« ist, als es den Anschein haben mag. Gemäß der vor über 50 Jahren veröffentlichten, inzwischen klassischen Studie über die weibliche Sexualität von Kinsey und seinen Kollegen können einige Frauen durch lange Zungenküsse – und ohne jeden genitalen Kontakt – derart erregt werden, dass sie sogar zum Orgasmus kommen.

Manche Frauen erreichen den Höhepunkt der sexuellen Lust auch, wenn sie den Penis ihres Partners in den Mund nehmen und mit Lippen, Zunge und Zähnen reizen. Man könnte meinen, die Frau sei allein damit beschäftigt, dem Mann einen Dienst zu erweisen und ihn zu erregen, aber die Nervenenden in den schleimigen Membranen ihrer nach außen gewendeten Lippen sind dermaßen empfindlich, dass jede Berührung mit dem Körper des Geliebten zugleich starke Reize in ihren eigenen Körper zurücksendet. Hier wie auch in vielen anderen Punkten erweist sich die Frau als das am höchsten entwickelte Wesen unter allen Primaten.

Oral-genitale Kontakte – die, wie wir jetzt wissen, keine modernen Erfindungen »dekadenter« westlicher Gesellschaften sind, sondern seit Tausenden von Jahren eine wichtige Rolle in den sexuellen Aktivitäten vieler Kulturen spielen – sind eng mit den oralen Vergnügen des Säuglings an der Mutterbrust verbunden. Wenn eine junge Liebende den Penis ihres Partners küsst, erinnern ihre Mundbewegungen sehr an jene, die sie als Baby genoss, als ihre Mutter sie stillte. Der in dieser frühen oralen Phase hervorgerufene Eindruck begleitet sie in der einen oder anderen Form fast während ihres ganzen Erwachsenenlebens.

An dieser Stelle sollte hinzugefügt werden, dass Freud die oralen Vergnügen des erwachsenen Menschen gleichsam als Rcflcxc infantiler *Deprivation* interpretierte. Seine These läuft darauf hinaus, dass Kinder, denen die üblichen oralen Befriedigungen durch die Mutter vorenthalten wurden, den Rest ihres Lebens damit zubringen, diesen Verlust zu kompensieren. In extremen Fällen mag das zwar durchaus zutreffen, aber Freud übersah, dass die in jedem Lebensabschnitt erfahrenen Vergnügen aller Wahrscheinlichkeit nach entsprechende Verhaltensmuster in der Zukunft begründen. Ein Individuum, das als Baby – wie die meisten Babys – Vergnügen daran hatte, an der Mutterbrust zu saugen, wird sich wohl kaum die Gelegenheit entgehen lassen, es nach Art der Erwachsenen wiederzuerlangen – ganz einfach deshalb, weil eine infantile Deprivation gar nicht stattfand. Freuds negative Einstellung gegenüber Erwachsenen, die es genießen zu küssen, zu rauchen, Süßigkeiten zu essen und warme süße Getränke zu schlürfen, mag daher rühren, dass sein eigener Mund ihm endlose Qualen bereitete. Er litt nämlich an einem Krebs des Gaumens, der ihm in einer Serie von 33 Operationen größtenteils entfernt werden musste. In Anbetracht dessen kann man es ihm verzeihen, dass er Erwachsene als oral gehemmt, auf die Brust fixiert und infantil bezeichnete, denn im Gegensatz zu ihm waren und sind sie fähig, orale Vergnügen auszukosten.

Abschließend ist es wichtig, die weiblichen Lippen als eine wesentliche Quelle jener Signale zu untersuchen, die den Gesichtsausdruck verstärken. Die wechselnden Stimmungen bringen die Lippen in vier Grundstellungen: offen oder geschlossen, vorstehend oder eingezogen, nach oben oder nach unten gerichtet, angespannt oder locker. Unterschiedlich miteinander kombiniert, sorgen diese vier Bewegungen für eine enorme Bandbreite oraler Ausdrucksformen. Die Veränderungen werden durch ein sehr komplexes Muskelgeflecht hervorgerufen, dessen Funktionsweise im Folgenden dargestellt werden soll.

Um die Lippen befindet sich ein kräftiger, ringförmiger Muskel, der *Orbicularis oris*, der sich zusammenzieht, um sie zu schließen. Dieser Muskel arbeitet angespannt, wenn die Lippen gespitzt beziehungsweise aufgeworfen werden oder eine andere »straffe« Gestalt annehmen. Man ist geneigt, ihn als bloßen Schließmuskel zu betrachten, aber damit würde man ihn unterbewerten. Wenn der ganze Muskel kontrahiert, sind die Lippen geschlossen, aber wenn seine tieferen Fasern noch mehr aktiviert werden, so drückt er die geschlossenen Lippen nach hinten gegen die Zähne. Sind jedoch seine Fasern an der Oberfläche aktiver, dann schließen sich die Lippen und treten hervor. Folglich kann derselbe, jeweils anders arbeitende Muskel sowohl die sanft geschürzten, zu einem Kuss einladenden Lippen der Liebenden bewirken wie auch die gestrafften, verkrampften Lippen einer Frau, die einen Schlag ins Gesicht erwartet.

Die meisten anderen Muskeln in diesem Bereich arbeiten gegen den ringförmigen Hauptmuskel an, um den Mund in dieser oder jener Richtung zu öffnen. Stark vereinfacht gesagt, heben die *Levatoren* die Oberlippe nach oben und tragen dazu bei, einen Ausdruck von Kummer oder Verachtung zu erzeugen. Der *Zygomaticus* wiederum zieht den ganzen Mund nach oben und nach hinten, wie es beim Lächeln und Lachen geschieht. Der *Triangularis* dagegen zieht den Mund nach unten und nach hinten, um tiefe Trauer zu bekunden. Und die *Depressoren* ziehen die Unterlippe hinab, um beispielsweise dem Ekel oder der Ironie Ausdruck zu verleihen. Außerdem gibt es noch den *Levator menti*, der das Kinn hebt und die Unterlippe nach vorn schiebt, um Trotz anzuzeigen, sowie den *Buccinator* oder Trompetermuskel, der die Wangen zusammendrückt und gegen die Zähne schiebt. Er kommt nicht nur beim Spielen von Blasinstrumenten zum Einsatz, sondern auch beim Zerkauen der Nahrung. Wenn akuter Schmerz, Schrecken oder quälende Wut empfunden wird, bewegt sich ein wiederum anderer Muskel, der *Platysma* im Halsbereich, der den Mund nach unten und zur Seite zieht infolge einer Anspannung des Halses und in Erwartung einer körperlichen Verletzung.

Diese Ausdrucksformen der Lippen werden noch komplizierter durch die verschiedenen Artikulationen, die sie begleiten. Dadurch erhält das Öffnen und Schließen des Mundes eine zusätzliche Abstufung, welche die vom Gesicht ausgehenden Signale weiter verfeinert. Nehmen wir zum Beispiel die beiden gegensätzlichen Mienen der Wut und der Angst. Sie unterscheiden sich hauptsächlich durch die jeweilige Position der Mundwinkel. Bei Wut treten diese hervor, als würden sie sich auf den Gegner zubewegen; bei Angst sind sie nach innen gezogen, als wichen sie dem Angriff aus. Doch die einander entgegengesetzten Bewegungen der Mundwinkel können sich bei offenem Mund und mit Geräusch oder bei geschlossenem Mund und im Schweigen vollziehen. Bei stiller Wut sind die Lippen fest zusammengepresst und die Mundwinkel nach vorn geschoben; bei lärmender Wut – begleitet von Knurren oder Brüllen – ist der Mund offen, wobei sowohl die oberen als auch die unteren Schneidezähne sichtbar sind, aber die Mundwinkel rücken auch hier vor und umgeben eine fast quadratische Öffnung. Bei stiller Angst sind die Lippen krampfhaft nach innen gezogen, bis sie einen breiten Schlitz bilden, während die Mundwinkel so weit wie möglich nach hinten gehen; bei lärmender Angst – begleitet von Keuchen oder Schreien – steht der Mund weit offen, und die die Lippen dehnen sich gleichzeitig nach oben und nach hinten. Da die Angst sie nach innen zieht, entblößt der schreiende Mensch seine Zähne viel weniger als derjenige, der knurrt.

Auch bei fröhlichen Gesichtern gibt es offene und geschlossene Varianten. Wenn die Lippen sich nach oben und nach hinten ziehen, können sie zusammenbleiben, wodurch dann ein breites, stilles Lächeln entsteht. Sie können sich aber auch teilen, um ein breites Grinsen zur Schau zu stellen, bei dem die obere Zahnreihe sichtbar wird. Falls das Geräusch des Lachens hinzukommt und der Mund weit offen steht, treten vielleicht auch die unteren Zähne zutage, doch wegen der ansteigenden Kurve der gedehnten Lippen werden diese unteren Zähne nie in dem Maße entblößt wie die oberen, egal, wie herzhaft man lacht. Wenn eine lachende Frau ihre untere Zahnreihe vollständig offenbart, dürfen wir an der Aufrichtigkeit ihres verbalen Ausdrucks durchaus zweifeln.

Ein weiteres Merkmal des fröhlichen Gesichts bilden die Hautfalten, die zwischen Lippen und Wangen auftauchen. Diese diagonalen Linien, verursacht durch das Heben der Mundwinkel, sind von Mensch zu Mensch sehr verschieden. Sie tragen dazu bei, unser Lächeln und Grinsen zu »personalisieren« – ein wichtiger visueller Faktor, der freundschaftliche Beziehungen vertiefen kann.

Es gibt dazu eine gegensätzliche Miene, das traurige Lächeln, das eine weitere Feinheit weiblicher Ausdrucksformen vor Augen führt, nämlich die Fähigkeit, scheinbar unvereinbare Elemente miteinander zu kombinieren und dadurch vielschichtige Stimmungen zu übermitteln. Beim traurigen Lächeln ist das ganze Gesicht vom augenzwinkernden Ausdruck guter Stimmung geprägt – ausgenommen die Mundwinkel, die sich hartnäckig weigern, die entsprechend höhere Position einzunehmen. Vielmehr gehen sie nach unten, um jenes »tapfere Lächeln« der schikanierten Stewardess oder das »sardonische Lächeln« der Schuldirektorin anzuzeigen, die eine Bitte abschlägt. Es existieren viele weitere »gemischte« oder sich überlagernde Ausdrucksformen, die neben den spontanen Regungen das weibliche Gesicht mit dem reichhaltigsten Repertoire visueller Signale in der gesamten Tierwelt ausstatten.

9. DER MUND

Der weibliche Mund macht ständig Überstunden. Andere Tiere benutzen ihr Maul ja auch schon häufig – um zu beißen, zu lecken, zu saugen, zu schmecken, zu kauen, zu schlucken, zu husten, zu gähnen, zu knurren, zu brüllen, zu grunzen –, aber der Mund der Frau tut noch viel mehr. Er dient auch zum Sprechen, Lächeln, Lachen, Küssen, Pfeifen und Rauchen. So überrascht es kaum, dass man den Mund einmal als »Schlachtfeld des Gesichts« bezeichnet hat.

Im Innern birgt der Mund ein ganz wesentliches Organ – die Zunge. Ohne Zunge könnten Frauen nicht sprechen und wären einer ihrer größten Fähigkeiten beraubt: verbal besser zu kommunizieren als irgendein anderes Tier auf der Erde und darin sogar den Mann zu übertreffen. Scanner-Untersuchungen am Gehirn haben die weit verbreitete Annahme bestätigt, dass Frauen von Natur aus redegewandter sind als Männer. Dieser Sachverhalt ist evolutionär, nicht kulturell bedingt. Vor eine verbale Aufgabe gestellt, sind im weiblichen Gehirn weitaus mehr Partien mit dem Registrieren der Antwort beschäftigt als im männlichen. Die urzeitlichen Frauen fungierten gleichsam als Sprachrohr und organisierten so das Stammesleben (während die Männer irgendwo weit draußen verstohlen auf Beute Jagd machten und kaum mehr als ein Grunzen über die Lippen brachten, um das Schweigen zu brechen). Die heutigen Frauen haben diese Eigenschaft geerbt, die ihnen sehr zugute kommt.

Manchmal unterschätzt man, wie wichtig die Zunge für den Sprechakt ist, und ordnet diesen hauptsächlich dem Kehlkopf zu. Dieser Irrtum lässt sich jedoch leicht korrigieren – man versuche nur einmal, mit festgehaltener Zunge zu sprechen. Jeder, der schon einmal beim Zahnarzt war, hat diese Entdeckung bereits gemacht.

Natürlich spielt die Zunge auch eine wesentliche Rolle beim Essen, insofern sie sich aktiv am Schmecken, Zerkauen und Hinunterschlucken der Nahrung beteiligt. Ihre raue Oberfläche ist von Papillen bedeckt, die insgesamt zwischen 9000 und 10 000 Geschmacksknospen enthalten. Diese können vier Geschmacksrichtungen unterscheiden: süß und salzig (an der Zungenspitze), sauer (an den Seiten der Zunge) und bitter (am hinteren Ende der Zunge). Früher dachte man, dass das Schmecken ausschließlich auf der Zungenoberfläche stattfände, aber das hat sich als unrichtig erwiesen. Weitere Geschmacksknospen für süß und salzig befinden sich an anderen Stellen des Mundes, vornehmlich oberhalb der Kehle, während die für sauer und bitter an dem Punkt liegen, wo der harte Gaumen auf den weichen Gaumen trifft.

Man geht davon aus, dass diese speziellen Geschmacksreaktionen deshalb existieren, weil es für unsere Urahnen wichtig war, die Reife – und damit die Süße – von Früchten festzustellen, außerdem den inneren Salzhaushalt im Gleichgewicht zu halten und bestimmte gefährliche Nahrungsmittel zu vermeiden, die stark bitter oder säuerlich schmeckten. Die Schmackhaftigkeit unserer Nahrung resultiert aus der geglückten Mischung dieser vier Grundqualitäten, ergänzt von jenen Aromen, die wir durch die Nase wahrnehmen.

Darüber hinaus reagiert die Zunge empfindlich auf die Beschaffenheit der Speisen sowie auf Hitze und Schmerz. Während des Kauens rollt die Zunge die Nahrung im Mund hin und her, überprüft sie auf Klumpen und Brocken. Sobald sie feststellt, dass alle scharfen und spitzen Stücke entweder zermahlen oder ausgestoßen wurden, beteiligt sie sich am überaus wichtigen Prozess des Schluckens. Zu diesem Zweck drückt sie ihre Spitze gegen den Gaumen, wodurch ihr hinteres Ende sich aufwölbt, um die mit Speichel durchtränkte Nahrung in die Kehle und auf den Weg in Richtung Magen zu befördern. Diese äußerst komplexe Muskelbewegung erscheint uns vollkommen selbstverständlich, weil sie automatisch abläuft. Tatsächlich aber ist sie derart elementar, dass bereits der Fötus im Mutterleib sie auszuführen vermag – lange bevor überhaupt eine Notwendigkeit dafür besteht.

Wenn die Mahlzeit beendet ist, betätigt sich die Zunge wie ein übergroßer Zahnstocher, schnellt hierhin und dorthin und versucht, störende Essensreste zu entfernen, die zwischen den Zähnen festsitzen.

Aufgrund ihrer geschützten Lage im Mund war die Zunge nur selten Gegenstand irgendeiner kosmetischen »Verschönerung«. Doch gegen Ende des 20. Jahrhunderts fand auch die Zunge sozusagen ihren Meister – in Gestalt eines neuartigen, seltsamen Eindringlings: Um bei Erwachsenen ablehnende Reaktionen zu provozieren, ertrugen weibliche Jugendliche bereitwillig starke Schmerzen, indem sie sich die Zunge durchstechen und einen Metallstift einsetzen ließen. Obwohl das Zungenpiercing mit sprachlichen Artikulationsmängeln verbunden ist, weil eine klare Aussprache behindert wird, unterstützten sogar einige Popstars diese Art von Verstümmelung.

Abgesehen davon, dass der Zungenstift als Symbol sozialer Rebellion fungiert, scheint er nur einen Vorteil zu bieten. Nach Aussage des männlichen Partners einer Zungenstiftträgerin ist der Zungenkuss ohne ein solches Piercing etwa so, als äße man Würstchen ohne Senf.

Dass dieser Zungenschmuck einen unerwarteten Nachteil hat, zeigte sich im Sommer 2003, als eine englische Frau während ihrer Ferien auf Korfu vom Blitz getroffen wurde. Der Strahl, vom Metallstift in ihrer Zunge angezogen, schoss durch ihren Körper und trat an den Füßen wieder aus. Er hätte sie fast umgebracht; ihre Zunge war mit Brandblasen übersät, zehn Minuten lang zitterte die Frau am ganzen Körper, sie war vorübergehend blind und konnte während der darauf folgenden drei Tage nicht sprechen. Wie sie später sagte, hatte sie in den Ferien ihre inneren Batterien aufladen wollen. Ihr Zungenstift hatte das offenbar allzu wörtlich genommen.

Hinter den Lippen befinden sich die Zähne, beim Menschen fast ausschließlich zur Nahrungsaufnahme eingesetzt. Eine Frau mag sie gelegentlich auch benutzen, um einen Baumwollfaden durchzubeißen, aber andere Spezies machen in Situationen, die nichts mit der Nahrungsaufnahme zu tun haben, viel häufiger Gebrauch von ihren Zähnen. Gibt man einem Affen einen seltsamen Gegenstand, wird er ihn nehmen und sogleich an den Mund heben, um ihn mit Lippen, Zunge und Zähnen zu untersuchen. Dann probiert er wahrscheinlich mit seinen geschickten Fingern daran herum. Insgesamt sind stets orale und digitale Kontakte erforderlich, aber der orale Bereich ist wichtiger. Das gilt auch für menschliche Kleinkinder, deren Eltern dauernd auf der Hut sein müssen vor gefährlichen Objekten, die jene sich in die zarten Münder stecken wollen.

Im Lauf unserer Entwicklung verliert der Mund allmählich seine »erforschende Funktion«, die dann fast ausschließlich von unseren überlegenen Händen übernommen wird. Dieser Wechsel zeigt sich auch in Kampfsituationen. Wütende Affen greifen nach ihren Gegnern und beißen sie; wütende Menschen schlagen ihre Gegner gegen den Kopf, boxen und treten sie, ringen mit ihnen. Sie beißen nur, wenn ihnen gar keine andere Wahl mehr bleibt. Das Gleiche gilt für das Erlegen der Beute. Es sind die Hände, die – mit Hilfe von Waffen – den tödlichen Biss ersetzen, der unter Fleischfressern allgemein üblich ist. In dem Maße, wie die Hände den Mund als Hauptwerkzeug ablösten, wurden die menschlichen Zähne kleiner; verglichen mit denen anderer Spezies wirken sie relativ unauffällig. Unsere Eckzähne sind keine langen Reißzähne mit scharfen Spitzen mehr; sie sind nur noch geringfügig länger als die anderen Zähne – lediglich eine stumpfe Spitze erinnert noch an unsere ferne Herkunft.

Das komplette Gebiss eines Erwachsenen besteht aus 32 Zähnen, von denen 28 bis zur Pubertät voll entwickelt sind, nachdem sie nach und nach die kleinere Reihe von Milchzähnen aus der Kindheit ersetzt haben. Die übrigen vier Zähne, die Weisheitszähne an den hintersten Stellen, brechen erst zu Beginn des Erwachsenenalters durch. Manchmal kommen einige – oder gar alle vier – überhaupt nicht zum Vorschein, sodass das Gebiss eines Erwachsenen zwischen 28 und 32 Zähnen aufweist.

Zwischen männlichem und weiblichem Gebiss bestehen feine Unterschiede, zumal bei den oberen Schneidezähnen. Die der Frau zeigen gewöhnlich eine sanftere Rundung als die des Mannes, die oft eckiger und stumpfer sind. Da die Frau außerdem einen leichteren Kiefer hat, sind ihre Zähne im Durchschnitt etwas kleiner.

Neben den beiden offensichtlichen Tätigkeiten – Nahrung abzubeißen und zu zerkauen – führen die Zähne noch weitere aus: Sie können sich aufeinander pressen und etwas festhalten, sie können knirschen, mahlen und vor Kälte klappern. Zusammengebissen werden sie in Augenblicken intensiver körperlicher Anstrengung – oder wenn jemand kommenden Schmerz vorausahnt. Man sieht sie beim »verbissen« kämpfenden Ringer oder beim Kind, das eine Spritze bekommen soll – eine spontane Reaktion auf mögliche Verletzungen. Bekäme ein Individuum mit weit auseinander klaffenden Kiefern einen Schlag ab, so könnte dieser weitaus größeren Schaden anrichten, nämlich die Zähne gegeneinander schlagen, sie möglicherweise zersplittern oder den herabhängenden Unterkieferknochen ausrenken.

Mit den Zähnen zu knirschen ist nichts anderes, als mit ihnen zu mahlen, weshalb es kaum verständlich erscheint, warum die Sprache zwei Ausdrücke für die gleiche Bewegung benötigt, zumal diese im täglichen Leben nur selten vorkommt. Doch während des Schlafs mahlen bei vielen Menschen die Zähne offenbar sanft, manchmal aber auch durchaus heftig aufeinander, was auf irgendeine unterdrückte Wut hindeutet. Auch hier handelt es sich um eine ursprüngliche Reaktion, die als eine Art von »muskulärem Träumen« erscheint, wobei das frustrierte Individuum in den sicheren Gefilden des Schlafs seine Kontrahenten gleichsam zermahlt.

Obwohl es im gesamten menschlichen Körper keine härtere Substanz gibt als den Zahnschmelz, ist heute die Karies das am weitesten verbreitete menschliche Leiden. Dessen Ursache scheint hinreichend klar zu sein. Ein Bakterium im Mund, *Lactobacillus acidophilus,* liebt Kohlenhydrate und vergärt zucker- oder stärkehaltige Nahrungsreste, die nach dem Essen an den Zähnen haften bleiben, zu Milchsäure. Diese Säure liebt das Bakterium noch mehr, und es beginnt sich ungestüm zu vermehren, wodurch der gesamte chemische Prozess dramatisch verstärkt wird, bis schließlich der Speichel im Mund ungewöhnlich viel Säure enthält. Diese greift dann die Oberfläche der Zähne an, frisst kleine Löcher in den Zahnschmelz, die sich zu faulenden Hohlräumen vertiefen. Dieses Phänomen ist mehrfach belegt.

Kinder zum Beispiel, die während des Krieges in Europa aufwuchsen, als es nur sehr geringe Mengen an Zucker und Stärke gab, hatten später weniger Löcher in den Zähnen. Und Tiere, die mit stark zuckerhaltiger Nahrung gefüttert werden, bekommen Karies – von der sie wiederum verschont bleiben, wenn man ihnen die gleiche Nahrung durch einen Schlauch verabreicht, sodass sie die Zähne nicht berührt. Darüber hinaus haben wilde Schimpansen, die tief im Wald leben, ein exzellentes Gebiss, wohingegen das ihrer Artgenossen, die in der Nähe von menschlichen Siedlungen nach etwas Essbarem suchen, von Fäulnis befallen ist.

Allerdings besitzen manche Zähne eine merkwürdige, uns einfach unverständliche Widerstandskraft. Einige Menschen scheinen gegen Zahnverfall immun zu sein, auch wenn sie die allersüßesten und ungesündesten Lebensmittel essen. Andere dagegen werden trotz großer Sorgfalt bei Ernährung und Zahnpflege zu Opfern der Karies. Außerdem wäre logischerweise anzunehmen, dass die unteren Schneidezähne infolge der Schwerkraft am meisten mit Nahrung besetzt und daher am stärksten von Säure angegriffen werden. Überraschenderweise zeigen sich aber gerade sie am resistentesten. In der westlichen Welt sind bei fast 90 Prozent der Menschen die unteren Schneidezähne gesund. In scharfem Gegensatz dazu haben mehr als 60 Prozent ihren mittleren rechten Backenzahn im Oberkiefer durch Karies verloren. Ungeachtet der großen Fortschritte in der Zahnmedizin behalten die Zähne also einige ihrer Geheimnisse für sich.

Westliche Augen haben ein gesundes Gebiss mit leuchtend weißen Zähnen stets als ein wesentliches Schönheitsmerkmal betrachtet, doch in einigen außereuropäischen Kulturen dachte man da anders. Zum Beispiel gab es den Brauch, die Schneidezähne zu entfernen, um dadurch die spitzen Eckzähne stärker zu betonen, sodass der Mund bedrohlicher und animalischer wirkte – fast wie bei Dracula. Dieses Verfahren wurde in Teilen Afrikas, Asiens und Nordamerikas angewandt.

Eine andere Methode, die Zähne wilder aussehen zu lassen, bestand darin, sie scharf und spitz zuzufeilen. Auch das geschah an zahlreichen Orten in Afrika, Südostasien und auf dem amerikanischen Kontinent. Manchmal wurden kostbare Steine oder Metalle in die Zähne eingesetzt, um ihnen jenen Glanz zu verleihen, der von hohem gesellschaftlichem Rang kündete. Viele dieser Zahnoperationen und -verstümmelungen fanden zu bestimmten Zeiten im Leben der Stammesangehörigen statt, besonders bei Eintritt in die Pubertät und bei der Hochzeit, wobei man den Mund symbolisch als »versetztes Geschlechtsorgan« betrachtete.

In einigen Gebieten wurde die Wirkung der Zähne eher zurückgenommen als gesteigert. Auf Bali zum Beispiel mussten die jungen Erwachsenen schmerzhafte Prozeduren über sich ergehen lassen, bei denen man ihnen die Spitzen der Eckzähne abschliff, damit der menschliche Mund *weniger* wie der des Tieres aussah. In gewissen anderen östlichen Kulturen färbten die Frauen ihre Zähne schwarz oder dunkelrot, sodass diese den Blicken förmlich entzogen waren und die Frauen einen frühkindlichen Ausdruck bekamen, als hätten sich die Zähne plötzlich zu den Gaumenleisten des Säuglings zurückentwickelt. Auf diese Weise vermittelten die Frauen ihren männlichen Partnern den Eindruck, unterlegen und gefügig zu sein.

Da man im Abendland die Zurschaustellung einer breiten Reihe strahlend weißer Zähnen als wesentlichen Bestandteil weiblicher Schönheit erachtet (die heute durch moderne Verfahren zum Bleichen des Gebisses noch stärker hervorgehoben werden kann), fällt es einem schwer, schwarze Zähne als anziehend zu empfinden. Wie soll man diese mit einem attraktiven visuellen Signal in Verbindung bringen, wo doch Weiß die natürliche Farbe junger, gesunder Zähne ist?

Im Elisabethanischen Zeitalter war die Beantwortung dieser Frage eng mit dem Preis für Zucker verknüpft. Nur die sehr Reichen konnten es sich leisten, ihre Münder mit Zuckerbonbons zu füllen, wodurch die Zähne immer dunkler wurden und verfaulten. Wenn man zu arm war, um sie sich auf diese Weise zu ruinieren, musste man also vortäuschen, dergleichen getan zu haben. Die bizarre Folge war, dass die schwarze Färbung der Zähne eine hohe gesellschaftliche Stellung suggerierte und in den Augen der anderen auch ein schöneres Aussehen verlieh. Schließlich hatte Königin Elisabeth I. selbst schwarze Zähne – aufgrund des übermäßigen Verzehrs von gezuckerten Veilchen und Konfekt.

Im Japan der Frühzeit galten schwarze Zähne ebenfalls als elegant. Sie derart zu färben war Teil des kunstvollen Make-ups, wie Frauen aus der Oberschicht es auflegten. Die schwarzen Zähne (*ohaguro* genannt) ließen eine Dame angeblich ganz besonders schön aussehen. Der Farbstoff wurde hergestellt, indem man Eisenspäne in Sake oder Tee einweichte. Er war im 18. Jahrhundert am meisten begehrt und auch noch im 19. Jahrhundert gegenwärtig, bis dann 1873 die Kaiserin weiße Zähne zeigte, wodurch die Vorliebe für schwarze Zähne rasch nachließ.

In Teilen des Orients war das Kauen der Betelnuss ein weit verbreiteter Genuss, der ebenfalls zu einer schwarzen Färbung der Zähne führte. Betelnüsse und -blätter sowie aus Seemuscheln gewonnene Kalkpaste wurden zusammengemischt und zu kleinen Ballen geformt, die man wie Kautabak benutzte. Paste und Nussstückchen wurden in die Blätter eingewickelt, und das Ganze nannte man »Priem«. Seitlich in den Mund geschoben und immer wieder gekaut, diente er als sanftes Aufputschmittel, das nicht nur die Zähne schwärzte, sondern auch die Lippen rötete. Dieser Brauch war in Südostasien derart beliebt, dass die dortigen Mädchen riefen: »Nur Hunde, Geister und Europäer haben weiße Zähne.« Er verlor dann im 20. Jahrhundert an Bedeutung, zuerst in den Großstädten und später auch in den ländlichen Gebieten.

Das Kauen der Betelnuss bewirkte meist nur eine dunkelbraune Färbung der Zähne; deshalb mussten in einigen Ländern – Vietnam zum Beispiel – die Damen, die ihre Schönheit durch tiefschwarze Zähne vervollkommnen wollten, hierfür zusätzliche Maßnahmen ergreifen. Die Lösung bestand darin, auf die Zähne einen schwarzen Lack aufzutragen, was allerdings keine einfache Angelegenheit war, da der Speichel ihn ständig »abwusch«. Infolgedessen musste die Anwendung des Lacks in eine besondere Zeremonie verwandelt werden, die mehrere Anwendungen und spezielle Beschränkungen einschloss – etwa die, eine Woche lang keine feste Nahrung zu sich zu nehmen und Flüssigkeiten nur mit einem Strohhalm zu trinken. Für junge Mädchen war dies ein Ritual, mit dem man sie für mündig erklärte und für schön genug hielt, um sie zu verheiraten. Wenn sie gefragt wurden, was an weißen Zähnen schlecht sei, antworteten sie, dass die nur zu Wilden und zu ungezähmten Tieren passen würden.

Gegen Ende des 20. Jahrhunderts waren bei den Frauen in der westlichen Welt erste Anzeichen dafür zu erkennen, dass auch sie die reine weiße Oberfläche ihrer Zähne nicht mehr als unantastbar betrachteten. Man konnte zwar keine schwarzen Zähne sehen, aber der modische Trend ging in Richtung »Zahnjuwelen«. Die Pionierinnen auf diesem Gebiet gingen so weit, dass sie sich Löcher in die Zähne bohren ließen, in die dann winzige Diamanten eingesetzt wurden. Das strahlende wurde zu einem blendenden Lächeln. Doch der Eingriff war den meisten Frauen zu drastisch, sodass diese Mode eine Randerscheinung blieb. Dann unternahmen einige prominente Personen – darunter auch eines der exaltierten Spice Girls – den radikalen Schritt, einen Goldzahn zur Schau zu stellen. Bald darauf war es möglich, sich eine jederzeit abnehmbare Goldzahnkappe anfertigen zu lassen. Wieder etwas später erfasste die Mode, sich sehr kleine Diamanten auf die Fingernägel zu kleben, auch den Mund – und plötzlich waren Zahnjuwelen eine Zeit lang in. Ein etwas überdrehter Werbefachmann erklärte: »Manchmal als Tamtam-Schmuck, Ghetto-Glitzern, falsches Lächeln oder Metallschnute bezeichnet, sind Zahnjuwelen seit kurzem der letzte Schrei.« Ihr Reiz besteht darin, dass sie in nur drei Minuten mit Zahnklebstoff befestigt und noch schneller wieder abgenommen werden können, wenn die Besitzerin ihrer überdrüssig ist. Winzige Kristalle – zwischen zwei und vier Millimetern groß – in Form von Herzen, Blumen, Kreisen oder Sternen zieren das Gebiss und bleiben dort vielleicht nur einen Tag, manchmal aber auch ein ganzes Jahr. Sie können auffällig oder dezent wirken, je nachdem, an welchem Zahn sie angebracht werden. Obwohl sie etwas Dekoratives haben, stören sie doch das breite weiße Lächeln, weshalb sie wahrscheinlich nicht mehr als ein momentaner Fimmel sind.

Die beiden Hauptbestandteile des Mundes – Zähne und Zunge – werden durch drei Paar Speicheldrüsen feucht gehalten. Die in die Wangen eingebetteten Ohrspeicheldrüsen produzieren ungefähr ein Viertel des Speichels; die unter den Backenzähnen befindlichen Unterkieferdrüsen erzeugen die größte Speichelmenge, nämlich um die 70 Prozent; und die unter der Zunge gelegenen Unterzungendrüsen tragen die restlichen fünf Prozent bei. Schätzungen für die gesamte tägliche Speichelproduktion eines Menschen bewegen sich zwischen 0,5 und 1,5 Litern. Mehr Nahrung bedeutet mehr Speichel; Angst und starke Aufregung bedeuten weniger Speichel.

Tritt der Speichel aus den Kanälen der Speicheldrüsen, ist er keimfrei, aber sobald er einige Male im Mund herumgewirbelt wird, nimmt er zwischen zehn Millionen und einer Milliarde Bakterien pro Kubikzentimeter auf. Diese stammen aus den verschwindend kleinen Bruchstücken »feuchter Schuppen«, die in unserem Mund ständig vorhanden sind, da die Schleimhaut ununterbrochen alte Schichten abstreift und durch neues Gewebe ersetzt.

Der Speichel hat verschiedene Funktionen. Er durchfeuchtet die in den Mund gelangte Nahrung und macht sie »empfänglich« für die Geschmacksknospen – denn in trockenem Zustand kann man keinen Bissen schmecken. Außerdem macht er den Klumpen gekauter Nahrung gleitfähig und ebnet ihm dadurch den Weg in die Speiseröhre. Seine Eigenschaft als Gleitmittel verstärkt noch ein Protein namens Mucin. Sobald Nahrung gekaut wird, beginnt ein Speichelenzym, das Ptyalin, Stärke in Maltose umzuwandeln. Dieses Ptyalin agiert auch als oraler Keimabtöter, ebenso wie andere Lysozyme, die Mund und Zähne reinigen helfen. Darüber hinaus enthält der Speichel chemische Substanzen, die ein leicht alkalisches Milieu erzeugen und so die den Zahnschmelz angreifenden Säuren reduzieren. Schließlich verbessert der Speichel in seiner Funktion als Gleitmittel die Qualität der Stimmtöne, was jeder zu schätzen weiß, der schon einmal mit trockenem Mund zu krächzen versuchte.

10. DER HALS

In der westlichen Hemisphäre neigen Männer dazu, den Hals der Frau lediglich als Stütze für deren Kopf zu betrachten. Sie mögen sich zwar durchaus bewusst sein, dass die Haut des Halses empfindlich auf sanfte Berührungen reagiert und dass zarte Küsse auf den Hals ihre Partnerin während des Vorspiels erregen können (daher der englische Ausdruck *necking*, »Schmusen«), doch darüber hinaus wird ihm nicht viel Bedeutung beigemessen. Sicherlich gilt er nicht als wichtige erogene Zone.

In Japan hingegen sieht man das anders; dort ist das Entblößen des Nackens eine der sexuell aufreizendsten Gesten überhaupt – vergleichbar mit dem Entblößen der Brüste im Westen. Sie wird von der Geisha erwartet, doch abgelehnt von sittsamen japanischen Ehefrauen, die ihren Kragen lieber ordentlich über das Genick ziehen.

Traditionell wurde jede Geisha in der Kunst unterrichtet, ihren Nacken auf elegante Weise zu enthüllen, und das kann man heute noch an den wenigen verbliebenen Geishas in Kyoto beobachten. Ihre Kleidung ist vorne hoch geschlossen und hinten weit ausgeschnitten, der Kragen heruntergezogen, damit er sowohl den Nacken als auch den oberen Teil des Rückens freigibt, »bis unterhalb des ersten großen Wirbelknochens«, wie ein Kommentator anmerkte. Auf der ganzen Welt scheinen Männer einen tiefen Ausschnitt auf der Vorderseite zu bevorzugen, während er in Japan gerade die Rückseite ziert.

Wenn die Geisha ihr glattes weißes Make-up aufträgt (das als wichtigen Bestandteil Nachtigallenkot enthält), lässt sie einen schmalen Rand um den Haaransatz frei. Das hebt die Künstlichkeit des Make-ups hervor und erregt den Mann, dessen Blicke von der ungeschminkten Haut oberhalb der weißen Maske wie magisch angezogen werden. Einem Japanologen zufolge erfährt die erotische Bedeutung dieses Brauchs eine weitere Steigerung durch die besondere Gestalt des »nackten Nackenbereichs«, der »ein perfektes V aus unbedeckter Haut« zeigt, »das auf die intimsten Stellen der Frau hindeutet«.

Es gab im Japanischen eine besondere Redewendung, welche die wunderbare Form des Haaransatzes am Nacken beschrieb – *komata no kereagatta hito* –, aber sie hat inzwischen einen anderen, unverblümten Sinn. Da Make-up bewusst so aufgetragen wird, dass es die Form der Genitalien widerspiegelt, besagt der Ausdruck nun: »Eine Geisha mit einem reizenden Genitalbereich.«

Man hat diese Verlagerung des erotischen Fixpunktes von den Brüsten zum Nacken auf interessante Weise zu erklären versucht: Da japanische Kinder traditionsgemäß mehr Zeit festgeschnallt auf dem Rücken ihrer Mutter als saugend an deren Brust verbringen und außerdem die Brüste japanischer Frauen relativ klein sind, könnte sich das Augenmerk aus diesen Gründen auch im Erwachsenenalter hauptsächlich auf den Nacken richten.

In anatomischer Hinsicht wird der Hals oft als der zarteste Teil des menschlichen Körpers beschrieben. Abgesehen davon, dass er die lebenswichtigen Verbindungen zwischen Mund und Magen, Nase und Lunge, Gehirn und Rückenmark herstellt, beherbergt er die ebenso lebenswichtigen Blutgefäße zwischen Herz und Gehirn. Rund um diese Verbindungslinien befinden sich komplexe Muskelgruppen, die es dem Kopf ermöglichen, sich zu beugen und zu heben, zu nicken und sich zu schütteln, sich zu drehen und sich hin und her zu werfen – also eine ganze Reihe von Bewegungen auszuführen, die während sozialer Interaktionen wichtige Botschaften übermitteln.

Traditionell ist die außergewöhnlich feminine Figur mit einem anmutigen »Schwanenhals« ausgestattet, die außergewöhnlich maskuline Figur hingegen mit einem »Stiernacken«. Die damit verbundenen Unterschiede treten deutlich zutage. Der weibliche Hals ist länger, schlanker und läuft spitzer zu als der männliche. Das kommt zum Teil daher, dass die Frau einen kürzeren Brustkorb hat, wobei ihr Brustbein im Vergleich zur Wirbelsäule tiefer liegt als das des Mannes, und auch daher, dass seine Muskulatur stärker ausgebildet ist. Dieser Geschlechtsunterschied entwickelte sich zweifellos während der langen Jagdphase in der menschlichen Evolution, als die Männer mit kräftigeren, weniger leicht zu schnappenden Hälsen in Kampfsituationen besser gewappnet waren.

Ein weiterer Geschlechtsunterschied besteht im Adamsapfel, der deutlicher sichtbar ist als sein Pendant an Evas Hals. Das wiederum hat seinen Grund darin, dass die Frau mit ihrer höheren Stimme kürzere Stimmbänder hat, die einen kleineren Kehlkopf erfordern. Ihre Stimmbänder sind nur etwa 13 Millimeter lang, die des Mannes dagegen 18 Millimeter; ihr Kehlkopf ist ungefähr um 30 Prozent kleiner als der seine und liegt ein bisschen höher im Rachen, wodurch er weniger vorsteht. Der Unterschied zwischen weiblichem und männlichem Kehlkopf macht sich erst in der Pubertät bemerkbar, wenn die Stimme des Mannes tiefer wird oder

»bricht«. Die erwachsene weibliche Stimme und der weibliche Kehlkopf sind vom Wesen her infantiler als beim Mann. Sie behalten eine Frequenz zwischen 230 und 255 Hz bei, während die erwachsene männliche Stimme auf etwa 130 bis 145 Hz absinkt.

Aus unerklärlichem Grund haben professionelle Prostituierte einen größeren Kehlkopf und eine tiefere Stimmlage als andere Frauen. Warum ihr Beruf sie stimmlich maskuliner macht, ist nicht klar, aber es scheint, als würde ihr ungewöhnlicher sexueller Lebensstil in irgendeiner Weise das hormonale Gleichgewicht stören.

Da der weibliche Hals schlanker ist als der männliche, haben Künstler dieses Merkmal häufig überbetont, um gewissermaßen superfeminine Bilder zu schaffen. Cartoonisten porträtieren attraktive Frauen als äußerst zarte Wesen und verlängern ihren Hals noch mehr, als die normale Anatomie es zulassen würde. Außerdem wählen Model-Agenturen zur Ausbildung meist jene Mädchen aus, deren Hals überdurchschnittlich dünn und lang ist.

In einer Kultur erreichte die Sehnsucht nach Frauen mit langem Hals einen absoluten Höhepunkt. Die Padaung, ein Zweig der Karen im Hochland Burmas, rühmen sich jenes Phänomens, das in Europa unter der Bezeichnung »Giraffenhals« bekannt wurde. Das Wort *padaung* bedeutet »Messingträgerin«, die lokale Mode schreibt den weiblichen Stammesangehörigen vor, von frühem Alter an Halsringe aus Messing zu tragen. Zu Beginn werden fünf Ringe um den Hals gelegt, und mit jedem Jahr erhöht sich deren Zahl allmählich. Wenn die Frauen erwachsen sind, haben sie gewöhnlich 20 bis 30 Halsringe, wobei das höchste Ziel bei 32 liegt, das aber nur selten erreicht wird. Außerdem legt man Messingringe um Arme und Beine, sodass eine erwachsene Frau Messing mit einem Gewicht von etwa 45 bis 55 Pfund mit sich herumträgt. Trotz dieser schweren Last wird von den Frauen erwartet, das sie lange Strecken zurücklegen und auf den Feldern arbeiten.

Der erstaunlichste Effekt dieses Brauches ist die künstliche Verlängerung des weiblichen Halses. Dessen Rekordlänge liegt bei (tatsächlich gemessenen) 40 Zentimetern. Die Halsmuskeln werden derart gedehnt, dass die Nackenwirbel völlig anormal gestreckt werden. Man sagt, wenn bei einer dieser Frauen die schweren Messingringe entfernt würden, könnte ihr Hals den Kopf nicht mehr stützen. Europäer, die von solch extremer Verzerrung des menschlichen Körpers fasziniert waren, ließen einige »langhalsige« Padaung-Frauen im Rahmenprogramm von Zirkusvorstellungen paradieren – bis derlei Zurschaustellungen als sozial inakzeptabel galten.

Die Padaung-Frauen selbst sorgen sich heute nicht – wie man zunächst meinen könnte – darum, dass ihr Körper entstellt und durch bizarren Schmuck in seiner Bewegungsfreiheit eingeschränkt wird, sondern vor allem und in eher profanem

Sinne darum, wie sie das Geld für die teuren Messingringe auftreiben. Seit einiger Zeit lösen sie das Problem, indem sie die Grenze nach Thailand überschreiten und dort für ein Foto mit Touristen 10 Dollar verlangen. Einigen Beobachtern erscheint dies als eine beklagenswerte Fortsetzung der früheren Rahmenprogramme im Zirkus, aber man kann genauso gut argumentieren, dass – in Anbetracht der steigenden Kosten für Messingringe – die neue »Methode« einen uralten Stammesbrauch lebendig erhält.

Wenn man Ethnologen fragt, wo die Ursprünge dieses Brauchs liegen, so geben sie zur Antwort, dass die Padaung-Frauen in früherer Zeit von umherstreunenden Tigern bedroht waren und die Halsringe anlegten, um sich zu schützen. Die weiblichen Stammesangehörigen von heute weisen diese Legende zurück und betonen, dass sie zu solch extremem Schmuck greifen, weil er sie ganz einfach schöner mache. Sollten wir im Westen mit unseren Zungenstiften, gepiercten Bauchnabeln und Genitalringen uns erdreisten, sie zu kritisieren?

In okkulten Kreisen gilt der Hals seit jeher als besonders wichtige Körperzone, und es ist kein Zufall, dass in der Vampir-Mythologie der rituelle Biss stets in die Seite des Halses erfolgt. In einigen Kulten – etwa im Voodoo auf Haiti – herrscht die Überzeugung vor, die menschliche Seele wohne im Nacken; gerade die magische Bedeutung des Halsbereiches führte in früherer Zeit zum weit verbreiteten Gebrauch von Halsketten. Sie waren mehr als bloßer Schmuck, denn sie hatten die spezielle Funktion, diesen empfindlichen Teil der menschlichen Anatomie vor feindlichen Einflüssen – etwa dem »bösen Blick« – zu schützen.

Die älteste Halskette, die man bislang entdeckte, wurde von einem Neandertaler getragen. Halsketten sind also eine wahrhaft urzeitliche Form des Körperschmucks. Zwei weitere, sehr frühe Halsketten wurden in Frankreich gefunden – die eine in La Quina, bestehend aus Tierzähnen und Knochenperlen, stammt aus der Zeit um 38 000 v. Chr., die andere, aus der Grotte du Renne, zusammengesetzt aus gerillten und eingekerbten Tierzahnperlen, wurde auf 31 000 v. Chr. datiert. Im westlichen Teil Australiens, an einem Ort namens Mandu Mandu, kam ebenfalls eine unglaublich frühe Halskette zum Vorschein, die um 30 000 v. Chr. entstand. Und in Patnia, das heute zum indischen Bundesstaat Maharashtra gehört, fand man eine um 23 000 v. Chr. gefertigte Halskette mit scheibenförmigen Perlen aus Olivenkernen und Straußeneierschalen. Diese wenigen Beispiele zeigen deutlich, dass das Tragen einer Halskette kein örtlich begrenzter Brauch war, sondern bereits vor über 30 Jahrtausenden eine bemerkenswert große Verbreitung fand.

Einige der ersten Halsketten wurden aus einfachen Gegenständen wie Fischgräten hergestellt, doch ein außergewöhnlicher, in Frankreich gemachter Fund aus der Altsteinzeit, mehr als 11 000 Jahre alt, besteht aus neunzehn herrlich geschnitzten

Knochenbruchstücken. Achtzehn davon sind elegant zu Steinbockköpfen geformt, einer zu einem Bisonkopf. Damit ist eindeutig belegt, wie viel Aufmerksamkeit den im Halsbereich getragenen Artefakten zuteil wurde.

Auf den Hals als solchen richteten sich auch bestimmte okkulte Praktiken. Man stellte fest, dass bei einem Menschen durch Druck auf die seitlich gelegenen Halsschlagadern, die Blut ins Gehirn befördern, Schwindelgefühle und Verwirrungszustände hervorgerufen werden konnten – wodurch er eine leichte Beute für alle möglichen Suggestionen war. Natürlich litt sein Gehirn ganz einfach unter Sauerstoffmangel, doch im Hokuspokus religiöser Riten ließ sich sein Zustand ohne weiteres übernatürlichen Kräften zuschreiben.

Ein wesentlich gesünderes Verfahren wurde von Matthias Alexander entwickelt, der die so genannte »Alexander-Technik« begründete. Sie basiert auf der Vorstellung, dass man durch eine leichte Veränderung der Position des Halses auf der Schulter nicht nur gewisse physische Symptome beseitigen kann, sondern auch eine Reihe von psychischen Störungen. Einige Kritiker haben argumentiert, dass diese Methode dem Hals eine fast mystische Macht über den restlichen Körper verleihe, aber sie lässt sich auch auf einfachere Weise erklären. Da Stadtmenschen sich häufig über einen Schreibtisch beugen oder schief in einem Sessel sitzen, verliert der Hals allmählich seine natürliche vertikale Haltung. Wenn diese durch die von Alexander vorgeschlagenen Übungen wiederhergestellt werden kann, so wirkt sich das automatisch auf den gesamten Körper aus, der dann erneut ins Gleichgewicht kommt. Damit ist die Voraussetzung für einen gesunden Muskeltonus gegeben, der dann seinerseits einen gesünderen mentalen Zustand zur Folge haben mag. Das ist wirklich nicht mystischer als das spezielle Haltungstraining, das ein Balletttänzer absolviert. In beiden Fällen scheint der Hals gleichsam der Schlüssel zu einer harmonischen Körperhaltung zu sein.

Wenn wir uns nun den Gesten zuwenden, so gibt es vergleichsweise wenige, die speziell mit dem Hals zu tun haben. Die am weitesten verbreitete simuliert das Durchschneiden der Kehle, wobei man die flache Hand (oder den Zeigefinger) wie ein Messer über die Kehle gleiten lässt. Damit sind zwei Bedeutungen eng verknüpft. Wer die Geste in Wut ausführt, kann auf diese Weise deutlich machen, was er (oder sie) jemand anders antun möchte. Wer jedoch die Geste ausführt, um sich zu entschuldigen, bringt zum Ausdruck, was er (oder sie) am liebsten sich selbst antun würde. Und wenn – in einem ganz anderen Zusammenhang – ein(e) Schauspieler(in) nach einer missglückten Szene dem Regisseur dieses Zeichen gibt, so besagt es einfach »Cut!«.

Ebenso weit verbreitet ist die Geste des »Sich-selbst-Erwürgens«, bei der eine Hand oder beide Hände den eigenen Hals umfassen und so tun, als würden sie ihn strangulieren. Auch diese Geste hat zwei unmittelbare Bedeutungen: entweder »Ich will dich erwürgen« oder »Ich könnte mich selbst erwürgen«.

Eine weitere beliebte Geste ist jenes »Ich-hab's-satt-bis-hierher«-Signal, wobei die äußere Seite des Zeigefingers einer flachen Hand, deren Innenfläche nach unten zeigt, mehrmals gegen die Kehle geklopft wird. Damit gibt die genervte Person zu verstehen: Ich hab von dieser Sache die Nase so voll, dass ich fix und fertig bin!

Wichtiger als diese eher begrenzten Gesten sind die zahlreichen Aktivitäten des Halses, die in Bewegungen oder Haltungen des Kopfes übergehen. Sie lassen sich in zweifacher Hinsicht unterscheiden. Zunächst sind da jene Bewegungen, die den Körper des Menschen auf die Umwelt »einstellen«, zum Beispiel wenn er den Kopf dreht, um etwas zu betrachten, ihn zur Seite neigt, um einem Geräusch zu lauschen, oder ihn ein wenig hebt, um einen Geruch wahrzunehmen. Und dann gibt es solche Bewegungen, deren einzige Funktion darin besteht, an Freunde und Freundinnen visuelle Signale zu übermitteln – etwa wenn man mit dem Kopf nickt oder auf etwas zeigt, ihn beugt, senkt, schüttelt, hin und her wirft. Diese und die meisten anderen Kopf- und Halsbewegungen sind bei Mann und Frau gleich, aber es gibt Situationen, in denen ein spezifisch weibliches Signal ausgesandt wird.

Eines davon ist das *Heranlocken mit dem Kopf*, wobei der Hals der Frau deren Kopf vom männlichen Gegenüber entfernt und ihn leicht geneigt nach hinten wirft. Diese Geste drückt aus: »Komm mit mir« oder »Komm rüber« und ersetzt ein entsprechendes Zeichen mit der Hand oder dem Zeigefinger – wahrscheinlich immer dann, wenn die Frau ihren Wunsch nicht allzu deutlich kundtun will. Das ist die typische, fast unmerkliche Kopfbewegung, die eine Prostituierte auf dem Bürgersteig in Richtung eines potenziellen Freiers macht, wenn er zögert, sich ihr zu nähern. Heute wird sie manchmal auch zwischen festen Partnern als witzige Einladung zum Sex benutzt, wobei die Partnerin sich provokativ zeigt, indem sie »die Hure spielt«.

Ein weiteres Signal ist das *Senken des Kopfes*, bei dem der Hals der Frau den Kopf nach unten drückt und ihn in dieser Position festhält. Auf diese Weise koppelt sie sich mehr oder weniger von der Außenwelt ab; da sie hierdurch aber kleiner wirkt, erscheint sie zugleich unterlegen oder gar unterwürfig. Der zur Seite geworfene Kopf mag einen hochmütigen Eindruck vermitteln, der gesenkte Kopf jedoch nicht. Und so signalisiert dessen plötzliche Bewegung nach unten, die das Gesicht verbergen soll, Bescheidenheit und Schüchternheit; bei der Frau können diese beiden Eigenschaften auch durch die Verbindung von gesenktem Kopf und nach oben gerichtetem Blick zum Ausdruck kommen.

Eine dritte Bewegung des Halses, die oft sichtbar wird, wenn eine Frau gut oder liebevoll gestimmt ist, ist das *Neigen des Kopfes*. Dabei kippt sie den Kopf zur Seite und hält ihn in dieser Stellung. Das geschieht, während sie ihrem Partner aus kurzer Entfernung in die Augen schaut. Die Bewegung geht zurück auf einen tröstlichen Kontakt in der Kindheit, als sie den Kopf an den Körper eines beschützenden Elternteils lehnte. Wenn sie dann als Erwachsene den Kopf zur Seite neigt, ist das so, als lehnte sie ihn an einen nun imaginären Beschützer. Dieses »Kleinkind-Verhalten« steht im Widerspruch zu den reifen sexuellen Signalen, die der erwachsene Körper aussendet, weshalb das *Neigen des Kopfes* eine gewisse Scheu bekundet. Wenn es beim Flirten eingesetzt wird, vermittelt es den Anschein von Pseudo-Unschuld oder Koketterie. Die Botschaft lautet: »Ich bin nur ein Kind, das du in der Hand hast, und möchte genau so, wie ich es dir hier zeige, meinen Kopf an deiner Schulter ausruhen.« Wenn das *Neigen des Kopfes* jedoch dazu dienen soll, die eigene Ergebenheit zu zeigen, so besagt es: »In deiner Gegenwart bin ich wie ein Kind und abhängig von dir, so wie ich es war, als ich meinen Kopf am Körper meiner Mutter oder meines Vaters ausruhte.« Allerdings handelt es sich dabei nur um ein behutsames Signal, das die Botschaft eher andeutet als auf den Punkt bringt.

Es gibt viele weitere, durch die Halsmuskulatur hervorgerufene Bewegungen und Haltungen des Kopfes, die bestimmte soziale Signale übermitteln, doch die wenigen hier erwähnten Beispiele genügen bereits, um die ebenso subtilen wie komplexen Eigenschaften des ständig sich bewegenden Halses zu veranschaulichen. Jeder, der schon einmal unter einem steifen Nacken litt oder infolge eines schweren Sturzes auf den Rücken eine medizinische »Halskrause« (Zervikalorthese) tragen musste, weiß, wie eingeschränkt der menschliche Körper ist, wenn er sich mit diesem Teil seiner selbst nicht mehr ausdrücken kann.

11. DIE SCHULTERN

Die Schultern der Frau sind runder, weicher, glatter, schmaler und dünner als die des Mannes. Sie mögen nicht so kräftig sein wie dessen breitere Schultern, aber jene sanft geschwungene Form – die von einem subkutanen Fettpolster herrührt – verleiht ihnen eine erotische Qualität, wann immer sie unbedeckt sind. Und ein schulterfreies Kleidungsstück hat noch den zusätzlichen Reiz, dass es in jedem Augenblick herunterrutschen und die Brüste entblößen kann.

Da die so anmutig gerundeten Enden der freien weiblichen Schultern fast die Form von Halbkugeln haben, die ein Autor in poetischer Manier als »zwei köstlich gerundete Kugeln, eine erotische Perle auf jeder Seite« beschrieb, übermitteln sie zwangsläufig jenes ursprüngliche sexuelle Signal der Frau, das von der halbkugeligen Gestalt ihrer Gesäßbacken ausgeht. Dieses Signal »gepaarter Halbkugeln«, das auf sexuell aufgeschlossene Männer eine so starke Wirkung ausübt, findet seine körperlichen Entsprechungen nicht nur in den weiblichen Brüsten, sondern auch in den weiblichen Knien und Schultern, wenn bestimmte Haltungen eingenommen werden. Sobald eine junge Frau die Knie beugt und dicht an die Brust zieht, entdecken die aufmerksamen Blicke des Mannes zwei glatte Halbkugeln. Und ebenso können auch die unbedeckten, hochgezogenen Schultern das Signal »gepaarter Halbkugeln« aussenden, das ihnen – in den Augen des Mannes – eine noch größere Anziehungskraft verleiht. Außerdem betont eine typische »Glamour-Pose« – das Kinn auf eine nackte, hochgezogene Schulter gelegt – die Rundheit des zarten Fleischs und lenkt die Aufmerksamkeit darauf. Auf diese Weise können Schultern – obwohl sie keine primär sexuelle Funktion haben – sanfte erotische Signale übermitteln.

Bevor wir untersuchen, in welcher Weise verschiedene Kulturen die natürliche Schulterlinie der Frau verändert haben, ist ein kurzer Blick auf die biologischen Aspekte dieses Körperteils durchaus lohnenswert.

Die Hauptfunktion der Schultern besteht darin, die multifunktionalen Arme mit einem soliden Fundament auszustatten. Seit unsere Urahnen zum ersten Mal ihr Leben in aufrechter Position verbrachten, sind unsere »Vorderbeine« zunehmend beweglicher geworden, und so musste sich der Schultergürtel dieser neuen Beweglichkeit anpassen, indem er selbst flexibler wurde. Die Schlüsselbeine und Schulterblätter können Drehungen bis zu etwa 40 Grad ausführen und uns mit Hilfe ihrer komplexen Muskeln in die Lage versetzen, die Arme in erstaunlich vielseitiger Weise zu heben und zu senken, hin und her zu schlenkern, um die eigene Achse und im Kreis zu drehen.

Die Schultern der Frau sind durchschnittlich ein Achtel weniger breit als männliche Schultern. Von vorn nach hinten gemessen macht sich der Unterschied sogar noch deutlicher bemerkbar, was auf den geringeren Umfang der weiblichen Schultermuskulatur zurückzuführen ist.

Dieser Geschlechtsunterschied brachte es zwangsläufig mit sich, dass man ihn durch verschiedene Eingriffe noch hervorzuheben gedachte. Wurden die ohnehin schon schmalen Schultern der Frau noch schmaler gemacht, so sollte dies umso weiblicher wirken. Obwohl diese Art von Überbetonung an anderen Stellen der weiblichen Anatomie möglich ist, erweist sie sich im Schulterbereich als schwierig, weshalb man sie auch nur selten in Angriff nahm. Eine Ausnahme veranschaulicht John Bulwer in seiner anthropologischen Schrift aus dem 17. Jahrhundert mit dem Titel *A View of the People of the Whole World*, in der eine junge Frau abgebildet ist, deren Schulterblätter höchst anormal zusammengedrückt sind. Bulwer schreibt, dass »seit jeher schmale und zusammengezogene Schultern bei Frauen für derart passend gehalten wurden, dass sie eine solcherart beherrschte Haltung bevorzugten und sich eifrig mühten, diese als etwas äußerst Elegantes und Schönes zu begreifen... Eine hübsche schlanke Frau (mit) sozusagen gestutzten Schultern.«

In völligem Gegensatz dazu haben Frauen, die sich behaupten wollten, ihre Schultern künstlich verbreitert – und das ist in der jüngeren Vergangenheit mehrmals geschehen. Es wurde deutlich an der Kleidung der emanzipierten Frau in den neunziger Jahren des 19. Jahrhunderts. In ihrem Streben nach Gleichberechtigung brachte sie ihre Gesinnung durch »gleiche Schulterbreite« zum Ausdruck. Historiker, die Modeströmungen untersuchen, haben diese Veränderung festgehalten: »Die leicht gebauschten Schultern wurden zu Epauletten und dann zu etwas, das wie kleine Beutel aussah, bis sie schließlich um 1895 eher wie zwei große Ballons waren, die auf den Schultern schwebten.« Diese breitschultrigen Frauen konkurrierten mit den Männern, indem sie akademische Grade erwarben, zur Arbeit gingen und Sportarten ausübten, von denen sie bis dahin ausgeschlossen waren. Unter ihrer maskulinen Kleidung trugen sie jedoch weiterhin Korsetts und Petticoats. In der Öffentlichkeit waren sie männlich, im Privaten weiblich.

Die zweite Welle großschultriger Frauen tauchte während des Zweiten Weltkriegs auf, als selbst Zivilistinnen rechtwinklig geschnittene, militant wirkende Kleidung anzogen. Dazu gehörte eine fest abgestützte Schulterlinie, die oft über das Ende der Schultern hinausging. Dies war das passende Äußere in jenen Kriegszeiten, da Frauen sich mehr als je zuvor an den Feindseligkeiten beteiligten.

Die dritte Welle machte sich in den siebziger Jahren des 20. Jahrhunderts im Rahmen der Frauenrechtsbewegung bemerkbar. Anfänglich nahm sie eine Form an, die als »Terroristinnen-Chic« bezeichnet werden könnte. Oberteile mit Epauletten im Military-Look sorgten für die nötige Ausstrahlung weiblicher Härte, sodass die Schultern erneut eine rechtwinklige Form hatten, um zusätzlich noch den Eindruck männlicher Stärke zu vermitteln. Eine ähnliche Trendwende ließ sich auch bei den Glamourgirls feststellen. Die maßgeblichen Filmschauspielerinnen gaben sich nicht mehr geziert und kapriziös, sondern geradlinig und forsch. Mädchen mit natürlich breiten Schultern bekamen plötzlich Rollen angeboten, die ihnen in den sechziger Jahren oder vorher verweigert worden wären. Weibliche Persönlichkeiten mit ausladenden Schultern wollten, dass man sie für »Typen« hielt. Diese Mode fand ihre Fortsetzung im Bodybuilding für Frauen, die es in beträchtlicher Zahl auszuüben begannen. Einige Jahrzehnte früher wäre eine »Muskelfrau« als zirkusreife Kuriosität betrachtet worden, doch in jenem feministisch geprägten Klima wurde sie zu einem Symbol der neuen weiblichen Stärke, die sie mit kräftig entwickelten Schultern unter Beweis stellen konnte.

In den achtziger Jahren kam dann die Mode der »Powerfrau«. Während dieses Jahrzehnts machte der feministische »Kampfanzug« dem dunklen Business-Kostüm oder -Anzug Platz. Kommentatoren jener Zeit schrieben, diese Anzüge hätten »Joan-Crawford-Schultern«, die auf die strengen Schulterpolster der vierziger Jahre zurückgingen. Aber die neuen Schulterpolster wurden noch mehr hervorgehoben, als die Generation resoluter Managerinnen die Sitzungssäle und Chefzimmer zu erstürmen begann. Ihre Schultern waren derart eindrucksvoll, dass sich die damaligen Journalisten im Prägen neuer Begriffe gegenseitig zu überbieten versuchten. Einer von ihnen erklärte: »Der Schulterismus erschwert es einem, im Aufzug noch einen Platz zu finden.« Und ein anderer meinte, jede Frau habe jetzt »Schubs-mich-nicht-herum-Schultern«.

Weitere Kommentare aus jener Zeit lauteten wie folgt: »Schulterpolsterfabriken in der Bronx nehmen nach Jahren der Flaute neue Fließbänder in Betrieb«; Frauen seien jetzt so aggressiv, dass »sie sich eine Schulterform wie in Kriegszeiten zugelegt haben«; in den Geschäften verlangten Frauen »Denver-Clan-Gewänder mit Flugzeugträgerpolstern«; Models mit natürlich breiten Schultern »werden heute bevorzugt«; die Sängerin Grace Jones habe »eine Frisur, die ihrem Kopf sogar Schultern wachsen ließ«; breitschultrige Frauen seien »Mannweiber, die ihren eigenen Platz beanspruchen«; heute hätten Frauen eine Vorliebe für »diese weiten, frei tragenden Star-Trek-Uniformen, die mehrere Zentimeter vom Körper aufsteigen und abstehen«; und schließlich könnten Frauen »niemals mehr nach Hause gehen – sie würden ihre Schultern gar nicht durch die Tür kriegen«.

Zu Beginn der neunziger Jahre nahm die weibliche Schulter wieder eine sanftere Form an. Die feministische Bewegung hatte (zumindest im Westen) genügend Fortschritte erzielt, sodass Frauen die Früchte der Gleichberechtigung als weibliche und nicht mehr als pseudomännliche Wesen genießen konnten. Die Schulterform hing nun eher vom Schnitt des jeweiligen Kleidungsstücks als von einer umfassenden sozialen oder politischen Aussage ab.

Obwohl Frauen der neunziger Jahre über mehr Freiheit bei der Auswahl ihrer Kleidung verfügten, bestand der Ausdruck »breitschultrige Frau« als sprachliche Bezeichnung fort – auch wenn er der tatsächlichen Mode nicht länger entsprach. Noch 1994 erschien ein Artikel über die wachsende Dominanz weiblicher Führungskräfte im Verlagswesen unter dem Titel: »Warum Schulterpolster wieder an der Macht sind«. Zu diesem Zeitpunkt hätten echte Schulterpolster bereits ziemlich altmodisch gewirkt, doch der Begriff überlebte – als Metapher für den Sieg der Frauen in einer von Männern beherrschten Welt.

Allerdings haben Frauen Mühe, einen bestimmten Aspekt der männlichen Schultern zu imitieren – nämlich deren Abstand vom Erdboden. Der Mann ist im Durchschnitt 13 Zentimeter größer als die Frau, was zur Folge hat, dass er immer eine Schulter anzubieten hat, an der sie sich ausweinen kann – nicht weil die seine breiter ist, sondern weil sie hoch genug liegt, um der fassungslosen weiblichen Wange als bequemer Ruheplatz zu dienen. Obwohl Tränen und Verletzlichkeit aus der Mode sind, sieht sich die moderne Frau weiterhin mit einer hohen Schulter konfrontiert. Da sich die größere Gestalt ihrer männlichen Gefährten während deren urzeitlichen Jagdaktivitäten entwickelte, empfinden es viele Frauen als ungerecht, dass die heutigen, an den Schreibtisch gebundenen »Bürohengste« nach wie vor dieses Merkmal körperlicher Überlegenheit zur Schau tragen dürfen. Leider arbeitet die Evolution sehr langsam. Eine weitere Million Jahre im Zeichen der Büroarbeit mag die Größenunterschiede beseitigen, aber in der Zwischenzeit werden männliche Schultern hartnäckig so hoch bleiben, dass Frauen ihren Kopf anlehnen können. Da die männlichen Beine wohl kaum verkürzt werden können, besteht die Hoffnung der Frauen auf gleiche Schulterhöhe allein darin, etwa 13 Zentimeter hohe Absätze zu tragen. Daraus wiederum ergibt sich das Problem, dass sehr hohe Schuhe einen äußerst wackligen Gang sowie das Bedürfnis nach einer hilfreichen Männerhand hervorrufen, wodurch der eigentliche Zweck der

Übung verfehlt wird. Im Moment sieht es also ganz danach aus, als müssten Frauen weiterhin zu Männern aufschauen, obwohl sie geistig bereits einen anderen, gleichrangigen Standpunkt einnehmen.

Die Beweglichkeit der menschlichen Schultern ist so beschaffen, dass man sie heben und senken, nach vorn und nach hinten dehnen, hochziehen und hängen lassen kann, auch wenn die Arme keine Tätigkeit ausführen. Einige dieser Bewegungen wurden in der Körpersprache zu speziellen Signalen umgeformt, doch um sie zu verstehen, muss man zunächst die ursprünglichen Gründe untersuchen, warum eher die eine als die andere Schulterhaltung eingenommen wird.

Prinzipiell sind die Schultern im Zustand innerer Ruhe und Wachsamkeit *gesenkt und leicht nach hinten geneigt*; in Augenblicken der Sorge, der panischen Angst und der Feindseligkeit sind sie hingegen *nach oben und nach vorn gezogen*. Die muntere, dominierende Frau belässt ihre Schultern in gesenkter, rechtwinkliger Position, während die unterworfene, erschreckte oder wütende Frau dazu neigt, die Schultern hochzuziehen, um sich selbst zu verteidigen. Wenn jemand eine Frau gegen den Kopf zu schlagen droht, versucht sie automatisch Kopf- und Halsbereich zu schützen, indem sie den Kopf gleichsam in die Schultern einzieht, und diese verkrampfte Haltung ist zum Synonym für jede Art von Unannehmlichkeit oder Unbehagen geworden.

Zwangsläufig wird also eine Frau nach einem überaus anstrengenden Tag voller Ärgernisse und Enttäuschungen ihre Schultern auch weiterhin anspannen. Diese Haltung mag ihr nützlich sein, wenn sie tatsächlich mit einem Stock geschlagen würde, aber sie ist überflüssig, wenn sie lediglich verbalen Attacken ausgesetzt ist. Deshalb wird sie im letzteren Fall am Ende eines solchen Tages merken, dass ihre Schultern ein wenig runder sind als am Vormittag, da die Auseinandersetzungen begannen. Wenn sich dieser Vorgang Tag für Tag, Woche für Woche wiederholt, nimmt diese Frau möglicherweise eine stark gekrümmte Haltung an mit zugleich hochgezogenen und abgerundeten Schultern. Der lange, abfallende Hals, den sie einmal als Kind hatte, sinkt allmählich zwischen die Schultern, bis er schließlich fast völlig verschwindet. Im hohen Alter dann ruht ihr Kinn auf der Brust.

Erfolgreiche Frauen (das heißt, jene, die sowohl ihrem Selbstverständnis nach wie auch für die Außenwelt erfolgreich sind) machen nicht diesen Abnutzungsprozess durch, bei dem die Schultern immer mehr in die Höhe gehen, und es gibt zahlreiche Neunzigjährige mit vollkommener Körperhaltung, die dafür als Beweis dienen. Vor Selbstbewusstsein und Zuversicht förmlich strotzend, mussten sie im Leben zu wenige Rückschläge hinnehmen, als dass sie derentwegen den Kopf eingezogen und eine gekrümmte Haltung ausgebildet hätten. Anderen Frauen hingegen – und sie sind in der Mehrheit – bereitet das moderne Leben vielerlei Sorgen, weshalb sie eine gewisse Anspannung der Schultern während der Wachzeit wohl kaum vermeiden können.

Zwei spezielle Signale gehen auf dieses defensive Hochziehen der Schultern zurück, nämlich das »Schütteln der Schultern« und das »Achselzucken«. Das Erstere ergänzt in offenkundiger Weise das Lachen in Gesellschaft. Wenn wir allein sind und irgendetwas amüsiert uns, so kichern wir oder brechen in schallendes Gelächter aus, ohne dabei besondere Körperbewegungen auszuführen. Diese bleiben gesellschaftlichen Anlässen vorbehalten, bei denen wir belustigt sind und dieses Gefühl auch unseren Freunden und Bekannten übermitteln möchten. Da beim Lachen unsere Schultern ein wenig nach oben gehen, können wir den Ausdruck unserer guten Laune noch verstärken, indem wir diese Bewegung übertreiben, sie wiederholen und vergrößern, sodass sich die Schultern während des Lachens schnell heben und senken.

Die Leute schütteln sich vor Lachen, weil der Humor letztlich auf Angst gründet. Das Komische schockiert uns auf sanfte Weise, und wir geben unsere Überraschung und zugleich unsere Erleichterung dadurch zu erkennen, dass wir lachen. Das Hochziehen der Schultern, das diese Gefühlsäußerung begleitet, ist Teil der ursprünglichen Angst. Die wiederholte Auf-und-ab-Bewegung der Schultern eines Menschen, der sich vor Lachen schüttelt, besagt also: Tatsächlich ist eine gewisse Angst vorhanden, aber sie ist nicht weiter schlimm. Wenn sie schlimm *wäre*, würden die Schultern nämlich oben bleiben.

Das Achselzucken hat einen ähnlichen Ursprung. Hierbei werden die Schultern für einen Augenblick ganz hochgezogen und dann wieder fallen gelassen. Die Handflächen zeigen nach oben, etwa wie beim Bitten oder Flehen, und die Mundwinkel nach unten. Manchmal sind die Augen in die Höhe gerichtet, als wollten sie dem Blick des Gegenübers ausweichen. Diese Kombination von Bewegungen verweist auf einen kurzzeitig niedrigeren Status, eine symbolische Impotenz – auf die flüchtige Hinnahme der eigenen Unfähigkeit, mit einer bestimmten Frage oder Sache fertig zu werden.

In den meisten Fällen ist das Achselzucken ein Signal der Unwissenheit (»Ich habe keine Ahnung«), der Gleichgültigkeit (»Das ist mir völlig egal«), der Hilflosigkeit (»Daran kann ich auch nichts ändern«) oder der Resignation (»Da kann man überhaupt nichts machen«). All das sind negative Reaktionen, Eingeständnisse der eigenen Unfähigkeit – und eben diese Unfähigkeit hat einen momentanen Verlust an Prestige zur Folge. In dem Maße, wie es sinkt, gehen die Schultern nach oben. Diese angespannte Haltung, die wir formal einnehmen, deutet nicht darauf hin, dass wir ernstlich gestresst sind oder uns zwangsläufig unterlegen beziehungsweise bedroht fühlen angesichts des Menschen, der unser Achselzucken hervorgerufen hat. Sie besagt ganz einfach, dass wir mit seiner speziellen Frage, Äußerung oder Angelegenheit nichts anfangen können.

Das Achselzucken wird von Kultur zu Kultur ganz unterschiedlich eingesetzt, aber seine grundsätzliche Bedeutung ist immer gleich. In einigen mediterranen Ländern wird es schon durch geringfügige Anlässe ausgelöst. Man braucht nur eine kurze Bemerkung über restriktive Gesetze der Regierung, Steuern oder die immer häufigeren Verkehrsstaus fallen zu lassen, um ein sofortiges, manchmal in die Länge gezogenes, von Schweigen begleitetes Achselzucken zu bewirken. Es drückt die völlige Hilflosigkeit in Anbetracht unbegreiflichen Wahnwitzes aus – oder, wenn man es in Worte fassen wollte: »Immer wieder treffen mich diese Schläge auf den armen Schultern, und ich hebe sie in dieser Weise, um mich zu schützen – aber was nutzt das schon?« In nördlicher gelegenen Ländern gilt das Achselzucken ebenso wie manch andere gestikulierende Reaktion als unhöflich, weshalb es weniger oft vorkommt, doch wenn es auftaucht, hat es ähnliche Ursachen.

Nicht jedes Hochziehen der Schultern zeugt von einer defensiven Einstellung. Es gibt mehrere Spielarten, die keinerlei Schutzfunktion beinhalten. Wenn wir zum Beispiel die Schultern heben und nach vorn schieben, um mit den Armen den eigenen Körper zu umklammern, so ist das gewissermaßen eine »Umarmung der Leere«: Wir umfassen uns selbst, weil niemand sonst da ist, den wir an uns drücken könnten. Dabei imitieren die angehobenen und nach vorn geworfenen Schultern genau jene Haltung, die wir einnehmen würden, wenn die geliebte Person anwesend wäre. Eine vergleichbare Variante besteht darin, eine Schulter zu heben und das Kinn oder die Wange darauf zu legen. Der Kopf ruht auf der Schulter, als würde er auch hier eine zärtliche Geste in Richtung eines geliebten Menschen ausführen. Die eigene Schulter »ersetzt« die fehlende Schulter dessen, der abwesend ist.

12. DIE ARME

Die Arme sind der am wenigsten erotische Teil des weiblichen Körpers. Wenn ein Mann ihn in nicht sexueller Absicht berühren möchte – um die Aufmerksamkeit der Frau zu erregen, sie in eine bestimmte Richtung zu führen oder ihr diese zu zeigen –, ist der Arm die sicherste Stelle, um mit ihr in Kontakt zu treten. Jede andere Stelle wäre zu intim.

Es lohnt sich, daran zu erinnern, dass – evolutionär gesehen – die menschlichen Arme Vorderbeine sind. Tatsächlich müssen sie jeder vierbeinigen Kreatur wie ein Paar nutzlose Gliedmaßen vorkommen, die in der Luft baumeln. Aber als sich unsere Urahnen auf die Hinterbeine stellten, waren die Vorderbeine von einer enormen Last befreit und imstande, sich zu vielseitig verwendbaren Werkzeugen zu entwickeln. Unsere Vorderfüße verwandelten sich in raffinierte »Greifer«, und unsere Vorderbeine wurden zu deren wunderbar beweglichen »Auslegern«.

Die Arme dienen uns sowohl mit ihrer Kraft als auch mit ihrer Präzision. Wenn die Hände kraftvoll arbeiten müssen – beim Klettern, Werfen, Schlagen oder Boxen –, ziehen sich unsere starken Armmuskeln, etwa der Bizeps und der Trizeps, zusammen, wölben sich und vermitteln die erforderlichen Kraftimpulse. Wenn Daumen und Finger mit äußerster Präzision tätig sind, fungiert der Arm wie ein mobiler Kran, der die Hand in die ideale Position bringt, damit diese anschließend die Feinarbeit ausführen kann.

Der Arm besteht aus drei langen Knochen: dem schweren Oberarmknochen (*Humerus*) sowie Elle (*Ulna*) und Speiche (*Radius*) im Unterarm. Diese Knochen treten an der Schulter, am Ellbogen und am Handgelenk hervor, anderswo sind sie in Muskeln eingebettet. Die beiden Unterarmknochen überkreuzen sich, wenn die Handfläche nach oben gedreht wird, weshalb die entspannteste Armstellung die mit der Handfläche nach unten ist. Für diejenigen, die sich nicht merken können, welcher Knochen die Speiche und welcher die Elle ist, sei gesagt: Die Elle ist der etwas dünnere, in einer Linie mit dem kleinen Finger, während sich die dickere Speiche auf der Daumenseite befindet.

Die wichtigsten Armmuskeln und ihre Bewegungen sind die Folgenden: der massige *Deltamuskel*, der den Oberarm dort abrundet, wo er in die Schulter übergeht, und dessen Funktion darin besteht, den Arm in die Höhe und zur Seite zu heben; der *Bizeps*, das pralle Muskelgeflecht auf der Vorderseite des Oberarms, das die Aufgabe hat, den Arm zu beugen; der *Trizeps*, jener dreiköpfige Muskel auf der Rückseite des Oberarms, der es uns ermöglicht, den Unterarm auszustrecken.

Durch bestimmte Trainingsmethoden können diese Armmuskeln zu einer verblüffenden Größe »aufgepumpt« werden, sodass die prallen Arme der Teilnehmerinnen an Bodybuilding-Wettbewerben für Frauen den Eindruck von enormer Stärke erwecken. Viele Männer empfinden derartige Zurschaustellungen nicht als sexuell anziehend. Offenbar reagieren sie deshalb so, weil der hohe Aufwand, den solch eine »Überzüchtung« der Muskulatur erfordert, auf ein hohes Maß an Obsession in Bezug auf das eigene Ego hindeutet, das an Narzissmus grenzt. Die erstklassige Bodybuilderin scheint am Körper eines männlichen Begleiters weniger interessiert zu sein als an ihrem eigenen Körper, den sie im Spiegel sieht.

Ein weiteres Problem des überentwickelten weiblichen Arms besteht darin, dass er zu männlich wirkt. Die typischen Arme der Frau sind kürzer, schlanker und schwächer als die des Mannes, sodass sie durch das Bodybuilding zwangsläufig ihre normalen weiblichen Eigenschaften verlieren.

Die längeren Unterarme des Mannes werden als notwendige Entsprechungen seiner speziellen Rolle in der Evolution interpretiert – nämlich auf die Beute zu zielen und sie durch einen Wurf zu erlegen. Infolgedessen sind Männer zum Beispiel viel bessere Speerwerfer als Frauen. In dieser Disziplin liegt der Weltrekord der Männer augenblicklich bei 96,72 Metern, der der Frauen bei 72,40 Metern. Die Differenz (ungefähr 33 Prozent) ist wesentlich größer als in den Laufdisziplinen (durchschnittlich etwa 10 Prozent).

Ein zusätzlicher Geschlechtsunterschied betrifft das Ellbogengelenk. Bei Frauen sind die Oberarme den Seiten des Körpers näher als bei Männern. Deren breitere Schultern bewirken, dass die Arme weiter außen am Körper herabhängen. Wenn sie frei baumeln können, haben sie eine stark maskuline Ausstrahlung, doch wenn ein Mann gezwungen wäre, sie fest an die Seiten zu drücken und dabei die Unterarme auszustrecken, würde er feminin erscheinen. Das kommt daher, dass bei der Frau der Ellbogenwinkel um etwa 6 Grad größer ist. Demnach übermittelt uns auch die Stellung der Arme spezifische Geschlechtssignale, die nicht auf lokale kulturelle Prägungen zurückzuführen sind.

Wenn der Ellbogen plötzlich gegen einen harten Gegenstand stößt, kann dies eine stechende, betäubende Empfindung auslösen, die mit einem kurzen, heftigen Schmerz einhergeht. Dann hat man sich »den Musikantenknochen angehauen«. Der »Musikantenknochen« ist der Höcker am unteren Ende des Oberarmknochens, wo der Ulnarnerv (Nerv der Elle) direkt unter der Haut liegt. Ein Schlag auf diese Stelle verursacht den stechenden Schmerz und macht den betreffenden Arm für einen Moment bewegungsunfähig.

Ein weiteres anatomisches Detail, das kurze Erwähnung verdient, ist die oft rasierte, häufig besprayte, immer wieder verunglimpfte Achselhöhle. Fachsprachlich als *Axilla* bezeichnet, spielt dieser kleine, behaarte Bereich eine wichtige Rolle beim Übermitteln chemischer Signale, wodurch er eine grundlegende Veränderung im Sexualverhalten der menschlichen Spezies widerspiegelt. Als unsere männlichen und weiblichen Urahnen sich auf allen vieren paarten, waren die Achselhöhlen nie in der Nähe des anderen Gesichts. Aber als sie schließlich aufrecht gingen und beim Geschlechtsverkehr zumeist die Stellung von Angesicht zu Angesicht einnahmen, befand sich die Nase im Schulterbereich des Partners beziehungsweise der Partnerin. Das heißt, die teilweise vom Oberarm bedeckte Achselhöhle war äußerst nah – und damit der ideale Ort für die Entwicklung besonderer Duftdrüsen. Ihre Überfülle ist ein einzigartiges Merkmal des Menschen, das beide Geschlechter aufweisen.

Frauen besitzen mehr Duftdrüsen als Männer, und ihre Gerüche unterscheiden sich von den seinen, was darauf hindeutet, dass diese als sexuelle Signale zwischen den Liebespartnern dienen. Tatsächlich haben kürzlich durchgeführte Experimente gezeigt, dass Männer mit verbundenen Augen durch den Schweiß aus weiblichen Achselhöhlen sexuell stärker erregt werden als durch teure Parfums.

Diese Duftdrüsen in den Achselhöhlen heißen apokrine Drüsen, und ihre Absonderungen sind ein wenig öliger als normaler Schweiß. Sie bilden sich erst in der Pubertät aus, wenn die einschießenden Geschlechtshormone sie ebenso aktivieren wie den Haarwuchs an dieser Stelle. Das Haar hat die Funktion, die abgesonderten Duftstoffe aufzufangen, im Achselbereich festzuhalten und so deren Signal zu verstärken.

Es gibt einen alten englischen Brauch, der von Generation an Generation weitergegeben wird und auf der Vorstellung beruht, dass ein junger Mann, der eine junge Frau beim Tanz verführen möchte, vor Beginn des Tanzes ein sauberes Taschentuch in seine Achselhöhle stecken muss. Hinterher zieht er es in einem unbeobachteten Augenblick unter dem Hemd hervor und fächelt damit seiner Partnerin Luft zu, als wollte er sie ein wenig abkühlen. Aber eigentlich umhüllt er sie mit seinem apokrinen Duft – in der Hoffnung, dass sie davon ganz betört ist.

Im ländlichen Österreich wurde der Trick von der anderen Seite angewandt. Junge Frauen steckten sich beim Tanzen einen Apfel in die Achselhöhle, und sobald die Musik zu Ende war, boten sie ihn jeweils dem bevorzugten männlichen Partner an. Wenn er den Apfel gehorsam aß, atmete er zwangsläufig ihre persönliche Duftnote ein. Dieser Trick war auch im Elisabethanischen England bekannt, wo ein ganzer geschälter Apfel (den man »Liebesapfel« nannte) in die Achselhöhle der jungen Frau gesteckt wurde; wenn er voll gesogen war mit ihrem Schweiß, überreichte sie ihn dem Geliebten, der so in den Genuss des anregend würzigen Aromas kam.

Im 16. Jahrhundert soll die sexuelle Wirkung des weiblichen Achselhöhlendufts sogar am französischen Hof spürbar gewesen sein. Einer schönen jungen Prinzessin namens Marie de Clèves, Gemahlin des hässlichen Prince de Condé, war nach ausschweifendem Tanzvergnügen im Ballsaal des Louvre heiß geworden, weshalb sie sich in eines der Nebenzimmer zurückzog, um ihr schweißbeflecktes Hemd zu wechseln. Der Duc d'Anjou (der bald König Heinrich III. von Frankreich werden sollte), ebenfalls unter der Hitze leidend, betrat etwas später dasselbe Nebenzimmer und benutzte das abgelegte Damenhemd – in der Meinung, es sei eine Serviette –, um sich das verschwitzte Gesicht abzuwischen. Gemäß dem Chronisten jener Zeit wurden dadurch seine Sinne zutiefst aufgewühlt. Der Herzog, zuvor bereits ein geheimer Bewunderer der Prinzessin, entwickelte von dem Augenblick an, da er ihren Duft einatmete, eine derart ungezügelte Leidenschaft für sie, dass er sein Schweigen brechen und ihr seine heftigen Gefühle eingestehen musste. Diese Vernarrtheit, der die Erfüllung versagt blieb, bescherte ihm dann in den folgenden Jahren Kummer und Qual.

In Anbetracht der gewichtigen Branche, die sich heute auf den Verkauf von Deodorants spezialisiert, klingen solche Geschichten ziemlich seltsam. Wenn Menschen einen derart stimulierenden Duft unter den Armen tragen, warum scheuen dann viele keine Mühe, ihn durch Waschen, Reiben, Sprayen zu beseitigen und – im Falle der Frauen – sogar eine Epilation vorzunehmen? Die Beantwortung dieser Frage hat mit der Kleidung zu tun. Der junge Mann in der englischen Volkserzählung, frisch gewaschen und sein bestes sauberes Hemd für den Tanz tragend, produziert über seine Duftdrüsen *reines* Sekret. Das Taschentuch, das er sich in die Achselhöhle steckt, enthält demnach tatsächlich ein stark sexuell wirkendes Duftsignal. Der hier ablaufende Prozess zeugt von einer unverfälschten Lebensweise. Heute jedoch, da unsere Körper in mehrere Schichten von Kleidung gehüllt sind, kann unsere verschwitzte Haut leicht zu einem Treibhaus werden, in dem Millionen von Bakterien absterben. In dieser unnatürlich eingeengten Umgebung wird unser natürlicher Körperduft sauer und verwandelt sich in Gestank. Das dadurch hervorgerufene Unbehagen macht uns dermaßen zu schaffen, dass wir unsere Achselhöhlendrüsen lieber bis zum Gehtnichtmehr mit Deodorant besprühen würden, als zu riskieren, dass ihre Absonderungen in den allgemein gefürchteten »Körpergeruch« umschlagen.

Schon im ersten nachchristlichen Jahrhundert warnte der römische Dichter Ovid in seinem Handbuch *Die Liebeskunst* alle Damen davor, »Ziegengeruch unter den Armen zu tragen«.

Kürzlich durchgeführte Untersuchungen haben ergeben, dass die Absonderungen der Achselhöhlen von Mann und Frau in mehrfacher Hinsicht eine unterschiedliche chemische Zusammensetzung aufweisen und einen »Duftreiz« besitzen, der speziell dem anderen Geschlecht gilt. Demnach ist das Sekret des Mannes moschusartiger, wobei das männliche Sexualhormon Androsteron eine wesentliche Rolle spielt. Doch in seiner reinen, frischen Form kann das männliche vom weiblichen Sekret durch den Geruchssinn nicht leicht unterschieden werden. Beide scheinen auf einer unterbewussten Ebene zu wirken und uns zu stimulieren, ohne dass wir genau wüssten, woher unsere Erregung kommt.

Übrigens fehlt bei vielen Asiaten dieses unter der Achsel verankerte Signalsystem. In Korea hat zumindest die Hälfte der Bevölkerung an jener Stelle überhaupt keine Duftdrüsen. Auch unter den Japanern sind sie rar – etwa 90 Prozent von ihnen haben keinen nachweisbaren Achselhöhlengeruch. Tatsächlich betrachtet man dort stark riechende Achseln als eine Krankheit. Irgendwann befreite man Männer, die darunter »litten«, sogar von der Wehrpflicht. In China ist die Situation noch extremer – nur 2 bis 3 Prozent der Bevölkerung haben einen identifizierbaren Achselhöhlengeruch. Aufgrund dieses Rassenunterschieds empfinden fernöstliche Menschen diesen natürlichen Duft bei Europäern und Afrikanern als penetrant oder gar abstoßend.

Die Beseitigung der Haare im Achselbereich (durch Rasieren oder Enthaaren) ist ein relativ junges Verfahren, das während der zwanziger Jahre des letzten Jahrhunderts durch die aufblühende Kosmetikindustrie eingeführt wurde. Werbeanzeigen, die junge Frauen darauf hinwiesen, dass sie ohne die »Geruchsfalle« der Achselhaare einen reizvolleren Duft verströmen würden, übten einen großen Einfluss aus, sodass die Mehrheit der westlichen Frauen bald dem neuen Trend folgte. Heute lehnen angeblich weniger als 1 Prozent die routinemäßige Enthaarung an dieser Körperstelle ab.

Gelegentlich kam es zu kleineren Aufständen gegen diese beliebte Form der »Verstümmelung« im Achselbereich. Das berühmte, 1972 veröffentlichte Handbuch für Liebende, *The Joy of Sex*, wurde in diesem Punkt besonders deutlich: »Die Achselhöhle – eine klassische Stelle für Küsse. Sie sollte auf keinen Fall rasiert

HAAR

OBEN: *Bei einer gesunden jungen Frau wächst jedes der etwa 100 000 Haare bis zu 18 Zentimeter pro Jahr und fällt dann nach sechs Jahren aus. So muss die prähistorische Frau mit ungeschnittenem Haar ein einzigartiges Äußeres gehabt haben.*

RECHTS: *Obwohl nur ein kleiner Teil der rund 3 Milliarden Frauen auf der Erde von Natur aus blond ist, hellen viele ihr Haar auf, um dank dieser Farbe sanfter und jugendlicher zu wirken. Blondes Haar wird häufig offen und lang getragen, was den Eindruck unverkrampfter Lockerheit vermittelt.*

OBEN: *Heftiger Widerspruch gegen gesellschaftliche Konventionen erfordert extreme Maßnahmen – in diesem Fall den sorgfältig rasierten Schädel einer Punkfrau. In der Antike wurde ein kahl geschorener weiblicher Schädel mit Bestrafung, Sklaverei oder tiefer Trauer in Verbindung gebracht.*

RECHTS: *Kunstvoll geflochtene Zöpfe sind nur das bislang letzte Beispiel einer langen Reihe raffinierter, zeitraubender Haar-Kreationen – einer Tradition, die bis in die Altsteinzeit vor 21 000 Jahren zurückreicht.*

HAAR

LINKS: *In den 1960er Jahren führte Vidal Sassoon den schon in den »goldenen Zwanzigern« vorübergehend populären Kurzhaarschnitt wieder ein. Es war ein burschikoser Stil, ganz im Sinne der »Swinging Sixties«.*

RECHTS: *Der »Big Hair Look« der 1980er Jahre, der die Frau mit ihrer enormen Haarfülle größer erscheinen ließ. Anders als bei den hohen Perücken früherer Epochen wurde das eigene Haar hochtoupiert und mit Haarspray fixiert.*

AUGENBRAUEN

OBEN: *Im Zuge der feministischen Revolte entschieden sich manche Frauen gezielt für dickere Augenbrauen (»Raupenbrauen«), um einen selbstbewussten, wild entschlossenen Gesichtsausdruck zu zeigen. Zugleich bekundeten sie so auch ihre Unlust zur ständigen Haarpflege an dieser Stelle.*

LINKS: *Die extremste Form weiblicher Augenbrauen ist die berühmte Monobraue der mexikanischen Malerin Frida Kahlo.*

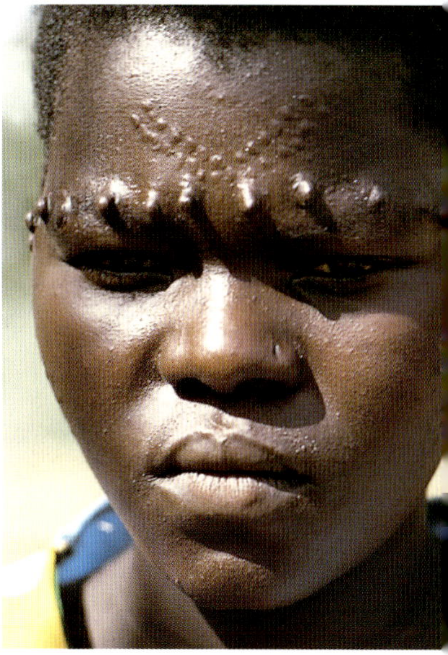

OBEN LINKS: *Da die Augenbrauen der Frau weniger buschig sind als die des Mannes, wurden sie oft noch ausgedünnt, damit sie »super-weiblich« wirkten, wie hier bei Mae West.*

In der westlichen Welt haben heute nur wenige Frauen gepiercte Augenbrauen, aber in Stammesgesellschaften (OBEN RECHTS) *werden diese schon seit Jahrhunderten durchstochen und geschmückt.*

Die vor Überraschung hochgezogenen Augenbrauen (RECHTS) *und die aus Skepsis schief gestellten Augenbrauen* (UNTEN), *sind zwei der sechs Augenbrauensignale, die wechselnde Stimmungen anzeigen.*

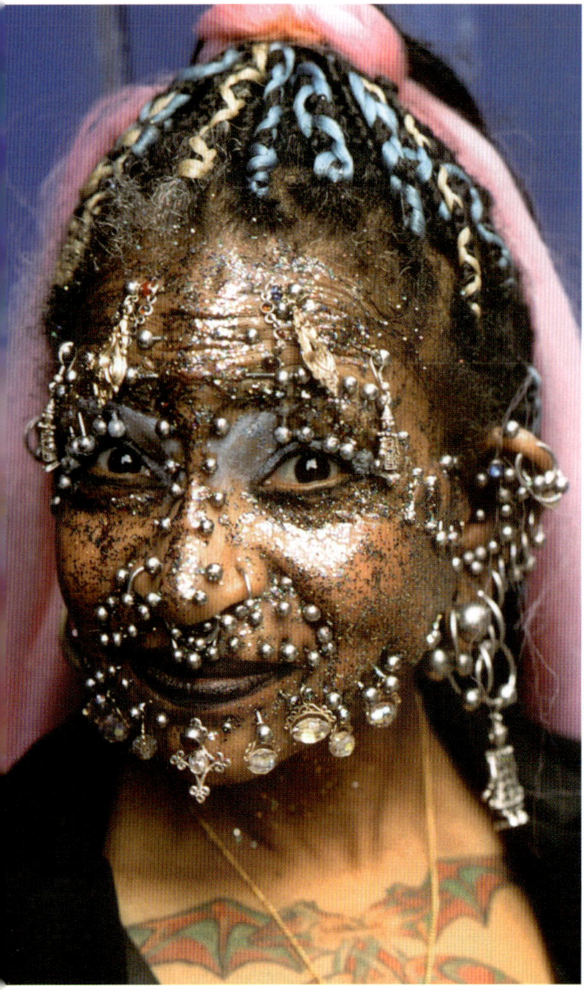

OHREN

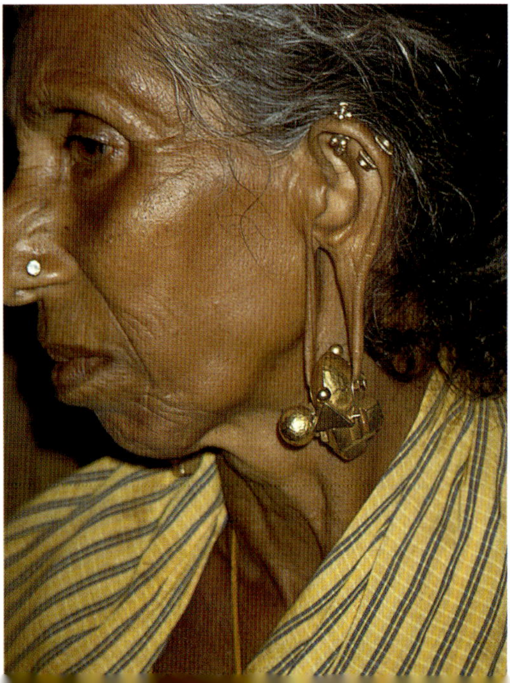

In vielen Kulturen rund um die Welt wurden weibliche Ohren brutal behandelt und die geduldigen Ohrläppchen auf ganz unterschiedliche Weise durchstochen, in die Länge gezogen und geschmückt. Ursprünglich hatte dies den Zweck, die Weisheit der Frau zu erhöhen oder sie vor Unheil zu schützen, doch heute stehen hauptsächlich ästhetische Aspekte im Vordergrund. Das Dehnen der Ohrläppchen wird bei einigen afrikanischen (OBEN RECHTS) *und asiatischen Stämmen* (LINKS) *ins Extrem getrieben. Im Westen lassen sich heute einige Frauen vielfach piercen* (OBEN LINKS).

AUGEN

RECHTS: *Königin Kleopatra war berühmt dafür, dass sie verschiedene Lidschattenfarben – insbesondere Blau und Grün – neu miteinander kombinierte. Als 1961 Elizabeth Taylor die Ägypterin mit kunstvollem, dick aufgetragenem Augen-Make-up verkörperte, setzte sie einen Trend in Gang, der die Mode in den darauf folgenden Jahren maßgeblich beeinflusste.*

UNTEN RECHTS: *Das Zukneifen eines Auges, das wir Zwinkern nennen, signalisiert auf unbekümmerte Weise ein geheimes Einverständnis mit dem Gegenüber. Allerdings fällt es einigen Frauen schwer, dies ganz zwanglos zu tun.*

UNTEN LINKS: *Asiatische Frauen lassen heute ihre typische Hautfalte im inneren Augenwinkel manchmal operativ entfernen, um ein »westlicheres« Aussehen zu bekommen.*

AUGEN

OBEN: *Jede Frau hat insgesamt etwa 400 Wimpern. Oft werden künstliche Wimpern benutzt, um die Augen größer erscheinen zu lassen und die von den »klimpernden« Augendeckeln hervorgerufene Wirkung noch zu steigern.*

UNTEN: *Da der Augenkontakt in allen zwischenmenschlichen Beziehungen eine entscheidende Rolle spielt, bleibt kunstvolles Augen-Make-up auch heute ein bevorzugter Gegenstand exquisiter Mode.*

Für die Anbringung von Schmuck ist die Nase seit jeher weniger beliebt als die Ohren, weil der Schmuck – wenn er nicht ziemlich klein ist (OBEN) *– über den Mund hängt* (UNTEN) *und das Essen, Trinken und Sprechen behindert. Trotzdem haben einige Frauen in Stammesgesellschaften traditionell eine durchbohrte Nasenscheidewand, damit sie bei besonderen Anlässen wertvollen Schmuck tragen können.*

NASE

WANGEN

Die glatte Schönheit weiblicher Wangen bleibt gewöhnlich unangetastet; und wenn sie verschönert werden, dann nur mit Puder oder Schminke, damit sie noch glatter aussehen. Gelegentlich wird ihnen allerdings besondere Aufmerksamkeit zuteil – durch Auftrag von Farbe (Madagaskar, OBEN)*, Verzierung mit stammestypischen Mustern* (Kenia, RECHTS)*, Auftrag weißer Schminke* (Japan, UNTEN LINKS) *oder durch Fußballinsignien* (Korea, UNTEN RECHTS).

LINKS: *Die Mode der bogenförmig geschminkten Lippen zeigt eine auffällige Einbuchtung in der Mitte der Oberlippe sowie eine übertriebene Kontur der Unterlippe und verleiht so der Frau eher kindliche Gesichtszüge. Sie wurde besonders in den 1920er Jahren populär – durch Hollywoodschauspielerinnen wie Clara Bow, die daraus ein Make-up-Markenzeichen machte.*

UNTEN: *Im Fernen Osten bedienen sich japanische Geishas eines ähnlichen Stils, wobei die Unterlippe einen noch stärkeren Akzent erhält und in der Mitte weit über den Rand hinaus geschminkt wird.*

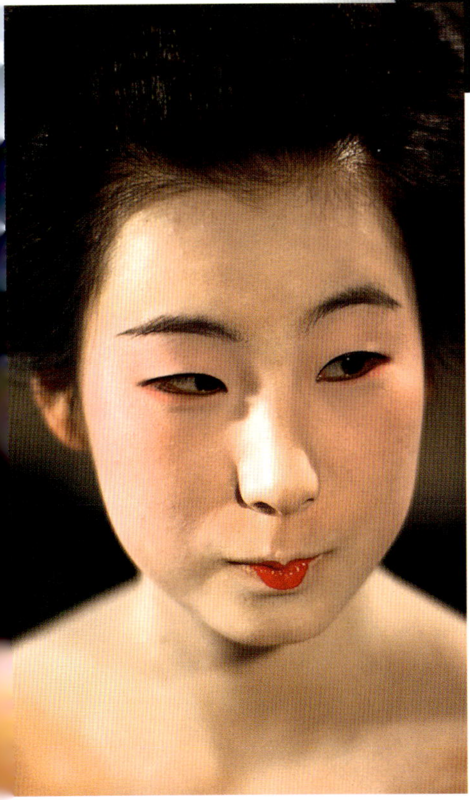

LIPPEN

LIPPEN

Weibliche Lippen senden starke sexuelle Signale aus, da sie Farbe, Form und Beschaffenheit der Schamlippen widerspiegeln. Diese röten sich im Zustand sexueller Erregung – und das ist einer der wesentlichen Gründe, warum Rot stets die vorherrschende Lippenstiftfarbe war, trotz zahlreicher Versuche von Kosmetikfirmen, neue Farben und Schattierungen einzuführen.

In Stammesgesellschaften nehmen die Verzierungen der Lippen teilweise extreme Formen an, indem man große Teller in sie einsetzt (in Afrika, OBEN LINKS) *oder sie tätowiert* (bei den japanischen Ainu, OBEN). *In einigen afrikanischen Stämmen bemisst sich der Wert einer Frau nach der Größe ihres Lippentellers.*

LINKS: *In den westlichen Gesellschaften hat der neue Trend zu vergrößerten Lippen einige Frauen veranlasst, sich einer schmerzhaften Schönheitsoperation zu unterziehen, deren Resultat manchmal schonungslos als »Forellenschnute« bezeichnet wird.*

MUND

Da der menschliche Mund so eifrig spricht, singt, kaut, leckt, schmeckt und schluckt, wurde er nur selten dekorativ verstümmelt. Eine neuere Ausnahme bildet der metallene Zungenstift, für den einige junge westliche Frauen eine besondere Vorliebe haben. Obwohl er ein leichtes Lispeln verursacht, gefällt er rebellischen Geistern, weil sie damit die ältere Generation schockieren können.

HALS

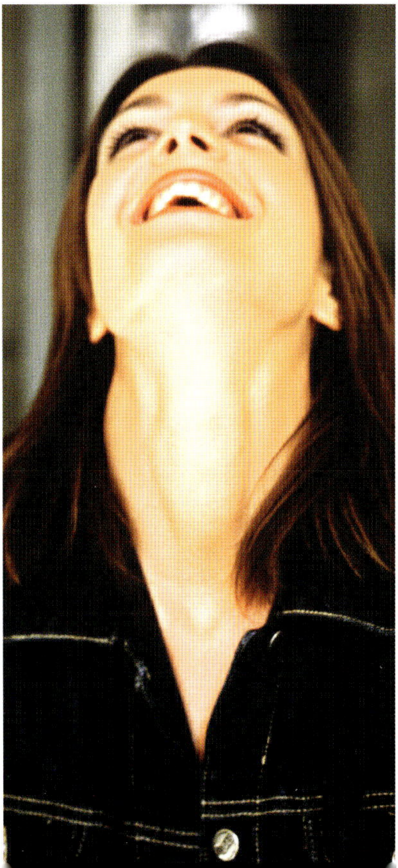

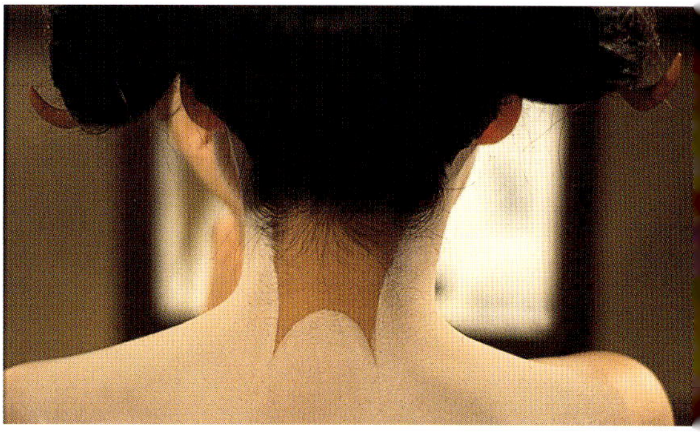

LINKS: *Der weibliche Hals ist länger und schlanker als der männliche. Das macht ihn zu einem idealen Ort für dekorative Halsketten (wie bei dieser Karo-Frau in Äthiopien,* OBEN RECHTS, *und der Padaung-Frau in Burma – heute: Myanmar –,* OBEN LINKS). *In Japan* (OBEN) *übt der Nacken eine starke erotische Anziehungskraft aus; Geishas scheuen keine Mühe, um diesen Teil ihres Körpers vorteilhaft zur Schau zu stellen.*

OBEN: *Die anmutig gerundete weibliche Schulter übermittelt ein erotisches Signal, zumal wenn zur Verstärkung der Pose noch das Kinn auf die nackte Schulter gelegt wird. Die halbkugelige Form einer hochgezogenen Schulter erinnert unterbewusst an die weibliche Brust oder Pobacke.*

RECHTS: *In den 1980er Jahren gehörten zur weiblichen »Power-Kleidung« auch breite Schulterpolster, die für eine kantige, männliche Erscheinung sorgten. Dieses aggressivere Aussehen der Frauen war seit der schweren Kriegszeit in den 1940er Jahren nicht mehr gefragt gewesen.*

SCHULTERN

ARME

OBEN LINKS: *Als die Schauspielerin Julia Roberts kürzlich bei einer Filmpremiere behaarte Achselhöhlen zeigte, erregte dies großes Aufsehen in der Kosmetikbranche.*

OBEN RECHTS: *Seit Jahrtausenden erfreuen sich Armreife großer Beliebtheit.*

LINKS: *Bodybuilderinnen trainieren sich äußerst muskulöse Arme an, die auf die meisten Männer unattraktiv wirken – weil die enorme Anstrengung, die dafür nötig ist, auf eine stark ausgeprägte Form von Narzissmus hindeutet.*

OBEN: *Die weibliche Hand ist viel beweglicher als die männliche. Das demonstrieren orientalische Tänzerinnen auf vollkommene Weise, indem sie diese Beweglichkeit durch verlängerte Fingerlinge betonen, die ihre anmutigen Handgesten in aller Deutlichkeit sichtbar machen.*

LINKS: *Einige moderne Frauen lassen sich die Fingernägel ungewöhnlich lang wachsen, sodass die Hände wie wilde Klauen aussehen. Solche Nägel weisen auch darauf hin, dass die Betreffende außerstande ist, irgendwelche manuellen Arbeiten auszuführen, und aus höheren gesellschaftlichen Kreisen kommt.*

HÄNDE

Da sie fast ständig beschäftigt sind, werden Hände nur selten verziert; eine Ausnahme bildet jedoch die Bemalung mit Henna. In vielen Teilen Nordafrikas, des Nahen Ostens und Asiens schmückt man auf diese Weise die Braut am Abend vor der Hochzeit – im Rahmen einer speziellen »Henna-Party« (daher der englische Ausdruck hen-party, *»Junggesellinnenabend«). Die komplizierten Muster sollen die künftige Ehefrau vor dem gefürchteten »bösen Blick« schützen; sie halten mehrere Wochen.*

BRÜSTE

VORIGE SEITE OBEN: *Der Bikini ist keine neue Erfindung, was diese beiden jungen Frauen aus dem dritten vorchristlichen Jahrhundert vor Augen führen.*

VORIGE SEITE UNTEN: *Um für Jane Russell einen speziellen freitragenden Büstenhalter zu entwickeln, wurde eigens ein Bauingenieur engagiert.*

OBEN RECHTS: *In den 1950er Jahren trugen Schauspielerinnen kegelförmige BHs, die den Eindruck vermittelten, als hätten sie aggressiv zugespitzte Brüste in Form von Gefechtsköpfen. Diese seltsame Mode kam 1994 in einem Video von Madonna kurz wieder zum Vorschein* (OBEN LINKS).

LINKS: *Über eine Million Frauen haben sich in den letzten Jahren ihre Brüste durch Silikonimplantate künstlich vergrößern lassen.*

TAILLE

OBEN: *Das weibliche Verhältnis zwischen Taille und Hüfte differiert beträchtlich vom männlichen – 7:10 bei der Frau, 9:10 beim Mann. Um diesen Unterschied noch mehr hervorzuheben, zielte die Mode in früheren Jahrhunderten darauf ab, eine extrem weibliche Silhouette zu erzeugen; die damaligen Korsetts waren so eng, dass brutale Maßnahmen ergriffen werden mussten, um sie zu schnüren. Selbst heute noch erscheinen enge Korsetts bisweilen als eine erotische Neuheit* (LINKS).

OBEN: *Die wogenden Bewegungen der hawaiischen Tänzerinnen betonen die Form ihrer breiten Hüften und lenken die Aufmerksamkeit des Beobachters auf die Elastizität ihres gebärfähigen Beckenbereichs.*

RECHTS: *Die Akimbo-Haltung der Arme – Hände auf den Hüften – ist im Grunde eine unfreundliche Geste, insofern die seitlich herausstehenden Ellbogen zu verstehen geben: »Komm mir nicht zu nahe.« Diese Pose, das genaue Gegenteil einer Umarmung, kann man vor allem dann sehen, wenn eine Person mehr Platz für sich beansprucht.*

HÜFTEN

BAUCH

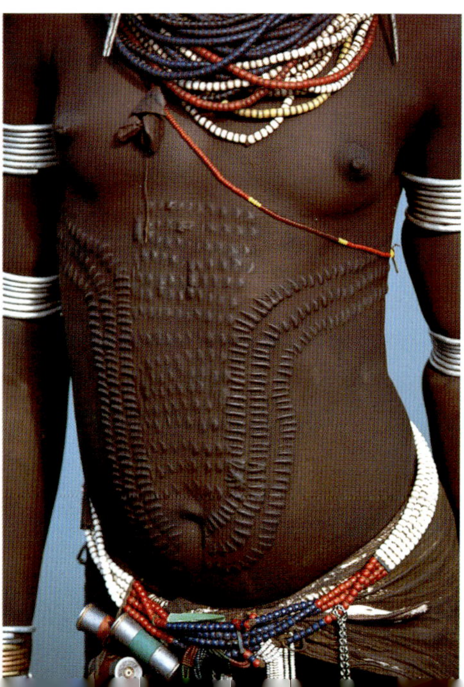

OBEN: *Der bei jungen Frauen im Westen feststellbare Modetrend zur Bauchfreiheit hat die Ausbreitung dekorativer Nabel-Piercings begünstigt. In der Vergangenheit nur selten benutzt, da sie durch die Kleidung verdeckt gewesen wären, bieten sie sich jetzt relativ häufig den Blicken dar. Unter Stammesangehörigen wie den Karo in Äthiopien* (LINKS)*, die den gesamten Bauchbereich entblößen, finden sich recht ausgedehnte Verzierungen in Form von in die Haut geritzten Mustern.*

RÜCKEN

Schmuckstücke am Rücken sind vergleichsweise selten – außer bei weiblichen Stammesangehörigen, die diesen Körperteil völlig unbekleidet lassen.

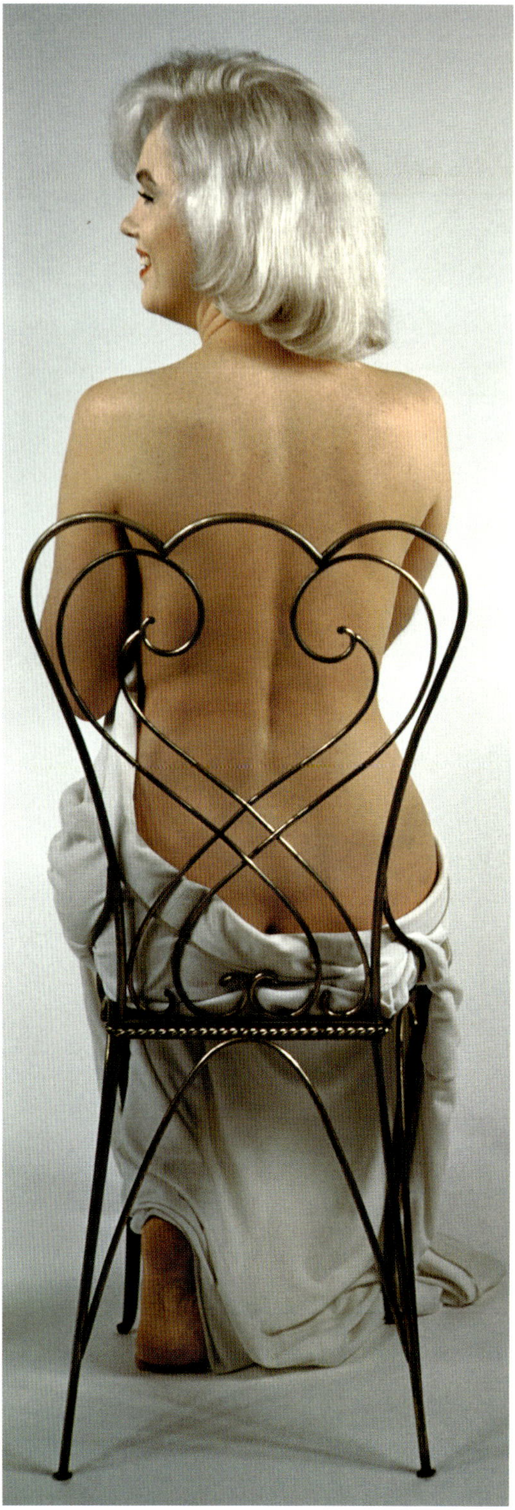

RÜCKEN

LINKS: *In der westlichen Welt wurde der weibliche Rücken als modisches »Requisit« erstmals 1932 enthüllt; seither taucht er immer wieder auf, um ebenso elegant wie mutig eine weite Fläche nackten Fleisches zur Schau zu stellen.*

UNTEN: *Der Rücken bietet die beste Fläche für die Kunst des Tätowierers, von der man heute eindrucksvolle Beispiele auf weiblichen Rücken findet.*

SCHAMHAAR

OBEN LINKS: *In der städtischen Gesellschaft gilt die Zurschaustellung von weiblichem Schamhaar seit jeher als ein starkes Tabu. Die in den letzten Jahren immer knapper gewordene Bikinimode führte zu verschiedenen Formen der Depilation. Doch selbst diese gründlichen Enthaarungsmethoden haben nicht immer den gewünschten Effekt, wenn eine Discoqueen plötzlich vom Auge der Kamera überrascht wird* (LINKS).

OBEN RECHTS: *Frauen auf dem Tapati-Festival in Hanga Roa auf der Osterinsel lösen das Problem, wie man nackt sein kann, ohne Anstoß zu erregen, indem sie auf die alte Sitte zurückgreifen, eine Schamhaarperücke zu tragen.*

PO

Die vorspringenden weiblichen Pobacken übermitteln ein starkes Geschlechtssignal, sowohl bei Sportlerinnen wie Serena Williams (OBEN RECHTS) *als auch bei Popsängerinnen und Schauspielerinnen wie Kylie Minogue* (OBEN LINKS) *oder Jennifer Lopez* (LINKS). *Diese Vorwölbung wird durch ein nach hinten kreisendes weibliches Becken noch betont.*

Das wohlbekannte Herzsymbol mit seinem Einschnitt oben sieht kaum wie das echte Herz aus, weist jedoch eine unheimliche Ähnlichkeit mit den von hinten betrachteten weiblichen Pobacken auf.

BEINE

ɔbald junge Mädchen geschlechtsreif sind, werden ·re Beine im Vergleich zu den übrigen Körper- ·ilen länger. Folglich haben ungewöhnlich lange eine einen stärkeren erotischen Reiz (VORIGE EITE OBEN RECHTS). *Wren Scotts Beine, 'e längsten der Welt, messen 124 Zentimeter* 'ORIGE SEITE LINKS).

ie Faszination der Beine liegt auch darin, dass sie e Aufmerksamkeit auf den Punkt lenken, wo e sich treffen – und dies war nie offensicht- ·her als in Sharon Stones berüchtigter Film- ene, als sie die Beine übereinander kreuzte 'ORIGE SEITE UNTEN RECHTS).

BEN: *Tausend Jahre lang wurden in China die ädchen angesehener Familien gezwungen, sich e Füße straff bandagieren zu lassen, bis diese ·ließlich verkrüppelt waren.*

UNTEN: *Einige äußerst privilegierte Frauen haben ihre Macht und ihren Reichtum durch die Größe ihrer Schuhkollektionen demonstriert. Imelda Marcos soll angeblich mehr als 3 000 Paar besessen haben.*

FÜSSE

FÜSSE

RECHTS: *Modeschöpfer scheinen sich um die praktischen Erfordernisse des weiblichen Ganges kaum zu kümmern. Einige Schuhe sind so unbequem und wackelig, dass selbst erfahrene Models das Gleichgewicht verlieren.*

UNTEN: *Das außergewöhnlichste Beispiel luxuriöser Damenschuhmode wurde 2003 in London ausgestellt: Ein paar rote Stöckelschuhe aus der Hand des Designers Stuart Weitzman, inspiriert von den magischen rubinroten Pantoffeln Dorothys in* Der Zauberer von Oz, *wies 642 Rubine auf, die in fadendünn ausgezogenes Platin eingesetzt waren. Das Paar stand für eine Million englische Pfund (etwa 1,5 Millionen Euro) zum Verkauf.*

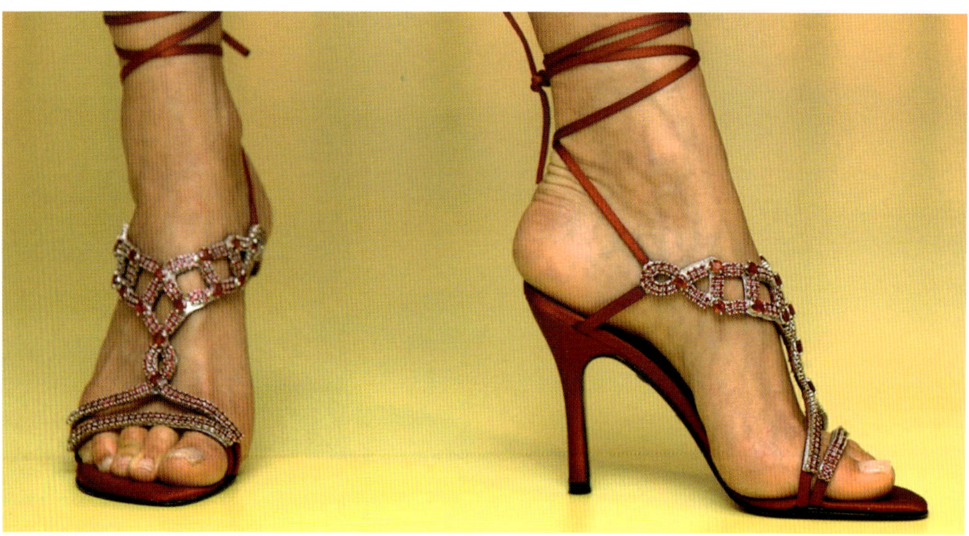

werden.« Das Rasieren »mag in einem heißen Klima ohne sanitäre Anlagen verzeihlich sein, aber hier und jetzt ist es einfach eine ignorante Art von Vandalismus«. Dieser Kommentar enthielt auch den Ratschlag, dass die Achselhöhle »anstatt der Hand dafür benutzt werden kann, die Schreie des Partners während des Orgasmus zu dämpfen« – vermutlich um sicherzustellen, dass er die von dort ausströmenden Duftsignale auch wirklich schätzt.

Man weiß nicht, wie viele junge Frauen diesem Ratschlag folgten und sich nicht mehr enthaarten. In *The Joy of Sex* heißt es zwar, es habe schon zu Beginn der siebziger Jahre eine solche Tendenz gegeben; eine neue Generation sehe allmählich ein, wie sexy es sei, das Achselhaar zu behalten. Zeitschriftenfotos und Filmen nach zu urteilen, die im Laufe der folgenden Jahrzehnte erschienen, hat die Modewelt diese »Tendenz« jedoch ebenso ignoriert wie die meisten jungen Frauen. Als eine berühmte Hollywoodschauspielerin kürzlich den Arm hob, um vor einer mit Stars gespickten Filmpremiere der Menge zuzuwinken, und dabei ihre behaarte Achselhöhle entblößte, war das ein gefundenes Fressen für die Klatschreporter – und ein Anblick, der allgemein als abstoßend empfunden wurde.

Trotzdem erschien in den letzten Jahren des 20. Jahrhunderts das Magazin *Hair to Stay* (etwa »Haare, die bleiben sollen«), dessen Untertitel lautete: *The World's Only Magazine for Lovers of Natural, Hairy Women* (»Das einzige Magazin der Welt für die Liebhaber natürlicher, behaarter Frauen«). Immerhin mussten die Herausgeber zugeben, dass sie damit einen schwierigen Stand hatten: »Frauen in den neunziger Jahren, die beschließen, sich unter den Armen nicht zu rasieren, werden in eine Schublade gesteckt, verspottet und in eine peinliche Lage gebracht. Man hält sie für Lesbierinnen, radikale Feministinnen, Immigrantinnen, die es nicht besser wissen, oder Hippies, die aus den sechziger Jahren übrig geblieben sind.« Das alles sei falsch, betonte das Magazin, denn »von einem psychosozialen Standpunkt aus betrachtet ist das Entfernen der Körperhaare eine Auflehnung gegen die Sexualität«. Achselhaare »fungieren als Antennen, die Signale aussenden, um zum Geschlechtsverkehr aufzufordern«. Zur Unterstützung dieser These wurde darauf hingewiesen, dass eine erwachsene Frau mit unbehaarter Achselhöhle sich gleichsam als Kind anbieten und so eine perverse Einstellung zum Sex fördern würde. Allerdings verschwieg man geflissentlich, dass diese extreme Argumentation letztlich auch darauf hinauslaufen würde, jeden erwachsenen glatt rasierten Mann dem Vorwurf auszusetzen, er fördere die Pädophilie – weil nur kleine Jungen keinen Bartwuchs haben.

Tatsache ist einfach, dass beide Geschlechter durch die Entfernung des Körperhaars sauberer und jünger wirken und ihre Duftsignale reduzieren können. Da moderne Erwachsene – zumal in überfüllten Großstädten – einander oft unnatürlich nahe kommen, ohne dass dabei der geringste sexuelle Kontakt entsteht, ist ihr Wunsch, die ursprünglich sexuellen Duftsignale einzudämmen, nur allzu berechtigt. Deshalb werden wohl die unterschiedlichen Methoden zur Enthaarung auch weiterhin bestehen bleiben, was immer deren Kritiker dagegen einwenden mögen. Ihre Gründe wären nur dann stichhaltig, wenn wir alle zu der halbnackten Lebensweise der Stammesgesellschaften zurückkehren würden.

Betrachten wir nun die verschiedenen Armstellungen, so sind vor allem vier davon näher zu untersuchen: *gesenkte Arme, erhobene Arme, ausgebreitete Arme und nach vorn gestreckte Arme.* Die Stellung der gesenkten Arme ist neutral, wobei sich die Armmuskulatur in einem völlig bewegungslosen und entspannten Zustand befindet. Um die Fortbewegung auf zwei Füßen besser auszubalancieren, lassen wir beim Gehen die Arme aus der Ruheposition leicht vor und zurück schwingen – doch wenn wir nicht gerade zu einem auffälligen militärischen Marschschritt gezwungen werden, investieren wir in diese Aktion keine große Mühe. Selbst nach einem langen Spaziergang querfeldein, wenn uns die Füße wehtun und die Beinmuskeln abschlaffen, sind unsere sanft sich bewegenden Arme immer noch frisch und entspannt. Nur wenn wir sie vom Körper seitlich wegstrecken, wird auch in ihnen die Anstrengung spürbar.

Die Stellung der erhobenen Arme ist am schwersten zu halten, selbst für kurze Zeit. Sie ist die typische Geste des Triumphs und des Sieges, sehr beliebt bei Politikern und Sportstars. Damit grüßen sie ihre Anhänger, und sie feiern ihren hohen Rang mit erhobenen Armen. Solche Menschen wirken größer und stärker. Außerdem sieht man sie besser in jenen Augenblicken, da sie unbedingt gesehen werden wollen. Allerdings nehmen sie diese Stellung nur wenige Sekunden ein. Wenn sie versuchen würden, stunden- oder auch nur minutenlang so dazustehen, hätten sie bald darunter zu leiden.

Wenn ein Verbrecher mit einer Schusswaffe befiehlt: »Hände hoch!«, so ist damit natürlich eine ganz andere Bedeutung verbunden. Auch hier sind beide Arme erhoben, aber nicht zum Zeichen des Sieges, sondern der Niederlage. Zwischen den beiden Zuständen besteht jedoch ein feiner Unterschied, der sich darin zeigt, wie die Arme abgewinkelt werden. Bei der siegreichen Pose sind die Arme normalerweise gerade oder, leicht durchgebogen, etwas nach vorn abgewinkelt. Bei der Stellung hingegen, die durch die Bedrohung mit einer Schusswaffe erzwungen wird, sind die Arme in typischer Weise an den Ellbogen gekrümmt und eher in einer vertikalen Linie als nach vorn abgewinkelt. Diese besiegte Haltung soll vor allem zum Ausdruck bringen, dass Arme und Hände ziemlich kraft- und wirkungslos sind – so weit wie möglich vom Körper entfernt, an dem irgendeine Waffe versteckt sein könnte.

Die ausgebreiteten Arme markieren jene Geste, die aus einem gewissen Abstand zu einer Umarmung einlädt. Eine Frau, die einen alten Freund begrüßt, der noch einige Schritte entfernt ist, mag ihre Arme nach beiden Seiten weit ausstrecken und sie in dieser Position halten, um sie dann im Gefühlsüberschwang um die Schultern des Freundes zu schlingen. Die gleiche Stellung der Arme sieht man bei einer Zirkusartistin, nachdem sie ein schwieriges Kunststück vollführt hat. Ihre Arme holen weit aus und die Zuschauer reagieren darauf mit sofortigem Applaus. Sie lädt zu einer Umarmung ein, und das Publikum dankt ihr mit der einzigen Geste, die auf den Bänken und Sitzen möglich ist. Das Händeklatschen ist eigentlich eine höchst modifizierte Form jener bereits genannten »Umarmung der Leere«, insofern das der Umarmung zugrunde liegende Gefühl in das *Geräusch* einer symbolischen Umarmung verwandelt wurde.

Die Stellung der nach vorn gestreckten Arme ist komplizierter, vielschichtiger. Sie kann Ablehnung signalisieren, wenn die offenen Handflächen in Richtung des Gegenübers geschoben werden; oder Aggression, wenn die Fäuste geballt sind; oder Betteln, wenn die Handflächen nach oben zeigen. Wie die ausgebreiteten Arme kann aber auch diese Pose zu einer Umarmung einladen und darüber hinaus eine ganze Reihe weiterer Signale übermitteln, je nachdem, wie die Hände dabei eingesetzt werden.

Spezielle Armsignale betreffen die unterschiedlichen Arten des Winkens, des Anlockens und des Grüßens, wobei jede ihren eigenen Reiz hat. Wenn eine bekannte Persönlichkeit von einem Balkon aus gestikuliert, sind die Armbewegungen noch aus weiter Ferne sichtbar. Deren genaue Form und Ausdrucksweise sagt etwas über das Innenleben dieses Menschen aus. Das königliche Winken der Queen etwa repräsentiert die nur wenig nach oben gerichtete, ziemlich schlaffe Geste passiver Macht, wohingegen der Gruß mit geballter Faust seitens der Rebellenführerin das ungestüme Zeichen aktiver revolutionärer Macht ist. Das *Heil* der Nazis, begleitet von weit vorgestrecktem Arm und flacher, steifer Hand, zeugte von unverbrüchlicher Loyalität. Die militärische Ehrenbezeigung – stark gebeugter Arm, flache, leicht abgewinkelte Hand an der Kopfbedeckung – deutet in stilisierter Form die Absicht an, den Mützenschirm zu heben oder den Helm abzunehmen, und ist damit ein beschwichtigender Akt, dessen Bedeutung darin besteht, das sonst feindselig wirkende Äußere des Uniformierten gleichsam zu neutralisieren. Und so weiter und so fort. Arme werden zum Gestikulieren benutzt, wann immer man ein auch in größerer Entfernung erkennbares Signal übermitteln möchte, das gröber erscheint als das der Finger oder der Miene. In dieser Hinsicht fungieren auch die weiblichen Arme als äußerst wertvolle »Boten« der Körpersprache.

Im zwischenmenschlichen Kontakt richten sich viele freundliche, nicht-sexuelle Gesten auf den Armbereich. Wenn wir einem älteren Menschen über die Straße helfen, ergreifen wir seinen Arm, um ihn zu stützen. Wenn wir eine Person durch eine Tür führen, so dirigieren wir sie behutsam am Ellbogen. Wenn wir die Aufmerksamkeit eines Fremden auf uns lenken möchten, klopfen wir ihm sanft auf den Arm. Hätten wir in einem dieser Fälle die Taille, die Brust oder den Kopf berührt, wäre uns sofort Misstrauen oder gar Ablehnung entgegengebracht worden. Von daher sind die Arme der neutralste Körperteil, so frei von intimen Assoziationen, wie ein Körperteil es nur sein kann. Zwei befreundete Menschen gleich welchen Geschlechts mögen sich während eines gemeinsamen Spaziergangs beieinander einhaken – aber jeder weitere Körperkontakt würde zwangsläufig eine bestimmte Art von Intimität signalisieren.

Arme werden oft tätowiert, doch die häufigste Form der Verschönerung ist seit jeher der Armreif. Er wurde fast immer schon von Frauen getragen, was zu der Deutung Anlass gab, dass dieser Brauch ursprünglich dazu diente, das weibliche Geschlechtsmerkmal schlanker Arme und zarter Handgelenke noch stärker zu betonen. Dem steht eine andere Deutung entgegen, wonach Armreife auf Männer deshalb anziehend wirken, weil sie an Handschellen erinnern – und damit an die sklavische Abhängigkeit der Frauen von ihren Männern.

13. DIE HÄNDE

Weibliche Hände sind den männlichen in einem wichtigen Punkt überlegen – sie sind biegsamer und beweglicher. Sie mögen zwar kleiner sein als die fleischigen »Pranken« erwachsener Männer und nicht über deren enorme Kraft zum Zupacken verfügen, aber sie sind viel geschickter, wenn es um die Feinarbeit an kleinen Gegenständen geht.

Wo immer es der Fingerfertigkeit bedarf, ist die weibliche Hand unschlagbar. Ein Beispiel: Die Tastatur des Klaviers wurde für die männliche Hand entworfen, wodurch Pianistinnen von Anfang an im Nachteil waren, weil ihre Finger sich weniger weit über die Tasten spannen. Die Folge ist, dass weitaus mehr Männer als Frauen dieses Instrument meisterlich beherrschen. Doch wenn die Klaviatur nur geringfügig verkürzt und der Größe der weiblichen Hand angepasst würde, wären Pianistinnen dank ihrer flexibleren Finger ohne weiteres imstande, besser zu spielen als die meisten männlichen Kollegen. In ähnlicher Weise berichten Bergsteiger, dass die Beweglichkeit der weiblichen Hand und die Stärke der männlichen Hand einander ergänzen, weshalb beide Geschlechter gleichermaßen befähigt sind, steile Felswände zu erklimmen.

Wie kam es dazu? Welche Geschichte erzählt uns die Evolution der weiblichen Hand? Was geschah, als sich unsere Urahnen vor Millionen von Jahren auf die Hinterbeine stellten und es so den Vorderfüßen ermöglichten, eine neue Entwicklungsrichtung einzuschlagen?

Das entscheidende Element in diesem Prozess – und zugleich das Erfolgsgeheimnis der menschlichen Hände – war die Ausbildung des Daumens, der den Fingern gegenübergestellt werden konnte. Da die Hände befreit waren von der Aufgabe, die Fortbewegung am Boden und in den Bäumen zu gewährleisten, konnten sie erstmals allein zum Greifen eingesetzt werden. Das war einer der wichtigsten Schritte in der gesamten Entwicklungsgeschichte unserer Spezies. Wir wurden zu fingerfertigen Wesen – und überschritten eine markante Schwelle, jenseits deren nichts mehr vor dem Zugriff unserer Hände sicher war.

In physischer Hinsicht sind Männer viel zupackender als Frauen. Die männliche Hand hat im Vergleich zur weiblichen normalerweise eine doppelt so große »Greifkraft«. Hierin offenbart sich einer der schärfer ausgeprägten Geschlechtsunterschiede, der verdeutlicht, wie sehr der urzeitliche Jäger auf kräftige Hände angewiesen war. Der durchschnittliche Mann kann auf einen in seiner Hand eingeschlossenen Gegenstand eine Kraft von etwa 40 Kilopond ausüben und diesen Wert durch spezielles Training auf 54 Kilopond oder mehr steigern. Ein schraubstockartiger Griff war besonders nützlich, um Waffen und frühe Werkzeuge herzustellen, Steine oder Hölzer mit viel Wucht zu schleudern und andere Tätigkeiten auszuführen – zum Beispiel zu hämmern, Dinge zu verbiegen oder zu zerreißen, etwas festzuhalten und Lasten zu tragen. Noch heute werden handwerkliche Arbeiten, die große, kräftige Hände erfordern, hauptsächlich von Männern erledigt. Es gibt nur wenige Frauen, die den Beruf des Zimmermanns ausüben.

Doch der kraftvolle Griff erklärt die Erfolgsgeschichte der menschlichen Hand nur halb. Für die andere Hälfte ist der präzise Griff verantwortlich. Kraft wird gewonnen, indem man den Daumen unabhängig von den Fingern bewegt. Präzision wird erzielt, indem man nur die Spitzen der Finger bewegt. Eben darin ist die Frau dem Mann überlegen. Seine großen Hände – die zwar, gemessen an den Händen mit kurzem Daumen anderer Spezies, zu besonderer Präzision fähig sind – können nicht mit den ebenso grazilen wie agilen, schmalknochigen Händen der Frau konkurrieren, wenn eine knifflige manuelle Arbeit ansteht. Folglich haben sich Frauen in der Vergangenheit gerade bei solchen Beschäftigungen wie Nähen, Stricken, Weben, Dekorieren hervorgetan. Bevor die Töpferscheibe erfunden wurde, beherrschten vor allem Frauen die so wichtige Kunst der Keramik, bei der es flinker Finger bedurfte, um die Gefäße zu formen und zu verzieren. Da die Töpferei die bedeutsamste Technik der prähistorischen Zeit darstellte, waren während dieser langen Phase der Menschheitsgeschichte also nicht die Männer, sondern die Frauen die maßgeblichen Kunstschaffenden. Diese Tatsache wird von Archäologen und Prähistorikern oft übersehen.

An dieser Situation hat sich bis heute nur wenig geändert, obwohl die Art der Aufgaben natürlich dem jetzigen Stand der Technik entspricht. Man schaue bloß einmal in eine Fertigungshalle, in der die komplizierte Montage winziger Bauelemente für elektronische Geräte erfolgt, und man wird unzählige weibliche Hände sehen, die ebenso zügig wie geschickt ihre Arbeit verrichten. Nadel und Faden mögen inzwischen keine so große Rolle mehr spielen, aber die Fingerfertigkeit der Frauen bildet nach wie vor die Grundlage für die Erzeugung kunstvoller Produkte.

Der Unterschied in der manuellen Präzision kommt nicht nur daher, dass Frauen dünnere, leichtere Finger haben. Auch die Fingergelenke sind flexibler, was wahrscheinlich durch hormonale Faktoren bedingt ist. Man nimmt an, dass es sich hierbei um eine evolutionäre Anpassung an die spezielle Beschäftigung der urzeitlichen Frau handelt, nämlich im Gegensatz zum jagenden Mann Nahrung zu sammeln. Um Wurzeln und Samen aus der Erde zu graben, Nüsse zu pflücken, Beeren abzuzupfen und Früchte auszusortieren, bedurfte es eher der agilen Finger an einer feinknochigen, gelenkigen Frauenhand als der kräftigen »Pranke« des muskulösen Mannes.

Diese Arbeitsteilung zwischen den Geschlechtern, die sich im Laufe unserer Entwicklungsgeschichte vollzog, hat dazu geführt, dass Mann und Frau jeweils ein wenig anders – und in bestimmten Bereichen auch gewandter – sind. Natürlich wurde die Spezialisierung nie zu weit getrieben. Die Hände der Frauen blieben ziemlich kräftig, und die der Männer waren auch weiterhin fähig, relativ feine Arbeiten auszuführen. Die Stärkste unter den Frauen konnte stets ein Stück Fleisch leichter auseinander reißen (oder kann heute einen verzwickten Flaschenverschluss müheloser öffnen) als der schwächste Mann in jeder Gruppe – und Matrosen auf hoher See haben sich immer wieder als nicht ungeschickt im Umgang mit Nadel und Faden erwiesen. Es gibt sogar einige Harfenisten mit äußerst beweglichen Fingern. Trotz alledem fand seit den frühesten Tagen der Altsteinzeit eine grundsätzliche Trennung in Sachen Hand-Arbeit statt – was Kraft erforderte, war für die Männer, was Präzision verlangte, war für die Frauen.

Unter allen menschlichen Körperteilen sind die Hände vielleicht am aktivsten, aber wir hören nur selten von jemandem, der über »müde Hände« klagt. Diese sind in ihrer Eigenschaft als hochkomplexe Instrumente einfach großartig. Man hat geschätzt, dass sich die Finger im Laufe eines Lebens mindestens 25 Millionen Mal biegen und strecken. Selbst neugeborene Babys besitzen eine bemerkenswerte Kraft in ihren Fingern und halten ihre Hände fast nie still. Wenn sie in ihrer Wiege liegen, krümmen sie ihre Fingerchen und schnappen damit nach der Luft, als ahnten sie bereits das Vergnügen, das ihnen künftige Handgriffe bereiten werden. Später führen sie diese auch tatsächlich aus – und tippen hundert Wörter pro Minute in die Tastatur ihres Computers, spielen Klavierstücke in halsbrecherischem Tempo, bedienen komplizierte Apparate und Geräte, nehmen schwierige Operationen am Gehirn vor, malen Meisterwerke, lesen Blindenschrift mit den Fingerspitzen, rezitieren sogar Gedichte in Taubstummensprache. Vergleicht man die menschliche Hand mit einem Rolls-Royce, dann besitzen die anderen Spezies nicht einmal ein Fahrrad.

Die beiden menschlichen Hände enthalten zusammen nicht weniger als 54 Knochen. In jeder Hand befinden sich 14 Fingerknochen, 5 Handwurzelknochen und 8 Knochen im Handgelenk. Da es auf jedem Quadratzentimeter Tausende von Nervenenden gibt, reagiert die Hand äußerst empfindlich auf Hitze, Schmerz und Berührung. Ihre Kraft und die der Finger bezieht sie nicht nur von den eigenen Muskeln, sondern auch von denen im Unterarm.

In der Innenfläche der Hand verlaufen drei Linien – die *Beugungslinien*, die *Dehnungslinien* und die *Papillarlinien*. Die Beugungslinien oder »Hautscharniere« sind Falten, die die Bewegungen der Hand abbilden. Sie sind von Mensch zu Mensch ein wenig verschieden, was den Handlesern und -leserinnen im Laufe der Jahrhunderte ein regelmäßiges Einkommen sicherte. Wie andere geheimniskrämerische »Künste«, etwa Phrenologie oder Astrologie, hat auch die Chiromantie im 20. Jahrhundert schnell an Einfluss verloren, sodass sie heute schließlich das ist, was sie zu sein verdient: ein Vergnügen auf dem Rummelplatz. Ihr einzig nützliches Vermächtnis besteht darin, die verschiedenen Handlinien so bezeichnet zu haben, dass man sie sich leicht merken kann. Die vier Hauptlinien sind: *Kopflinie* und *Herzlinie*, die sich quer über die Handfläche ziehen, *Lebenslinie* und *Schicksalslinie*, die um den Daumenballen verlaufen. Bei Affen sind Kopflinie und Herzlinie identisch, aber beim Menschen entstehen infolge der Unabhängigkeit des Zeigefingers zwei getrennte Linien. Einige von uns weisen jedoch die urtümliche Form auf – eine einzige Linie, die so genannte »Affenfurche«, die sich quer über die Handfläche erstreckt. Dieser Fall kommt unter 25 Personen durchschnittlich einmal vor.

Die Dehnungslinien sind die kleinen Falten, die sich mit dem Alter vermehren und dann bleiben, wenn die Haut ihre Elastizität verliert. Die Papillarlinien sind das »Hautrelief«, das die Grundlage der Fingerabdrücke bildet. Infolge von Schweißabsonderung schwellen diese Linien an und treten stärker hervor, damit die Hand einen Gegenstand fest umgreifen kann. Dieses Schwitzen der Hände ist ungewöhnlich. Im Schlaf stellen die palmaren Schweißdrüsen ihre Aktivität ein, egal wie warm es einem im Bett ist. Tatsächlich reagieren sie – im Gegensatz zu den Schweißdrüsen an anderen Körperstellen – nicht im Geringsten auf Temperaturerhöhungen, sondern nur auf erhöhten Stress. Das heißt, wenn die Handflächen völlig trocken sind, ist man entspannt. In dem Maße, wie die innere Unruhe zunimmt, werden sie feuchter, um sich auf jene Aktion vorzubereiten, die der Organismus antizipiert. Leider entwickelte der menschliche Körper diesen Reflex in einer Phase der Evolution, als der Stress größtenteils durch Gefahren in der natürlichen Außenwelt hervorgerufen wurde, während unsere heutigen Anspannungen häufig psychischen Ursprungs sind, sodass man feuchte, klebrige Handflächen hat, aber nichts zum Greifen. Der Handschweiß ist demnach ein Überbleibsel der urgeschichtlichen Jagd, auf das die meisten heutigen Großstädter gerne verzichten würden.

Während der berühmten Kuba-Krise im Herbst 1962, als die westliche Welt aus Angst vor einem Atomkrieg den Atem anhielt, mussten alle Laborexperimente bezüglich der Schweißsekretion der Handfläche kurzzeitig unterbrochen werden. Die allgemein erhöhte innere Anspannung verstärkte diese Absonderungen in einem Maße, dass man von keiner der Testpersonen Vergleichswerte aus einem normalen, »entspannten« Zustand erhalten konnte. Das zeigt, wie empfindlich die menschliche Hand ist.

Die Fingerabdrücke weisen drei Grundmuster auf: Schleifen, die sehr weit verbreitet sind; Windungen, die weniger häufig vorkommen; und Bögen, die eher selten auftauchen. Noch nie wurden zwei menschliche Finger mit identischem Abdruck gefunden. Entgegen vorherrschender Meinung haben selbst eineiige Zwillinge unterschiedliche Fingerabdrücke. Seit Jahrhunderten zieht man diese heran, um Individuen zu identifizieren. Schon vor über 2200 Jahren kennzeichneten die Chinesen ihre Amtssiegel mit persönlichen Fingerabdrücken. Die Daktyloskopie, also die Wissenschaft vom Hautrelief der Finger, ist in der modernen Kriminalistik immer weiter verfeinert worden, wobei man die Technik des »Rippenzählens« anwendet und auf winzige Details der Linienführung achtet, die solche Namen wie »Seen«, »Inseln«, »gedrehte Kreuzungen« und »Gabelungen« tragen. Kriminelle können sich dieser Art von Identifizierung niemals entziehen, auch wenn sie versuchen, ihren Fingerabdrücken eine andere Gestalt zu geben. Selbst nach einer schmerzhaften Entfernung der Haut an den Fingerspitzen tritt deren Relief bald wieder hervor; außerdem verändert es sich nicht mit dem Alter.

Auch bei den Fingerabdrücken machen sich Rassenunterschiede bemerkbar: Weißhäutige zum Beispiel haben weniger Windungen als Asiaten, dafür aber mehr Schleifen. Doch letztlich handelt es sich nur um geringfügige Abweichungen.

Darüber hinaus offenbart unsere Hand drei spezielle Farbmerkmale, die besonderes Interesse erregt haben. Wenn blasshäutige Menschen sich bräunen lassen, werden ihre Handrücken braun, wohingegen ihre Handflächen hell bleiben. Man nimmt an, dass die Ausbildung dieser Eigenschaft damit zusammenhängt, dass die Gesten mit der Hand stets deutlich sichtbar sein müssen. Selbst dunkelhäutige Rassen haben relativ helle Handflächen.

Jeder, der schon einmal Schneebälle geworfen hat, weiß, dass nach einer gewissen Zeit die Handflächen leuchtend rot anlaufen. Diese besondere Reaktion ist offenbar auf einen Mechanismus zurückzuführen, der die empfindliche Haut der Handfläche vor schädlicher Abkühlung schützen soll. Die anhaltende Kälte bewirkt eine drastisch verstärkte Blutzufuhr, aufgrund deren die Hände warm werden. Das ist eine ebenso bemerkenswerte wie komplexe Reaktion. Denn zunächst verursacht der kalte Schnee eine Verengung der Blutgefäße in den Händen, weshalb dort weniger Blut unter die Haut fließt. In der gleichen Weise reagiert auch der Körper im Ganzen. Dadurch wird verhindert, dass das warme Blut die lebenswichtige Körperwärme an der Oberfläche abstrahlt. Sämtliche Körperteile beschränken sich auf diese Reaktion, egal, wie lange sie der Kälte ausgesetzt sind – bis auf die Hände, in denen unabhängig davon ein zusätzlicher physiologischer Prozess stattfindet. Nach etwa fünf Minuten erweitern sich plötzlich die stark verengten Blutgefäße der Innenfläche und der Finger, und zwar derart, dass die Hand leuchtend rot wird. Dann, nach weiteren fünf Minuten, läuft der Prozess in entgegengesetzter Richtung ab. Wenn ein Schneeballwerfer ohne Handschuhe genügend Ausdauer und Gleichmut besäße, um seine Tätigkeit eine Stunde lang fortzusetzen, würde er beobachten, wie die Hände alle fünf Minuten die Farbe wechseln – von Blau zu Rot und von Rot zu Blau. Hierbei handelt es sich um einen im Notfall einsetzenden Schutzmechanismus, den wir wahrscheinlich in der Eiszeit entwickelten, als erfrorene Hände schlimmste Folgen haben konnten. Indem sich die Handflächen immer wieder für eine kurze Zeitspanne von fünf Minuten erwärmen, wird eine längere, möglicherweise sogar tödliche Abkühlung verhindert. Und indem sie sich in regelmäßigen Abständen von fünf Minuten abkühlen, wird die so wertvolle Körperwärme konserviert.

Einer der ungewöhnlichsten Aspekte jener Überlieferungen, die die menschliche Hand betreffen, war die Behauptung bestimmter Heiliger, Stigmata zu tragen. Angeblich sind bei ihnen auf den Handflächen diese Wundmale »spontan« erschienen, denen ähnlich, die Christus am Kreuz erlitten haben soll. Die meisten der 330 registrierten Personen, die blutende Stigmata aufwiesen, waren Katholiken. Darunter befanden sich auch mehrere Nonnen. Interessanterweise tauchten diese Wundmale bei Frauen im Schnitt sieben Mal häufiger auf als bei Männern. Das Phänomen ist seit dem 13. Jahrhundert, also seit über 700 Jahren bekannt.

Den kirchlichen Autoritäten waren derlei Behauptungen stets unangenehm. Die Zweifel richteten sich weniger auf die Wunden selbst als auf die Frage, ob sie tatsächlich durch ein Wunder bewirkt wurden. Im typischen Fall begannen die Wunden auf der Handfläche plötzlich zu bluten, verheilten dann und bluteten erneut. Bei einer der Stigmatisierten ereignete sich dieser Vorgang nach einem festen Zeitplan: jeden Freitagnachmittag zwischen ein und zwei Uhr, anschließend noch einmal zwischen vier und fünf Uhr.

Falls keine bewusste Selbstverstümmelung vorlag, lassen sich die Stigmata am plausibelsten durch eine lokal begrenzte Viruserkrankung erklären. Kinder, die in öffentlichen Bädern schwimmen, ziehen sich manchmal kleine, durch ein Virus verursachte Warzen zu, die operativ entfernt werden müssen. Ähnliche Warzen können auch die Handflächen befallen, obwohl das eher selten vorkommt. Doch wenn sie dort hervortreten, werden sie oft aufgekratzt, sodass dann blutende Wunden entstehen. Die betroffene Person mag sich nicht einmal daran erinnern, die Warzen überhaupt berührt zu haben. Nach einiger Zeit verheilen die Wunden zwar, aber langsamer als normale Schnittwunden. Da das Virus eine vollkommene Heilung verhindert, beginnen sie früher oder später erneut zu bluten, wobei sie allmählich größer werden. Es bedarf eines chirurgischen Eingriffs, um sie endgültig zu entfernen. Jedenfalls kann man daran ohne weiteres erkennen, wie solch geringfügige Beschwerden die Fantasie einer gottesfürchtigen Nonne beflügeln und sie veranlassen können, die Leiden Christi auf wundersame Weise am eigenen Leib zu erfahren.

Unglücklicherweise sind fast all diese Berichte mit einem fatalen Fehler behaftet – die Stigmata tauchen in der Mitte der Handflächen auf, wohingegen bei echten Kreuzigungen die Nägel in die Handgelenke geschlagen wurden. Der Irrtum ist den Bildhauern und Malern religiöser Szenen zuzuschreiben, denn seit dem 9. Jahrhundert bis zum heutigen Tag zeigen ihre Skulpturen und Gemälde die Nägel in der Mitte der Handflächen Christi. Es scheint, als wäre ihr Versehen, das sie mit dem Anspruch auf künstlerische Freiheit rechtfertigten, von den angeblichen »Wunderleidenden« auf ebenso sklavische wie schmerzliche Weise kopiert worden. Bezeichnenderweise meldeten sich die wenigen unter ihnen, die aus den Handgelenken bluteten, erst in jüngerer Zeit – nachdem bekannt geworden war, dass sich die Nägel der Kreuzigung an eben dieser Körperstelle befunden hatten.

Wenden wir uns nun den Fingern zu, von denen jeder besondere Eigenschaften besitzt.

Unter den fünf Fingern ist der Daumen zweifellos der wichtigste, da er die Hand mit ihrem Griff ausstattet. Seiner wesentlichen Funktion war man sich schon im Mittelalter bewusst, als ein verlorener Daumen im Vergleich zu einem verlorenen kleinen Finger mehr als vier Mal so hohe Schadenersatzzahlungen zur Folge hatte. Wenn heute ein Daumen verloren geht, kann die moderne Chirurgie den Zeigefinger so verrücken, dass er in Opposition zu den anderen Fingern arbeitet und damit die Greifbewegung zumindest teilweise gewährleistet.

Das lateinische Wort für Daumen ist *pollex*. In der Antike war er der Göttin Venus geweiht, vermutlich wegen seiner phallischen Bedeutung. Im Islam gilt er als heiliges Attribut Mohammeds. Der Daumen führt hauptsächlich drei Gesten aus: er zeigt die Richtung an, er übermittelt eine phallische Beleidigung und er gibt zu verstehen, dass alles in Ordnung ist.

Der Zeigefinger ist der unabhängigste und wichtigste der übrigen vier Finger. Er wird am häufigsten in Opposition zum Daumen benutzt, um präzise Feinarbeit zu leisten. Er betätigt den Abzug einer Schusswaffe, weist den Weg, drückt auf den Knopf oder auf die Tasten des Telefons, lockt jemanden heran, fordert Aufmerksamkeit, stößt einen Gegner in die Rippen und vieles andere mehr.

Man hat ihm eine ganze Reihe von Namen gegeben. Da er die Richtung anzeigt, wurde er »Zeigefinger« oder – medizinisch – *index* genannt und mit diversen Gesten in Verbindung gebracht: der erhobene Zeigefinger, Drohen mit dem Zeigefinger … Da er den Schuss auslöst, sprach man vom »Finger am Abzug«. Außerdem wurde er zu verschiedenen Zeiten »napoleonischer Finger«, »Finger des Ehrgeizes«, »der Berührer« und »Weltfinger« genannt. Seine seltsamste Bezeichnung lautete »Giftfinger«. In früheren Epochen war es nämlich verboten, diesen Finger für irgendeine Art von medizinischer oder medikamentöser Behandlung zu benutzen, weil er als giftig galt. Wahrscheinlich geht diese Vorstellung darauf zurück, dass man mit ihm drohen und einen Stoß versetzen kann, weshalb er symbolisch einen Dolch oder ein Schwert darstellt – eine gefährliche Waffe, die einen ebenso verletzen mag wie die zubeißenden Giftzähne der Schlange.

Katholiken weihen den Zeigefinger dem Heiligen Geist, Muslime der jüngsten Tochter des Propheten, Fatima.

Trotz seiner Bedeutung ist der Zeigefinger normalerweise der zweitkürzeste der vier Finger, dessen Länge sowohl vom Mittelfinger wie vom Ringfinger übertroffen wird. Bei 45 Prozent der Frauen ist er jedoch der zweitlängste Finger, der den Ringfinger auf den dritten Platz verweist. Überraschenderweise trifft das nur bei 22 Prozent der Männer zu. Warum hier ein merklicher Geschlechtsunterschied besteht, bleibt – zumindest vorläufig – ein Geheimnis.

Der Mittelfinger, der längste von allen, erhielt in der Antike eine ganze Reihe von Bezeichnungen, darunter *medius* (»der Mittlere«), *famosus* (»der Berühmte«), *impudicus* (»der Unverschämte«), *infamis* (»der Gemeine«) und *obscenus* (»der Obszöne«). Sie sind hauptsächlich darauf zurückzuführen, dass der Mittelfinger bei der bekanntesten und zugleich derbsten Geste der Römer gewissermaßen die Hauptrolle spielte. Steif aufgerichtet wurde er energisch nach oben gereckt, während die beiden Finger rechts und links davon leicht gekrümmt blieben. Sie repräsentierten die Hoden, und er gab den virilen Phallus ab. Diese Geste hat die zweitausend Jahre, seit sie in den Straßen des antiken Roms gemacht wurde, gut überstanden; im modernen Amerika kennt man sie einfach unter der Bezeichnung »The Finger« und in Deutschland existiert sie als der berüchtigte »Stinkefinger«. Während der letzten Jahre haben sich – zumindest im Westen – immer mehr Frauen diese Geste angeeignet; der größere Respekt vor der Gleichberechtigung im sexuellen Bereich zeitigt zwangsläufig auch mehr Gleichheit in der Gebärdensprache. Früher waren obszöne Gesten mit den Fingern fast ausschließlich den Männern vorbehalten, doch heute scheuen selbstbewusste Frauen nicht mehr davor zurück, sich auf diese Weise auszudrücken.

Dagegen erweckt der Mittelfinger in der vergeistigten Atmosphäre der Religion völlig andere Assoziationen. Der Katholizismus weiht ihn Christus und der Erlösung; der Islam dem Gatten der Fatima, Ali.

Der Ringfinger wird seit über zweitausend Jahren in Heilungszeremonien eingesetzt. Bei den uralten Ritualen der ägäischen Völker umhüllte man ihn mit einem Fingerling aus magnetischem Eisen, damit er so die Heilkräfte einer »magischen Medizin« entfaltete. Später griffen die Römer diese Idee auf und nannten ihn den *digitus medicus* – den »medizinischen Finger«. Sie glaubten, ein Nerv führe vom Ringfinger direkt ins Herz. Jede Mixtur rührten sie mit diesem Finger um, denn sie dachten, nichts Giftiges könne ihn berühren, ohne dass das Herz rechtzeitig davor gewarnt würde. Dieser Aberglaube überdauerte Jahrhunderte, auch wenn der Nerv ins Herz hier durch eine Vene, dort durch eine Arterie ersetzt wurde. Im Mittelalter benutzten die Apotheker weiterhin ehrfürchtig diesen Finger, um ihre Heiltränke umzurühren, und bestanden darauf, dass sämtliche Salben nur mit ihm eingerieben werden sollten. Keinesfalls durfte hierbei der Zeigefinger eingreifen. Manche waren der Auffassung, es genüge bereits, mit dem Ringfinger einfach über eine Wunde zu streichen, damit sie verheile; infolgedessen wurde er schließlich weithin als der »heilende Finger« oder »Arztfinger« bekannt. In einigen Teilen Europas betrachtet man ihn auch heute noch als den einzigen Finger, der sich zum Kratzen der Haut eignet.

Wenn dieser Aberglaube irgendeinen praktischen Wert hat, dann den, dass der Ringfinger im Alltag am wenigsten benutzt wird und daher als der sauberste erscheint. Er ist deshalb relativ unbeweglich, weil seine Muskulatur ihm unter allen Fingern den geringsten »Spielraum« lässt. Wenn man eine Faust macht und anschließend jeden Finger einzeln ausstreckt und zurückbiegt, so widersetzt sich lediglich der Ringfinger – oder es gelingt ihm nur mit großer Mühe. Wenn zugleich der Finger neben ihm ausgestreckt wird, hat er keine Probleme, doch allein ist er zu schwach, um die Bewegung auszuführen. In früheren Zeiten verband sich damit die Ansicht, dass er aller Wahrscheinlichkeit nach am wenigsten mit schädlichen Stoffen in Berührung kam und deshalb beim medizinischen Gebrauch am sichersten war. Es muss aber auch der Gedanke eine Rolle gespielt haben, dass sich eine Mixtur mit dem Ringfinger nicht so leicht und wirksam umrühren lässt, wenn die anderen Finger durch den Daumen nicht zurückgehalten werden.

Eben aufgrund seiner mangelnden Unabhängigkeit galt er im allgemeinen Bewusstsein auch als der Ringfinger. Der alte Brauch, den Ehering an den dritten

Finger der linken Hand zu stecken, beruhte auf der Vorstellung, dass die Ehefrau sich verpflichtete, genauso wenig unabhängig zu sein wie der symbolische Finger. Die linke Hand betrachtete man als die schwächere, unterlegene Hand, passend zu der fügsamen Rolle, die man der Ehefrau damals zuschrieb. Nur weil diese Tatsachen weitgehend in Vergessenheit geraten sind, hat der Ringfinger auch heute noch eine rituelle Bedeutung bei der Trauung. Wäre seine eigentliche, sexistische Symbolik bekannter, kämen viele moderne Bräute wohl in einen recht interessanten Konflikt mit ihrem Selbstverständnis.

Schon die Römer kannten den Ringfinger als solchen, nämlich als *digitus annularis*. Im Islam war er Hassan geweiht, dem Enkel Mohammeds; und für die Christen ist er seit je der »Amenfinger«. Da der Segen mit Daumen (Gottvater), Zeigefinger (Gottsohn) und Mittelfinger (Heiliger Geist) erteilt wird, kommt dem Ringfinger das Amen zu.

Der kleine Finger wurde im Lateinischen *minimus* oder *auricularis* genannt – *minimus*, weil er unter den Fingern der kleinste ist, und *auricularis*, weil er mit dem Ohr (*auris*) assoziiert wird. Oft behauptet man, dass seine Bezeichnung »Ohrfinger« daher rührt, dass er klein genug ist, um das Ohr innen zu reinigen, aber dabei handelt es sich wohl um eine moderne, allzu rationale Erklärung. In früherer Zeit herrschte die Überzeugung vor, dass man durch das Verschließen der Ohren mit den kleinen Fingern besser imstande war, eine bewusstseinserweiternde Erfahrung zu machen, eine prophetische Vision zu haben oder ein anderes übernatürliches Phänomen wahrzunehmen. Jeder, der schon einmal an einer spiritistischen Sitzung teilgenommen hat, wird wohl einem modernen Überbleibsel dieses Aberglaubens begegnet sein, wenn er seine Hände an die der anderen legte, sodass ein geschlossener Kreis entstand. Bei solchen Anlässen besteht das Medium gewöhnlich darauf, dass man mit den Spitzen der kleinen Finger einen Kontakt zu seinen Nachbarn herstellt, denn genau dies ist seit jeher die Methode, die Geisterbeschwörer auf übersinnliche Weise miteinander zu verbinden.

In den Vereinigten Staaten nennt man den kleinen Finger oft *pinkie*. Der Ausdruck wurde zuerst von Kindern in New York benutzt, dann auch von Erwachsenen und in anderen amerikanischen Städten. Man nimmt an, dass er aus Schottland stammt, wo Kinder alles Kleine als »pinkie« bezeichneten, und dass er durch schottische Siedler in die Neue Welt kam. Doch New York hieß ursprünglich New Amsterdam – und das holländische Wort für den kleinen Finger ist *pinkje*. Die Kinder verwendeten es häufig in einem Lied, das sie anlässlich einer feierlichen Abmachung sangen, wobei sie ihre kleinen Finger ineinander hakten, um den »Pakt« für verbindlich zu erklären. Auch diese Geste erinnert noch an jene durch den kleinen Finger hergestellte Verbindung bei okkulten Sitzungen.

In einigen europäischen Ländern rufen zwei Personen, die zufällig genau im selben Augenblick das gleiche Wort sagen, »Schnapp!« – und haken dann die kleinen Finger ineinander. Dabei dürfen beide insgeheim einen Wunsch äußern, der in Erfüllung gehen wird, wenn das Schweigen so lange andauert, bis die Finger sich voneinander lösen. Dieser Vorgang bezeugt ebenfalls den alten Glauben an die spirituelle Macht der kleinen Finger und an ihre Fähigkeit, übernatürliche Kräfte zu übermitteln. Der Ausruf »Schnapp!« betrifft auch die anderen Finger, denn er ist der verbale Ersatz für das Schnippen mit Mittelfinger und Daumen, eine weitere Geste, die im Aberglauben wurzelt. Man dachte nämlich, das dadurch entstehende helle Geräusch würde die bösen Geister vertreiben (weshalb das Schnippen mit den Fingern um der bloßen Aufmerksamkeit willen als ungehobelt galt), und das wiederum hielt man für notwendig, wenn zwei Menschen gleichzeitig dasselbe Wort aussprachen.

In einem anderen, völlig nichtmagischen Kontext glaubt man schon seit langem, dass es der Gipfel vornehmtuerischer Affektiertheit sei, beim Trinken aus einer Tasse oder einem Glas den kleinen Finger abzuspreizen. Doch nichts könnte der Wahrheit ferner liegen. Auf frühen religiösen Bildern ist er oft abgespreizt, auch wenn die betreffende weibliche Figur gar nicht trinkt. Offenbar ist das eine Anspielung darauf, dass die Mädchen und Frauen, die den Malern Modell standen, in sexueller Hinsicht ungewöhnlich freizügig waren. Die Überzeugung, dass ein »unabhängiger« kleiner Finger sexuelle Freiheit symbolisiere, war dann am Ende des letzten Jahrhunderts der Ausgangspunkt einer neuen Mode, die von den Anhängerinnen der Frauenbewegung kreiert wurde. Wenn sie etwas tranken, spreizten sie ganz bewusst den kleinen Finger ab, um damit zu demonstrieren, dass sie die Idee der Gleichberechtigung auch im sexuellen Bereich unterstützten. In dem Maße, wie diese elegante Fingerhaltung immer mehr Verbreitung fand, trat ihre ursprüngliche Bedeutung – die sexuelle Unabhängigkeit – allmählich in den Hintergrund und verschwand schließlich völlig, sodass die Geste nur noch das darstellte, was in Gesellschaft »schicklich« war. Von da an wurde sie zu einem Zeichen höflicher Vornehmheit, das seinen eigentlichen Sinn fast verloren hatte.

Zusammen eingesetzt, verfügen die fünf Finger der Hand über eine große Anzahl von Gesten und Zeichen, von denen einige bewusst und symbolisch sind, andere unbewusst und ausdrucksstark. Auf der ganzen Welt machen Frauen – auch heute noch – weniger Gebrauch von symbolischen Gesten als Männer, hingegen neigen sie eher dazu, jene »Taktstockgesten«, die Gespräche begleiten und die gesprochenen Wörter hervorheben, voll und ganz auszuschöpfen. Dabei kann die weibliche Hand je nach Stimmung die Gestalt einer zupackenden Klaue, einer hackenden Kante, einer zustechenden Spitze, einer geballten Faust oder eines ausgebreiteten Fächers annehmen. Nach einer Unterhaltung ist es zwar schwer, sich genau daran zu erinnern, welche Bewegungen die Hände ausgeführt haben, aber ungeachtet dessen kommt deren Botschaft beim jeweiligen Gegenüber durchaus an – und sei es auf der unterbewussten Ebene.

Seit mindestens sechstausend Jahren – und wahrscheinlich seit noch früherer Zeit – ist es Brauch, die weiblichen Finger zu schmücken. Bereits um 2500 v. Chr. hatten die Goldschmiede im Nahen Osten fortgeschrittene Techniken zur Herstellung von Fingerringen entwickelt, und seit jenen Tagen blieb deren Faszination bis heute ungebrochen. Ursprünglich waren Fingerringe weit mehr als bloße Schmuckstücke. Man glaubte, dass ihnen magische Kräfte innewohnten, die ihren Besitzerinnen Glück bringen, sie vor bösen Geistern schützen, ihnen großen Reichtum und sogar Unsterblichkeit gewähren würden (weil der Ring weder Anfang noch Ende hat).

Antike Fingerringe hatten – lange bevor es brauchbare Spiegel gab – den besonderen Vorteil (der uns heute gar nicht mehr in den Sinn käme), dass ihre Trägerinnen sie einfach deutlich sehen konnten und ihnen deshalb mehr Wertschätzung entgegenbrachten als jedem anderen Kopf- oder Halsschmuck.

Ein weiterer Nutzen bestand darin, dass sie es einigen Frauen ermöglichten, den lästigen Gatten loszuwerden, da es ein Leichtes war, Fingerringe mit verzierendem Beiwerk auszustatten, in dessen geheimen Kammern sich tödliches Gift befand.

Der Haut der weiblichen Hand wurde dagegen relativ wenig dekorative Aufmerksamkeit zuteil – abgesehen von jenen anmutigen darauf gemalten Henna-Mustern. Diese sind seit Jahrhunderten in Nordafrika, dem Nahen Osten und einigen asiatischen Ländern sehr beliebt und spielen eine wichtige Rolle bei der Hochzeit. Henna ist ein orangerotes Färbemittel, das aus den zerriebenen Blättern und Stängeln eines kleinen Strauchs gewonnen wird. Die verschlungenen Muster, mit denen man die Hände der Braut kunstvoll verziert, sollen sie vor dem bösen Blick schützen, einem übel gesinnten Geist, der sich zu vergnüglichen Anlässen hingezogen fühlt, um sie zu verderben. Das Henna besitzt angeblich eine Wirkung, die die Braut von allem irdischen Makel reinigt und gegen die Angriffe des Teufels und seiner Helfershelfer immun macht.

Am Abend vor der Hochzeit muss sich die Braut, umgeben von ihren engen Freundinnen, der sorgfältigen »Behandlung« einer besonderen Künstlerin, der so genannten *hennaria*, unterziehen. Diese verbringt Stunden damit, die traditionellen Muster auf die Haut aufzutragen; hinterher hüllt sie die Hände der Braut in Tücher und legt sie in zwei bestickte Beutel, um sicherzustellen, dass die Farbe trocknet, ohne zu verschmieren. Dieses Ereignis ist der »Henna-Abend« – wovon sich anscheinend das englische Wort *hen-party*, umgangssprachlich für Damengesellschaft –, wörtlich übersetzt auch »Hennen-Party«, ableitet. Zur Hochzeit werden die Hände dann ausgewickelt und die wunderbaren Muster enthüllt. Sie bleiben normalerweise etwa vier Wochen haften, worauf sie dann verblassen oder erneuert werden. Inzwischen tauchen in Europa sowie in den Vereinigten Staaten hier und da Hände auf, die zu rein dekorativen Zwecken mit Henna verziert sind, aber aufgrund des langwierigen Auftrags der Farbe hat sich daraus keine herrschende Moderichtung, keine neue Form weiblicher Verschönerung entwickelt.

In »unbehandeltem« Zustand kann die Haut auf dem Handrücken speziell der älteren Frau ernsthafte Probleme bereiten. Wenn sie ihr Gesicht mit »Anti-Falten-Cremes« oder – in drastischerer Weise – durch Lifting verjüngt hat, wodurch sie dann zwanzig Jahre jünger wirkt, könnte sie zu ihrem Entsetzen feststellen, dass die knochigen, runzeligen Hände ihr wahres Alter verraten. In früheren Zeiten hätte sie schön verzierte Handschuhe tragen können, aber diese nützliche Art der Verschleierung ist längst nicht mehr in Mode. Sie muss »härtere« Maßnahmen ergreifen, damit die Hände zu ihrem jüngeren Aussehen passen. Heute bietet sich ihr eine Fülle kostspieliger Verfahren an, die so zweifelhafte Vergnügen beinhalten wie Mikro-Dermabrasion, Säure-Peeling, Ultraschall, Vitamin-Infusion, Sauerstofftherapie, Anwendungen mit heißem Wachs, eine Serie von Säure-Injektionen oder Laserbehandlung. Die radikalste Methode im Angebot entspricht dem Facelifting – das Handlifting. Dabei entnimmt man den Oberschenkeln Fett und spritzt es in die Handrücken. Dadurch werden sie fülliger und sehen bemerkenswert jugendlich aus, aber die Behandlung muss mehrmals wiederholt werden – und selbst dann hält ihre Wirkung nur etwa ein Jahr an.

Schließlich sind da noch die Fingernägel – totes Gewebe, das aus lebendigem Fleisch wächst, einen Millimeter in zehn Tagen, also ungefähr vier Mal schneller als Zehennägel. Folglich würden nicht geschnittene Fingernägel in 100 Tagen einen Zentimeter länger werden. In Urzeiten wäre dies durch natürliche Abnutzung verhindert worden. In modernen Zeiten muss man die Nägel regelmäßig schneiden und feilen, um deren angemessene Länge zu gewährleisten.

Viele Frauen in verschiedenen Epochen und Kulturen haben dies ignoriert und sich die Fingernägel lang wachsen lassen, um damit zu demonstrieren, dass sie zu keiner Art von Handarbeit gezwungen sind. Eine solche Zurschaustellung seitens der Angehörigen der Oberschicht wurde noch verstärkt durch glänzenden, farbigen Nagellack, der in aller Deutlichkeit zu erkennen gab: *Diese* Hände müssen sich niemals anstrengen. Deshalb hatten adlige Damen im alten China sehr lange Fingernägel, die sie golden anmalten. Da ihnen jedoch normale Handbewegungen große Mühe machten, beschränkten sie die Zurschaustellung später auf die kleinen Finger und schnitten die anderen Nägel viel kürzer. Eine weitere Lösung bestand darin, kürzere Nägel für die alltäglichen Verrichtungen zu haben und dann zu besonderen Anlässen heftig übertriebene falsche Nägel anzukleben. Beide »Methoden« sind heute in Europa üblich. Viele Frauen benutzen falsche Fingernägel, die sie zu gesellschaftlichen Ereignissen ankleben und für die Arbeit dann wieder entfernen.

Bei manchen exzentrischen Individuen erreichen die Fingernägel erstaunliche Längen, was die normalen, jeden Tag auszuführenden Tätigkeiten enorm erschwert. Telefonnummern zum Beispiel müssen mit den Knöcheln gewählt werden. Eine Nagel-Fanatikerin aus Dallas brachte es auf eine Gesamtlänge von 380 Zentimetern an beiden Händen, wobei der eindrucksvollste Nagel 71 Zentimeter maß. Sie brauchte acht bis zehn Stunden, um ihre unglaublichen Krallen zu lackieren. Nachdem sie diese 24 Jahre lang gehegt und gepflegt hatte, entschloss sie sich, sie abschneiden zu lassen. Hinterher bestanden ihre ersten großen Vergnügen darin, sich zu kratzen und andere zu umarmen.

Wenn die weiblichen Fingernägel sehr lang werden, wachsen sie nicht mehr gerade, sondern wölben sich allmählich, und allein das kann schon Probleme verursachen. Einer Frau in Augusta, Georgia, die eines minderen Delikts beschuldigt wurde, sollten im Rahmen der routinemäßigen Untersuchung die Fingerabdrücke abgenommen werden. Als die Polizisten dies versuchten, stellten sie fest, dass die gut 15 Zentimeter langen und gewölbten Krallen ein unüberwindliches Hindernis darstellten, weshalb sie die Frau aufforderten, sich die Nägel zu schneiden. Sie weigerte sich und war dann – um die Verkürzung ihrer spektakulären Nägel zu vermeiden – gezwungen, vier Nächte im Gefängnis zuzubringen, wo man schließlich durch ein speziell entwickeltes Verfahren in den Besitz ihrer Fingerabdrücke gelangte.

Lange weibliche Fingernägel können leicht zu Waffen werden, die Männer schwer verletzen. Eine von ihrem Partner sitzen gelassene Frau aus Connecticut war derart empört, als sie ihn mit einer anderen Frau im Bett vorfand, dass sie mit ihren manikürten Händen schreckliche Rache nahm. Der am ganzen Körper zerkratzte Mann benötigte 24 Stiche, die die tiefe Wunde an seinem Hodensack schlossen.

In den letzten Jahren wurde der Trend zu langen Fingernägeln noch verstärkt durch die neu aufgekommene »Nagelkunst«, die darin besteht, die Oberfläche der Nägel mit fantasievollen Mustern zu verzieren. Verblüffenderweise gibt es heute im Internet 61 400 Websites zum Stichwort *nail art*, »Nagelkunst« – und außerdem sogar eine »Enzyklopädie der Nagelkunst« für all diejenigen, die sich mit dem Thema ernsthaft befassen wollen. Es gibt themenorientierte Nagelkunst, »freie« Nagelkunst oder Nagelkunst durch Umhüllung; darüber hinaus existieren Bergkristalle zum Aufkleben, Nagelskulpturen aus Acryl, Hologramm-Plättchen und Schmuckstücke für gepiercte Nägel. Die Liste ließe sich endlos fortsetzen.

Vielen Frauen erscheint diese ausgeklügelte Nagelkunst zu exotisch und übertrieben; sie bevorzugen stattdessen einen anderen Stil, die so genannte »französische Maniküre«, die das natürliche Aussehen der Nägel noch betont, zugleich aber auch deren weiße Ränder. Alternativ dazu werden die Nägel kurz geschnitten und mit einem fast schwarzen Lack bemalt; die Modewelt probiert auch hier ständig neue Varianten aus.

Man mag diese dekorativen, zum Teil übertriebenen Verschönerungen der weiblichen Fingernägel belächeln, aber eine über sechstausend Jahre währende Tradition verschwindet nicht einfach über Nacht. Derlei Veränderungen sind auch völlig harmlos, vorausgesetzt, sie beeinträchtigen nicht die Beweglichkeit und Biegsamkeit der Hände. Und selbst wenn sie das tun, kann ihre Wirkung in der Öffentlichkeit so stark sein, dass die Frau dies als lohnenden Zugewinn betrachtet, der den Verlust manueller Gewandtheit ausgleicht. (Jedenfalls solange ihr nicht das gleiche Schicksal wie jener Frau aus Massachusetts widerfährt, die sich ihre langen Fingernägel im Schlitz einer Parkuhr eingeklemmt hatte und Hilfe von Polizei und örtlicher Feuerwehr benötigte, um aus dieser Zwangslage befreit zu werden.)

14. DIE BRÜSTE

Die weiblichen Brüste erhalten seit jeher mehr erotische Aufmerksamkeit von Seiten der Männer als jede andere Körperpartie. Solche Aufmerksamkeit direkt auf die Genitalien zu richten, ginge zu weit; sie auf andere Stellen der Anatomie zu richten, geht nicht weit genug. Die Brüste sind genau die goldene Mitte – eine Tabuzone zwar, die jedoch nicht allzu schockierend wirkt. Eben deshalb hat sie eine erstaunliche Reihe verhüllender Ausdrücke auf sich gezogen. Im Laufe der Jahrhunderte gab man den Brüsten neutrale Namen wie »Busen« oder »Büste«, mehr oder minder einfallsreiche wie »Paradiesäpfel«, »Melonen«, »Balkon«, »Vorbau« oder »Milchbar« – aber auch derbe Bezeichnungen wie »Titten«, »Zitzen«, »Euter« oder »Holz vor der Hütte«.

Die Brüste der Frau haben zwei biologische Funktionen – die mütterlich-nährende und die sexuelle. Im ersten Fall dienen sie als überdimensionale Schweißdrüsen, die jenen in seiner Zusammensetzung geänderten Schweiß produzieren, den wir »Milch« nennen. Dieses Drüsengewebe dehnt sich während der Schwangerschaft aus, wodurch die Brüste größer werden. Zugleich treten die Adern, die es mit Blut versorgen, an der Oberfläche der Brüste stärker hervor. Die sich bildende Milch rinnt durch winzige Kanäle in spezielle Vorratskammern, die so genannten Sinus. Diese befinden sich in der Mitte der Brust, direkt hinter den dunkelbraunen Warzenhöfen. Von diesen Sinus führen etwa 15 bis 20 Milchgänge in jede Brustwarze.

Wenn ein Säugling daran nuckelt, nimmt er sowohl den Warzenhof als auch die Warze in den Mund, drückt die braune Haut mit seinem Zahnfleisch zusammen und saugt die Milch aus der Warze. Nimmt er nur die Warze in den Mund und drückt sie, so fließt die ersehnte Milch nicht. Aus Frustration kaut er dann vielleicht auf der Warze herum, was weder der Mutter noch ihm sonderlich gut tut. Eine noch unerfahrene Mutter findet dann bald heraus, dass sie den Schmerz vermeiden kann, indem sie einen größeren Teil ihrer Brust in den Mund des Säuglings presst.

Der Warzenhof ist ein faszinierendes Merkmal der menschlichen Anatomie. Bei Jungfrauen und Frauen, die noch nicht Mutter sind, ist er rosa bis rötlich, aber während der Schwangerschaft ändert er seine Farbe. Ungefähr zwei Monate nach der Empfängnis vergrößert er sich und wird viel dunkler. Sobald die Stillzeit begonnen hat, ist er gewöhnlich dunkelbraun; später dann, wenn das Kleinkind der Muttermilch entwöhnt ist, nimmt er nie wieder ganz seine ursprüngliche rosa Farbe an.

Derart im Einsatz üben die Warzenhöfe eine schützende Wirkung aus. Sie sind nämlich übersät mit speziellen Drüsen, die eine fettige Substanz absondern. Dem bloßen Auge erscheinen diese Knötchen auf dem pigmentierten Untergrund wie »Gänsehaut«. Während der Stillzeit vergrößern sie sich und heißen dann Montgomery-Tuberkel. Ihre Absonderungen tragen dazu bei, die Haut der Warzenhöfe und der Brustwarzen zu schützen – eine Art biologische »Hautpflege«, deren die liebevoll malträtierte Oberfläche der Brust dringend bedarf.

Die von den weiblichen Brüsten produzierte Milch enthält Proteine, Kohlenhydrate, Fett, Cholesterin, Kalzium, Phosphor, Kalium, Natrium, Magnesium, Eisen und Vitamine; außerdem verschiedene Abwehrstoffe, die das Kind widerstandsfähiger gegen Krankheiten machen. Kuhmilch ist ein ziemlich guter Ersatz für Muttermilch, aber deren relativ hohe Phosphor-Konzentration kann beim Säugling die Aufnahme von Kalzium und Magnesium beeinträchtigen. Darüber hinaus können einige Babys allergisch auf Rinderproteine reagieren. Klugerweise stillen heute wieder mehr Mütter ihre Kinder – was den zusätzlichen Vorteil hat, dass die liebevolle Beziehung zwischen Mutter und Kind stärker gefestigt wird.

Obwohl die Muttermilch für einen heranwachsenden Säugling ideal ist, hat die Brust keineswegs jene Form, die für das Stillen am passendsten wäre. Der Sauger einer Babyflasche eignet sich weitaus besser als die Brustwarze, die Milch in den Mund des Kindes zu befördern. Dieser Umstand erscheint zunächst als ein evolutionärer Makel, aber man darf nicht vergessen, dass die weibliche Brust – wie bereits erwähnt – eine doppelte Funktion hat und dass das Problem durch den sexuellen Faktor verursacht wird. Um diesen Zusammenhang zu verstehen, wollen wir einen kurzen Blick auf die Brüste unserer engen Verwandten, der Affen und Menschenaffen, werfen.

Bei allen anderen Primaten sind die Weibchen flachbrüstig. Nur wenn sie ihre Jungen stillen, schwillt der mit Milch gefüllte Bereich um die Brustwarzen ein wenig an, doch selbst dann ähnelt er kaum der halbkugeligen Form der weiblichen Brust bei den Menschen. In den seltenen Fällen, wo aufgrund eines besonders reichhaltigen Milchvorrats eine gewisse Ähnlichkeit besteht, gehen die Schwellungen nach der Stillzeit völlig zurück. Die Brüste von weiblichen Affen und Menschenaffen haben also lediglich eine mütterlich-nährende Funktion.

Die Brüste der Frau unterscheiden sich grundlegend davon. Auch wenn sie, angefüllt mit Milch, größer werden, behalten sie doch ihre hervorspringende, feste Form während des gesamten frühen Erwachsenenalters, ungeachtet des mütterlich-nährenden Aspekts. Sogar eine Nonne hat gewölbte Brüste, obwohl diese ein Leben lang »unbenutzt« bleiben.

Eine Untersuchung der Anatomie der Brust zeigt, dass sie hauptsächlich aus Fettgewebe und nur zu einem kleinen Teil aus Drüsengewebe für die Milchproduktion besteht. Die durch Fettgewebe abgerundete Form bedarf deshalb einer Erklärung, die über die bloße Milchproduktion hinausgeht. Obwohl es für einen Biologen klar ist, dass diese Erklärung mit sexuellen Signalen zu tun hat, lehnen einige Frauen diese Interpretation rundweg ab. Die Vorstellung, einige Aspekte des weiblichen Körpers könnten ihre gegenwärtige Gestalt entwickelt haben, um auf den Mann anziehend zu wirken, erscheint ihnen anstößig. In Verkennung der Tatsache, dass auch ihre eigene Empfängnis das Resultat sexueller Anziehungskraft war, bestehen sie auf der ausschließlich nährenden Funktion der weiblichen Brust und bieten ihren ganzen Einfallsreichtum auf, um nicht sexuelle Erklärungen für deren evolutionär bedingte Rundheit zu finden. In diesem Zusammenhang wurden sieben Argumente vorgebracht:

- *Das Fettgewebe polstert die Milchdrüsen ab.* Das mag während der Stillzeit zutreffen, erklärt aber nicht die stets abgerundete Brustform zu anderen Zeiten. Außerdem bleibt unklar, warum die übrigen Primaten diese Hilfe nicht benötigen.
- *Das Fettgewebe hält die Milch warm.* Auch dies ist nur während der Stillzeit notwendig.
- *Die Rundheit der Brust macht das Stillen angenehmer.* Das ist schlichtweg falsch. Man denke nur an den Sauger der Babyflasche, der seinen Zweck wesentlich besser erfüllt als die Brustwarze.
- *Die Rundheit fungiert als visuelles Signal, das den Männern zu verstehen gibt, dass die Frau mit großen Brüsten eine liebevolle und fürsorgliche Mutter sein wird.* Auch das ist nicht richtig. Frauen mit kleinen Brüsten können ihr Kind leichter stillen als jene mit großen Brüsten.
- *Das Fettgewebe dient als wertvoller Fettvorrat für Zeiten, in denen Nahrung knapp ist.* Ja, das stimmt, aber warum sollte dieser Vorrat gerade dort gespeichert sein, wenn doch große, stark gewölbte Brüste das schnelle Laufen erschweren? Der weibliche Körper besitzt an den meisten Stellen eine üppige Fettschicht, und diese ausgewogene Verteilung bietet den besten Schutz gegen

die Gefahren einer zeitweiligen Nahrungsknappheit. Außerdem macht das Fett in der Brust nur 4 Prozent des gesamten weiblichen Körperfetts aus; und es ist das Fett, das bei Gewichtsverlust am wenigsten abnimmt.

- *Das Fettgewebe ersetzt das mütterliche Fell, sodass sich der Säugling während des Stillens daran festhalten kann.* Das ist ein Irrtum. Wie jede Mutter weiß, muss das Baby vielmehr an die Brust gehalten werden; jedenfalls erleichtert ihm eine weiche, große Halbkugel aus Fleisch kaum den Zugang zur Brustwarze.
- *Die halbkugelige Form der Brust ist* – einer Autorin zufolge – *»derart nichtfunktional, dass sie contrafunktional ist«.* Wenn alle bisherigen Erklärungsversuche zugunsten der rein nährenden Brust sich als mangelhaft erweisen, dann ist das die letzte Bastion jener, die partout nicht anerkennen wollen, dass die weibliche Brustform eine sexuelle Funktion hat.

Die unabweisbare Schlussfolgerung lautet also: Die halbkugelige Form der Brüste geht nicht auf die mütterlich-nährende Funktion zurück, sondern dient vielmehr der Übermittlung sexueller Signale. Folglich entbehrt das Argument, das männliche Interesse an den Brüsten der Frauen sei einfach nur »infantil« oder »regressiv«, jeglicher Grundlage. Der Mann, der sich von den gewölbten Brüsten einer Jungfrau oder einer nicht stillenden Frau angezogen fühlt, reagiert auf ein ursprüngliches sexuelles Signal der menschlichen Spezies.

Es ist nicht schwer herauszufinden, warum gerade die gepaarten Halbkugeln der Frau dieses Signal aussenden. Die Weibchen aller anderen Primaten übermitteln ihre sexuellen Signale mit Hilfe des Hinterteils, während sie auf allen vieren gehen. Dessen Schwellungen bei sexueller Bereitschaft wirken als hauptsächlicher Stimulus, der die Männchen in Erregung versetzt. Bei der Frau besteht das Hinterteil aus zwei einzigartig gepaarten Halbkugeln, den Gesäßbacken. Auch diese können starke sexuelle Signale aussenden, wenn sie von hinten betrachtet werden, aber die Frau bedient sich eben nicht wie andere Spezies der Gangart auf allen vieren, wobei der Vorderteil ihres Körpers den Blicken entzogen wäre. Sie steht aufrecht, und in dieser Position finden die meisten ihrer Begegnungen statt. Wenn sie einem Mann von Angesicht zu Angesicht gegenübertritt, sind die von ihrem Hintern ausgehenden Signale nicht sichtbar, aber dank der Ausbildung zweier imitierter Gesäßbacken auf ihrer Brust kann sie auch so das ursprüngliche sexuelle Signal übermitteln, ohne ihrem Partner den Rücken zukehren zu müssen.

In der Entwicklung der weiblichen Brust spielte dieses sexuelle Element eine so große Rolle, dass es allmählich die primäre mütterlich-nährende Funktion beeinträchtigte. Um die Hinterbacken nachzuahmen, schwollen die Brüste zu stark hervortretenden Halbkugeln an, die dem Säugling den Zugang zu den Brustwarzen erschwerten. Bei anderen Spezies sind die Zitzen in die Länge gezogen, sodass der neugeborene Affe oder Menschenaffe keinerlei Mühe hat, sie in den Mund zu nehmen und den Milchvorrat auszusaugen. Doch der menschliche Säugling einer wohlgerundeten Mutter kann von der großen fleischigen Wölbung, die die relativ kleine Brustwarze umgibt, fast erstickt werden. Solche Mütter müssen Vorkehrungen treffen, zu denen andere Spezies nie gezwungen wären. Dr. Spock rät: »Bisweilen müssen Sie vielleicht einen Finger auf die Brust legen, damit er [der Säugling] genügend Platz hat, um durch die Nase zu atmen.« In einem anderen Buch zur Babypflege ist zu lesen: »Es mag Sie überraschen, dass er den braunen Warzenhof ebenfalls in den Mund nimmt. Sie brauchen nur dafür zu sorgen, dass er atmen kann. In seiner Gier verstopft er möglicherweise seine Nasenlöcher mit Brustgewebe oder mit seiner eigenen Oberlippe.« Vorsichtsmaßnahmen wie diese lassen keinen Zweifel an der Doppelfunktion der weiblichen Brust.

Frauen mit ziemlich kleinen Brüsten haben oft die Befürchtung, dass sie ihr Kind nicht stillen können. Ironischerweise aber sind sie dazu vielleicht sogar besser in der Lage als ihre korpulenten Geschlechtsgenossinnen, eben weil bei ihnen weniger von jenem Fettgewebe vorhanden ist, das zwar den Brüsten die halbkugelige Gestalt verleiht, das aber kaum etwas mit dem Milchvorrat zu tun hat. Sobald sie schwanger werden, vergrößert sich ihr Drüsengewebe wie bei allen Frauen in anderen Umständen, doch sie bekommen dann nicht solche üppigen Brüste wie ihre schwergewichtigeren »Kolleginnen«; ihre Babys werden daher das Saugen an der Brust als viel leichter empfinden und weniger unter Atemnot leiden.

In ihrer sexuellen Funktion wirken die weiblichen Brüste zunächst als visuelle und dann als taktile Stimuli. Selbst aus großer Entfernung sind sie normalerweise deutlich genug ausgeprägt, sodass die Silhouette einer Frau von der eines Mannes unterschieden werden kann. Aus der Nähe gesehen dient dieses grobe Geschlechtsmerkmal als subtilerer Indikator für das Alter der Frau. Zwischen Pubertät und Greisenalter verändert sich allmählich die Form der Brust. Dieser langsam ablaufende Prozess kann – vereinfacht – durch die folgenden »sieben Altersstufen der weiblichen Brust« dargestellt werden.

- *Die Mädchenbrust der Kindheit.* In diesem vorpubertären Stadium stehen nur die Brustwarzen ein wenig hervor.
- *Die Brustknospe der Pubertät.* Ganz zu Beginn der Fortpflanzungsphase, wenn die Menstruation einsetzt und die Schamhaare sprießen, schwillt der Bereich um die Brustwarze allmählich an.

- *Die spitz zulaufende Brust der Adoleszenz.* Im Laufe der Teenagerjahre wächst die Brust erneut ein wenig an. In dieser Phase zeigen Brustwarze und Warzenhof nach oben, wodurch eine sich verjüngende, konische Form entsteht.
- *Die feste Brust des frühen Erwachsenenalters.* Das ideale Alter des menschlichen Tieres liegt bei 25 Jahren. Das ist das Stadium, in dem der Körper seine beste Verfassung erreicht hat und sämtliche Wachstumsprozesse abgeschlossen sind. Zwischen zwanzigstem und dreißigstem Lebensjahr schwillt die Brust zu ihrer rundesten halbkugeligen Form an. Obwohl sie jetzt größer ist, führt das höhere Gewicht noch nicht dazu, dass sie herabzuhängen beginnt.
- *Die volle Brust der Mutterschaft.* Mit der Maternität und dem zusätzlichen Umfang des vergrößerten Drüsengewebes bläht sich die Brust auf und senkt sich allmählich nach unten. Dabei entsteht zwischen ihr und der Haut am Brustkorb eine verborgene Falte.
- *Die herunterhängende Brust des mittleren Alters.* Während sich die Fortpflanzungsphase ihrem Ende nähert, hängen die Brüste tiefer herab, obwohl sie nicht mehr die Fülle der Stillzeit aufweisen.
- *Die Hängebrust des hohen Alters.* Mit zunehmendem Alter bewirkt das allgemeine Schrumpfen des Körpers eine Abflachung der Brüste, die noch schlaffer herunterhängen und zugleich immer runzeliger werden.

In diesen typischen Phasen des Alterungsprozesses, den die Brust durchläuft, gibt es zahlreiche Variationen. Bei schlankeren Frauen verlangsamt sich der Prozess in gewissem Maße, während er sich bei molligeren Frauen beschleunigt. Die kosmetische Chirurgie ist in der Lage, Brüste zu liften und deren Festigkeit des frühen Erwachsenenalters auf künstlichem Wege länger aufrechtzuerhalten. Stützende Kleidungsstücke wie Korsetts oder Büstenhalter können die gleiche Wirkung erzielen, vorausgesetzt, die Brüste sind nicht direkt sichtbar. Mit verschiedenen Methoden haben Frauen immer wieder versucht, so lange wie möglich den Eindruck fest vorspringender, halbkugeliger Brüste zu erwecken und damit die Phase auszudehnen, in der sie das ursprüngliche weibliche Brustsignal der menschlichen Spezies übermitteln können.

Manchmal gebot es der gesellschaftliche Brauch, die sexuelle Anziehungskraft der weiblichen Büste zu unterdrücken. Puritaner erreichten dies dadurch, dass sie junge Frauen zwangen, enge Mieder zu tragen, die die Brüste flach machten und selbst reifen Erwachsenen eine unschuldige, kindliche Silhouette verliehen. Im Spanien des 17. Jahrhunderts mussten junge Damen noch schlimmere Demütigungen erleiden, insofern ihnen Bleiplatten angelegt wurden, die ihre anschwellenden Brüste fest gegen den Oberkörper drückten, um die ausufernden Kräfte der Natur zurückzudrängen. Solch grausame Nötigungen heben die intensive sexuelle Bedeutung der halbkugeligen Brustform nur noch stärker hervor. Diese muss tatsächlich eine mächtige Wirkung haben, wenn die Gesellschaft derart extreme Maßnahmen ergreift, um sie zu leugnen.

Glücklicherweise waren die meisten Gesellschaften bereit, eher die Bedeckung denn die Quetschung der Brüste als hinreichenden Ausdruck der Sittsamkeit zu akzeptieren. Dabei löste schon das Entfernen der Bedeckung einen starken erotischen Reiz aus. Dieser Effekt wurde von Künstlern und Fotografen auf ganz unterschiedliche Weise ausgenutzt. Für die bildenden Künstler ist es relativ einfach, vollkommene Brüste darzustellen; sie können jede Brustform erfinden, die ihnen ebenso schön wie vernünftig erscheint. Wenn sie allerdings zu sehr von der Natur abweichen, wird das ursprüngliche Signal verzerrt, und seine Wirkung geht verloren. Wenn sie dagegen die elementare halbkugelige Form nur ein wenig überbetonen, können sie einen Superbusen kreieren, der vielleicht noch stimulierender wirkt als der natürliche.

Der Fotograf steht vor einer schwierigeren Aufgabe. Angewiesen auf reale Brüste, vermag er deren Form lediglich dadurch zu verbessern, dass er sie besonders ausleuchtet oder sein Modell Stellungen einnehmen lässt, die die halbkugeligen Signale verstärken. Selbstverständlich kann er Modelle wählen, deren Brüste sowohl im wörtlichen als auch im übertragenen Sinne auf dem Höhepunkt ihrer Entwicklung angelangt sind. Um einen perfekten Busen abzulichten, braucht er ein Modell, dessen jugendliche Brüste die höchste Entwicklungsstufe erreicht haben, gerade bevor ihr zunehmendes Gewicht sie allmählich herabhängen lässt. Er ist hier mit gegensätzlichen Kräften konfrontiert, insofern der größere Umfang, der die volle halbkugelige Form gewährleistet, zugleich das Gewicht erhöht und die Brüste nach unten zieht. Es gibt nur einen Moment im Leben einer Frau, da die Vorwölbung der Brüste maximal und deren Erschlaffung minimal ist, und genau dann muss er auf den Auslöser drücken, wenn er die erotischsten Aufnahmen machen möchte.

Interessanterweise meinen professionelle Fotografen, die für Hochglanzmagazine mit erotischer Ausrichtung arbeiten, es existiere nur eine Art von Mädchen, dessen Superbusen ihren Vorstellungen entspricht. Es ist etwas jünger, als man denkt, nämlich im ausgehenden Teenageralter, und seine Brüste haben etwas früher als üblich die volle, erwachsene Größe erreicht: Sie weisen jene vollkommene Rundheit auf, die verlangt wird, haben aber zugleich noch die Festigkeit blühender Jugend. Diese spezielle Kombination bringt genau das Bild hervor, das auf den ausklappbaren Innenseiten der Männermagazine erscheint und ihnen viel Geld einbringt.

Sobald die visuellen Signale sowie die anderen körperlichen und sinnlichen Reize der weiblichen Brüste einen männlichen Partner derart angezogen haben, dass der sexuelle Kontakt beginnt, kommen ihre taktilen Eigenschaften zur Geltung. In den Phasen vor der geschlechtlichen Vereinigung wird ihnen oft ein großes Maß an oraler und manueller Liebkosung durch den Mann zuteil. Das erregt ihn noch mehr als die Frau, und möglicherweise wird dabei ein zusätzlicher Stimulus wirksam. Es wurde bereits erwähnt, dass die braunen Warzenhöfe Drüsen enthalten, die während der Stillzeit eine fettige Substanz absondern. Man betrachtet diese als ein schmerzlinderndes Gleitmittel für die überstrapazierte Haut der Warzenhöfe und Brustwarzen, was zweifellos auch richtig ist. Aber da diese Drüsen eigentlich apokrine Drüsen sind, deutet alles darauf hin, dass die Region um die weiblichen Brustwarzen tatsächlich Duftsignale an die männliche Nase übermittelt. Apokrine Drüsen produzieren den speziellen erotischen Duft der Achselhöhlen und des Genitalbereichs, und obwohl Männer sich des Dufts dieser Drüsen nicht bewusst sind, haben deren Absonderungen doch eine enorme unterbewusste Wirkung, die die sexuelle Erregung steigert. Die Drüsen der Warzenhöfe mögen durchaus Teil dieses ursprünglichen Duftsignalsystems sein; das würde erklären, warum Männer, die den Körper ihrer Partnerinnen liebkosend erforschen, so ausgiebig an den Brüsten herumschnüffeln.

In dem Maße, wie die Erregung stärker wird, macht die weibliche Brust einige markante Veränderungen durch. Die Brustwarzen richten sich auf, werden bis zu einem Zentimeter länger, und die Brüste füllen sich mit Blut, werden um bis zu 25 Prozent größer. Diese Schwellung führt dazu, dass ihre gesamte Oberfläche empfindlicher auf die Körperkontakte mit dem Geschlechtspartner reagiert.

Kurz vor dem Orgasmus treten zwei weitere Veränderungen ein. Die Warzenhöfe schwellen derart an, dass sie die Brustwarzen zu umhüllen beginnen und den falschen Eindruck erwecken, die stark erregte Frau habe keine erigierten Brustwarzen mehr. Außerdem erscheint ein merkwürdiger masernartiger Ausschlag auf dem Busen und an anderen Stellen des Brustkorbs. Diese »Sex-Rötung« wurde bei 75 Prozent der Frauen beobachtet, die als Versuchspersonen zur Erforschung der weiblichen und männlichen Sexualität dienten. Sie tauchte bei beiden Geschlechtern meistens in den Augenblicken unmittelbar vor dem Orgasmus auf. Allerdings zeigt sie sich bei Frauen manchmal schon einige Zeit davor, wohingegen sie bei Männern immer nur im letzten Moment sichtbar wird. Obwohl die Rötung nie ohne intensive sexuelle Erregung vorkommt, ist ein Umkehrschluss nicht möglich. Eine ganze Reihe von Individuen beiderlei Geschlechts weist trotz eines aufregenden Sexuallebens voller Orgasmen keine Rötung auf. Es ist nicht bekannt, warum Menschen sich in dieser Weise voneinander unterscheiden. Jedenfalls wird die

Rötung vor allem durch eine warme Umgebung begünstigt. Bei niedrigeren Temperaturen bleibt sie aus, auch wenn die betreffende Person sie sonst stets hat. Wenn es dagegen sehr heiß ist, kann sich die Rötung weit über den Brustbereich ausdehnen und den Körper von der Stirn bis zu den Oberschenkeln bedecken.

Wir alle erachten es für selbstverständlich, dass Frauen nur zwei Brüste haben, aber das ist nicht immer der Fall. Etwa eine von 200 Frauen hat mehr als zwei. Dieses Phänomen bezeichnet man als *Polymastie*. Ihm haftet nichts Unheimliches an; außerdem haben die zusätzlichen Brüste zumeist keine Funktion. Manchmal sind sie nicht mehr als weitere Brustwarzen, manchmal auch Brustknospen ohne Warzen. Nur selten gibt es eine Frau, die mehr als zwei funktionierende, Milch produzierende Brüste besitzt. Der außergewöhnlichste Fall ist der einer Französin, die 1886 von einem Gelehrten den Mitgliedern der französischen Akademie der Medizin vorgeführt wurde. Die Frau hatte nicht weniger als fünf Paar Brüste, die allesamt Milch absonderten. Im Verlauf eines der seltsamsten medizinischen »Wettbewerbe« überhaupt konnte ein rivalisierender Akademiker einige Monate später eine Polin präsentieren, die ebenfalls zehn funktionierende Brüste hatte.

Diese zusätzlichen Brüste sind Überbleibsel unserer sehr fernen Urahnen. Wie die meisten anderen Säugetiere hatten sie mehrere Brüste, mit denen ein ganzer Wurf von Nachkommen gefüttert werden konnte. Als dieser sich auf ein oder zwei Nachkommen reduzierte, verringerte sich dementsprechend auch die Anzahl der Brustwarzen.

Einige berühmte Frauen besaßen mehr als zwei Brüste. Julia, die Mutter des römischen Kaisers Alexander Severus, war vielbrüstig, weshalb ihr der Name Julia Mamaea gegeben wurde. Eine noch größere Überraschung hält die berühmte Statue der Venus von Milo im Louvre bereit, die bei genauerer Untersuchung drei Brüste aufweist. Das wird normalerweise übersehen, weil die dritte Brust keine Warze hat und kaum mehr als eine kleine Knospe bildet. Sie befindet sich über der rechten Brust in der Nähe der Achselhöhle. Die zweite unglückliche Gemahlin Heinrichs VIII., Ann Boleyn, hatte angeblich auch eine dritte Brust – eine Behauptung, die gewissenhaft in Büchern über Anomalien verzeichnet ist. In diesem Fall mag jedoch die so genannte dritte Brust der Anschuldigung der Hexerei entsprungen sein. Damals glaubte man nämlich, dass Hexen über zusätzliche Brustwarzen verfügten, um befreundete Geister zu säugen. Infolgedessen wurden Frauen, die man der Hexerei bezichtigte, manchmal auf verräterische Kennzeichen ihres böswilligen Tuns untersucht. Die christlichen Hexenverfolger erforschten genau die intimsten Körperstellen einer als Hexe verdächtigten Frau, um verborgene Brustwarzen zu finden. Eine normale Warze, ein auffälliges Muttermal oder manchmal auch schon eine etwas vergrößerte Klitoris reichten aus, um das arme Geschöpf zum Flammentod auf dem Scheiterhaufen zu verurteilen. Die Gerüchte um Ann Boleyns dritte Brust wurden nach ihrer Enthauptung wegen vermeintlichen Ehebruchs vielleicht ganz bewusst verbreitet, um zu suggerieren, dass sie bösartig war und den Tod verdient hatte.

Die berühmteste vielbrüstige Figur ist die Göttin Diana – oder Artemis – von Ephesus. Ihr üppig gestalteter Busen besteht aus mehreren Reihen dicht zusammengedrängter Brüste. Einige Ausführungen der Statue zeigen mehr als zwanzig Brüste. Aber handelt es sich wirklich um solche? Bei näherer Betrachtung stellt sich heraus, dass keine dieser »Brüste« eine Warze oder einen Warzenhof hat. Sie sind allesamt »blind«. Vor kurzem wurde der Kult um diese alte anatolische Muttergottheit genauer untersucht und völlig neu gedeutet. Zurückhaltend formuliert, ist Dianas Brust ein nicht ganz so friedlicher Ort, wie man lange Zeit annahm. Es scheint, dass der Erzpriester der Göttin ein Eunuch sein musste; um ihr zu dienen, war er gezwungen, sich zu kastrieren und seine Hoden neben dem ihr geweihten Altar zu begraben. Es tauchten Inschriften auf, die belegen, dass bei den späteren Kastrationszeremonien Stiere an die Stelle der Priester rückten. Ihre riesigen Hoden wurden entfernt und in parfümiertem Öl aufbewahrt, dann feierlich an die Brust der heiligen Statue gehängt. Die ursprüngliche Statue war aus Holz, aber die Kopien wurden aus Stein gefertigt – mit zahlreichen geopferten Stierhoden an den besagten Stellen. Die falsche Deutung dieser ungenauen Steinkopien hatte zu dem lange Zeit bestehenden Irrtum geführt, dass die »Große Mutter« vielbrüstig gewesen sei. Aber eigentlich waren deren »Brüste« mit Hoden bedeckt, eben weil man in der Antike glaubte, die zahlreich darin enthaltenen Spermien würden sie befruchten. So konnte Diana Mutter werden und zugleich Jungfrau bleiben – ein Thema, das dann in Verbindung mit der jungfräulichen Geburt Jesu erneut auftauchen sollte.

Ein völlig andersartiger Brustmythos umgibt jenes legendäre Volk kriegerischer Frauen, die als Amazonen bekannt sind. Es ist zweifelhaft, ob sie tatsächlich existierten, doch frühen Chronisten zufolge bildeten sie eine furchteinflößende, nur aus Frauen bestehende Gemeinschaft, die benachbarte Völker ständig mit Pfeil und Bogen attackierte. Einige behaupten, dass sie allen Mädchen in der Pubertät die rechte Brust abbrannten, damit die Pfeile leichter aus dem Köcher gezogen werden konnten. Andere meinen, dass die störende Brust abgeschnitten wurde. Allerdings widerspricht es diesen Geschichten, dass die wilden Amazonen auf sämtlichen antiken Kunstwerken zwei gesunde Brüste haben. Wahrscheinlicher ist also, dass sie – falls sie überhaupt existierten – während des Kampfes eine halbseitige lederne Tunika trugen, die die rechte Brust flach drückte. Der Name »Amazone« bedeutet wörtlich »ohne Brust« (*a-mazos*).

Seltsamerweise haben westliche Frauen in den letzten Jahren damit begonnen, ihre Brüste zu dekorativen und erotischen Zwecken zu verstümmeln. Das geschieht zwar relativ selten, doch häufig genug, um Soziologen zu alarmieren; einer von ihnen erklärte, diese neue Mode, »sich die Brustwarzen, den Bauchnabel oder die Schamlippen zu piercen und dort Ringe, Ketten, Schmuck usw. einzusetzen«, könne leicht jene vernünftige Gesetzgebung im Keim ersticken, die den afrikanischen Brauch der weiblichen Beschneidung untersagt. Das moderne Brustwarzen-Piercing ist im Grunde Teil jenes sadomasochistischen Syndroms, das durch einen von exotischen sexuellen Praktiken geprägten Lebensstil hervorgerufen wird. In Stammesgesellschaften tauchen solche Verstümmelungen der Brust äußerst selten auf – einfach deshalb, weil dadurch das Stillen beeinträchtigt würde. Dies wäre ein gravierender Nachteil in Gebieten, in denen es keine Flaschennahrung gibt.

Weniger schädlich waren die erotischen Verschönerungen der Brustwarzen in früheren Epochen. Vor dreitausend Jahren erfreuten sich ägyptische Damen der Oberschicht daran, sie verschwenderisch mit goldener Farbe zu bedecken. Im antiken Rom um die Zeitenwende schmückten die Frauen ihre Brustwarzen vorzugsweise mit Rouge, um den erotischen Begegnungen noch mehr Würze zu verleihen. Kaiserin Messalina, die nymphomane Gemahlin des geduldig leidenden Claudius, war bekannt für ihre rot bemalten Brustwarzen, wie der Satiriker Juvenal genüsslich feststellte:

Übergestreift die Kapuze verließ in Begleitung der Dien'rin
Jede Nacht sie ihn zu schamloser Maskerade ...
Ihre bemalten Nippel entblößte sie nun und spreizte
Dauernd die Schenkel, die einst Britannicus hatten geboren.

Frauen verfügen noch über weitere Möglichkeiten, durch den Busen gezielt erotische Signale auszusenden – etwa indem sie ihn mit den Händen hochhalten, den Brustkorb nach vorn strecken oder bestimmte Tanzbewegungen ausführen, bei denen der Busen geschüttelt oder seine Form stärker betont wird. All dies hat den Zweck, die Aufmerksamkeit auf die weiblichen Halbkugeln zu lenken. Der gewagteste Tanz im frühen Varieté war der, bei dem Tänzerinnen, oben nur mit Quasten bekleidet, gleichzeitig beide Brüste in die eine Richtung und dann in die andere rotieren ließen, sodass die Quasten einmal in diese, einmal in jene Richtung kreisten.

Die einfachste Zurschaustellung der Brüste besteht natürlich darin, sie an Orten zu enthüllen, wo niemand damit rechnet. Das gilt für alle entwickelten, verstädterten Gesellschaften. »Oben-ohne-Gehen« ist eine riskante Aktion, die stets ein hohes Maß an männlicher Aufmerksamkeit erregt. Manchmal sind die betreffenden Männer uniformierte Polizisten, wie etwa an den Stränden der Côte d'Azur in den sechziger Jahren; damals beschlossen junge Frauen, dass es an der Zeit sei, eine Oben-ohne-Bademode – die so genannten »Mono-Bikinis« oder »Monokinis« – zu wagen und noch mehr Haut in der Sonne bräunen zu lassen. Eine Zeit lang kam es zu unschönen Auseinandersetzungen zwischen beschämten Polizisten und fast nackten Frauen, deren sie habhaft zu werden versuchten. Bald jedoch gaben die zuständigen Behörden den Kampf verloren. Das Oben-ohne-Baden wurde allmählich zu einer ganz normalen Angelegenheit.

Der erste Oben-ohne-Badeanzug wurde 1964 von dem umstrittenen österreichischen Modemacher Rudi Gernreich vorgestellt. Eine Nachtklubtänzerin in den Vereinigten Staaten beschaffte sich eines dieser Modelle und benutzte es für ihre Show, die so zur ersten Oben-ohne-Darbietung wurde. Andere Nachtklubs zogen nach, aber im darauf folgenden Jahr wuchs der Widerstand seitens religiöser Gruppen, sodass die Polizei in den Klubs Razzien durchführte und die Oben-ohne-Tänzerinnen wegen »unanständigen Verhaltens« festnahm. Sie wurden freigesprochen und kehrten sofort zu ihrer Arbeit zurück. 1966 führten einige New Yorker Restaurantbesitzer Oben-ohne-Bedienungen ein, doch innerhalb weniger Tage erklärte der New Yorker Bürgermeister dies für ungesetzlich. 1969 ergriff Ronald Reagan in Kalifornien ähnliche Maßnahmen. Erst während der siebziger Jahre ließ der Protest gegen Oben-ohne-Darbietungen allmählich nach. Aber selbst dann wurden noch Richtlinien erlassen und Grenzen festgesetzt, unter welchen Bedingungen, zu welchen Zeiten und an welchen Orten sie stattfinden durften.

Merkwürdigerweise verursachte manchmal etwas so Natürliches und Nicht-Sexuelles wie das Stillen einen Skandal, wenn es öffentlich in städtischer Umgebung geschah. 1975 wurden drei Amerikanerinnen verhaftet, weil sie ihre Säuglinge in einem Park in Miami gestillt hatten. Ihr Vergehen bezeichnete man als »unzüchtige Zurschaustellung«. In den folgenden Jahren vermehrten sich die Einwände gegen solche Festnahmen, und heute ist das Stillen in der Öffentlichkeit in den meisten Staaten Nordamerikas gesetzlich erlaubt.

In den achtziger Jahren war eine neue Einstellung gegenüber Frauen zu beobachten, die sich oben ohne zeigten. Junge Feministinnen, die volle sexuelle Gleichberechtigung forderten, entblößten ihre Brüste an öffentlichen Orten und bestanden darauf, in der gleichen Weise wie Männer behandelt zu werden, die ihre Hemden ohne Beanstandung ausziehen konnten. (Im Umkehrung dessen weigerten sich Männer, in gediegenen Restaurants Hemd und Krawatte zu tragen, weil Frauen keine vergleichbaren Kleidervorschriften beachten mussten.) Diese extreme

Form der sexuellen Gleichberechtigung war allerdings nicht unbedingt, was Frauenrechtlerinnen im Sinn hatten, als sie die Unterdrückung ihres Geschlechts zu unterbinden suchten.

Gegen Ende des 20. Jahrhunderts tauchten nackte Brüste vermehrt in Zeitungen und Magazinen, im Kino und schließlich auch im Fernsehen auf. In zwielichtigen Tanzbars werden sie den männlichen Kunden regelrecht unter die Nase gehalten. Weibliche Brüste üben zwar weiterhin eine deutliche visuelle Wirkung aus, von ihrem verlockenden Geheimnis haben sie jedoch etwas eingebüßt.

Es sollte hervorgehoben werden, dass diese lockere Einstellung zu Oben-ohne-Darbietungen zum großen Teil auf die westliche Welt im engeren Sinn beschränkt ist. Selbst im 21. Jahrhundert kommen westliche Touristen, die diese Tatsache übersehen, an weiter entfernten Ferienorten in Schwierigkeiten. Erst vor kurzem, im Jahre 2003, wurde eine junge Engländerin zu acht Monaten Gefängnis – ersatzweise zu einer Geldstrafe in Höhe von 2800 Euro – verurteilt, weil sie bei einem »Eurovision Thong Contest« (bei dem es nicht um Lieder, sondern um Lederstrapse ging) in einem Nachtklub auf Rhodos ihre Brüste entblößt hatte. Laut Anklage hatte sie »die örtlichen Wertvorstellungen und Moralbegriffe verletzt«. Das Tabu besteht demnach weiter fort.

Bevor wir die verschiedenen Arten der Zurschaustellung weiblicher Brüste hinter uns lassen, sollte eine außergewöhnliche Begebenheit nicht unerwähnt bleiben. Dabei geht es um ein einzigartiges Gesetz, das vorschrieb, dass in der Öffentlichkeit die Brüste nackt gezeigt werden *müssen* – das völlige Gegenteil aller übrigen gesetzlichen Schritte in diesem Bereich. Jenes Gesetz wurde im 15. Jahrhundert in Venedig erlassen und betraf Prostituierte, die in Fenstern saßen, um Freier anzulocken. Zu jener Zeit waren homosexuelle Praktiken derart beliebt, dass einige der käuflichen Damen sich als Männer verkleideten, um junge Männer zu animieren, die nach ihresgleichen Ausschau hielten. Das erregte den Zorn der Behörden, die den Analverkehr (auf den die Todesstrafe stand) auszumerzen versuchten, und so legten sie fest, dass Prostituierte während ihrer Arbeit stets ihre nackten Brüste voll zur Schau stellen müssen, um ihr Geschlecht zu beweisen. Nach Verlassen ihres Hauses gingen die Prostituierten auf eine bestimmte Brücke, standen dort und zeigten ihren nackten Oberkörper. Dadurch wurde die Brücke so berühmt, dass man sie »Ponte del Tette« (Brücke der Brüste) nannte.

Es bedarf eines kurzen Kommentars, um ein Missverständnis hinsichtlich der Darstellung antiker Figuren zu beseitigen, die ihre Brüste mit den Händen drücken. Man sah in ihnen stets Muttergottheiten und nahm an, sie würden ihre Brüste durch diese erotische Geste stärker betonen. Inzwischen wissen wir, dass diese Deutung falsch ist. Jene Figuren, die zumeist in antiken Gräbern gefunden wurden, stellen Trauernde dar. Zu jener Zeit vollzogen Frauen ein Trauerritual, bei dem sie auch ihre Brüste schlugen und drückten. Das hatte den Nebeneffekt, dass manchmal – wenn sie gerade stillten – lange Strahlen von Milch aus ihren Brustwarzen hervorspritzten. Möglicherweise wurde diese Aktion später in bestimmte Rituale bewusst integriert. Zu ihrer Überraschung haben Anthropologen in einigen abgelegenen Stammesgesellschaften entdeckt, dass dort stillende Mütter ganz ähnlich auf einen plötzlichen Schock reagieren, panisch an ihre Brüste greifen und deren Milch verspritzen.

Schließlich stellt sich zwangsläufig die Frage, wie Frauen ihre Brüste so verschönern können, dass diese jünger und/oder stärker erotisch wirken und dementsprechende Signale übermitteln. Jahrhundertelang benutzte man enge Korsetts, um die Brüste an den Körper und nach oben zu drücken, und obwohl diese Kleidungsstücke die Brustform der Frau verbesserten, schränkten sie doch zugleich deren Bewegungsfreiheit ein. Als junge Frauen anfingen, eine aktivere gesellschaftliche Rolle für sich einzufordern, hatten sie das dringende Bedürfnis nach einer Kleidung, die dies ermöglichte. Einer der ersten Schritte in diese Richtung wurde zu Beginn des 20. Jahrhunderts unternommen, als das einschnürende Korsett in zwei Teile getrennt wurde – den Büstenhalter und den Hüfthalter. Im Laufe des Jahrhunderts verschwand der Hüfthalter, aber der Büstenhalter behauptete sich. Ab 1935 wurde er im angelsächsischen Sprachraum einfach als »bra« (BH) bezeichnet, und die Kombination von »BH und Höschen« begleitet uns bis zum heutigen Tag als bevorzugte Form weiblicher Unterwäsche.

Unter Historikern, die sich mit Mode befassen, wird häufig darüber debattiert, wer den Büstenhalter eigentlich erfunden hat. Die der damaligen New Yorker Oberschicht angehörende Mary Phelps Jacob (in Fachkreisen als »Caresse Crosby« bekannt) bestand darauf, dass sie es war, nachdem sie 1914 ein Patent dafür erhalten hatte. Die Idee war ihr im Jahr davor gekommen, als sie sich einkleidete, um an einem gesellschaftlichen Ereignis teilzunehmen, und feststellte, dass ihr mit Fischbein und stählernen Stäben verstärktes Korsett nicht zu dem tiefen Ausschnitt ihres hauchdünnen Abendkleides passte. Mit kreativem Schwung fertigte sie aus zwei Taschentüchern und einigen rosa Bändern jenen Gegenstand, der in ihren Augen den ersten Büstenhalter darstellte.

Tatsächlich aber erfand sie ihn nur neu, weil »Bruststützen« bereits Ende des 19. Jahrhunderts in Frankreich aufgetaucht und dann 1907 als »soutien-gorge« bezeichnet worden waren. Der französische Couturier Paul Poiret beharrte darauf, dass die Ehre, den BH eingeführt zu haben, allein ihm gebühre, und erklärte feierlich: »Im Namen der Freiheit verkündete ich den Untergang des Korsetts und den Sieg des Büstenhalters … Ich befreite den Busen.« Doch da war er nicht der Einzige. Die englische Modemacherin Lucile (Lady Duff-Gordon), die für die Modewelt den Ausdruck »chic« prägte, behauptete nämlich, *sie* habe im Jahr 1911 »den Büstenhalter gegen das schreckliche Korsett durchgesetzt«.

Die Wahrheit ist einfach die, dass all diese Personen Teil eines Trends zu Beginn des 20. Jahrhunderts waren, der den weiblichen Körper allmählich von seinen früheren »Fesseln« befreite. Außerdem bekamen sie Unterstützung aus unverhoffter Quelle. Während des Ersten Weltkrieges war man im amerikanischen Kriegsministerium beunruhigt wegen der Verschwendung von Metall für die Korsettstäbe. Die daraufhin eingeleitete Kampagne gegen dieses Kleidungsstück beschleunigte den Aufstieg des Büstenhalters. Später verlautete aus dem Kriegsministerium, dass auf diese Weise 28000 Tonnen Metall eingespart worden seien, »genug, um zwei Schlachtschiffe zu bauen«.

Der neumodische Büstenhalter hatte zwei spezielle Funktionen. Er schützte große Brüste, verhinderte, dass sie bei schnellen Körperbewegungen unliebsam hin und her schwangen, und verlieh ihnen zudem ein festes und rundes Aussehen, wodurch sie sexuell anziehender wirkten. Als einige der frühen Feministinnen Ende der sechziger Jahre ihre BHs verbrannten, protestierten sie damit gegen die zweite Funktion.

Einige feministische Historikerinnen haben behauptet, dieses Verbrennen der Büstenhalter sei lediglich ein propagandistischer Trick von Anti-Feministen gewesen, mit dem die Frauenbewegung herabgewürdigt und verspottet werden sollte. Diese Interpretation ist überraschend, auch wenn die Geschichte der verbrannten BHs in der Presse allzu sehr aufgebauscht wurde. Denn Ende der sechziger und Anfang der siebziger Jahre gab es tatsächlich eine starke Anti-BH-Bewegung, die Hand in Hand ging mit dem Aufstand gegen aufwändiges Make-up, intensiven Lippenstift, enge Schuhe und andere Formen weiblicher Zurschaustellung. In jener Zeit, als Feministinnen energisch für die soziale Gleichbehandlung der Frauen eintraten, herrschte die Ansicht vor, dass Männer den weiblichen Körper so akzeptieren sollten, wie er ist – ohne jede Verschönerung. Und da BHs den Busen zur Geltung brachten und damit auch verschönerten, mussten sie verschwinden. Allerdings dauerte diese Phase nicht lange an, weil sich die Mehrheit der Frauen ohne BH unbehaglich fühlte und das als inakzeptabel empfand. Der Wunsch, ihn zu verbrennen, war schnell in Vergessenheit geraten.

Um seine erotische Funktion zu unterstützen, wurde der BH fast immer so entworfen, dass er eine annähernd halbkugelige Form aufwies, doch es gab eine merkwürdige Ausnahme in den fünfziger Jahren, als Modeschöpfer ein Modell erfanden, das die Brust nicht rund, sondern spitz erscheinen ließ. Das gelang ihnen, indem sie »torpedoartig gestaltete Büstenhalter« einführten, »die versteift sind und spitz zulaufen, um der Natur und der Schwerkraft zu trotzen«. Diese wurden durch Polster vergrößert, die so genannten »Schaumgummieinlagen«. Das Ergebnis war eine beinahe aggressiv vorgestreckte Brust, die jedoch schon in den sechziger Jahren bald einer sanfteren Rundheit wich und nie mehr Teil der alltäglichen Kleidung werden sollte. Später tauchte ihre konische Form nur noch einmal kurz auf, nämlich 1994 in einem Popkonzert von Madonna. Damals offenbarten ihre Brüste den spröden Charme zweier Raketengefechtsköpfe.

Einer Legende aus Hollywood zufolge ließ der Milliardär Howard Hughes einen der raffiniertesten BHs überhaupt für die Filmschauspielerin Jane Russell kreieren. Sie sollte für eine bestimmte Rolle höchst erotische Brüste haben, ohne sie völlig zu entblößen. Zu diesem Zweck engagierte Hughes einen Bauingenieur, der auf die Konstruktion von Brücken spezialisiert war. Dieser Mann entwarf eine Reihe von Plänen, aufgrund deren ein besonderer, gleichsam freitragender Büstenhalter entwickelt werden konnte, der die Brüste anhob und zugleich trennte. Das Resultat war derart beeindruckend, dass einige den Film für »obszön« hielten und deshalb allen Ernstes sein Verbot durchzusetzen versuchten. (Das ist zumindest die immer wieder kolportierte Version der Geschichte, aber kürzlich erklärte die betagte Jane Russell mit Nachdruck, dass sie jenen berühmten BH in Wirklichkeit nie getragen habe.)

Enge Korsetts und moderne Büstenhalter können die Brüste stärker hervorheben, aber sobald diese Hüllen fallen, ist das Spiel aus. Dann bedarf es möglicherweise drastischerer Maßnahmen – womit wir bei der plastischen Chirurgie angelangt wären. 1963 wurden in Texas erstmals Silikonimplantate eingesetzt, um selbst den völlig nackten Brüsten eine runde und feste Form zu geben. Dieser operative Eingriff erfreute sich in den Siebzigern und Achtzigern ständig wachsender Beliebtheit und erlebte einen Boom in den Neunzigern, als sich jedes Jahr nicht weniger als 100 000 Frauen einem üppigeren Busen zuliebe unters Messer legten. Man schätzt, dass sich bis 2002 mehr als eine Million Amerikanerinnen den Busen chirurgisch vergrößern ließen. Das ist eine für Schönheitsoperationen schwindelerregende Zahl, die das tiefinnere Bedürfnis vieler Frauen offenbart, mit Hilfe der Brüste ihrer ureigenen Weiblichkeit Ausdruck zu verleihen.

Leider wirken diese operierten Brüste nie ganz überzeugend – und auch Frauen fühlen sich mit ihnen nicht hundertprozentig wohl. Sie sind irgendwie zu perfekt, bewegen sich nicht so frei und sanft, wie sie es sollten, wenn ihre Besitzerin die Körperhaltung ändert. Das hatte zur Folge, dass sich der Trend zu Beginn des 21. Jahrhunderts umzukehren begann. 2001 unterzogen sich immerhin 4 000 Amerikanerinnen einem weiteren chirurgischen Eingriff, um ihre Silikonimplantate wieder entfernen zu lassen. Das beunruhigt zwar einige Schönheitschirurgen, die als

Schöpfer von Superbrüsten reich wurden, aber es zeichnet sich eine grundsätzliche, immer ausgeprägtere Rückbesinnung auf natürliche Brüste ab, auch wenn diese kleiner sind als der Durchschnitt.

Die postfeministische Phase hat die Hoffnung geschürt, dass Männer bei der Wahl ihrer Partnerinnen allmählich mehr auf die Persönlichkeit als auf die Brustform achten, doch bedauerlicherweise ist das nicht immer der Fall. Einige Frauen bekennen freimütig, sich der Implantate einfach deshalb zu entledigen, weil diese ihren Zweck erfüllt haben. Zunächst dienen sie ihnen als Mittel, einen respektablen Partner zu finden, aber nachdem sie sich im Eheleben behaglich eingerichtet haben, benötigen sie keine so starken sexuellen Signale mehr, weshalb sie dann das Silikon gleichsam abstoßen.

Manche Frauen sind – rein instinktiv – erbost darüber, dass sie eine solche Operation über sich ergehen lassen mussten, um einem potenziellen Lebenspartner zu gefallen. Eine Rechtsanwältin fasste ihre diesbezügliche Kehrtwendung treffend in den Worten zusammen, dass sie nach ihrer Scheidung »als Erstes, abgesehen von seinem stinkenden Hund, diesen blöden Busen losgeworden« sei. »Mir war, als hätte sich mein IQ sprunghaft um 20 Punkte erhöht.«

15. DIE TAILLE

Ein wesentliches Geschlechtsmerkmal der erwachsenen Frau ist ein Rumpf, der die Form einer Sanduhr hat. Dieser Umriss entsteht durch ein besonderes Kennzeichen des weiblichen Körpers: die schlanke Taille, die durch die auffälligen Rundungen darüber und darunter betont wird – die vorspringenden Brüste und die breiten, gebärfähigen Hüften. Aber auch ohne diese Kontraste ist die weibliche Taille schmaler als die männliche.

Üblicherweise wird die »Einbuchtung« der Taille durch das Verhältnis zwischen Taillenumfang und Hüftumfang beschrieben. Bei einer erwachsenen Frau lautet die als attraktiv geltende Relation 7:10, beim Mann 9:10. Diese Differenz ist bemerkenswert resistent gegen kulturelle Veränderungen. Wenn die eine Gesellschaft üppigere Figuren anziehend findet und die andere ungewöhnlich schlanke Formen bevorzugt, so hat das keinen Einfluss auf die Geschlechtsunterschiede hinsichtlich des Verhältnisses zwischen Taille und Hüfte. Dass Männer und Frauen unabhängig davon, ob sie rundlich oder hager sind, unterschiedlich stark »eingeschnittene« Taillen aufweisen, scheint eine weit in die Vergangenheit zurückreichende fundamentale Bedeutung zu haben.

Bei den heutigen Frauen beträgt der Umfang der Taille, die meistens nicht mehr eingeschnürt ist, durchschnittlich etwa 71 Zentimeter. Junge Frauen, die wegen ihrer anmutig schlanken Figur ausgewählt werden – zum Beispiel Models, Teilnehmerinnen an Schönheitswettbewerben, Pin-up-Girls – haben eine Gürtellinie von ungefähr 61 Zentimetern Umfang. Moderne Athletinnen, eher für pseudomaskuline Muskelkraft als für Schönheit bekannt, haben kräftigere Taillen von circa 74 Zentimetern Umfang.

Um zu ermessen, wie sich diese Zahlen auf die Kontur der Taille auswirken, müssen sie natürlich in Beziehung gesetzt werden zu den Maßen des Busens und der Hüften. Das Verhältnis zwischen diesen drei Größen ergibt den überaus wichtigen »Einbuchtungsfaktor« der repräsentativen weiblichen Taille.

Eine sorgfältig ausgewählte Teilnehmerin am Schönheitswettbewerb wird eine vollkommen harmonische Figur besitzen, wobei die Maße von Busen und Hüften identisch sind. Die typische Schönheitskönigin hat die Maße 91–61–91 Zentimeter. Bei einem mageren Model, wie die heutigen Couturiers es vorziehen, betragen sie wohl eher 76–61–84 Zentimeter. Ein solches Model mag zwar ein schönes, fein geschnittenes Gesicht haben und die Kleidungsstücke elegant zur Schau tragen, aber es fehlt ihm jener »Sanduhr-Umriss«, der auf das urzeitliche Auge des Mannes sexuell anziehend wirkt.

Die typische Engländerin hat ein etwas anderes Problem, insofern ihre Durchschnittsmaße bei 94–71–99 Zentimetern liegen. Ihre im Vergleich zu den Brüsten 5 Zentimeter breiteren Hüften bescheren ihr das so genannte »Fünf-Zentimeter-Gefälle«. In einigen europäischen Ländern ist es noch stärker – in Deutschland und der Schweiz 6 Zentimeter, in Schweden und Frankreich 8 Zentimeter.

Das in Richtung breiter Hüften verschobene Verhältnis wird von den Pin-up-Models umgekehrt. Sie haben gewöhnlich die Maße 94–61–89. Anstelle des Fünf-Zentimeter-Gefälles besteht ein Fünf-Zentimeter-Anstieg. Ihre Brüste sind genauso groß wie jene der typischen Europäerin, erscheinen aber üppiger, weil Taille und Hüften schmaler sind. Sie werden zwangsläufig als »vollbusig« beschrieben, doch das ist eine optische Täuschung, hervorgerufen durch schmale Taille und Hüften.

Man könnte argumentieren, dass solche Tabellen der weiblichen Maße überholt und belanglos seien. In einer postfeministischen Gesellschaft wagen die Organisatoren von Schönheitswettbewerben sie nicht mehr zu erwähnen. Tatsächlich aber spielen sie weiterhin eine wichtige Rolle in den Beziehungen zwischen den Geschlechtern. Kürzlich wurde bei einem Experiment eine Reihe lebensgroßer, ausgeschnittener Silhouetten von Frauen mit unterschiedlichen Proportionen in einem Einkaufszentrum aufgestellt; man fragte die erwachsenen Männer, die daran vorbeischlenderten, welche ihnen am besten gefiele. Die große Mehrheit entschied sich für jene mit kurvenreichen, taillenbetonten, ausgewogenen Proportionen. Das Urteil dieser zufällig ausgewählten Männer belegt eindeutig, dass eine »eingeschnittene« Taille nach wie vor eine große Bedeutung hat. Ihr Abbild ist in der männlichen Psyche zu tief verwurzelt, als dass es von modernen, kulturell bedingten Einstellungen einfach ausgelöscht werden könnte.

Wie bei anderen weiblichen Körperteilen hat auch der Geschlechtsunterschied im Taillenumfang zu künstlichen Übertreibungen geführt. Wenn eine schlanke Taille als feminin gilt, dann muss eine winzige Taille extrem feminin sein; daher haben in der Vergangenheit viele junge Frauen bereitwillig gelitten, um diese »verbesserte« Form zu erreichen. Der besondere Reiz einer ungewöhnlich schmalen

Taille liegt in ihrer doppelten Botschaft – ihrer Zierlichkeit im Kontrast zu den ausladenden Brüsten und Hüften, die sie umrahmen, und darüber hinaus in ihrer Zierlichkeit an sich.

Dass diese Zierlichkeit an sich einen derart starken Reiz ausübt, hat einen einfachen biologischen Grund. Nachdem eine junge Frau ihr erstes Kind zur Welt gebracht hat, bleibt ihre Taille immer ein wenig fülliger. Selbst wenn es ihr durch strenge Diät gelingt, den übrigen Körper wieder in den schlanken Zustand vor der Schwangerschaft zu bringen, wird ihre Taille nie mehr ganz so grazil sein wie früher. Das ist eine Folge der irreversiblen Veränderungen, die während der Schwangerschaft in ihrem Unterleib stattfinden. Man schätzt, dass sich die Taille nach der Geburt mehrerer Kinder um durchschnittlich 15–20 Zentimeter vergrößert, falls sie durch enge Kleidungsstücke nicht eingeschnürt wird. Eben deshalb gilt die schlanke weibliche Taille seit jeher als Symbol gebärfähiger Jungfräulichkeit – als besonderes Merkmal einer Frau, die geschlechtsreif ist, Sex aber noch nicht praktiziert hat. Diese Kontur übt auf den fortpflanzungsfähigen Mann eine so enorme, archaische Anziehungskraft aus, dass viele Frauen – selbst jene, die längst üppiger sind – sie sehnsüchtig wiederherzustellen suchen, und sei es nur dem Anschein nach.

Zu diesem Zweck werden Taillen seit Jahrhunderten in eng geschnallte Gürtel, straffe Binden oder geschnürte Korsetts gezwängt und gequetscht. Die Benutzung dieser einengenden Kleidungsstücke hat viele hitzige Debatten ausgelöst. Die Argumente sind alles andere als unkompliziert. Es geht nicht – wie bei zahlreichen weiblichen Moden – um den bloßen Gegensatz zwischen puritanischer und hedonistischer Lebensauffassung. Hier nun die Argumente sowohl von Befürwortern als auch von Gegnern.

Zu jenen, die sich dem Kult der in ein Korsett gezwängten Taille heftig widersetzten, gehörten sowohl die Frommen wie die Emanzipierten. Im 17. Jahrhundert waren es die Frommen, die den Angriff führten. Sie vertraten energisch die Ansicht, dass jeder Versuch am weiblichen Körper, die Natur zu übertreffen, eine Beleidigung Gottes darstelle. 1654 wetterte der bereits genannte John Bulwer in seinen Schriften gegen die »gefährlichen Moden und schrecklichen Affektiertheiten betreffs der Taille«. Er bezeichnete das enge Korsett als eine »verderbliche Mode jenseits aller Vorstellungskraft« und gab unheildrohende Warnungen an junge Mädchen aus, die »sich völlig einschnüren, um eine spindeldürre Taille zu haben, sich nie schlank genug fühlen, ehe sie ihre Taille (mit den Händen) umspannen können«. Falls sie nicht auf ihn hörten, donnerte er, würden sie »bald einen übel riechenden Atem bekommen und … der Schwindsucht sowie einer vernichtenden Fäule Tür und Tor öffnen«.

Diese Meinung wurde in den folgenden Jahrzehnten häufig wiederholt. Der Untertitel eines 1846 von dem Amerikaner Orson Fowler veröffentlichten Buches über die Gefahren der straffen Schnürung lautete: »Die Übel, die Geist und Körper zugefügt werden, wenn man die Organe des animalischen Lebens zusammenpresst und dadurch die lebenswichtigen Funktionen hemmt und schwächt«. Anstelle von Bulwers vernichtender Fäule prophezeite Fowler den Korsett tragenden Frauen Wahnsinn und Lasterhaftigkeit.

Andere, weniger scharfe Kritiker gaben ihrer Befürchtung Ausdruck, dass der enorme, von den Korsettschnüren ausgeübte Druck ernste gesundheitliche Probleme verursachen könne. Unter den aufgelisteten Leiden waren Kopfschmerz, Ohnmachtsanfall, Eingeweidebruch, Leberschaden, Fehlgeburt, Atembeschwerden und eingeschränkte Blutzirkulation. Manche Widersacher schlossen sogar folgende Syndrome mit ein: Deformationen des Skeletts, Krebs, Nierenkrankheiten, Geburtsfehler, Epilepsie und Unfruchtbarkeit. Ein viktorianischer Autor zählte nicht weniger als 97 Krankheiten auf, die seiner Meinung nach durch enge Korsetts hervorgerufen würden.

Diese Warnungen vor gesundheitlichen Schäden erwiesen sich zum großen Teil als überflüssig, weil die meisten jungen Frauen vernünftig genug waren, ihr Korsett nicht zu eng zu schnüren und es nicht ständig zu tragen. Natürlich konnte eine übertrieben straffe Schnürung sowohl die Atmung als auch die Blutzirkulation beeinträchtigen und Kopfschmerzen oder Ohnmacht verursachen. Auf Dauer konnte sie zudem die Rückenmuskulatur schwächen, sodass Rückenschmerzen auftraten, wenn das Korsett schließlich abgelegt wurde. Doch eine zeitlich begrenzte Nutzung und eine moderate Schnürung bewirkten auf unkomplizierte Weise eine anziehend schlanke Taille für besondere Gelegenheiten, ohne unliebsame Konsequenzen nach sich zu ziehen. An diese Vorgaben hielt sich auch die Mehrheit der jungen Korsettträgerinnen, ungeachtet der Horrorgeschichten, die ihnen Angst und Schrecken einjagen sollten.

Eine völlig andere, aber ebenso scharfe Kritik kam von den emanzipierten Frauen. Für sie war die Vorstellung, irgendeine Art von beengendem Kleidungsstück zu tragen, eine Beleidigung weiblicher Freiheit. Körperlich eingezwängt zu sein war nicht nur unsportlich, sondern auch ein Zeichen von geistiger Gefangennahme durch den Mann. Das enge Korsett galt als ein Folterinstrument, das die Vertreter des Patriarchats gegen devote Frauen einsetzten, um sie weiter zu unterdrücken.

Wenn die moderne, hedonistisch eingestellte Frau ihren Körper auf der Tanzfläche provokativ hin und her schwingen lassen wollte, konnte sie keinerlei starre Kleidung dulden. Wenn sie sich während des Vorspiels sexuell gleichberechtigt fühlen wollte, musste sie ebenso beweglich und nackt sein wie ihr männlicher Partner. Und wenn sie eine schlanke Taille haben wollte, so war diese eher durch gymnastische Übungen in der Turnhalle, durch Joggen und eine gesundheitsbewusste Lebensführung zu erlangen als durch die passive Lösung, sich ein enges Korsett umzuschnallen. Sie hatte die Pflicht, ihre trägen Gewohnheiten in Sachen Kleidung durch aktive körperliche Ertüchtigung zu ersetzen und auf solche Weise dem Mann die ersehnte Bewunderung abzunötigen.

Die intelligente Feministin wünschte sich ebenfalls körperliche Bewegungsfreiheit, allerdings aus einem anderen Grund. Ihr Ziel bestand darin, die Aufmerksamkeit des Mannes von ihrem sexuell anziehenden Körper auf ihre geistigen Qualitäten zu lenken. Wenn sie einen männlichen Partner beeindrucken würde, dann mit den Fähigkeiten ihres Intellekts und nicht mit denen zur Fortpflanzung. Folglich war jeder Versuch, ihre weibliche Figur stärker hervorzuheben, von vornherein tabu.

Das also sind die Stimmen, die sich gegen das Korsett erhoben und jedes Ansinnen verurteilten, die natürlich vorgegebene kurvenreiche Kontur der Frau noch zu übertreffen. Auch die Verteidiger der engen Schnürung vertraten verschiedene, deutlich unterscheidbare Standpunkte.

Zunächst einmal waren sie der Auffassung, dass eine enge Schnürung von stolzer Selbstdisziplin und lobenswerter Selbstbeherrschung zeuge. Schließlich ist hieraus der englische Begriff »strait-laced« (wörtlich: eng geschnürt) entstanden, der »peinlich genau« und »puritanisch« bedeutet.

Außerdem wurde gesagt, eine eng geschnürte Taille demonstriere Achtbarkeit und einen hohen Sinn für Moral, weil sie der Frau dazu verhelfe, unnahbar zu wirken. Dadurch sei sie buchstäblich »gewappnet« gegen jede Form männlichen Begehrens. Ihre schlanke Taille könne zwar die Blicke des Mannes auf sich lenken, aber das straffe, kompliziert geschnürte Korsett entziehe ihren nackten Körper seinem Zugriff.

In früheren Zeiten war das Korsett auch ein wichtiges Hilfsmittel zum Erlernen aristokratischer Umgangsformen. Die eng eingeschnürte junge Dame sah sich gezwungen, eine steife, kerzengerade Haltung anzunehmen, die ihr den Ausdruck von anmutiger Reserviertheit verlieh. Sie konnte sich weder krümmen noch entspannt rekeln. Um den Oberkörper in aufrechter Position zu halten, wurde zusätzlich ein langes, flaches Stück Knochen – der so genannte Korsettstab – vorn unters Korsett gezwängt. (Er soll auch als nützliche Waffe gedient haben, mit dem sich die Frau gegen jeden männlichen Bewunderer zur Wehr setzte, der seine sexuellen Triebe nicht mehr zügeln konnte und ihre Schnüre aufzureißen versuchte.) Dem Gegenteil – der aufgeschnürten Frau mit ihrer wollüstigen Bewegungsfreiheit – verdanken wir den Ausdruck »loses Mädchen«.

Darüber hinaus erweckt die eingeschnürte junge Frau (trotz ihres bedeckten Busens) den Eindruck, mehr oder weniger verwundbar zu sein – ähnlich dem gefangenen Tier. Der eingezwängte Körper beeinträchtigt ihre Fähigkeit, schnell zu fliehen. Das gefällt natürlich dem Mann, der sich bewusst oder unbewusst der Fantasievorstellung hingeben kann, wie leicht sie zu kriegen wäre, sollte er beschließen, ihr nachzustellen.

Für manche Männer hat das einengende Korsett daher auch einen fetischistischen Reiz, insofern es die Unterjochung der Frau suggeriert. Dabei wirkt nicht nur die umso schlankere Figur sexuell erregend, sondern auch das unausgesprochene Wissen, dass die verehrte Frau für ihren Bewunderer körperliche Qualen leidet. An diesem Punkt kann man leicht erkennen, warum die ins Extrem getriebene Schnürung des Korsetts zu einem integralen Bestandteil sadomasochistischer Praktiken geworden ist.

Zusammenfassend lässt sich also feststellen, dass Puritaner wie Freigeister unter den Gegnern des Korsetts zu finden sind, aber auch unter dessen Befürwortern. Ein enges Korsett kann seiner Trägerin eine abweisend prüde Ausstrahlung verleihen, sie aber auch unwiderstehlich sexy machen; dagegen verweist die Taille ohne Korsett entweder auf eine natürliche, emanzipierte Frau oder auf ein loses Mädchen.

In der Moderne wurde der schlanken weiblichen Taille ein derart großes Interesse zuteil, dass sich daraus zwei Mythen entwickelten. Der erste Mythos entstand, weil früher – infolge der engen Korsetts – Messungen des Taillenumfangs gang und gäbe waren. Es ist allgemein bekannt, dass im ausgehenden Viktorianischen Zeitalter, also Ende des 19. Jahrhunderts, ein Mädchen als attraktiv galt, wenn dessen Taillenumfang, gemessen in Inches, mit der Zahl seines letzten Geburtstages identisch war. Einem spanischen Sprichwort zufolge sollte eine junge Frau eine ebenso schlanke Taille haben wie ein Windhund. Und eine alte Redensart besagt, die ideale weibliche Taille sei »so schmal, dass sie keinen Schatten wirft«.

Es herrschte die Auffassung vor, dass ein geringer Taillenumfang von 38 bis 41 Zentimetern durchaus üblich sei und erreicht werden könne, indem man von Anfang an das Korsett eng schnüre und in der Pubertät und im frühen Erwachsenenalter bedenkenlos damit fortfahre. Karikaturen aus dem 18. und 19. Jahrhundert zeigen Frauen, die derart brutal eingeschnürt sind, dass sie fast gar keine Taille mehr haben. Kürzlich jedoch wurde wissenschaftlich bestätigt, dass solche Bilder und Vorstellungen nicht mit der Wirklichkeit übereinstimmten. Daran waren bereits im Jahr 1949 starke Zweifel aufgekommen, als man die Kleidungsstücke aus jener Zeit eingehend untersuchte und feststellte, dass die kleinste Taillenweite innerhalb einer riesigen Kleidersammlung 61 Zentimeter betrug. 2001 erbrachte eine sorgfältig durchgeführte Studie das gleiche Ergebnis; unter den Kleidungsstücken aus dem 18. Jahrhundert fand sich kein einziges, das in der Taille weniger als 61 Zentimeter maß. Gewiss nahm diese im 19. Jahrhundert eine schlankere Form an aufgrund der Erfindung metallener Ösen, die eine straffere Schnürung gestatteten, aber selbst dann lag der geringste Taillenumfang noch bei 46 Zentimetern. Als die Mode des Einschnürens ihren Höhepunkt erreichte, variierte die viktorianische Taille immerhin zwischen 46 und 76 Zentimetern.

Das heißt nicht, dass es keine sehr schmalen Taillen gab, aber wenn sie auftauchten, stellten sie sicherlich kuriose Einzelfälle dar. Sogar im 20. Jahrhundert sind solche extremen Beispiele bezeugt. Im Guinness-Buch der Rekorde wird eine Engländerin aufgeführt, die ihren bereits relativ geringen Taillenumfang von 56 Zentimetern im Jahre 1929, als sie 24 war, auf erstaunliche 33 Zentimeter im Jahre 1939 reduzierte. Danach lebte sie weitere 43 Jahre, was deutlich zeigt, dass zumindest bei ihr der enorme Druck auf die inneren Organe keine unmittelbaren gesundheitlichen Schäden hervorrief. Doch man muss sie eher als sonderbare Ausnahme denn als Vertreterin eines wesentlichen gesellschaftlichen Trends betrachten. Frauen mögen sich eine schlanke Taille wünschen, eben weil sie dank ihrer die bereits genannten, ganz ursprünglichen Geschlechtssignale übermitteln können, aber sie gehen nur bis zu einem bestimmten Punkt, um diesen Wunsch zu verwirklichen. Überschreiten sie ihn, werden sie derart besessen von dem Gedanken, dass ihr Leben aus dem Gleichgewicht gerät. In früheren Zeiten haben einige Frauen ihren Körper zu sehr eingeschnürt – ähnlich wie auch manche ihrer heutigen Nachfolgerinnen, etwa die »Gesundheitsfanatikerinnen«, über die Stränge schlagen. Doch die große Mehrheit der weiblichen Bevölkerung hat diese seltsamen Extreme nie zu erreichen versucht; gegenteilige Behauptungen entstammen einem der größten Mythen, den die Geschichte der Mode hervorgebracht hat.

Der zweite Mythos besagt, viktorianische Frauen seien in ihrem Streben nach der perfekten Taille nicht einmal davor zurückgeschreckt, sich einer gefährlichen Operation zu unterziehen, bei der ihnen Rippen entfernt wurden. In seriösen Darstellungen der Geschichte der Mode taucht immer wieder die kategorische Behauptung auf, einige junge Frauen hätten Ende des 19. Jahrhunderts eine vollkommene »Sanduhr-Figur« aufgewiesen, nachdem sie sich die unteren Rippen hätten herausoperieren lassen. Dazu wurden nie irgendwelche Details genannt, manchmal aber Fotografien beigefügt, welche die verblüffend schlanke Taille nach dem chirurgischen Eingriff illustrieren sollten. Viele spätere Autoren (darunter ich selbst in *Der nackte Affe* und Germaine Greer in *Der weibliche Eunuch*) akzeptierten und wiederholten diese Behauptung, nahmen sie als Beispiel dafür, wie weit Frauen zu gehen bereit wären, um die Natur zu übertreffen.

Nun sieht es ganz danach aus, als wären wir in die Irre geführt worden. Eine von Valerie Steele vom New Yorker Fashion Institute gewissenhaft durchgeführte Untersuchung kam zu folgendem lapidarem Schluss: »Es gibt keinerlei Beweise dafür, dass so ein Eingriff jemals stattfand.« Die Autorin macht darauf aufmerksam, dass in keiner Geschichte der kosmetischen Chirurgie die Entfernung von Rippen erwähnt wird und dass eine derartige Operation Ende des 19. Jahrhunderts äußerst gefährlich gewesen wäre. Zu jener Zeit waren die medizinischen und chirurgischen Verfahren einfach noch nicht weit genug entwickelt, um ein so großes Risiko zu rechtfertigen. Wenn man die Fotografien, die angeblich Frauen ohne untere Rippen darstellen, erneut betrachtet, hat man den Eindruck, als wären sie retuschiert worden, um schlanke Taillen noch schlanker erscheinen zu lassen.

Ungeachtet dessen ist der Wunsch, an die kosmetische Entfernung von Rippen zu glauben, so stark, dass sich eine neue »urbane Legende« darum rankt. Seit Jahren sind Gerüchte in Umlauf, wonach sich einige weltberühmte Hollywoodstars dieser Operation unterzogen hätten. Man behauptet, dass ein solcher Eingriff heute aufgrund der fortgeschrittenen chirurgischen Technologie möglich sei und dass er tatsächlich auch durchgeführt wurde, um die Figur jener Berühmtheiten zu verschönern. Die Namen von mindestens sieben Stars tauchten auf, die ihre unteren Rippen der nahezu idealen Körperform wegen geopfert haben sollen.

In Wirklichkeit aber gibt es keine konkreten Anhaltspunkte dafür, dass diese schwierigen Eingriffe vorgenommen wurden, und die meisten der genannten Stars haben die Unterstellungen einfach ignoriert oder als lächerlich abgetan. Doch die Gerüchte, die insbesondere die Sängerin und Schauspielerin Cher betrafen, hielten sich derart hartnäckig, dass sie gezwungen war, eine medizinische Untersuchung über sich ergehen zu lassen, ein Dementi herauszugeben und ein bekanntes französisches Magazin zu verklagen, weil es das Gerücht aufgegriffen und weiter verbreitet hatte.

Obwohl es jetzt klar zu sein scheint, dass weder viktorianische Damen noch moderne Berühmtheiten diese extreme Maßnahme ergriffen haben, bleibt die Frage, ob nicht doch schon einmal untere Rippen zu kosmetischen Zwecken entfernt wurden. Zwar lässt sie sich kaum definitiv beantworten, aber es gibt Anzeichen dafür, dass dergleichen vielleicht in sehr seltenen Fällen geschehen ist. Eine Beschreibung chirurgischer Verfahren für männliche Transsexuelle, die femininer wirken möchten, enthält auch die Aussage, dass »Rippen gelegentlich entfernt werden, um eine ausgeprägtere Taille zu erzielen«. Es folgt allerdings die Warnung: »Von diesem Eingriff wird allgemein abgeraten.« Außerdem wurde eine Namensliste mehrerer amerikanischer Schönheitschirurgen veröffentlicht, die zu der Operation bereit sind – und das dafür fällige Honorar: 4500 Dollar.

In Hamburg behauptet eine junge Frau, ihren Taillenumfang dank eng geschnallter Gürtel, Korsetts und operativ entfernter Rippen von 51 auf 36 Zentimeter verringert zu haben. Nach erfolgreich verlaufenem Eingriff und drei Tagen Klinikaufenthalt sei es ihr möglich gewesen, im deutschen, österreichischen und amerikanischen Fernsehen aufzutreten und ihre außergewöhnliche Figur vorzuführen. Selbst wenn das stimmen sollte, können wir davon ausgehen, dass es sich hier um einen extremen Einzelfall handelt. Behauptungen wie »In den fünfziger Jahren war es relativ üblich, Rippen operativ entfernen zu lassen« und ähnliche Kommentare entbehren nach wie vor jeder Grundlage. Die routinemäßige Entfernung einzelner Rippen ist offenbar nicht mehr als ein Mythos, der durch ständig wiederholtes Geschwätz entstand. Seine Bedeutung liegt nicht darin, dass er eine chirurgische Tatsache widerspiegelt, sondern in der Beharrlichkeit einer männlichen Fantasie. Das Bild der schlanken weiblichen Taille scheint unauslöschlich in das Gehirn des Mannes eingeprägt zu sein.

16. DIE HÜFTEN

Die breiten, gebärfähigen Hüften der Frau bilden eines der wesentlichen Merkmale der weiblichen Figur. Unabhängig davon, ob die Taille darüber schmal ist oder nicht, verkünden ausladende Hüften die ursprüngliche Botschaft, dass diese Frau imstande ist, Nachkommen hervorzubringen. Nur wenn eine menschliche Gesellschaft jene Phase durchläuft, in der jugendliche Verspieltheit den Vorzug vor Fruchtbarkeit und Fortpflanzung erhält, gibt sie den Reiz breiter Hüften zugunsten eines knabenhaft schlanken Aussehens auf.

Da der weibliche Beckengürtel breiter ist als der männliche, übermittelt er eines der wichtigsten geschlechtsspezifischen Signale. Um genau zu sein: Die Hüftbreite der Frau beträgt durchschnittlich 39 Zentimeter, die des Mannes dagegen bloß 36. Dieser grundlegende Geschlechtsunterschied hat zu vielen verschiedenen Veränderungen und Übertreibungen im Beckenbereich geführt. Heute sind die meisten Frauen gewillt, nicht mehr auf künstlich verstärkte, sondern auf natürliche Hüftsignale zu vertrauen, aber in der Vergangenheit haben sie sich oft selbst zu Sklavinnen von Superhüften und zu Opfern einer Superhüften-Technologie gemacht. Es ist kaum zu glauben, was einige Fanatikerinnen in dieser Richtung alles unternommen haben …

Im 16. Jahrhundert verkauften europäische Bekleidungsgeschäfte eifrig überdimensionale, hinderliche »Hüftkissen«, die wie gepolsterte Autoreifen aussahen und fast genauso groß waren. Sie wurden unter weiten Röcken befestigt, um den natürlichen Hüftumfang zu verdoppeln, und machten jede Art von schwungvoller oder sportlicher Bewegung unmöglich. Dadurch war die Kleidung so schwer und lästig, dass die Damen jener Zeit überhaupt nicht zu schnellerem Handeln fähig waren.

Das 18. Jahrhundert erlebte die Erfindung der »Hüftverbesserer« oder glockenförmigen Körbe. Diese aus Stahl gefügte Unterkleidung, die den Eindruck hervorrufen sollte, dass ihre Trägerin ein gebärfreudiges Becken hatte, bauschte den Rock derart auf, dass Frauen seitwärts durch Türen gehen mussten.

Lassen wir nun die Formen beiseite und wenden wir uns den Bewegungen und Haltungen zu. Es überrascht durchaus nicht, dass die meisten »Hüftaktionen« eine stark weibliche Ausrichtung haben. Gangarten, die das deutlich sichtbare Wiegen oder Wackeln der Hüften mit einschließen, sind in einem Maße feminin, dass sie als karikierende Elemente in burlesk-erotischen Theateraufführungen eingesetzt werden. Jede wichtige Sexgöttin hat sich ab und zu in den Hüften gewiegt. Dagegen würden nur Männer, die Frauen imitieren, oder unfreiwillig komische Homosexuelle ihren Hüften erlauben, in dieser Weise hin und her zu schwingen.

Die seitlich hoch gezogene Hüfte ist ebenfalls feminin oder weibisch. Das ist die Haltung, die dem wiegenden Gang entspricht. Sie hat etwas Widersprüchliches, insofern sie sowohl gekünstelt als auch entspannt ist. Ihre Botschaft lautet: »Schau, was für schöne Hüften ich hab'«, aber die ungleichgewichtige, asymmetrische Pose gibt keine eindeutige Stimmung zu erkennen.

Zahlreiche Tänze beinhalten temperamentvolle Hüftbewegungen wie ruckartiges Zurseitezucken, schnelles Schütteln oder Hüftkreisen, und auch dafür sind gewöhnlich eher die Frauen als die Männer zuständig. Bei dem berühmten Hula-Tanz auf Hawaii führen die jungen Mädchen, deren Beckenbereich durch Grasröcke betont wird, verschiedene rhythmische Bewegungen mit den Hüften aus, die sie zur Musik hin und her schwenken, vor und zurück schleudern und kreisen lassen. Zwei besondere Tanzbewegungen sind der *Ami* und der *Around-the-Island*. Der *Ami* ist eine Art Hüftrolle. Eine Hand wird gehoben, während die andere auf der Hüfte ruht. Anschließend drehen sich die Hüften im Kreis, zuerst im Uhrzeigersinn, dann gegen den Uhrzeigersinn. Die Bewegung des *Around-the-Island* ist ähnlich, nur dass der Körper bei jeder Hüftdrehung zusätzlich einen Viertelkreis beschreibt, also gleichsam in vier Etappen »um die Insel« geht.

Die vielleicht wichtigste Haltung ist die mit den Händen auf den Hüften, *Akimbo* genannt. Es heißt, dass sie Autorität, Trotz oder eine entschiedene Stimmung zum Ausdruck bringe, aber sie hat noch mehr Bedeutungen. Im Grunde handelt es sich dabei um eine gesellschaftsfeindliche Geste. Sie ist das Gegenteil jener Haltung, bei der die Arme ausgestreckt werden, um zu einer Umarmung einzuladen. Tatsächlich fällt es schwer, jemanden zu umarmen, der hartnäckig die Akimbo-Pose beibehält. Wenn die Hände fest auf die vorspringenden Hüften gedrückt sind, zeigen die Ellbogen zur Seite wie Pfeilspitzen und führen vom Rumpf weg. Es scheint, als würde diese Person sagen: »Komm nicht näher, bleib, wo du bist, sonst stoße ich dich zurück.« Wenn eine Frau in der entsprechenden Verfassung ist, nimmt sie diese Haltung fast unbewusst und automatisch an. Derlei geschieht praktisch auf der ganzen Welt.

Aufgrund des inneren Widerwillens ist die Akimbo-Pose ein typisches Kennzeichen von Trotz. Die Frau, die so vor ihrer Haustür steht, gibt ihrem Gegenüber insgeheim zu verstehen: »Keinen Schritt weiter, niemand wagt es, hier einzutreten.« Eben deshalb ist dabei auch ein Gefühl von Autorität mit im Spiel. Die Person, die Autorität besitzt und sie zur Geltung bringen möchte, muss sich von den anderen deutlich fern halten, darf weder den Platz noch die Haltung mit ihnen teilen. Die Akimbo-Pose eines dominanten Gruppenmitglieds macht den Umstehenden klar, dass sie sich nicht von der Stelle rühren sollen.

Die gleiche Haltung benutzen auch Menschen, die gerade einen Rückschlag erlitten haben. Sie sind zwar kaum in einer dominanten Position, aber ganz gewiss suchen sie keinen Trost bei Freunden oder Bekannten. Die Sportlerin, die soeben einen Wettbewerb verloren hat, presst unwillkürlich die Hände auf die Hüften und senkt oft ein wenig den Kopf, was ihre gedrückte Stimmung anzeigt. Ihre Akimbo-Botschaft lautet: »Bleibt mir vom Leib, ich bin so wütend, dass ich niemanden in meiner Nähe haben will.«

Wenn eine Frau sich von einer Gruppe zu ihrer Linken absondern möchte, dann nimmt nur ihr linker Arm die Akimbo-Haltung ein. Und wenn zu ihrer Rechten eine andere Gruppe steht, zu der sie sich irgendwie hingezogen fühlt, so bleibt ihr rechter Arm unten. Diese »halben Akimbos«, die man oft auf Partys oder bei geselligen Zusammenkünften beobachtet, verraten schnell, welche Art von Beziehung gewisse Individuen zu den übrigen Anwesenden haben.

Eine Besonderheit der Akimbo-Pose besteht darin, dass sie – ungeachtet ihrer weltweiten Verbreitung – keine Bezeichnung in anderen Sprachen zu haben scheint. Man umschreibt sie mit Ausdrücken wie »Hände auf den Hüften« oder »der Topf mit zwei Henkeln«, aber ein einzelner, äquivalenter Begriff lässt sich nicht finden. Das zeigt, wie sehr diese Haltung als selbstverständlich erachtet wird. Sie gehört zu jenen allgemein menschlichen Verhaltensmustern, die wir jeden Tag sehen und auf die wir unterbewusst reagieren, ohne das empfangene Körpersignal je zu analysieren. Wenn es sich um eine bewusstere Geste handeln würde – zum Beispiel um einen Gruß oder ein Winken –, wäre in jeder Sprache ein spezielles Wort dafür vorhanden.

Schließlich gibt es noch den zwischenmenschlichen Kontakt, bei dem die Arme um die Hüften des Partners oder der Partnerin geschlungen werden. Junge Liebende legen in dieser Haltung oft weite Strecken zurück, Seite an Seite geschmiegt, voll des Wohlgefühls, eine Hand auf der anderen Hüfte. Es scheint, als würden sie eine vollständige Umarmung auskosten und zugleich den Weg fortsetzen, weshalb das Umfassen der Hüfte gleichsam eine Kompromisslösung darstellt. Diese Doppelaktion ist nicht leicht auszuführen, außerdem erschwert sie die Vorwärtsbewegung, aber bei solchen Gelegenheiten ist die Mobilität des Paares weniger wichtig als die Bekundung von Intimität, die sowohl den beiden selbst wie auch den Menschen ringsum gilt. Dadurch schließen sie nachdrücklich jeden aus, der sie begleitet oder beobachtet.

Als »Bindungssignal« übermittelt diese Berührung der Hüften eine wirkungsvollere Botschaft als die ebenso weit verbreitete Umarmung an den Schultern. Zwei Männer mögen eine solche genießen, entweder stehend oder gehend. Sie ist freundschaftlich, aber nichts an ihr ist so intim, dass sie auf eine sexuelle Beziehung schließen lassen würde. Wenn dagegen die Hüften einer anderen Person umschlungen werden, kommt die Hand der primären erogenen Zone viel näher, wodurch die Bewegung sexuell stärker aufgeladen ist. Aus diesem Grund bieten Männer sie nur Frauen an – es sei denn, sie haben die Absicht, ihre Homosexualität in der Öffentlichkeit zu zeigen.

Im Rahmen einer Untersuchung der Geschlechtsunterschiede analysierte man eine repräsentative Auswahl jener Gesten, bei der die Hüften umfasst werden, und stellte fest, dass häufig nur der eine Partner sie jeweils ausführte. Der andere gestattete sie, ohne sie zu erwidern. In 77 % der Fälle umfasste der Mann die Frau, in 14 % die Frau den Mann und in 9 % die Frau eine andere Frau. (Eltern, die ihre kleinen Kinder auf diese Weise in den Arm nehmen, waren von der Versuchsreihe ausgeschlossen.) Wie erwartet, tauchte die Geste nicht zwischen Männern auf. Offenbar ist das Tabu, den gleichgeschlechtlichen Partner um die Hüfte zu fassen, unter Männern stärker ausgeprägt als unter Frauen. In dieser Hinsicht unterscheidet es sich jedoch nicht von anderen Tabus, die vertrauliche Gesten in der Öffentlichkeit – etwa den Begrüßungskuss – betreffen.

Die erhebliche prozentuale Differenz zwischen Männern und Frauen, die sich aus der obigen Untersuchung ergab, spiegelt die ganze Einstellung der Erwachsenen zum Hüftbereich wider. Anscheinend sind die Männer viel mehr an den weiblichen Hüften interessiert als umgekehrt. Vom gesellschaftlichen Standpunkt aus betrachtet steht nun also fest, dass Hüften in erster Linie weibliche Attribute sind. Aufgrund des gebärfähigen Beckens, das sie zu einem hervorstechenden Merkmal der Figur macht, eignet ihnen fast die gleiche intensive Weiblichkeit wie den Brüsten. Nur wenn der Mann sein triebhaftes Becken vor und zurück stößt, bekommen die Hüften ein maskulineres Fluidum.

17. DER BAUCH

Der weibliche Bauch ist seit jeher eine Tabuzone – nicht weil er selbst ungewöhnlich erotisch wäre, sondern weil er mit den direkt darunter liegenden primären Geschlechtsmerkmalen so eng verbunden ist. Eine Kleidung, die den Bauch frei lässt, lenkt den Blick auf den Genitalbereich. Daher wurde der Bauch in der westlichen Welt meistens bedeckt, doch in den letzten Jahren (seit Ende 1998, um genau zu sein) entstand eine neue Mode – tief sitzende Jeans kombiniert mit extrem kurzem Oberteil –, die ihn gleichsam bloßlegt. Dadurch ist der weibliche Bauch aus seinem Versteck hervorgekommen und zu einem »Blickfang« für Männer geworden. In Japan hat diese Mode sogar einen besonderen Namen – *heso dashi*.

Die Entscheidung, diese erogene Zone jetzt zu enthüllen, hat eine interessante Ursache, die mit einer grundlegenden Veränderung der Alltagskleidung in Zusammenhang steht. Wie anderswo bereits mehrfach ausgeführt wurde, vollzog sich bei jungen westlichen Frauen vor kurzem ein entscheidender Wechsel vom Rock zur Hose. Heute sieht man über 80 Prozent der Frauen in Jeans oder normalen Hosen durch die städtischen Straßen gehen. Infolgedessen haben die weiblichen Beine ihre Rolle als »Schauplatz nackten Fleisches« größtenteils eingebüßt, die dann von einem anderen Körperbereich übernommen werden musste. Es kamen schulterfreie und tief ausgeschnittene Oberteile in Mode, aber diese Lösung erwies sich als allzu bekannt. Man suchte dringend nach etwas Besonderem, Aufreizendem – bis dann irgendwo jemand die glänzende Idee hatte, ein Top zu tragen, das zu kurz war, um den Hosenbund zu berühren. Plötzlich war eine neue erogene Zone geboren, und auch diese Mode breitete sich schnell aus. Mögen die Beine in frustrierender Weise verhüllt sein, so bietet sich doch nun – als Entschädigung dafür – der weibliche Bauchnabel den prüfenden Blicken der Männer dar. (Zumindest eine Zeit lang, bis der Modezyklus einen wieder anderen Trend hervorbringt.)

Hinter dieser Art von modischem Umschwung verbirgt sich eine Theorie, die erstmals um 1920 von deutschen Experten auf dem Gebiet der Kleidung entwickelt wurde. Sie erklärten, dass es in der modernen Damenmode das »Gesetz der wechselnden erogenen Zonen« gebe. Demnach möchten junge Frauen stets einen bestimmten Teil ihres Körpers offen zeigen – und diese Zurschaustellung wechselt kontinuierlich von der einen Stelle zu einer anderen. Sobald die eine verhüllt wird, wird die andere entblößt. Dafür gibt es zwei Gründe. Der erste liegt im Reiz des Neuen – jede neue Entblößung ist aufregend, weil sie einige Zeit nicht zu sehen war und weil noch keine Gewöhnung eintrat, die sie »abgenutzt« oder gar verächtlich gemacht hätte. Der zweite liegt in der Sittsamkeit – wenn mehr als ein Bereich des Körpers entblößt wird, wirkt dies allzu vulgär. Damit also die Entblößung den Reiz des Neuen behält und zugleich nicht zu Übertreibungen führt, wandert die erogene Zone ständig von einer Körperstelle zur nächsten, gemäß dem jeweiligen Modetrend. Im Moment, zu Beginn des 21. Jahrhunderts, befindet sie sich eben am Bauch.

Das hat den besonderen Vorteil, dass die junge Mode des Nabel-Piercing nicht länger verborgen ist. Ein Problem des Piercing unterhalb des Kopfes bestand ja immer darin, dass nur die intimsten Freundinnen und Freunde es sehen konnten. Jetzt aber kommen dekorative Nabelstifte und -ringe endlich zum Vorschein. Gerade deshalb erfreuen sie sich zunehmender Beliebtheit; aus einer von wenigen »Eingeweihten« bevorzugten Kuriosität wurde eine weit verbreitete Mode, die sich durch fast alle gesellschaftlichen Schichten zieht.

Gepiercte Bauchnabel haben einen augenfälligen dekorativen Reiz; dennoch ist es überraschend, dass sexuell aktive Frauen an einer so verletzlichen Stelle Schmuck tragen möchten. Leidenschaftlicher Sexualkontakt, bei dem die Partner einander zugewandt sind, erscheint nämlich insofern riskant, als durch die starke Reibung zwischen den Körpern der gepiercte Nabel einreißen kann. Daher haben einige Autoren in diesem Zusammenhang von »Nabel-Vandalismus« gesprochen; gleichwohl wird berichtet, dass zu Beginn des 21. Jahrhunderts der gepiercte Nabel auf der Popularitätsskala gleich hinter dem gepiercten Ohr rangiert.

Welche Einstellungen hatte man früher gegenüber diesem Teil der weiblichen Anatomie? Im Viktorianischen Zeitalter galt es als unhöflich, das Wort »Bauch« (*belly*) auch nur in den Mund zu nehmen, und infolgedessen musste es ersetzt werden. Da der Bauchbereich den Magen (*stomach*) mit einschließt und da sich der Magen in dessen oberem Abschnitt befindet, ein Stück weit entfernt von den »unaussprechlichen« Genitalien, erklärte man kurzum den »Bauchschmerz« zum »Magenschmerz«. Diese anatomische Ungenauigkeit bürgerte sich derart ein, dass sie bis auf den heutigen Tag überdauert hat – obwohl die viktorianische Prüderie längst hinter uns liegt. In den Kindergärten jener Zeit hielt man selbst *stomach* für zu anatomisch, weshalb es gegen *tummy* (Bäuchlein) ausgetauscht wurde. In den sechziger Jahren des 19. Jahrhunderts sprach man also nicht von »Magenschmerz«, sondern von »Bäuchleinschmerz« (*tummyache*), und auch dieser Begriff ist in Großbritannien weiterhin in Gebrauch. Er erinnert daran, dass sich das viktorianische Erbe nach wie vor in den tieferen Schichten unserer angeblich emanzipierten Gesellschaft verbirgt.

Während die eine Klasse den Bauch höflich nach oben in den Magenbereich verlagerte, zog ihn die andere rüde nach unten in den Genitalbereich. Mit der gleichen, doch inhaltlich diametral entgegengesetzten Ungenauigkeit sprach man vom Bauch, als bezeichnete er die Region unterhalb der Schamhaare und nicht die darüber. Ein früher derber Ausdruck für die Geliebte lautete »Bauch-Mieze« (*belly-piece*), und den Penis nannte man »Bauch-Rüpel« (*belly-ruffian*). Ein »Jucken im Bauch« bedeutete sexuelles Begehren, »Bauch-Arbeit« stand für Koitus.

Eine dritte Ungenauigkeit bestand darin, dass man »Bauch« mit »Schoß« oder »Gebärmutter« (*womb*) gleichsetzte. In jener Zeit, da weibliche Kriminelle wegen bestimmter schwerer Verbrechen hingerichtet wurden, gab es eine weithin bekannte Verteidigungsstrategie, den so genannten »Bauch-Einspruch« (*belly-plea*), der auf dem Erlass gründete, dass eine schwangere Frau von der Todesstrafe verschont blieb. In den meisten Gefängnissen gab es Männer, »Kind-Erzeuger« (*child-getters*) geheißen, die die wirklich heikle Aufgabe hatten, dafür zu sorgen, dass Insassinnen sich mit Recht »auf ihren Bauch berufen« konnten.

Im korrekten Sprachgebrauch bezeichnet das Wort »Bauch« den unteren Teil des Rumpfes zwischen Zwerchfell und Becken; dazu gehören der Magen, die Eingeweide und – bei der Frau – die Gebärmutter. Der medizinische Fachbegriff dafür lautet *Abdomen*.

Dieser Körperbereich weist nur wenige Oberflächenmerkmale auf. Abgesehen vom Nabel oder *Umbilicus* beziehungsweise *Omphalos* gibt es jene vertiefte Mittellinie, die *linea alba*. Bei einem normalen Erwachsenen verläuft sie senkrecht von unterhalb des Nabels bis zum unteren Brustabschnitt. Wenn man einen schlanken, athletischen Körper in passendem Seitenlicht betrachtet, gibt sich die *linea alba* als schmale, aber deutliche Vertiefung in der Haut zu erkennen, die den Ort markiert, wo sich die Muskeln der linken Körperhälfte mit denen der rechten treffen. Bei jungen muskulösen Menschen kann die Linie sowohl unter wie über dem Nabel ausfindig gemacht werden. Doch jeder (gleich welchen Alters), der Fett ansetzt, hat Mühe, sie zu entdecken – ob unter oder über dem Nabel.

Der Bauch der Frau ist im unteren Bereich runder als der des Mannes und insgesamt auch proportional länger, mit einem größeren Abstand zwischen Nabel und Genitalien. Außerdem ist der typische weibliche Nabel tiefer ausgehöhlt als der männliche, vorausgesetzt, beide Individuen sind ähnlich gebaut. Diese Unterschiede lassen sich in der Weise zusammenfassen, dass die Frau ein größeres und runderes Abdomen hat als der Mann – ein Merkmal, das von bildenden Künstlern oft überbetont wird.

Wenn Frauen altern, wird ihr Körper gewöhnlich schwerer und ihr Bauch fülliger. Wenn sie zu sehr »Speise und Trank« frönen, werden sie – mit tiefem Bedauern oder voller Stolz – bald dickbäuchig. In früheren Zeiten, da es an Lebensmitteln mangelte, wurden große Bäuche oft stolz und prahlerisch zur Schau getragen; in Stammesgesellschaften »mästete« man die Mädchen für ihre künftigen Ehemänner. Doch der neue puritanische Körperkult, gepaart mit der Sehnsucht nach ewiger Jugend, hat diese Einstellung revidiert. Heute sind für alle Altersgruppen flache Bäuche »angesagt«.

Dieser Umschwung in der »Bauch-Mode« hatte einen ungewöhnlichen Nebeneffekt: Er veränderte die Form des weiblichen Nabels. Bei molligen Figuren ist er fast kreisrund, bei schlanken hingegen eher ein vertikaler Schlitz. Eine Untersuchung an früheren Kunstwerken, die üppiger proportionierte Frauen darstellen, kam zu dem Ergebnis, dass die meisten von ihnen – 92 Prozent – kreisrunde Nabel hatten. Eine ähnliche Untersuchung an modernen Aktfotografien ergab, dass diese Zahl auf 54 Prozent gesunken ist. Demnach haben schlanke Frauen heute im Durchschnitt sechsmal häufiger einen senkrecht geschlitzten Nabel als ihre korpulenteren Vorgängerinnen.

Die veränderte Nabelform ist jedoch nicht allein auf ein geringeres Gewicht zurückzuführen. Der schlankere Körper *ermöglicht* nur den vertikalen Bauchnabel. Ob er tatsächlich in Erscheinung tritt, hängt letztlich von der Pose des Modells ab. Selbst die magerste Frau kann einen kreisrunden Nabel präsentieren, wenn sie ihr Körpergewicht nach vorn verlagert. Folglich scheinen die modernen Posen – ob bewusst oder unbewusst – auf eine stärkere Betonung des senkrecht geschlitzten Nabels abzuzielen. Der Grund dafür ist leicht zu erkennen. Da der Nabel wie eine Körperöffnung aussieht, eignet ihm seit jeher die Rolle, das weibliche Geschlechtsorgan gleichsam widerzuspiegeln. Seine Vertiefung in der Mitte des Bauches erinnert stark an die eigentlichen Öffnungen weiter unten. Die genitale Öffnung der Frau ist Teil eines vertikalen Schlitzes, während ihre anale Öffnung eher eine runde Form hat. Zwangsläufig verstärkt dann die Verschiebung zugunsten eines senkrechten Nabels die Assoziationen bezüglich des Genitalbereichs. Wenn bei Aktfotografien der genitale Spalt nicht gezeigt wird, können der Fotograf und sein Modell es schaffen, eine Pseudo-Öffnung darzubieten, die fast den gleichen Reiz besitzt wie die eigentliche Stelle.

Wer das alles ziemlich an den Haaren herbeigezogen findet, braucht sich nur einmal zu vergegenwärtigen, was mit dem Nabel in den prüderen Phasen des

20. Jahrhunderts geschah. Auf frühen Fotografien wurde er sorgfältig übermalt, wegretuschiert, wodurch der lächerliche Eindruck entstand, der weibliche Bauch sei völlig glatt. So verfuhr man, weil der Nabel angeblich allzu suggestiv wirkte. Was er indes suggerierte, wurde nie gesagt.

Auch in den frühen Filmen lösten die tanzenden Mädchen Schock und Entsetzen aus, als sie diesen Teil ihrer Anatomie entblößten. Ein offizielles Schreiben des Zensors an die Produzenten von *The Arabian Nights* (1001 Nacht) enthielt folgende Passage: »Freigegeben für ein erwachsenes Publikum unter der Voraussetzung, dass alle Tanzszenen, die den Nabel der Tänzerinnen zeigen, herausgeschnitten werden.« Eine zweite Welle der Filmzensur in den dreißiger und vierziger Jahren setzte diese Unterdrückung des Nabels fort. Der berüchtigte Hollywood-Kodex legte fest, dass nackte Bauchnabel in Filmen nicht auftauchen dürften. Wenn sie durch Kleidung nicht bedeckt werden konnten, mussten sie mit Edelsteinen oder anderen exotischen Schmuckstücken gefüllt sein. Die Puritaner empörten sich insbesondere darüber, dass die Tänzerinnen ihren Nabel *bewegen*, ihn öffnen und dehnen konnten, während sie ihre halbnackten Körper hin und her wogen ließen. Damit wurde nach Meinung der Sittenrichter der Symbolismus der Körperöffnung zu weit getrieben, weshalb sie ihn rücksichtslos ausrotten mussten, um eine sexuelle Hysterie im Publikum zu verhindern.

Gerade als die westliche Welt ihre Zensur hinsichtlich des gefilmten Nabels gelockert hatte, wurde ein weiterer Angriff auf ihn gestartet. Diesmal fand er in der ursprünglichen Heimat des Bauchtanzes statt – im Nahen Osten. Im Zuge der neuen kulturellen und religiösen Strömungen, die die arabische Welt ergriffen, erhielten Nachtklubtänzerinnen die Anweisung, ihren Bauch zu bedecken, sobald sie ihre nun so genannten »traditionellen Volkstänze« vollführten.

Diese Beschränkungen und Verbote zeigen deutlich, dass der Nabel tatsächlich die Macht hat, erotische Signale auszusenden, selbst wenn er heute den meisten von uns als ein relativ harmloses Detail der menschlichen Anatomie erscheint. Die Autoren von Handbüchern zum Thema Sex haben seinen Reiz beschrieben und die Faszination hervorgehoben, die er auf junge Liebende ausübt, wenn sie den Körper des Partners erforschen. Die Kommentare in diesen Büchern bekräftigen die Rolle des Nabels als »Echo« der weiblichen Genitalien. Dort heißt es zum Beispiel: »Er… besitzt ein ausgeprägtes sexuelles Empfindungsvermögen, das kultiviert werden kann; er passt sich dem Finger, dem großen Zeh oder der Eichel an und verdient besondere Aufmerksamkeit, wenn man ihn berührt oder küsst« (aus *The Joy of Sex*). Eine weit verbreitete Stellung in illustrierten Sex-Handbüchern zeigt einen Mann, der mit der Zunge den Bauchnabel seiner Partnerin erkundet – ein Pseudo-Penis, der in eine Pseudo-Vagina eindringt.

Bei einigen hat das Interesse an den erotischen Möglichkeiten des weiblichen Nabels fetischistische Dimensionen angenommen. Eine Organisation, die sich *US Navel Observatory* nennt (statt »US Naval…«, »US-Marine-Observatorium« scherzhaft »US-Nabelobservatorium«), hat eine ganze Klassifikation für diese kleine Stelle am Körper der Frau ersonnen; für ihre Mitglieder ist die einfache Unterteilung in senkrechte und runde Nabel viel zu oberflächlich. In einem Bericht mit dem Titel »Navel Architecture« werden nicht weniger als neun Nabelformen aufgeführt:

- *Der vertikale Schlitz* – ein seltener Typ; anmutig, feminin und erotisch.
- *Der spindelförmige Nabel* – stark ausgedehnt in der Senkrechten, aber breiter in der Mitte. Benannt nach einem spindelförmig geschliffenen Edelstein.
- *Der dreieckige Nabel* – ein weit verbreiteter Typ, der ungeachtet dessen als schön gilt; geformt wie ein auf den Kopf gestelltes Dreieck mit nach außen gewölbten Seiten. Oft mit einer tiefen Furche versehen, die sich von der Spitze ins Innere zieht.
- *Der mandelförmige Nabel* – für die Japaner der Inbegriff des weiblichen Bauchnabels schlechthin.
- *Der Kreis* – heute ein seltener Typ, der vollkommen runde Nabel.
- *Das Oval* – eine der am häufigsten auftretenden Formen.
- *Der Katzenaugen-Nabel* – eine eher horizontale als vertikale Form, die ihn wie ein Auge erscheinen lässt.
- *Der Kaffeebohnen-Nabel* – ein flacher, ovaler, leicht nach innen gehender Nabel mit zwei fleischigen Vorwölbungen. Eine Kombination des nach innen und des nach außen gehenden Nabels.
- *Der gepiercte Nabel* – der moderne verstümmelte Nabel.

Obwohl dieser Bericht eine eher zwanglose Untersuchung weiblicher Bauchnabel sein soll, offenbart doch das Bemühen um Genauigkeit, welch großes sexuelles Interesse das bescheidene »Bauchknöpfchen« zu erregen vermag. Tatsächlich ist dies nicht die einzige Klassifikation, die bezüglich des Nabels vorgenommen wurde. Ein deutscher Psychologe hat eine eigene Liste der Formen erstellt und seltsamerweise behauptet, man könne sich durch die Form seines Nabels selbst »verstehen«. Er zählt folgende Kategorien auf: »der waagerechte Nabel«, »der senkrechte Nabel«, »der vorspringende Nabel«, »der nach innen gewölbte Nabel«, »der asymmetrische Nabel« und »der runde Nabel«.

Jenseits des sexuellen Bereichs hat der Nabel ein gewisses Problem in religiösen Kreisen aufgeworfen. Diejenigen, die an die reine Wahrheit der alten religiösen

Schriften glauben, sind mit der heiklen Frage konfrontiert, ob die ersten Menschen einen Nabel hatten oder nicht. Wenn diese Wesen von der Gottheit erschaffen und nicht von der Frau geboren wurden, gab es keine Nabelschnüre und demnach auch keine Nabel. Die frühen bildenden Künstler befanden sich in dem Dilemma, ob sie auf ihren Gemälden Adam und Eva im Garten Eden mit einem Nabel ausstatten sollten oder nicht. Die meisten wählten die erste Möglichkeit und hatten zweifellos ihre persönlichen Erklärungen für die Existenz dieser ersten Nabel, aber ihre Entscheidung führte zu einem noch größeren Problem: Da Gott die Menschen nach seinem Bilde schuf, müsste er eigentlich auch einen Nabel haben. Und das wiederum gab Anlass zu einer weiteren interessanten Frage: Wer brachte Gott zur Welt?

Die Türken haben für das Problem des ersten Nabels eine eigene, ungewöhnliche Lösung gefunden. Bei ihnen gibt es eine alte Legende folgenden Inhalts: Nachdem Allah das erste menschliche Wesen erschaffen hatte, war der Teufel darüber so wütend, dass er auf den Körper des Neuankömmlings spuckte. Sein Speichel landete auf dem Bauch, woraufhin Allah schnell reagierte, indem er die beschmutzte Stelle herausriss, damit sich die Verunreinigung nicht ausbreiten konnte. Seine umsichtige Maßnahme hinterließ dort, wo der Speichel gewesen war, ein kleines Loch – und dieses war der erste Nabel.

Einem ganz anderen Symbolismus zufolge gilt der Nabel als Mitte der Welt, als erhabene, heilige Stelle, in die sich buddhistische Asketen versenken. »Den eigenen Nabel betrachten« wird fälschlicherweise oft als narzisstische, ausschließlich nach innen gerichtete Form der Meditation gedeutet, im Grunde aber ist sie genau das Gegenteil – nämlich ein Versuch, das Ich zu überwinden und auszulöschen, indem man sich, ausgehend vom zentralen Punkt, auf das gesamte Universum besinnt.

Wenn wir nun vom Nabel zum Bauch insgesamt zurückkehren, bleibt die Frage, wie der berühmte »Bauchtanz« – der *danse du ventre* – eigentlich entstanden ist. Weiter oben wurde erwähnt, dass man ihn heute fast sittsam als »traditionellen Volkstanz« bezeichnet, aber seine Ursprünge verlieren sich ausnahmsweise einmal nicht »im Dunkel der Vergangenheit«. Andernfalls würden sich moderne Puritaner vermutlich bedeutend wohler fühlen.

Der Bauchtanz besteht im Wesentlichen aus drei Bewegungen: dem Ruck, dem Kreisen und dem Sich-Wellen. Beim Ruck wird das Becken nach vorn geworfen, beim Kreisen um die eigene Achse gedreht. Beim Sich-Wellen werden die Muskeln im Bauchbereich kontrahiert, was besonderes Geschick erfordert. Die ersten beiden Bewegungen sind einfach und gewöhnlich, die dritte aber ist nur den Meisterinnen ihres Fachs vorbehalten. Alle drei haben eine ausgeprägt erotische Wirkung. Der Bauchtanz begann im Harem, wo der Herrscher oft dickleibig, hoffnungslos unsportlich und lustlos war. Um ihn sexuell zu erregen, mussten sich seine jungen Gespielinnen auf seinen trägen Körper hocken, den Penis einführen und dann schlängelnde Bewegungen ausführen, um ihn zum Höhepunkt zu bringen. Daraus wurde eine hohe Kunst, bei der das weibliche Becken hin und her schwang und die Bauchmuskulatur sich zusammenzog, um den Penis des Herrschers zu massieren. Deshalb wurde diese Art von Geschlechtsakt auch als »fruchtbare Masturbation« bezeichnet.

Im Laufe der Zeit entwickelte sich aus den weiblichen Beckenbewegungen eine artistische Darbietung, die den Herrn des Harems noch vor Beginn des eigentlichen Geschlechtsakts stimulieren sollte. Losgelöst von seinem schwerfälligen Körper konnten die Haremsdamen die Bewegungen übertreiben und rhythmischer gestalten. Als dann zusätzlich Musik hinzukam, wurde die ganze Vorführung bald zu jenem so genannten »Muskeltanz« stilisiert, den wir als Bauchtanz kennen.

Einige Experten auf diesem Gebiet haben auf einen weiteren Aspekt aufmerksam gemacht. Sie behaupten, dass einige der Bewegungen nicht auf den Geschlechtsakt, sondern auf die Geburt hindeuten. Ihr Argument ist, dass in vielen Kulturen eine gebärende Frau – ehe sie zur Patientin eines Arztes wurde – sich nicht hinlegte, um im schmerzlichen Kampf *gegen* die Schwerkraft ihr Kind zur Welt zu bringen, sondern stattdessen in die Hocke ging, um *mit Hilfe* der Schwerkraft zu entbinden. Sie unterstützte den Geburtsvorgang, indem sie ihren Bauch in eine kreisende Bewegung versetzte und dabei so fest wie möglich presste. Eben dieses Element soll im Laufe der Jahrhunderte in den Bauchtanz integriert worden sein. Demnach wäre er nicht nur ein Tanz, bei dem junge, vitale Mädchen, mit gespreizten Beinen auf einem untätigen, korpulenten Körper sitzend, den Geschlechtsakt nachahmen, sondern eine symbolische Darstellung sowohl der Empfängnis wie der Geburt – des ganzen Fortpflanzungszyklus in einem einzigen Akt.

Es lässt sich nicht mit letzter Sicherheit sagen, ob diese Deutung des Bauchtanzes richtig ist oder ob sie vielmehr darauf abzielt, einen nur dem Beischlaf dienenden Tanz quasi keimfrei zu machen und ihn mit anderen »folkloristischen« Aktivitäten in Einklang zu bringen. Jedenfalls ist dieser Reinigungsprozess in den letzten Jahrzehnten weiter fortgeschritten. Ein aus den achtziger Jahren stammendes Handbuch mit Anweisungen für den Bauchtanz führt in sein Thema folgendermaßen ein: »In seiner neuen Rolle als gesunde körperliche Kunstform dient er vor allem dazu, fit zu bleiben.« Da hat sich also die Haremsdame in eine Turnlehrerin verwandelt.

Ungeachtet der Tatsache, dass der Bauchtanz heute als »eine hervorragende Therapie gegen innere Anspannung und Depression« angepriesen wird, vermitteln die genaueren Bezeichnungen für seine verschiedenen Bewegungen weiterhin eine lebhafte Vorstellung von seinen erotischen Ursprüngen. Sie lauten zum Beispiel: die kreisende Hüftbewegung, die wandernde Beckenwelle, die wiegende Beckendrehung, der Ferse-Hüft-Stoß, der Shimmy mit durchgebogenem Rücken, der Hüftschwung, der schaukelnde Kamelrücken. Offensichtlich gingen nicht alle libidinösen Anspielungen verloren.

Jenseits seines sexuellen Symbolgehalts hat der Bauch ähnlich wie der Nabel mehrere Bedeutungen. Am häufigsten wird er mit der profaneren, animalischen Seite der menschlichen Existenz assoziiert. Da er eng mit unserer Esslust verbunden ist, setzt man ihn in Bezug zu all unseren anderen animalischen Begierden. So lautet ein griechisches Sprichwort: »Unter allen Tieren ist der Bauch das übelste.« Aus dem alten Griechenland stammt auch folgender Ausruf: »Möge Gott den Bauch und was er zu sich nimmt mit Abscheu betrachten; denn dadurch wird die Keuschheit zerstört.« Diese wenig schmeichelhafte Symbolik des Westens steht in völligem Gegensatz zu der des Ostens, wo der Bauch als Sitz des Lebens gilt. Für die Japaner zum Beispiel ist er das Zentrum des Körpers.

Normale, alltägliche Gesten mit dem Bauch sind sehr selten; wegen seiner Nähe zum Genitalbereich spielt er in zwischenmenschlichen Kontakten kaum eine Rolle. Wird er von jemand anders berührt, so sind die beiden Personen zumeist Mitglieder derselben Familie, Liebende oder alte Freunde. Eltern klopfen manchmal ihren Kindern auf den Bauch, wenn diese alles aufgegessen haben; ein stolzer Ehemann mag den sich vorwölbenden Bauch seiner schwangeren Frau tätscheln, um seine Freude über ihren Zustand kundzutun; und Liebende liegen vielleicht still beieinander, wobei der eine Partner den Kopf auf dem entspannten Bauch des anderen ruhen lässt.

Abgesehen von solchen Gesten und vom seltenen Schlag in den Bauch durch einen Feind gibt es in dieser Kategorie nur noch einen Kontakt – die intime Berührung der Bäuche während des frontalen Koitus. Seltsamerweise ist diese Stellung das Thema eines der ältesten überlieferten Wortspiele überhaupt. In einem sumerischen Text aus dem dritten Jahrtausend v. Chr. stellt der Verfasser mit traurigem Humor fest: »Stein auf Stein wurde dieses Haus gebaut; Bauch auf Bauch wurde es niedergerissen.«

18. DER RÜCKEN

Oft wurde der weibliche Rücken ignoriert, von der Frau selbst wie von den Menschen in ihrer Umgebung. Anderen Körperteilen – besonders dem Kopf, den Brüsten und den Beinen – wird viel mehr Aufmerksamkeit und Interesse zuteil. Trotzdem besitzt der Rücken eine unbestreitbare Schönheit. Noch im Ruhezustand ist er von Natur aus stärker durchgebogen als der des Mannes; da die Kurve der weiblichen Wirbelsäule runder ist, um die Pobacken deutlicher hervortreten zu lassen, bekommt die Figur sofort einen erotischeren Umriss.

Von hinten betrachtet, unterscheidet sich die Form des weiblichen Rückens auffällig von der des männlichen, insofern bei der Frau die untere Partie und beim Mann die obere Partie breiter ist. Demnach offenbart sich auch hier – ob von der Seite oder von hinten gesehen – ein Unterschied zwischen den Geschlechtern.

Gelegentlich spielt der weibliche Rücken eine große Rolle in der Welt erotischer Fantasien. Wie bereits im Kapitel über Hals und Nacken erörtert, sind insbesondere die Japaner angetan von diesem Bereich des Körpers, der auf sie einen starken sexuellen Reiz ausübt. Der Kimono ist am Nacken in bestimmter Weise ausgeschnitten, entsprechend dem Status der Trägerin. Bei der Ehefrau wird die verführerische Linie der Wirbelsäule kaum angedeutet, doch bei der Geisha steht der Kimono vom Nacken ab. Wenn sie vor ihrem männlichen Besucher niederkniet, kann er einen flüchtigen Blick auf ihren ganzen Rücken erhaschen, der durch den steifen Stoff aufreizend enthüllt wird.

Im Westen haben Modeschöpfer dem Rücken von Zeit zu Zeit einen erotischen Akzent verliehen. Wenn Kleider vorn hoch geschlossen sind, kann das Interesse auf die hintere Seite des Rumpfes gelenkt werden, wo tiefe Ausschnitte die obere Partie mehr oder weniger entblößen. Hollywood war geradezu verrückt danach im Jahre 1932, als die Schauspielerin Tallulah Bankhead in einem rückenfreien Kleid erschien, das die wagemutigen Schönen und Reichen sich sofort nachmachen ließen.

Extremere Ausführungen dieses Designs mit völlig freiem Rücken tauchen eher selten auf, wenn Modemacher eine mutige Kundin finden, die bei einem größeren gesellschaftlichen Ereignis bewusst schockieren will. Eines der ersten Beispiele war Ungaros berühmter Overall aus dem Jahre 1967, der den ganzen Rücken freigab bis zu der Stelle, wo die Gesäßspalte beginnt. Dadurch entstand zwischen den Vertiefungen des Körpers eine Art Wechselwirkung, die den unteren Rückenabschnitt mit dem oberen Brustbereich in Beziehung setzte. Außerdem hatte die Trägerin so die Möglichkeit, ihre Grübchen am Kreuzbein und die so genannte Michaelis-Raute zu zeigen.

Diese Grübchen haben in der Vergangenheit bisweilen die männliche Leidenschaft derart entfacht, dass sie zur Obsession wurde. Ein Autor, der sich diesem Detail des weiblichen Körpers näherte, sprach von »jenem seidigen, fleischigen, appetitlichen Bereich, genau dort, wo der Rücken kleine Grübchen hat…«

Bei der schlanken, heute so beliebten Figur sind die Grübchen weniger deutlich sichtbar, aber als üppigere Formen en vogue waren, wurden sie unter den kultivierteren Freigeistern zum bevorzugten Gesprächsthema. Die zwei Grübchen, die sich zu beiden Seiten des Kreuzbeins befinden, sind bei Mann und Frau vorhanden, bei ihr aber wesentlich stärker ausgeprägt aufgrund der dortigen Fettpolster. Bei Männern hingegen sind sie so dürftig ausgeprägt, dass man sie nur in 18 bis 25 Prozent der Fälle überhaupt erkennen kann.

Die antike Welt war fasziniert von diesen weiblichen Grübchen, und ihre Dichter priesen sie in den höchsten Tönen. Auch die griechischen Bildhauer schenkten ihnen liebevolle Beachtung. Und möglicherweise verdanken die Grübchen in den Wangen ihren erotischen Reiz zum Teil eben jenen anderen Grübchen unten am Po.

Die Michaelis-Raute bezeichnet die diamantförmige Zone zwischen den Grübchen des Kreuzbeins, die in früheren Zeiten ebenfalls erotisches Interesse erregte. Sie ist nach dem deutschen Gynäkologen Gustav Michaelis benannt, der unendlich viel Zeit damit verbrachte, sie zu untersuchen. Manchmal ist sie nicht von zwei, sondern von vier Grübchen umgeben und begrenzt, wobei neben den beiden üblichen noch eines unter und eines über der Raute liegt.

Allerdings hat sich die völlige Entblößung des weiblichen Rückens nicht immer als vorteilhaft erwiesen. Ein Kritiker, der Balletttänzerinnen mit rückenfreien Anzügen beobachtete, sah sich zu dem Kommentar veranlasst, dass »ihre Rücken starr wirken, als fürchteten sie die Bloßstellung wie Schnecken, die ihr Haus verloren haben«. Offensichtlich sind die muskulösen, ausgemergelten Körper moderner Ballerinen nicht bestens dafür geeignet, den ganzen Rücken zu enthüllen. Ohne die darunter liegende Fettschicht, die sanft geschwungene Formen bewirkt, droht der Rücken allzu sehnig und »drahtig« zu werden. Es scheint, als wären erotische Zurschaustellungen des Rückens eher denen vorbehalten, die eine üppigere und rundere Figur haben.

Wenn wir nun vom Sex-Appeal des Rückens zu seiner biologischen Beschaffenheit übergehen, so fällt zunächst einmal auf, dass er der am härtesten arbeitende und zugleich am wenigsten bekannte Teil des weiblichen Körpers ist. Seit dem Augenblick, da unsere fernen Urahnen sich auf die Hinterbeine stellten und den aufrechten Gang probten, muss unsere Rückenmuskulatur gewissermaßen Überstunden machen, weshalb es nur wenige Frauen gibt, die nicht irgendwann im Laufe ihres Lebens unter Rückenschmerzen leiden. Für die meisten von ihnen ist das die einzige Phase, in der sie innehalten und den Rücken als besonderen Teil ihrer Anatomie betrachten. Ansonsten verhalten sie sich eher nach der Devise »aus den Augen, aus dem Sinn«; kaum eine könnte sich mit einer Gruppierung identifizieren, deren Interesse allein auf den Rücken gerichtet ist.

Wenn eine Frau sich die Mühe machte, einen genaueren Blick auf ihren geduldig leidenden Rücken zu werfen, würde sie eine wunderbar angeordnete Reihe von Muskeln und Knochen entdecken, die eine doppelte Funktion haben, nämlich den Körper zu stützen und das Rückenmark zu beschützen. Dieses, etwa 46 Zentimeter lang und nur gut einen Zentimeter breit, bedarf ganz gewiss eines solchen Schutzes. Wenn ihm etwas Schlimmes zustößt, ist es Zeit, sich einen Rollstuhl zuzulegen. Der Rücken schließt es sicher ein, zunächst in eine aus drei Schichten bestehende Hülle, dann in eine stoßdämpfende Flüssigkeit und außerdem noch in eine harte, stoßfeste »Verschalung«, die wir als Wirbelsäule bezeichnen. Sie setzt sich aus 33 aneinander gereihten Knochen zusammen. Diese wiederum, die Wirbel, werden in fünf verschiedene Typen unterteilt. Die Halswirbel, sieben an der Zahl, verfügen über ein erstaunliches Maß an Beweglichkeit und gewährleisten so jene vielfältigen Kopfbewegungen, die für die Erforschung der Welt ringsum und den Schutz des Gesichts so wichtig sind. Die zwölf Brustwirbel sind weitaus weniger beweglich, denn sie dienen hauptsächlich als »Anker« für die Rippen. Die fünf Lendenwirbel, die kräftigsten und schwersten aller Wirbel, haben die Aufgabe, den größeren Teil des Körpergewichts zu tragen. Von dort breitet sich fast immer der gefürchtete Rückenschmerz aus.

Die Kreuzbein- oder Sakralwirbel sind unterhalb der Lenden miteinander verbunden, um das gebogene Kreuzbein zu bilden. Es besteht aus fünf Wirbeln, die jedoch als ein Wirbel in Aktion treten. Es mag seltsam erscheinen, dass dieser dreieckige Knochen am unteren Ende der Wirbelsäule mit dem Sakralen in Zusammenhang stehen soll, aber in okkulten Kreisen wurde er als der wichtigste Knochen im ganzen Körper bezeichnet, der bei rituellen Weissagungen mittels »heiliger Knochen« eine besondere Rolle spielte. Außerdem galt er als Sitz der unsterblichen Seele. Die meisten Leute finden es allerdings ziemlich pervers, die Seele unten am Rücken zu situieren. Vielleicht war aber gerade das der springende Punkt, weil beim Hexensabbat eben das Kreuzbein (*Os sacrum*) zeremoniell geküsst wurde.

Die Steißbeinwirbel sind die kleinsten und am tiefsten gelegenen Knochen des Rückgrats. Auch sie sind miteinander verbunden, um hier nun das Steißbein zu bilden – das einzige Überbleibsel unseres Primatenschwanzes. Die Bezeichnung dieses winzigen, spitz zulaufenden Knochens ist noch merkwürdiger als im Falle des Kreuzbeins, denn der lateinische Begriff *Os coccygeum* (Steißbein) bedeutet »Kuckucksbein«. Man mag sich verwundert fragen, welche Beziehung zwischen dem Überrest eines Schwanzes und einem Vogel namens Kuckuck bestehen soll. Die Antwort liegt in der ungewöhnlichen Form dieses Knochens begründet, der frühen Anatomen zufolge an den Schnabel eines Kuckucks erinnerte. Einige unserer Körperteile haben ihre Namen auf köstlich ausgefallene Art erhalten.

Das Muskelsystem des Rückens ist äußerst komplex, besteht jedoch aus drei wesentlichen Einheiten: dem Trapez- oder Kapuzenmuskel oben, dem breiten Rückenmuskel in der Mitte und dem großen Gesäßmuskel unten. Meistens entsteht der Rückenschmerz dadurch, dass diese Muskeln irgendwie gezerrt werden. Lässt man besondere medizinische Ursachen beiseite, leiden Frauen unter Rückenschmerzen vor allem deshalb, weil es ihnen in einer zivilisierten, städtischen Umgebung an Bewegung und körperlicher Ertüchtigung fehlt. Wenn die Rückenmuskulatur wegen mangelnden Gebrauchs schwächer wird, kann sie leicht das Opfer falschen Gebrauchs werden – und der ist auf eine schlechte Haltung zurückzuführen, auf plötzliche, ungewohnte, heftige Bewegungen sowie auf seelische Anspannung.

Eine schlechte Haltung kommt durch ungesunde Arbeitsweisen, bei denen der Körper gezwungen ist, stundenlang eine bestimmte Position beizubehalten. Darüber hinaus wird sie zum Problem aufgrund der immer längeren Freizeit in der westlichen Welt, wo weiche Sitzmöbel jede Wohnung, jedes Haus erobert haben. In den vielen Stunden, die die körperlich unterforderte Städterin damit verbringt, fernzusehen, zu reden oder zu lesen, kuschelt sie sich Trost suchend in ihren weichen Sessel oder ihr weiches Bett – wie ein Kleinkind, das die Geborgenheit des mütterlichen Körpers sucht. Auf der seelischen Ebene vermittelt dieses sanfte, umschmeichelnde Mobiliar ein Gefühl von Sicherheit und Ruhe, aber in körperlicher Hinsicht setzt es die Rückenmuskulatur einer so schweren Belastungsprobe aus, dass sie sich tapfer bemühen muss, die Wirbelsäule buchstäblich in Form zu halten. Das hat umso schlimmere Folgen, wenn der auf der weichen Oberfläche ausgestreckte, gekrümmte oder eingerollte Körper übergewichtig ist. Schwangere Frauen sind darauf gefasst, dass sie durch das Gewicht des Kindes fast zwangsläufig unter Rückenschmerzen leiden, aber ungewöhnlich dicke Menschen, die an der gleichen Körperstelle fast genauso viel Gewicht mit sich herumtragen, scheinen oft überrascht, wenn sie ähnliche Symptome haben.

Schwere Gegenstände hochzuheben, indem man sich vornüber beugt, und den Rücken wie einen Kran einzusetzen ist ein weiteres klassisches Beispiel für falschen Gebrauch, der dem Rücken oft mehr zumutet, als dieser aushalten kann. Allerdings sind bei dieser Art von Bewegung sportliche, durchtrainierte Frauen weitaus weniger in Gefahr als jene, die körperlich ein eher inaktives Leben führen.

Auch durch seelische Anspannung wird der Rücken dermaßen überstrapaziert, dass er unter der Bürde zusammenzubrechen droht. Körperliche Verspannungen, hervorgerufen durch quälende Sorgen und Ängste, können zu dauernden Belastungen der Rückenmuskulatur führen. Schließlich beginnt sie zu schmerzen, wodurch die Sorgen und Ängste noch größer werden, die ihrerseits wieder den Schmerz verstärken... bis man dann ärztliche Hilfe in Anspruch nehmen muss. Dieser Prozess vollzieht sich zunächst oft unmerklich – ausgelöst durch seelische Probleme, die das Gehirn derart beschäftigen, dass die Nebenwirkungen so lange ignoriert werden, bis es zu spät ist. Angeblich kann auch sexuelle Frustration Rückenschmerzen verursachen, zu deren Linderung oder Heilung manchmal eine erhöhte sexuelle Aktivität empfohlen wird.

Im symbolischen Bereich spielt der Rücken nur eine untergeordnete Rolle, sieht man einmal davon ab, dass er die Wirbelsäule beherbergt. Diese wurde als Nachbildung des urzeitlichen kosmischen Baumes betrachtet, der sich bis zum Himmel des Gehirns erstreckte. Die Mazedonier glaubten, dass sich die Wirbelsäule des Leichnams bei dessen Zerfall in eine Schlange verwandelte. Anderen Deutungen zufolge war das Rückgrat eine Straße, eine Leiter oder eine Stange. Im Mittelalter hielt man dessen »Substanz« für ungewöhnlich heilsam und jeder, der überdurchschnittlich viel davon besaß, galt als »Glückspilz«. Deshalb dachte man auch, dass es Glück brächte, den Buckel eines Buckligen zu berühren. Diese Überzeugung hat bis heute in einigen mediterranen Gebieten überdauert, wo kleine Talismane aus Plastik angeboten werden, die einen lächelnden Buckligen darstellen.

Der Rücken gehört nicht zu den besonders ausdrucksvollen Partien des weiblichen Körpers. Selbst der Ausdruck »to get one's back up« (sich über etwas aufregen) wurde nicht aus dem gekrümmten Rücken eines Menschen abgeleitet, sondern aus dem Buckel, den eine wütende Katze macht. Immerhin kann eine Frau ihren Rücken je nach Stimmung beugen, krümmen, durchstrecken, in sich zusammensacken lassen oder schlängelnd hin und her bewegen – und eine meisterliche Bodybuilderin ist sogar imstande, ihn in Falten zu legen.

Der nach vorn gebeugte Rücken – der bei einigen älteren Frauen zu einer chronischen Haltung wird – ist wesentlicher Bestandteil jener devoten Gesten, wie sie in der Verneigung, dem Niederknien, dem Kotau und dem Fußfall zum Ausdruck kommen. All diese Bewegungen kennzeichnen sich dadurch, dass der Körper kleiner gemacht wird, damit er dem niedrigen Status der betreffenden Person entspricht. In früheren Zeiten musste die Bewegung so extrem sein, dass sie den gebeugten Rücken ganz den Blicken des dominanten Gegenübers darbot. Tatsächlich war dies die einzige Möglichkeit, seinen Rücken zu zeigen, ohne Anstoß zu erregen. In aufrechter Haltung jemand anders den Rücken zuzukehren galt als unverzeihliche Grobheit, da es sich um eine bewusste Zurückweisung handelte. Aus diesem Grund waren Untergebene gezwungen, sich rückwärts gehend von einem Vorgesetzten oder Herrscher zu entfernen, bis sie das Zimmer verlassen hatten. Selbst heute gibt es noch ein Überbleibsel dieser formalen Geste – nämlich wenn jemand auf einer brechend vollen Party den Kopf nach hinten dreht und zu der Person im Rücken »Verzeihen Sie« sagt, weil sie infolge des Gedränges mit diesem konfrontiert ist. Und es bleibt bis auf den heutigen Tag eine schwer wiegende Beleidigung, einem Menschen, dem man gerade vorgestellt wurde, brüsk den Rücken zuzuwenden.

Wenn diese Bewegung äußerst unhöflich ist, weil sie den anderen bewusst ignoriert, so hat der durchgestreckte Rücken etwas Bedrohliches, insofern sich der Körper auf eine gewaltsame Aktion vorzubereiten scheint. Eben deshalb werden Soldaten darauf gedrillt, den Rücken zu versteifen, damit sie noch im entspannten oder behaglichen Zustand ein wenig aggressiver wirken als der Normalbürger. Außerdem wird dadurch der gesamte Körper etwas größer, was die Demonstration von Stärke und Übermacht begünstigt. Sackt hingegen der Rücken in sich zusammen – zum Beispiel bei Depression, die im ursprünglichen Wortsinn eine »Niederdrückung« ist –, so übermittelt er die Botschaft von Kontrollverlust, indem der Körper ein wenig kleiner wird, als deutete er eine devote Verneigung an.

Wenn eine Frau mit ihrem eigenen Rücken in Berührung kommt, führt sie verschiedene charakteristische Gesten aus. Die einfachste besteht darin, mit den Händen hinter dem Rücken dazustehen oder voranzuschreiten. Dabei umschließt die Innenfläche der einen Hand die Knöchel der anderen Hand – eine beliebte Haltung von hochrangigen Persönlichkeiten, insbesondere von königlichen Herrschern und politischen Führern, wenn sie bei offiziellen Anlässen bestimmte Darbietungen begutachten, die für sie vorbereitet wurden. Die Pose zeugt von uneingeschränkter Macht, da sie das genaue Gegenteil jener nervösen Haltung ist, bei der die Arme vor dem Körper verschränkt werden, um eine Art von Schutzwall aufzubauen. Die hinter dem Rücken ineinander gelegten Hände geben eindeutig zu erkennen: Diese Person ist in so selbstbewusster Weise dominant, dass sie nicht den geringsten Schutz auf der Vorderseite benötigt. Auch Lehrer bedienen sich der Geste, wenn sie über den Schulhof spazieren, um auf diesem speziellen Territorium ihre Vorherrschaft zu demonstrieren.

Der Rücken-Kontakt wird auch hergestellt, um geheim etwas mit versteckten Gesten zu tun – etwa wenn ein kleines Mädchen eine Hand hinter den Rücken zieht und beim Lügen Zeige- und Mittelfinger überkreuzt.

Darüber hinaus kann der Rücken auch von anderen Menschen auf unterschiedliche Weise berührt werden. Die hier am weitesten, praktisch auf der ganzen Welt verbreitete Geste ist das sprichwörtliche »Schulterklopfen«. Sie bekundet Trost, Freundlichkeit, Gratulation oder einfach gute Stimmung – und ist deshalb ebenso beliebt wie konstant in ihrem Bedeutungsgehalt, weil sie eine »verkleinerte Version« jenes grundlegendsten zwischenmenschlichen Kontakts darstellt – der Umarmung. Ein kleines Mädchen genießt es, von seiner Mutter in die Arme geschlossen zu werden, die völlige Sicherheit und unbedingte Liebe bezeugen, und den zarten Druck der Hände auf seinem Rücken zu spüren – eines der ersten Körpersignale von Fürsorglichkeit und Freundschaft. Wenn es dann erwachsen ist, erfreut es sich weiterhin an einer herzhaften Umarmung, sofern die Situation entsprechend intensiv und emotional aufgeladen ist – doch in weniger leidenschaftlichen Augenblicken wählt es eine schwächere Geste, das Schulterklopfen, das den Körper hinreichend an die stärkere Geste erinnert. Schon ein kurzes, sanftes Klopfen auf die Schulter eines leidenden Menschen spendet nachhaltig Trost, ungeachtet dessen, dass die Berührung ebenso schlicht wie kurz ist. Die übermächtige Wirkung resultiert aus dem tiefen Gefühl, das sie damals in der Kindheit hervorrief.

Eine weitere, allgemein übliche Form des Kontakts besteht darin, dass man einen befreundeten Menschen in eine bestimmte Richtung führt und anstelle des Unterarms oder des Ellbogens den Rücken leicht berührt. Diese Art der Führung ist etwas intimer, denn sie bringt die beiden Körper beim Gehen näher zusammen. Eine verwandte Geste ist die, bei welcher der eine von zwei nebeneinander stehenden und in die gleiche Richtung schauenden Menschen dem anderen die Hand leicht auf die Schulter legt und ihm damit deutlich macht: »Du weißt, ich bin da.«

Aufgrund seiner ausgedehnten, verhältnismäßig ebenen Fläche ist der Rücken eine der beliebtesten Körperstellen für sorgfältig ausgeführte Verzierungen, insbesondere für Tätowierungen. Großartige Beweise der von Tätowierern geschaffenen Kunstwerke, eingeritzt in die Rücken von tapferen, den Schmerz geduldig ertragenden Frauen, können auf der ganzen Welt bewundert werden. Dazu gehört auch jenes populäre und witzige Motiv, das eine Jagdszene zeigt, in der Pferde und Hunde den Fuchs über die gesamte Länge des tätowierten Rückens jagen, dessen Fuchsschwanz gerade zwischen den Gesäßbacken verschwindet.

19. DAS SCHAMHAAR

Während der ganzen Kindheit genießen Mädchen jenen unbeschwerten Zustand, einen praktisch unbehaarten Körper zu haben – abgesehen natürlich von den langen Haaren auf ihrem Kopf. Dann, mit Beginn der Pubertät, werden die Dinge komplizierter. Wenn ihre Eierstöcke wachsen und die Hormonproduktion einsetzt, machen sich auch äußerlich Veränderungen bemerkbar – zum Beispiel sprießen die ersten Schamhaare direkt über den Genitalien. Zumeist geschieht dies zwischen dem elften und zwölften Lebensjahr, in seltenen Fällen aber auch schon im Alter von acht Jahren oder, verspätet, von vierzehn Jahren.

Zwischen zwölf und dreizehn wird das Schamhaar normalerweise dunkler und dicker. Anschließend, zwischen dreizehn und vierzehn, gewinnt es an Fülle und nimmt allmählich die Form eines Dreiecks an. Im Alter von fünfzehn Jahren ist sein Wachstum mehr oder weniger abgeschlossen, sodass es jetzt dem Schamhaar einer Erwachsenen ähnelt.

Diese Entwicklung empfinden manche Mädchen als etwas unangenehm. Die Vorstellung von einem behaarten Genitalbereich erscheint ihnen entweder »animalisch« oder »maskulin«. In der Kindheit war ihr Körper rein und glatt, nun ist er plötzlich »schmutzig und pelzig«. Vielleicht haben sie das Schamhaar der Erwachsenen nur selten zu Gesicht bekommen, weil prüde Eltern und Filmzensoren es ihnen vorenthielten, und so mag es sie irgendwie schockieren. Außerdem werden sie bemerkt haben, dass die Körper der Männer behaart sind, und auch das bereitet ihnen möglicherweise Unbehagen.

Derartige Kommentare mögen Frauen ziemlich übertrieben erscheinen, deren Familienleben von einer »freizügigen« Atmosphäre geprägt war. Trotzdem treffen sie auf eine ganze Reihe heranwachsender Mädchen zu. Den Beweis dafür lieferte unerwartet eine wissenschaftliche Untersuchung, bei der englische Kinder befragt wurden, welche Tiere sie lieben beziehungsweise verabscheuen. Man stellte fest, dass zu Beginn der Pubertät der Ekel vor Spinnen bei den Mädchen enorm zunahm, nicht aber bei den Jungen. Im Alter von vierzehn Jahren – also genau zu dem Zeitpunkt, wenn das Schamhaar am schnellsten wächst – nahm dieser Ekel sogar dramatische Ausmaße an und war bei den Mädchen doppelt so stark wie bei den Jungen.

Auf den ersten Blick stand dieses Ergebnis in keinem deutlichen Zusammenhang mit dem Schamhaar, aber als die betreffenden Mädchen gebeten wurden zu erklären, warum sie Spinnen derart verabscheuten, antworteten sie fast einhellig, es seien »eklige, haarige Dinger«. Die Jungen – darauf gefasst, das gleiche Körperhaar auszubilden wie ihre Väter – waren diesbezüglich viel weniger besorgt. Wenn man sie fragte, warum sie Spinnen nicht mochten, erwiderten sie häufig, dass »einige von denen giftig sind«.

Die Behaarung der Spinne ist eher symbolisch als real. Wenn sie über den Boden läuft, sieht ein vierzehnjähriges Mädchen die Bewegung der langen Beine, die von dem weichen Körper in der Mitte gleichsam ausstrahlen. Eben diese Beine betrachtet sie als »Haare« und die ganze Spinne – unbewusst – als eine Art von »beweglichem haarigem Büschel«. Die Tatsache, dass die Angst vor diesem Objekt gerade dann die doppelte Intensität erreicht, wenn Mädchen das »haarige Büschel« zwischen ihren Beinen zu akzeptieren beginnen, ist äußerst viel sagend. Folglich kommt auf jedes Mädchen, das stolz auf sein sprießendes Körperhaar blickt, eines, das durch diesen Vorgang verwirrt und beunruhigt wird.

Von Kontinent zu Kontinent variiert das weibliche Schamhaar beträchtlich zwischen kurz und lang, spärlich und dicht, glatt und gelockt, weich und drahtig. Auch in Farbe und Beschaffenheit entspricht das Schamhaar nicht immer dem Kopfhaar. Viele dunkelhaarige Frauen haben helleres Schamhaar, oft mit einer rötlichen Tönung. Die meisten Frauen haben welliges oder gelocktes Schamhaar, selbst wenn ihr Kopfhaar glatt ist. Die wichtigste Ausnahme bildet der Ferne Osten, wo das glatte schwarze Kopfhaar einhergeht mit einem Schamhaar, das beschrieben wurde als »schwarz, kurz, glatt und nicht dick, sondern relativ spärlich … ein schmales Dreieck formend, dessen Spitze nach oben zeigt«.

Eine der ersten Fragen, die pubertierende Mädchen zu ihrem Schamhaar stellen, lautet wohl: »Warum und wozu habe ich das überhaupt?« Darauf gibt es drei Antworten.

Zuallererst dient das Schamhaar als visuelles Signal. In der Urzeit, als wir nackt waren, zeigte es an, dass ein heranwachsendes Mädchen jetzt geschlechtsreif war. Die volle Ausbildung des Schamhaars im Alter von fünfzehn Jahren fällt zusammen mit dem ersten Eisprung, der zur Fortpflanzung befähigt. Für den prähistorischen Mann war das fehlende Schamhaar bei jüngeren Mädchen also ein wichtiger Hinweis darauf, dass sie diese Eigenschaft noch nicht besaßen. Seine sexuelle Reaktion wurde durch vorhandenes Schamhaar wahrscheinlich verstärkt, durch fehlendes

Schamhaar hingegen gehemmt. (Gerade diese Hemmung lassen Pädophile in so merkwürdiger und unnatürlicher Weise vermissen.)

Die zweite Funktion des Schamhaars besteht darin, dass es Gerüche »einfängt«. Hautdrüsen im Genitalbereich sondern spezielle Pheromone ab – Lockstoffe, die erwachsene Männer unbewusst als sexuell anziehend empfinden –, deren Duft in dem dichten, gelockten Haar länger konserviert wird als auf der nackten, glatten Haut. Allerdings hat diese ursprüngliche Form des Duftsignals einen Nachteil. In prähistorischen Zeiten, als die Haut vollständig der Luft ausgesetzt war, blieben die natürlichen Düfte frisch. Heute hingegen, mit der engen, das Schamhaar umschließenden Kleidung, kann ein Mangel an Hygiene leicht zu einem bakteriellen Verfall des Duftdrüsensekrets führen – was dann einen unangenehmen Körpergeruch zur Folge hat. Deshalb müssen sich moderne, bekleidete Menschen häufiger waschen als ihre nackten Artgenossen in den Stammesgesellschaften, um dafür zu sorgen, dass ihre primären Duftsignale auch weiterhin die erwünschte Wirkung erzielen.

Die dritte Funktion des Schamhaars ist die, dass es während leidenschaftlicher Sexualkontakte eine Art Puffer bildet zwischen der Haut der Frau und der des Mannes und so den weiblichen *Mons pubis*, den »Schamberg« oder »Venushügel«, vor Abschürfungen schützt. Diese schützende Funktion wird oft erwähnt, und sie mag in gewisser Weise auch zutreffen, doch die moderne Frau, die sich ihr Schamhaar rasiert hat oder es ganz entfernen ließ, scheint nicht unter Schmerzen zu leiden, wenn ihr Körper den Stößen des männlichen Beckens ausgesetzt ist.

Diesen drei ernst zu nehmenden Funktionen wurden in der Vergangenheit noch weitere hinzugefügt, die jedoch höchst unglaubhaft sind. Zum Beispiel dachte man, das Schamhaar diene als »züchtige Verhüllung« der Genitalien. Vielmehr aber ist es ein verlockender Schleier, der »die erotische Fantasie entflammt«. Außerdem vertrat man die Ansicht, es schütze die weiblichen Geschlechtsteile gegen Kälte und harten Aufprall, es absorbiere den Schweiß, der auf der Vorderseite des Körpers herabrinnt, und es »begünstige während des Koitus die Ansammlung und den wechselseitigen Austausch von Energie zwischen den beiden gegensätzlichen Polen«, was immer das heißen mag.

Die vielleicht vergnüglichste all dieser seltsamen Deutungen der Funktion des Schamhaares stammt von einem frühen deutschen Anthropologen, der die Stammesgesellschaft auf dem Bismarck-Archipel im Südpazifik erforschte, wo »die Frauen sich die Hände an ihrem Schamhaar abwischten, wann immer diese beschmutzt oder feucht waren, so wie wir uns die Hände an Handtüchern abzuwischen pflegen«.

Wie viele andere Teile des weiblichen Körpers wurde auch das Schamhaar nicht immer in seinem natürlichen Zustand belassen. Sowohl in früheren wie auch in modernen Zeiten bestand ein beträchtliches Interesse daran, es zu verändern. Man färbte, formte, verzierte und entfernte es – und wie immer gab es zwei diametral entgegengesetzte Standpunkte hinsichtlich der Frage, ob solche Modifikationen annehmbar seien oder nicht.

Zu jenen, die dafür eintreten, das Schamhaar unangetastet zu lassen, gehören sowohl puritanische als auch sinnenfrohe Menschen. Die Ersteren meinen, dass jegliche Veränderung an diesem Körperteil auf eine ungesunde, obsessive Einstellung zu den Sexualorganen hindeute. Wer das Schamhaar »umgestalte«, zurechtstutze oder färbe, bekunde damit ein Interesse an der Zurschaustellung von Körperteilen, die ausschließlich der Intimsphäre vorbehalten bleiben sollten. Außerdem führe die Entfernung des Schamhaares dazu, dass der vertikale Spalt der Vagina nicht mehr verhüllt und verdunkelt wäre. Im unbehaarten Zustand sei dieser Spalt völlig entblößt und deutlich sichtbar, was die Geschlechtsmerkmale der Frau in ungebührlicher Weise betonen würde.

Die frühen Feministinnen betrachteten die »Bearbeitung« des Schamhaares ebenfalls als Versuch, männliche Fantasien und Bedürfnisse zu befriedigen, und lehnten sie genauso ab wie all die anderen Formen kosmetischer Verschönerung.

In völligem Gegensatz dazu wirkt auf hedonistisch gesinnte Menschen der natürliche Zustand des Schamhaares deshalb so reizvoll und erotisch, weil es dem Mann das ursprüngliche visuelle Signal übermittelt, dass die Frau zum Geschlechtsakt bereit ist. Darüber hinaus enthält es in seiner Funktion als »Geruchsfalle« für den Mann das Versprechen, dass die erotischen Düfte aus den weiblichen Hautdrüsen besser »konserviert« werden.

Aber auch die Beseitigung des Schamhaares ruft zwei völlig konträre Reaktionen hervor. Der puritanische Standpunkt beruht auf der Vorstellung, dass das Schamhaar im Grunde schmutzig und übel riechend sei, weshalb seine Entfernung einen hygienischen und reinigenden Effekt habe. Zudem ist die völlige Glätte an jener Stelle, verbunden mit dem Gefühl, wie die Puppe eines Kindes »nichts zwischen den Beinen zu haben«, ohne sexuellen Reiz und daher unerotisch. Diese Überzeugung veranlasste in der Vergangenheit viele Bildhauer dazu, weibliche Figuren mit glattem Venushügel und ohne die geringste Andeutung von Haaren oder anderen genitalen Merkmalen darzustellen. Außerdem veranlasste sie die Modelle, sich das Schamhaar abzurasieren, angeblich damit die Details dieses Bereichs deutlicher zum Vorschein kämen; tatsächlich aber wollten sie auf diese Weise eher wie »keimfreie« klassische Figuren aussehen.

Es gibt einen berühmten Fall, in dem ein naiver, zutiefst romantischer Gelehrter des Viktorianischen Zeitalters infolge jener künstlichen Glätte bei klassischen Statuen schrecklich zu leiden hatte. John Ruskin, Englands erster Professor der Kunstgeschichte, war 28 Jahre alt, als er – mit nur geringen Kenntnissen auf sexuellem Gebiet – seiner künftigen Frau den Hof machte. Nach der Heirat im darauf folgenden Jahr stellte sie verblüfft fest, dass er unfähig war, mit ihr zu schlafen. Jahrelang wich er seiner Gattin aus – um ihr schließlich einzugestehen, dass ihr Schamhaar ihn abstoße. Als leidenschaftlicher Erforscher klassischer Marmorskulpturen war er mit der weiblichen Anatomie bestens vertraut und empfand dabei einen hohen ästhetischen Genuss – doch er hatte nie weibliches Schamhaar zu Gesicht bekommen und wusste offenbar auch nicht, dass dergleichen überhaupt existierte. (Klassische Marmorstatuen von Männern weisen gelocktes Schamhaar auf, die von Frauen hingegen nicht.) Das Entsetzen, dass seine geliebte Partnerin ein haariges Büschel zwischen den Beinen hatte, war so groß, dass er die Ehe nie vollziehen konnte, weshalb sie sich dann gezwungen sah, diese für ungültig erklären zu lassen – trotz der Peinlichkeit, dass sie ihre weiterhin intakte Jungfräulichkeit durch eine medizinische Untersuchung beweisen musste.

Wenn manche prüden Männer eine besondere Vorliebe für den hygienisch unbehaarten Venushügel an den Tag legten, so mag es überraschen, dass viele zügellose Freigeister ein ganz ähnliches Interesse bekundeten. Der nackte Venushügel übte wie sein voll behaartes Pendant sowohl auf sittenstrenge als auch auf ungehemmte Menschen eine besondere Anziehungskraft aus.

Der sexuelle Reiz des rasierten Venushügels hat drei Ursachen. Zunächst einmal wird durch die Beseitigung des Schamhaares der senkrechte genitale Schlitz freigelegt. Bei klassischen Statuen fehlt dieses Detail aus Gründen des guten Geschmacks; entweder war der Schlitz des Modells durch die eingenommene Pose verdeckt oder der Künstler ließ ihn an seinem Werk fort. Im wahren Leben jedoch wird diese intime Stelle (»gespalten durch Gottes goldene Axt«) voll entblößt; sie übermittelt dem männlichen Betrachter ein noch stärkeres visuelles Signal als das Haarbüschel selbst.

Die zweite Ursache liegt darin, dass der unbehaarte Zustand das Signal jungfräulicher Unschuld übermittelt – das körperliche Bild eines Mädchens, das zu jung ist, um Sex zu haben, und daher auch zu jung, um Sex *gehabt* zu haben. Männer, die positiv auf den Anblick eines enthaarten Venushügels reagierten, gaben die folgenden, viel sagenden Kommentare ab: »Er ist so glatt wie die Haut eines Säuglings«; »Es geht dabei um diese Schulmädchen-Fantasie«; »Das ist einfach der Lolita-Look«. Kritiker haben lautstark protestiert, dies sei »ein Schritt in Richtung Kinderpornographie«, aber sie übersehen, dass die Männer, die durch den entblößten Venushügel erregt werden, sich einer Tatsache deutlich bewusst sind: Der Körper ihrer Partnerin ist voll ausgereift. Wenn sie ein »jungfräuliches« Merkmal mögen, so heißt das nicht, dass sie durch ein wirklich vorpubertäres Mädchen sexuell stimuliert würden. Eine Frau brachte zur Verteidigung ihres unbehaarten Venushügels folgendes Argument vor: »Jede Frau, die behauptet, dass der Mann, der eine nackte Vulva mag, ein verkappter Pädophile sei, läuft Gefahr, dass die gleiche Logik auf sie angewandt wird – es sei denn, alle ihre Liebhaber hätten Vollbärte.« Wenn noch niemand Frauen pädophiler Neigungen wegen angeklagt hat, weil sie glatt rasierte »Jungengesichter« bevorzugen, wieso sollte dann ein glatt rasierter Venushügel eine solche Anklage rechtfertigen?

Abgesehen von dem Merkmal der Unschuld wurden im Zusammenhang mit der Entfernung des weiblichen Schamhaars noch weitere Vorteile genannt. Etwa der, dass der Genitalbereich viel empfindlicher auf taktile Reize reagiert. Insbesondere das Vergnügen am oralen Sex ist für beide Partner wesentlich intensiver. Einige Frauen haben berichtet, dass schon ein kleiner Spaziergang stärkere erotische Gefühle hervorrufe: »Einfach nur die Straße entlang zu schlendern macht Spaß, weil man förmlich dahinschwebt«; dadurch »hat man irgendwie einen stolzeren Gang«. Für andere wiederum liegt der Reiz gerade darin, »ein sexy Geheimnis zu haben, das nur du und dein Partner kennen«.

Zusammenfassend lässt sich also sagen, dass die widersprüchlichen Einstellungen gegenüber dem weiblichen Schamhaar darauf hinauslaufen, den behaarten Venushügel entweder *sittenstreng* als natürlich und züchtig zu betrachten oder *ungehemmt* als erotisch-erwachsen und duftend-sexy oder den nackten Venushügel entweder *sittenstreng* als hygienisch und reinlich zu betrachten oder *ungehemmt* als entblößt und empfindlich. Wie bei zahlreichen anderen Partien des erwachsenen Frauenkörpers weichen die Ansichten in hohem Maße voneinander ab.

Wenden wir uns der Geschichte der Entfernung weiblichen Schamhaars zu, so zeigt sich, dass dieser Eingriff alles andere als eine vorübergehende Laune heutiger Mode ist. Aufzeichnungen belegen, dass er bis zu den alten Ägyptern zurückverfolgt werden kann. Ägyptische Frauen waren in Sachen Körperhaar äußerst penibel und beseitigten all dessen Spuren. Das gelang ihnen, indem sie ihre Haut mit einer klebrigen Creme aus Honig und Öl »einwachsten«.

Man hat behauptet, dass auch König Salomo weibliches Schamhaar nicht mochte. Als die Königin von Saba ihn im 10. Jahrhundert v. Chr. aufsuchte, soll er sie gebeten haben, sich vor dem gemeinsamen Liebesakt zu enthaaren; er wollte, dass sie sich ihm öffne, indem sie »den Schleier der Natur« entfernte.

Den Berichten zufolge bevorzugten es auch die Männer im alten Griechenland, dass ihre Frauen »die Haare von den Geschlechtsteilen entfernen«. Und zwar, weil »der starke Haarwuchs der südlichen Frauen sonst verhindern würde, dass man ihre Geschlechtsteile sieht …« Infolgedessen war bei den griechischen Frauen die

Depilation allgemein üblich. Dazu wandten sie drei Verfahren an. Das erste bestand darin, jedes Haar einzeln auszuzupfen; das zweite darin, die Haare mit einer brennenden Lampe abzusengen; und das dritte darin, sie mit heißer Asche abzusengen.

Auch im alten Rom war die Praxis, das Schamhaar zu beseitigen, weit verbreitet, aber die dort üblichen Verfahren unterschieden sich ein wenig von denen der griechischen Frauen. Zwar zupften sich die Römerinnen ebenfalls die Haare aus, indem sie spezielle Pinzetten – *volsella* genannt – benutzten, aber die riskanten Techniken des Absengens ersetzten sie durch die eher ungefährliche Anwendung von Enthaarungscremes. Außerdem griffen sie auf die Prozedur des Einwachsens zurück, bei der sie Pech oder Harz auftrugen. Die jungen, vornehmen Mädchen Roms bedienten sich einer dieser Methoden, sobald ihr Schamhaar zu wachsen begann.

Als die Kreuzritter im Heiligen Land ankamen, stellten sie fest, dass arabische Frauen ihren Intimbereich enthaarten. Das beeindruckte sie derart, dass sie nach ihrer Rückkehr diese Mode auch in Europa propagierten. Sie wurde während des Mittelalters von einigen Aristokratinnen übernommen, erlebte eine kurze Blütezeit und verschwand dann wieder.

Später, im 16. Jahrhundert, waren türkische Frauen bekanntlich so versessen darauf, ihren Venushügel freizulegen, dass zu diesem Zweck spezielle Räume in öffentlichen Bädern eingerichtet wurden. Es galt sogar als sündhaft, das Schamhaar in natürlicher Weise wachsen zu lassen.

In Europa war zur Regierungszeit Königin Viktorias die Entfernung des Schamhaars gänzlich unüblich, ausgenommen vielleicht bei einigen »Damen der Nacht«. Als beliebte weibliche Mode kam sie erst wieder in der sexuell freizügigen Atmosphäre der sechziger Jahre des 20. Jahrhunderts auf. Plötzlich war alles möglich, und gewisse Protagonistinnen lehnten sich gegen Sitten und Bräuche auf, die sie für prüde und altbacken hielten. Eine der berühmtesten Rebellinnen war die Designerin Mary Quant, die zu schockieren gedachte, als sie öffentlich erklärte, dass sie sich von ihrem Mann das Schamhaar in die Form eines Herzens habe schneiden lassen. Andere Frauen folgten bald ihrem Beispiel.

Während der siebziger Jahre fand im Zuge der feministischen Bewegung eine Rückkehr zum natürlichen Look statt, und so fiel die Beschneidung des Schamhaares erneut in Ungnade. Gegen Ende des 20. Jahrhunderts jedoch tauchte diese Mode mit breiter Wirkung und in verschiedenen Stilen wieder auf. Sie entstand aufgrund einer Veränderung in der Bademode. Der Beinausschnitt des Bikinihöschens wurde immer höher gezogen (damit die Beine länger aussahen), was zur Folge hatte, dass auf beiden Seiten des jetzt sehr knapp geschnittenen Stoffes einige

Schamhaarbüschel hervorlugten. Da sie hässlich wirkten, wurden sie schnell entfernt. Dieser »aus optischen Gründen« vorgenommene Eingriff führte zu einer immer drastischeren Reduzierung des Schamhaars. Weitere ausgefallene Stile traten hervor, bis dann schließlich die Beseitigung jedes einzelnen Haares in den Augen modisch-eleganter Frauen das Nonplusultra war. Zu Beginn des 21. Jahrhunderts ist die Depilation des weiblichen Intimbereichs der letzte Schrei – ein provokativer neuer Trend, der uns paradoxerweise die Schamhaarmode der alten Kulturen zurückgebracht hat.

Um diesen Spleen hat sich eine völlig neue Terminologie gebildet, wobei jeder Schönheitssalon seine eigenen Bezeichnungen für die unterschiedlichen »Nacktheitsgrade« der weiblichen Scham hat. Diese Begriffe werden nicht konsequent angewandt, aber die folgende Liste bietet zumindest eine grobe Übersicht.

- *Die Bikini-Linie:* Das ist die moderateste Form. Das vom Bikinihöschen bedeckte Schamhaar bleibt unangetastet. Nur die auf beiden Seiten hervorstehenden Haare werden entfernt, sodass kein einziges mehr sichtbar ist, wenn die Frau einen an den Beinen hoch ausgeschnittenen Bikini trägt.
- *Der ganze Bikini:* Lediglich eine kleine Haarmenge wird auf dem Venushügel (Mons pubis) stehen gelassen.
- *Der europäische Stil:* Das gesamte Schamhaar wird beseitigt, »außer einem kleinen Fleck auf dem Hügel«.
- *Das Dreieck:* Das gesamte Schamhaar wird entfernt, ausgenommen ein scharf geschnittenes Dreieck, dessen Spitze auf die Klitoris gerichtet ist. Man hat es beschrieben als »eine Pfeilspitze, die den Weg zum Vergnügen weist«.
- *Der Schnurrbart:* Vom Schamhaar bleibt nur eine breite, rechteckige Form direkt oberhalb des vaginalen Schlitzes übrig. Sie wird manchmal »Hitler-« oder »Chaplin-Schnurrbart« genannt.
- *Das Herz:* Das Schamhaar wird in der Mitte zu einem Herz geschnitten und vielleicht rosa gefärbt. Das ist ein beliebtes Geschenk zum Valentinstag, eine erotische Überraschung für den Sexualpartner.
- *Die Landebahn:* Das zentrale Haar erhält die Form eines schmalen senkrechten Streifens, während der Rest entfernt wird. Dieser Stil ist durch Models populär geworden, die äußerst knapp geschnittene Unterwäsche vorführen.
- *Der Playboystreifen:* Das gesamte Haar wird entfernt, ausgenommen ein langes, 4 Zentimeter breites Rechteck. Dieses genaue Maß mag einem seltsam vorkommen, aber es hat eine juristische Vorgeschichte. Im amerikanischen Bundesstaat Georgia mussten exotische Tänzerinnen, wenn sie nackt auftraten, einen Streifen Schamhaar stehen lassen – nämlich »2 Fingerbreit« (was etwa 4 Zentimetern

entspricht). Das hielten die Gesetzgeber in Atlanta für eine hinreichend sittsame Bedeckung des genitalen Schlitzes. Ein 1 Finger breiter Streifen galt als obszön und wurde gesetzlich verboten. Die örtlichen Sheriffs mussten also jede Nacht die schwierige Aufgabe in Angriff nehmen, bei den Tänzerinnen die Breite des Schamhaars zu überprüfen und all diejenigen nach Hause zu schicken, die das strenge Gesetz nicht befolgten. Doch nach einer gewissen Zeit nutzte diese seltsame Pflicht sich ab, und das Gesetz wurde entschärft. Verwirrend ist, dass einige Schönheitssalons den *Playboy* mit völligem »Kahlschnitt« gleichsetzen.

- *Der brasilianische Stil:* Das ist der berühmteste unter den neuen Stilen, aber es herrscht einige Verwirrung hinsichtlich seiner genauen Form. Für einige ist er identisch mit der Landebahn, für andere ist er dessen extremere Ausführung, bei der lediglich ein »vertikaler Haarstreifen« zurückbleibt. Wieder andere meinen, dass dabei sämtliche Schamhaare entfernt würden. Er begann auf der Copacabana in Rio de Janeiro, wo die am knappsten geschnittenen Bikinihöschen (kaum größer als Tangas) zuerst auftauchten. Dann zogen sieben brasilianische Schwestern (bekannt als die J. Sisters) nach New York um; sie eröffneten in Manhattan einen Schönheitssalon, in dem sie ihren Kundinnen die Depilation der Schamgegend anboten. Filmstars und Topmodels begannen ihre Dienste in Anspruch zu nehmen, und schon bald wurde der Salon zum Mekka für diese Art der Schönheitspflege. Aufgrund des wachsenden Ruhmes der J. Sisters wurde ihr Stil als der »brasilianische« bezeichnet. Als andere Salons ihre Idee kopierten, hielten sie sich nicht immer an ihre Vorgaben, und ebendaher rührt die Verwirrung. Doch die J. Sisters haben den eigenen Stil ziemlich klar definiert mit der knappen Formulierung: »Alles ab, außer einem winzigen Streifen.«
- *Die Sphynx:* Das ist unzweideutig der »Alles-ab-Stil« – es bleibt kein Härchen zurück. Die Bezeichnung wurde aus der einer unbehaarten Katzenbrut in Kanada abgeleitet. Die Sphynxkatze mit nackter, glatter Haut war eine genetisch bedingte Missbildung, die 1966 in Toronto entdeckt wurde. In einigen Salons heißt »Sphynx« auch »Hollywood«.

Das also sind die beliebtesten Formen der Schamhaargestaltung zu Beginn des 21. Jahrhunderts. Daneben gibt es aber noch einige echte »Spezialitäten«.

Manche Schamhaar-Stylisten bieten exotische Varianten an, zum Beispiel ein Firmenlogo, Bullaugen, das Sternenbanner, eine Zielscheibe oder das Familienwappen. Ein extravaganter Stylist hat eingeführt, was man als »Schamhaar-Kitsch« bezeichnen könnte, und Titel erfunden wie: »Flitterwochen-Überraschung«, »alpiner Jetstream«, »Mod Squad – Cops auf Zeit« (nach der amerikanischen Fernsehserie), »Diamantenkönigin«, »Cha-Cha-Cha« und »Blüte«. Ein anderer offeriert

Ausrufezeichen, Feigenblatt, Krone, Stern, einen purpurnen Blitzstrahl und die Initialen des Partners.

Für solche »Frisuren« oder Rasuren sind aufwändige Verfahren erforderlich. Die Schamhaare werden mit der Pinzette ausgezupft, rasiert, gefärbt, mit Enthaarungscreme behandelt, der Elektrolyse unterzogen, eingezuckert und eingewachst. Die heutzutage gebräuchlichste Technik der Enthaarung ist das Einwachsen, wonach die Schamgegend mehrere Wochen lang kahl bleibt, bis die Haare von neuem zu sprießen beginnen.

In völligem Gegensatz zu diesem Stutzen des Schamhaars steht die sonderbare Sitte, es mit einer Perücke zu schmücken. Sie wird aus menschlichem Haar, aus Nylon oder aus dem Bauchhaar des Yaks hergestellt und durch einen unauffälligen Tanga oder durch Klebstoff festgehalten, der sie mit dem echten Schamhaar verbindet.

Derlei Perücken haben eine lange Geschichte, die mehrere Jahrhunderte zurückreicht, und sie werden auch heute noch zum Verkauf angeboten. In früheren Zeiten bestand ihre ursprüngliche Aufgabe darin, jene äußerlichen Symptome der Syphilis oder anderer Geschlechtskrankheiten zu kaschieren, die die Genitalien entstellten. Später wurden sie von Prostituierten benutzt, wenn ein Freier ein äußerst buschiges Schamdreieck sexuell erregend fand. In jüngerer Vergangenheit kamen sie in der Welt des Films zum Einsatz – als »sittsame Verhüllung« des Intimbereichs von Schauspielerinnen, die in Sexszenen nackt auftreten mussten. Außerdem dienen sie als provisorische, »aufklebbare« Alternative zu den übrigen Arten des »Schamhaar-Stylings«. Bei besonderen Anlässen kann man ihnen eine exotische Form oder Färbung verleihen und sie hinterher wieder abnehmen – eine bequemere Lösung für Frauen, die sich nicht der Prozedur der kunstvollen Depilation unterziehen wollen.

Einige Perücken wurden mit Edelsteinen, Blumen oder farbigen Bändern verziert; diese drei Formen der Verschönerung – der Perücke wie gelegentlich auch des Schamhaares selbst – sind seit Jahrhunderten bekannt. Es gibt Dokumente, die belegen, dass sie schon im 16. Jahrhundert beliebt waren. Allerdings wurde man sich ihres Verwendungszwecks auf äußerst ungewöhnliche Weise bewusst. In Frankreich war der Leichnam einer ermordeten Marquise mit absichtlich entblößten Genitalien auf die Straße gelegt worden. Und wie jedermann sehen konnte, war ihr Schamdreieck »mit gewellten Bändern in verschiedenen Farben geschmückt«. Es scheint, als hätten die adligen Damen am Hofe zwar die Weisung ihres Königs befolgt, den Prunk ihrer Gewänder zu verringern, diese Beschränkung dann aber dadurch kompensiert, dass sie ihre modischen Kinkerlitzchen *unter* der Kleidung entfalteten. Äußerlich, in der Öffentlichkeit, fügten sie sich dem Wunsch des

Königs, insgeheim jedoch frönten sie auch weiterhin ihrer exzessiven Leidenschaft für Zierrat und konkurrierten um die prächtigsten Schamdreiecke, die mit Bändern verschönt, mit Blumen geschmückt oder mit wertvollen Edelsteinen besetzt waren. Letztere machten bisweilen den Venushügel zum kostbarsten Teil des weiblichen Körpers, was zu dem weit verbreiteten Euphemismus führte, der die weiblichen Genitalien als »das Schatzkästlein der Frau« oder einfach ihren »Schatz« bezeichnete.

20. DIE GENITALIEN

Mit diesem weiblichen Körperteil erreichen wir nun die Tabuzone schlechthin. Als Quelle intensiven sexuellen Vergnügens sollten die Genitalien gefeiert werden, doch in kultivierter Gesellschaft finden sie kaum Erwähnung. (Das Broadway-Erfolgsstück *Die Vagina-Monologe* von Eve Ensler bildet die einzige Ausnahme von dieser Regel.) Aber warum ist das so? Weshalb widerstrebt es den Menschen, über diesen so wichtigen Bereich der weiblichen Anatomie zu sprechen? Um die Antwort auf diese Frage zu finden, müssen wir für einen Augenblick eintauchen in unsere urzeitliche Vergangenheit.

Als unsere fernen Vorfahren zum ersten Mal auf den Hinterbeinen herumgingen, stellten sie fest, dass sie bei jeder Begegnung mit ihren Gefährten zwangsläufig die gesamte Vorderseite des Körpers entblößten. Zuvor hatten sie sich ganz normal auf vier Beinen fortbewegt, wodurch die Genitalien fast völlig verborgen und gut geschützt waren. Um sie zu zeigen, bedurfte es also einer bestimmten Haltung. Jetzt waren sie deutlich sichtbar, sobald ein menschliches Tier sich dem anderen zuwandte. Das wiederum bedeutete, dass die erwachsenen Individuen sich nicht einander nähern konnten, ohne zugleich ein geschlechtliches Signal zu übermitteln. Um diese Signale zu dämpfen oder gar zu unterdrücken, gingen Männer wie Frauen allmählich dazu über, den Genitalbereich zu bedecken: Der Lendenschurz war geboren.

Dieser Lendenschurz hatte drei Vorteile. Er verringerte nicht nur die Wirkung des nackten Geschlechtsteils, wenn der Mann oder die Frau sich in einer öffentlichen, nicht sexuell geprägten Situation befand, sondern erhöhte darüber hinaus den erotischen Reiz intimer Augenblicke, wenn er abgelegt wurde. Außerdem trug er dazu bei, den empfindlichen Genitalbereich vor den raueren Oberflächen in der natürlichen Umwelt zu schützen.

Beim Ausziehen legt man als letztes Kleidungsstück immer die moderne Entsprechung des Lendenschurzes ab. Wer nicht gerade überzeugter Nudist ist, entblößt sein Geschlechtsteil fast ausschließlich vor den Augen des Sexualpartners. Nur in Gegenwart kleiner Kinder in einer deutlich präsexuellen Phase weichen wir von dieser Regel ab.

In den meisten Ländern verlässt man sich nicht allein auf die Sitte, dass die Genitalien der Erwachsenen bedeckt bleiben, sondern erlässt formale Vorschriften: Es verstößt gegen das Gesetz, die eigenen Genitalien in der Öffentlichkeit »zur Schau zu stellen« (Exhibitionismus). Generationen von frommen Kirchgängern sind den Rufen von der Kanzel gefolgt – »Nudismus ist ... ebenso schamlos wie der Teufel selbst ... Er ist der Gipfel menschlicher Auflehnung gegen Gott.«

Was genau versuchen wir mit aller Macht zu verhüllen? Im Falle der erwachsenen Frau ist nur relativ wenig zu sehen. Unterhalb des Schamhaares und teilweise von ihm verdunkelt befindet sich ein kleiner vertikaler Schlitz, der durch die beiden äußeren Schamlippen gebildet wird – fleischige Hautfalten, welche die empfindlicheren inneren Schamlippen schützen, die ihrerseits die vaginale Öffnung umsäumen. Oben am Schlitz ist eine kleine »Kapuze« aus Fleisch, die die Klitoris partiell bedeckt – jene kleine hoch empfindliche Knospe direkt über der Öffnung der Harnröhre (*Urethra*). Und das ist es auch schon. Verglichen mit dem männlichen Sexualorgan erscheint das weibliche in optischer Hinsicht eher bescheiden. Doch der Reiz, den es ausübt, ist gewaltig, und die Anstrengungen, die Menschen unternommen haben, um es zu verbergen, waren, gelinde gesagt, außergewöhnlich.

Es sind nicht die optischen, sondern die taktilen Eigenschaften dieses Körperbereichs, die eine solche Aufregung verursachen. Kein anderer Teil der weiblichen Anatomie reagiert während des Geschlechtsakts derart empfindlich auf Berührungen, ob durch Finger, Lippen, Zunge oder Penis. Dessen spezielle Form ist in dieser Hinsicht bezeichnend. Verglichen mit den Penissen anderer Primaten ist der menschliche höchst »ausgefallen«. Es fehlt ihm nämlich das *Os penis* – jener kleine Knochen, der gleichsam einschnappt, um männlichen Affen und Menschenaffen schnell zu einer Erektion zu verhelfen. Stattdessen erigiert der menschliche Penis durch einen Blutstau in seinen Schwellkörpern. Durch die Blutgefäße kann das Blut bei sexueller Erregung schneller in den Penis hinein als aus ihm heraus fließen. Das wiederum hat nicht nur zur Folge, dass dieser sich versteift, sondern auch, dass er länger und dicker wird. Wenn er dann in die Vagina eindringt, übt er auf die Schamlippen und Scheidenwände Druck aus, der in der Frau intensive erotische Reaktionen hervorruft, sodass sie die im Verlauf des Koitus immer heftigere sexuelle Erregung des Mannes teilen kann.

Dies mag als ein ebenso offensichtlicher wie zwangsläufiger Mechanismus der Kopulation erscheinen, aber er unterscheidet sich wesentlich von dem bei anderen

Primaten. Weibliche Affen erhalten einige schnelle Stöße durch die knöchernen Glieder ihrer männlichen Artgenossen, und im Nu ist die Paarung vorbei. Bei Pavianen zum Beispiel dauert sie im Durchschnitt nur acht Sekunden – die Ejakulation findet nach sechs Beckenstößen statt. Selbst ein ungewöhnlich langer Paarungsakt würde nicht länger als 15 bis 20 Sekunden in Anspruch nehmen. Folglich können Affenweibchen weder die allmählich ansteigende Erregung noch die explosiven Orgasmen der Frau genießen. Der dicke menschliche Penis verursacht starke Empfindungen, indem er sich während des oft in die Länge gezogenen Geschlechtsaktes unserer Spezies an den Oberflächen der weiblichen Genitalien reibt. Die vaginale Öffnung, umgeben von hochempfindlichen Hautfalten, ist der wiederholten, rhythmischen Massage durch den eng sich einpassenden Penis ausgesetzt. In dem Maße, wie die Erregung der Frau zunimmt, füllen sich sowohl die äußeren wie auch die inneren Schamlippen mit Blut, schwellen auf die doppelte Größe an und entwickeln eine extrem gesteigerte Sensibilität für Berührungen. Nach längerer Stimulierung erlebt die Frau schließlich einen ekstatischen Höhepunkt, der physiologisch dem des Mannes sehr ähnlich ist. Das heißt, dass beide Partner für ihre sexuelle Anstrengung reichlich belohnt werden und dass diese Begegnung – anders als bei den Affen – möglicherweise zu einer tiefen emotionalen Beziehung zwischen ihnen führt. Aufgrund der Tatsache, dass die Frau (im Gegensatz zum Affenweibchen) dem Mann kein deutliches Zeichen gibt, wenn sie einen Eisprung hat, dienen die allermeisten Geschlechtsakte nicht der Fortpflanzung, sondern der Festigung der emotionalen Beziehung. Wenn Menschen »Liebe machen«, dann *machen* sie Liebe im wahrsten Sinne des Wortes.

In ihrer Gesamtheit werden die äußeren Geschlechtsorgane der Frau als Vulva bezeichnet. Es lohnt sich, auf jeden einzelnen Teil einen genaueren Blick zu werfen:

Der Venushügel. Auch unter seinem lateinischen Namen *Mons veneris* oder *Mons pubis* bekannt, ist er jene kräftige, mit Schamhaar bedeckte Erhebung aus Fettgewebe, die dem Schambein als Polster dient. Er befindet sich direkt über den Schamlippen, und seine Aufgabe besteht darin, während heftiger Geschlechtsakte das Schambein gegen die Stöße des männlichen Körpers abzufedern. Außerdem spielt er eine Rolle bei der sexuellen Erregung, da er mit zahlreichen Nervenenden ausgestattet ist. Jede zufällige oder gezielte Berührung dieses Bereichs hat eine stimulierende Wirkung; einige Frauen behaupten, dass sie allein schon durch eine Massage des Venushügels zum Orgasmus kommen können. Er reagiert umso empfindlicher, wenn das Schamhaar entfernt wurde – was zumindest teilweise erklärt, warum die Depilation an dieser Stelle so beliebt ist.

Der Venushügel bildet sich erst in der Pubertät infolge des plötzlich ansteigenden Östrogenspiegels. Doch modisch abgemagerte Frauen werden Mühe haben, diesem Fettpolster eine fülligere Form zu geben; daher scheinen ihre Vulven weiter vorzuspringen als üblich.

Die äußeren Schamlippen. Man bezeichnet sie auch als *Labia majora*, als »große Lippen«. Normalerweise bedecken sie die inneren Schamlippen, es sei denn, die Beine werden weit gespreizt. Wenn sie eng aneinander liegen, entsteht zwischen ihnen ein vertikaler Schlitz – die Scheide, Schamspalte oder Vulva. An ihren Oberflächen, die reichlich mit Duftdrüsen ausgestattet sind, sprießen verstreut Schamhaare. Ihre Haut ähnelt der am übrigen Körper, allerdings kann sie eine etwas dunklere Farbe haben.

Bei starker sexueller Erregung können die äußeren Schamlippen röter werden. Ihr männliches Pendant ist der Hodensack *(Skrotum)*. Ihre Größe variiert ein wenig von Frau zu Frau, insofern sie bei manchen mehr Fettgewebe enthalten, was ihnen eine rundere, markantere Form verleiht.

Die inneren Schamlippen. Man kennt sie auch unter der Bezeichnung *Labia minora* – »kleine Lippen« – oder *nymphae*. Innerhalb der fleischigen äußeren Schamlippen gelegen, haben diese kleineren, flacheren und fettlosen Lippen die Form zweier sensitiver Lappen, umhüllt von einer völlig unbehaarten, hoch empfindlichen schleimigen Membran, die durch eine Flüssigkeit feucht gehalten wird, welche wiederum aus den unter der Oberfläche liegenden Blutgefäßen hervorsickert. Während des Geschlechtsakts werden die inneren Schamlippen durch den erigierten Penis auf Dauer derart stimuliert, dass sie sich mit Blut füllen, anschwellen und eine rötliche Färbung annehmen. (Fehlt diese Röte bei einer scheinbar ekstatischen Frau, so ist das gewöhnlich ein Zeichen dafür, dass sie den Orgasmus nur vortäuscht.)

Die Gestalt der inneren Lippen variiert beträchtlich; einige sind klein und glatt, andere gefältelt, gekräuselt, geflügelt oder füllig. Bei dem Volk der Buschmänner (San) in Südwestafrika sind sie manchmal extrem in die Länge gezogen und hängen zwischen den Beinen herab »wie zwei Anhänger in der Form fleischiger Finger«. Berichten zufolge können sie eine Länge von bis zu 11 Zentimetern erreichen und in die Vagina gesteckt werden. Eine Autorität auf diesem Gebiet besteht darauf, dass sie sich sogar bis zu 20 Zentimetern ausdehnen können. Nach einer eher unglaubhaften Darstellung aus den sechziger Jahren des 19. Jahrhunderts konnte eine Mutter »ihre *nymphae* so weit nach hinten schlagen, dass sie sich über den Gesäßbacken trafen«. Man bezeichnete dieses Phänomen als »Hottentotten-

Schürze« oder »*tablier égyptien*« (ägyptische Schürze) und diskutierte ausgiebig darüber, ob die Überlänge ein Rassenmerkmal sei – oder aber das Resultat eines Brauchs, durch den sie künstlich gedehnt werden.

Sei einiger Zeit wird das Dehnen der inneren Schamlippen auch im Westen praktiziert; es gibt jetzt sogar gewisse Klubs, die Anleitungen dazu geben, um das sexuelle Vergnügen zu steigern. Allerdings sind sich die Experten hinsichtlich dieser Methode keineswegs einig. Manche Kritiker vertreten den Standpunkt, dass vergrößerte Schamlippen sich in enger Kleidung verheddern und schmerzhaftes Wundsein verursachen. Außerdem finden einige Autoren sie schlicht hässlich; ihrer Meinung nach haben »vollkommen entwickelte Frauen stets symmetrische innere Schamlippen, die nicht über die äußeren Lippen hinausragen … und die überdies glatt sind, ohne Runzeln, Falten oder Risse«.

Schönheitschirurgen würden diese Ansicht teilen, da die meisten Wünsche zur genitalen Verschönerung die Verkleinerung der inneren Schamlippen betreffen oder – wenn die eine größer ist als die andere – eine wiederherzustellende Symmetrie. Jedenfalls ist die *Labioplastik* – so der Fachausdruck – zum gefragtesten Bereich der »Intimchirurgie« geworden.

Die Vagina. Der Scheidenkanal ist eine Fleischröhre, etwa 8 bis 10 Zentimeter lang, wenn die Frau keine sexuelle Erregung verspürt. Im Ruhezustand berühren sich Vorder- und Rückwand. Bei sexueller Erregung dehnt sie sich auf eine Länge von 10 bis 15 Zentimetern aus. Im Erwachsenenalter, zwischen Pubertät und Menopause, ist ihre Oberfläche leicht gefurcht, davor und danach aber glatt.

Bei Jungfrauen wird die Scheidenöffnung durch eine dünne, sichel- bis ringförmige Schleimhautfalte teilweise abgeschlossen. Die Existenz dieses Jungfernhäutchens (*Hymen*) hatte früher eine enorme Bedeutung, wenn Bräutigame auf der Unberührtheit ihrer künftigen Gattinnen bestanden. Normalerweise reißt diese Haut beim ersten Geschlechtsverkehr in der Hochzeitsnacht unter leichter Blutung ein. In einigen Kulturen war und ist es ein wichtiges Ritual, die blutbefleckten Laken des Hochzeitsbetts als sichtbaren Beweis für die Jungfräulichkeit der Braut demonstrativ herauszuhängen. Erfahrene Frauen waren bekannt dafür, dass sie – um ihre Keuschheit vorzutäuschen – in der Hochzeitsnacht einen kleinen, mit Taubenblut durchtränkten Schwamm in ihre Vagina einführten oder unter ihrem Kissen ein Fläschchen mit Tierblut versteckten, das sie im passenden Moment über die Laken schütteten.

In modernen Zeiten, da junge Mädchen vielerlei anstrengende Sportarten betreiben – ganz zu schweigen von den diversen Gewohnheiten, Tampons zu benutzen und zu masturbieren –, reißen zahlreiche Jungfernhäutchen ein, bevor überhaupt eine Penetration stattgefunden hat. Infolgedessen tritt die übliche Blutung beim ersten Geschlechtsverkehr nur noch bei etwa der Hälfte der modernen Frauen ein. Man hat daher den Standpunkt vertreten, dass in der heutigen Gesellschaft »Jungfräulichkeit keine physische Eigenschaft mehr ist, sondern eine psychische«.

In evolutionärer Hinsicht gibt die Existenz des Jungfernhäutchens Rätsel auf. Seine Wirkung besteht darin, dass es den ersten Koitus erschwert und schmerzhaft macht. Welchen Nutzen könnte dies für das Überleben der Spezies haben? Die einzig mögliche Erklärung scheint darauf hinauszulaufen, dass es sich um eine »Maßnahme« der Evolution handelt, frühe sexuelle Kontakte ein wenig einzuschränken. Damit lag für einen Jungen, der ein Mädchen deflorieren wollte, die Schwelle höher, und der erste Geschlechtsakt zwischen jungen Liebenden wurde zu einer ernsteren und bedeutsameren Angelegenheit. Bei einer Spezies, die auf der Paarbildung beruht, würde das durchaus Sinn machen.

Im Innern der Vagina befinden sich zwei äußerst empfindliche Stellen, »hot spots«, die bei der sexuellen Erregung eine große Rolle spielen und auf die ich weiter unten eingehen werde. Das untere – der Öffnung am nächsten gelegene – Drittel der Scheide ist von Muskelgewebe umgeben. Es reguliert die Größe der Öffnung, die bei jüngeren Frauen enger ist. Bei älteren Frauen, die bereits Kinder geboren haben, lässt die Spannkraft der Muskeln nach, sodass die vaginale Straffheit etwas verloren geht. Da gerade diese auf Männer anziehend wirkt, gibt es jetzt eine kosmetische Operation, durch welche die Muskulatur wieder gestrafft und die berüchtigte »Designer-Vagina« kreiert wird – das genitale Äquivalent des Facelifting. Die oberen zwei Drittel der Vagina – ihr innerer Bereich – sind weniger muskulös und dehnen sich daher leichter, um den Penis zu beherbergen. Am inneren Ende der Vagina liegt schließlich der Gebärmutterhals oder Muttermund.

Während des Geschlechtsverkehrs führt die heftige Erregung zu einer Erweiterung des Scheidenkanals, aber selbst bei maximaler Länge ist er immer noch kurz genug, dass der Penis sein hinteres Ende erreichen und den Samen gegen den Muttermund schleudern kann. Ihn durchqueren die Spermien auf ihrer großen Reise durch die Gebärmutter zu den Eileitern, wo sie, wenn das Timing stimmt, auf eine winzige, herabgleitende Eizelle treffen – und wo ein Spermium mit ihr verschmelzen wird, um neues Leben zu zeugen.

Obwohl die weiblichen Eierstöcke Hunderttausende von Eizellen enthalten, stoßen sie während ihrer reproduktiven Lebensspanne nicht mehr als rund 400 aus. Jeden Monat gelangt ein Ei zur Reifung, das nur dann befruchtet werden kann, wenn es die Eileiter passiert – eine Strecke von etwa 10 Zentimetern, für die es mehrere Tage braucht.

Neben dem Scheidenkanal und den ihn umgebenden Schamlippen weisen die weiblichen Genitalien vier »hot spots«, »heiße Punkte«, auf: kleine Stellen mit erhöhter erotischer Empfindlichkeit, deren Stimulierung während des Geschlechtsakts die Frau dem Orgasmus näher bringt. Es handelt sich dabei um die Klitoris, den U-Punkt, den G-Punkt und den A-Punkt. Die beiden ersten Stellen befinden sich außen an der Vagina, die beiden anderen in ihrem Innern.

Die Klitoris. Der am besten bekannte »heiße Punkt« liegt auf dem »Gipfel« der Vulva, wo die oberen Enden der inneren Schamlippen sich miteinander verbinden. Der sichtbare Teil ist jene kleine, fast brustwarzengroße Entsprechung der Eichel, teilweise bedeckt von einer schützenden »Kapuze«. Im Wesentlichen besteht sie aus 8 000 Nervenfasern, die sie zum empfindlichsten Teil des gesamten weiblichen Körpers machen. Sie hat eine rein sexuelle Funktion und wird während des Koitus nicht nur größer (länger, geschwollener, steifer), sondern auch noch empfindlicher. Im Laufe des Vorspiels wird sie oft direkt durch Berührungen stimuliert; für viele Frauen, die nicht so leicht zum vaginalen Orgasmus kommen, ist es leichter, einen Höhepunkt durch orale, digitale oder mechanische Stimulation zu erreichen.

Vor kurzem berichtete ein australischer Chirurg, dass die Klitoris größer ist, als man vorher dachte, da sich ein beträchtlicher Teil von ihr unter der Oberfläche verbirgt. Der sichtbare Abschnitt stellt lediglich ihre Spitze dar, während der überwiegende Rest – ihr Schaft – sich unsichtbar nach unten ausdehnt, um die vaginale Öffnung zu umsäumen. Das heißt, dass beim Geschlechtsverkehr gerade auch diese verborgene Partie durch die Bewegungen des eingeführten Penis stark massiert wird. Es findet also immer eine gewisse klitorale Reizung statt, selbst wenn die Spitze keine unmittelbare Berührung erfährt. Allerdings ist der klitorale Schaft weniger empfindlich als die exponierte Spitze, sodass der Kontakt mit ihr stets eine erregendere Wirkung hat. Einige Frauen behaupten, dass sie, derweil der Mann seine Stöße ausführt, dank einer rhythmisch-kreisenden, nach unten gerichteten Bewegung des Beckens eine stärkere Reibung an der Klitoris erzielen und auf diese Weise ihre Ekstase steigern können, aber dies erfordert eine dominantere Rolle der Frau, die vom Mann nicht immer akzeptiert wird.

Der U-Punkt. Dabei handelt es sich um eine kleine Stelle mit empfindlichem, schwellfähigem Gewebe, die sich direkt oberhalb und zu beiden Seiten der Öffnung der Harnröhre befindet. Unterhalb davon, in dem kleinen Bereich zwischen der Harnröhre und der vaginalen Öffnung, sucht man den U-Punkt vergeblich. Weniger bekannt als die Klitoris, wurde sein erotisches Potenzial erst kürzlich von amerikanischen Forschern näher untersucht. Sie fanden heraus, dass er unerwartet heftige erotische Reaktionen zeigt, wenn er mit dem Finger, der Zunge oder der Eichel zärtlich liebkost wird.

Da wir gerade von der Harnröhre sprechen, muss unbedingt auch die »weibliche Ejakulation« erwähnt werden. Beim Mann leitet die Harnröhre sowohl den Urin als auch die Samenflüssigkeit weiter. Viele glauben, dass die Harnröhre der Frau nur Urin transportiere, aber das stimmt nicht. Bei einem ungewöhnlich heftigen Orgasmus rinnt oder schießt nämlich aus der Harnröhre mancher Frauen noch eine weitere Flüssigkeit. Denn die weibliche Harnröhre ist von speziellen Drüsen umgeben, den so genannten *Skene-Drüsen* (*Glandulae urethrales*), die der männlichen Prostata ähneln und bei extremer Erregung eine alkalische Flüssigkeit produzieren – chemisch fast genauso zusammengesetzt wie die männliche Samenflüssigkeit. Frauen, die eine solche Ejakulation erleben (deren Quantität von wenigen Tropfen bis zu mehreren Esslöffeln voll reicht), haben bisweilen das Gefühl, dass die intensiven Muskelkontraktionen während des Orgasmus sie zum unfreiwilligen Urinieren zwingen, aber das zeigt nur, dass sie ihre eigenen physiologischen Vorgänge nicht verstehen. Die gleiche Unkenntnis legten übrigens auch einige medizinische Autoritäten an den Tag, die felsenfest davon überzeugt waren, ejakulierende Frauen würden unter »stressbedingter Inkontinenz« leiden, und einen operativen Eingriff empfahlen, um sie davon zu heilen. (Kürzlich reichte ein Mann die Scheidung ein, weil er glaubte, seine Frau würde auf ihn urinieren – so groß ist die Ignoranz hinsichtlich der Funktion der weiblichen Geschlechtsorgane.)

Es ist nicht klar, welchen Zweck diese weibliche Ejakulation hat, da sie eindeutig etwas zu spät stattfindet, um die Gleitfähigkeit zu unterstützen. Diese wird durch die Scheidenwände selbst bewirkt, auf denen sich schnell eine hauchdünne flüssige Schicht bildet, sobald die sexuelle Erregung beginnt.

Der G-Punkt oder *Grafenberg-Punkt.* Hier handelt es sich um einen kleinen hoch empfindlichen Bereich, der sich etwa 5 bis 8 Zentimeter hinter der Scheidenöffnung auf der oberen Innenwand befindet. Nach seinem Entdecker, dem Gynäkologen Ernst Grafenberg, benannt, wird er manchmal auch romantisch als »Göttinnenpunkt« bezeichnet. Die in den vierziger Jahren des 20. Jahrhunderts durchgeführten wissenschaftlichen Untersuchungen über den weiblichen Orgasmus führten zu der Entdeckung, dass die Harnröhre der Frau, die oberhalb der Vagina verläuft, von schwellfähigem Gewebe umgeben ist – ähnlich dem im Penis. Sobald die Frau sexuell erregt wird, schwillt dieses Gewebe allmählich an. Das hat zur Folge, dass auch die G-Punkt-Stelle an der oberen Scheidenwand sich ausdehnt und in den Scheidenkanal ragt. Dieser »Vorsprung« ist nach Grafenberg »eine primäre erogene Zone, vielleicht sogar noch wichtiger als die Klitoris«. Er erklärte, dass sie ihre

Bedeutung verlor, als die »Missionarsstellung« das menschliche Sexualverhalten zu dominieren begann. Andere Stellungen seien viel besser geeignet, diese erogene Zone zu stimulieren und so den vaginalen Orgasmus zu bewirken.

Es sollte darauf hingewiesen werden, dass Grafenberg selbst den Ausdruck »G-Punkt« nicht benutzte. Er sprach ausschließlich von »erogener Zone«, was die Sache viel besser trifft. Leider hat die inzwischen weit verbreitete Benennung »G-Punkt« zu einigen Missverständnissen geführt. Manche Frauen hingen der optimistischen Überzeugung an, es gebe einen »Sex-Knopf«, den man bloß zu drücken bräuchte wie einen Startknopf, um jederzeit eine erotische Explosion auszulösen. Tief enttäuscht kamen sie dann zu dem Schluss, dass die Vorstellung von einem G-Punkt falsch sei, ja dass er gar nicht existiere. In Wahrheit aber ist der G-Punkt, wie bereits dargelegt, eine auf sexuelle Reize empfindlich reagierende Stelle an der Scheidenwand, die nur dann hervortritt, wenn die Drüsen um die Harnröhre angeschwollen sind.

Als man bei Medizinerkongressen zum ersten Mal über den Grafenberg-Punkt diskutierte, leugneten mehrere führende Gynäkologen dessen Existenz, was zu einer heftigen Auseinandersetzung führte. Später jedoch, als die Existenz des G-Punkts – eigens für sie – demonstriert wurde, änderten diese Kapazitäten ihre Meinung. Auch Argumente aus dem Geschlechterkampf fanden Eingang in die Debatte, insofern gewisse männerfeindliche Feministinnen die Möglichkeit eines vaginalen Orgasmus kurzerhand verwarfen. Für sie war einzig und allein der klitorale Orgasmus politisch korrekt. Wie sie auf die Vermarktung von Vibratoren mit speziellem »G-Punkt-Sucher« reagierten, die seit kurzem forciert wird, ist nicht bekannt.

Verblüffenderweise tauchten in letzter Zeit Berichte auf, einige Frauen hätten sich einer »G-Punkt-Vergrößerung« unterzogen. Dabei wird in den G-Punkt Kollagen gespritzt, um ihn weiter auszudehnen. Dazu die folgende Stellungnahme: »Eines der neuesten Verfahren, das sich zunehmender Beliebtheit erfreut, ist die G-Punkt-Injektion. Ähnliche Substanzen wie jene, die in die Lippen gespritzt werden, um sie voller zu machen, können jetzt in Ihren G-Punkt gespritzt werden. Das hat den Zweck, seine Empfindlichkeit zu erhöhen und Ihnen stärkere Orgasmen zu bescheren.« Das klingt eher nach einer urbanen Legende als nach einer chirurgischen Tatsache, doch wo es um die Steigerung der weiblichen Libido geht, ist fast alles möglich.

Der A-Punkt oder *die AFE-Zone (Anterior Fornix Erogenous Zone)*. Auch als *Epizentrum* bezeichnet, ist dies eine Stelle aus empfindlichem Gewebe, die sich am inneren Ende des Scheidenkanals zwischen Gebärmutterhals und Harnblase befindet – technisch gesehen die degenerierte »weibliche Prostata«. (Mit anderen Worten: die weibliche Entsprechung der männlichen Prostata, so wie die Klitoris das Gegenstück zum Penis ist.) Eine direkte Stimulierung dieses Punktes kann heftige Kontraktionen beim Orgasmus hervorrufen. Anders als die Klitoris soll er nicht unter postorgiastischer Überempfindlichkeit leiden.

Von seiner Existenz berichtete erst in den neunziger Jahren des 20. Jahrhunderts ein in Kuala Lumpur, Malaysia, ansässiger Arzt. Hinsichtlich dieses Punktes gab es einige Fehlinformationen, und mehrere Autoren haben seine Lage falsch beschrieben. Tatsächlich liegt er genau über dem Gebärmutterhals, am innersten Punkt der Vagina. Dieser schmale Gebärmutterhals ragt ein wenig in sie hinein, wobei um ihn herum eine runde Vertiefung entsteht. Der vordere Teil dieser Vertiefung heißt *vorderer Fornix*. Der auf ihn ausgeübte Druck bewirkt, dass die Scheide sofort feucht wird – selbst bei Frauen, die sexuell weniger erregbar sind. Inzwischen kann man einen speziellen AFE-Vibrator kaufen – lang und dünn, mit nach oben gebogener Spitze –, um diese Zone näher zu erforschen.

Experten der weiblichen Sexualphysiologie behaupten (vielleicht allzu enthusiastisch), dass eine Frau durch die abwechselnde Stimulierung dieser vier erogenen Zonen in einer einzigen Nacht viele Orgasmen genießen könne. Zugleich jedoch wird darauf hingewiesen, dass es zur Erreichung dieses Zieles eines äußerst erfahrenen und einfühlsamen Liebhabers bedarf.

Man hat gesagt, zwei von drei Frauen kämen durch bloße Penetration nicht regelmäßig zum Höhepunkt. Wie oben bereits erwähnt, stellen die meisten von ihnen fest, dass nur die klitorale Stimulierung mittels Finger oder Mund sie sicher zum Orgasmus bringt. Daraus folgt, dass für sie die beiden »heißen Punkte« im Innern der Vagina ihrer Bezeichnung gar nicht gerecht werden. Die Ursache dafür liegt offenbar in der immer gleichen Stellung beim Geschlechtsverkehr. Im Rahmen einer wissenschaftlichen Untersuchung wurden 27 Paare aufgefordert, ihre bevorzugten Stellungen versuchsweise zu variieren und solche Positionen einzunehmen, die eine stärkere Reizung der beiden »heißen Punkte« in der Vagina gestatten. Es stellte sich heraus, dass drei Viertel der beteiligten Frauen dann imstande waren, regelmäßig einen vaginalen Orgasmus zu haben.

Abschließend können die Veränderungen, die in den weiblichen Genitalien bei sexueller Erregung stattfinden, in folgendem Schema zusammengefasst werden.

Erste Phase: Beginn der sexuellen Erregung

Innerhalb der ersten Minute wird die Vagina feucht.

Die inneren zwei Drittel des Scheidenkanals dehnen sich allmählich aus.

Gebärmutterhals und Gebärmutter werden nach oben gezogen.
Die äußeren Schamlippen öffnen sich immer mehr.
Die inneren Schamlippen beginnen anzuschwellen.
Die Spitze der Klitoris wird größer.

Zweite Phase: intensive sexuelle Erregung

Die Befeuchtung der Vagina verlangsamt sich.
Die inneren zwei Drittel des Scheidenkanals sind jetzt voll ausgedehnt.
Die Wände des äußeren Drittels sind infolge der Gefäßstauung angeschwollen.
Die Scheidenöffnung verengt sich aufgrund der Schwellung der Scheidenwände um etwa 30 Prozent.
Die äußeren Schamlippen sind so weit geöffnet, dass die Vagina deutlicher sichtbar ist.
Die inneren Schamlippen sind jetzt mindestens doppelt so dick, und ihre Farbe wechselt von Rosa zu Rot.
Die Klitoris ist ganz erigiert.

Dritte Phase: der Orgasmus

Das äußere Drittel der Vagina ist rhythmischen muskulären Kontraktionen ausgesetzt.
Die ersten, stärksten Kontraktionen ereignen sich im Abstand von 0,8 Sekunden.
Die Zahl der Kontraktionen pro Orgasmus variiert von drei bis fünfzehn.
Muskuläre Kontraktionen finden im gesamten Beckenbereich (und an anderen Körperstellen) statt.
Es kann zur weiblichen Ejakulation (einer Flüssigkeit, die kein Urin ist) aus der Harnröhre kommen.

Eine Frau erreicht den Höhepunkt vielleicht schon nach fünf Minuten, aber nach einer Studie zu 20000 weiblichen Orgasmen beträgt die dafür notwendige Zeit durchschnittlich etwa zwanzig Minuten. Nach dem Orgasmus nehmen Klitoris, Schamlippen, Vagina und Gebärmutter wieder ihre normale, entspannte Form an. Einige Frauen sind fähig, multiple Orgasmen in schneller Abfolge zu genießen, während andere einen so intensiven ersten Orgasmus erleben, dass sie eine Zeit lang nicht den Drang verspüren, ihn zu wiederholen.

Einer im Jahr 2003 in Großbritannien durchgeführten Umfrage zufolge kommt jede vierte Frau während des Geschlechtsakts immer zum Orgasmus, jede zweite häufig, jede achte selten und jede zwanzigste nie. In der Vergangenheit benutzte man solche Zahlen, um zu beweisen, dass bei Frauen die Veranlagung zum Orgasmus geringer ausgeprägt sei als bei Männern. Viel wahrscheinlicher ist jedoch, dass beide Geschlechter gleichermaßen dazu veranlagt sind, dass aber die Männer aufgrund von kulturellen Zwängen und prüden Traditionen allmählich die Fähigkeit verloren haben, ihre Partnerinnen in den Zustand heftiger Erregung zu versetzen. Die Tatsache, dass in der genannten Umfrage 60 Prozent der Frauen erklärten, auch durch Masturbation zum Orgasmus zu kommen, deutet darauf hin, dass das Ungenügen nicht in ihrem Geschlechtstrieb zu suchen ist, sondern in den sexuellen Praktiken ihrer Partner.

In Anbetracht der besonderen Zartheit, Vielschichtigkeit und Empfindlichkeit der weiblichen Genitalien könnte man sich vorstellen, dass eine intelligente Spezies wie die unsere behutsam und liebevoll damit umgeht. Bedauerlicherweise aber war dies in der Geschichte nicht immer der Fall. Über Jahrtausende sind sie in ganz unterschiedlichen Kulturen erstaunlich vielfältigen Arten von Verstümmelungen und Beschränkungen zum Opfer gefallen. Gemessen daran, dass es sich um Organe handelt, die ein Höchstmaß an Freude schenken können, wurde ihnen unsagbares Leid zugefügt.

Einem Angriff waren und sind sie am häufigsten ausgesetzt: der Beschneidung. Im Westen wurde sie nur selten durchgeführt, obwohl noch 1937 ein texanischer Arzt die Entfernung der Klitoris befürwortete, um dadurch die Frigidität zu *heilen*. Das ist zwar nur ein sonderbarer Einzelfall, doch in vielen Teilen Afrikas, des Nahen Ostens und Asiens war die weibliche Beschneidung jahrhundertelang ein normaler, weit verbreiteter Eingriff. Es ist eine schreckliche Tatsache, dass die Sitte, die Genitalien junger Mädchen ganz oder teilweise abzuschneiden, keineswegs dem Reich alter Erinnerungen angehört, sondern in mehr als zwanzig Ländern auch heute noch »gepflegt« wird.

Zur Rechtfertigung der Operation nennen ihre Befürworter zum Beispiel nachfolgende Gründe. Wenn der Penis eines Mannes die Klitoris berühre, werde er vielleicht krank oder impotent – oder gar sterben. Wenn ein Säugling bei der Geburt mit der Klitoris seiner Mutter in Kontakt komme, könne er vom Tode ereilt werden. Die Klitoris vergifte möglicherweise die Muttermilch. Frauen hätten wegen ihrer äußeren Genitalien einen üblen Geruch. Diese könnten außerdem dazu führen, dass Männer illegale Drogen nähmen, um so das unersättliche sexuelle Verlangen ihrer Partnerinnen zu befriedigen. Durch die Entfernung der äußeren Geschlechtsorgane würden eine ganze Reihe von »weiblichen Problemen« verhindert, etwa eine gelbe Gesichtsfarbe, Nervosität, hässliches Aussehen, Neurose und Scheidenkrebs. – Der wahre Grund ist natürlich der, dass Frauen gerade durch die

Minderung oder Auslöschung ihrer sexuellen Freuden den tyrannischen männlichen Partnern gefügig gemacht werden sollen.

Wie läuft diese Operation ab? Im schlimmsten Fall werden den jungen Mädchen die Schamlippen und die Klitoris weggekratzt oder abgeschnitten und ihre Scheidenöffnungen mit Seide oder Darmsaiten zugenäht, sodass nur noch eine kleine Öffnung für den Urin und das Menstruationsblut bleibt. Nach dem Eingriff bindet man die Beine des Mädchens zusammen, um sicherzustellen, dass sich Narbengewebe bildet und der neue Zustand von Dauer ist. Später, wenn sie heiraten, müssen diese Frauen weitere große Schmerzen ertragen, wenn ihre künstlich verkleinerten und zugenähten Geschlechtsorgane von den Gatten aufgebrochen werden. (Und als wäre das schon nicht genug, näht man die Ehefrau unter Umständen erneut zu, sobald ihr Mann auf eine lange Reise geht.)

Diese extremste Form von genitaler Verstümmelung bei der Frau wird manchmal »Pharaonische Beschneidung« genannt. Eine etwas weniger scheußliche Abart besteht darin, »nur« die Schamlippen und die Klitoris zu entfernen. Im Vergleich dazu erscheint jener Eingriff moderater, der bisweilen als »Sunna-Beschneidung« bezeichnet wird – weil sie angeblich vom Propheten Mohammed in seinen überlieferten Aussprüchen (Sunna) empfohlen wurde – und der »lediglich« die Abtrennung der Spitze der Klitoris und/oder der klitoralen Kapuze erfordert.

Die sexualfeindliche Einstellung hinter solchen Operationen wurde von einem »Spezialisten«, der diese durchführt, deutlich zum Ausdruck gebracht: »Zuerst untersuche ich die Mädchen ganz genau. Wenn die Klitoris heraushängt und infolge der Reibung an der Unterwäsche sexuelle Erregung hervorruft, ist es an der Zeit, sie abzuschneiden.«

Jedes Jahr werden nicht weniger als zwei Millionen kleine Mädchen, die sich schreiend dagegen zu wehren versuchen, an Armen und Beinen festgehalten und dieser brutalen Operation ohne jedes Betäubungsmittel ausgesetzt. Die Schneideinstrumente sind grobschlächtig – Rasierklingen, Messer, Scheren –, Hygiene ist kaum vorhanden, und regelmäßig kommt es dabei zu Todesfällen, die jedoch stets vertuscht werden. Die Befürworter des Brauchs verteidigen ihn mit den Worten: »Die weibliche Beschneidung ist heilig, und ohne sie wäre das Leben sinnlos.«

Diese an Frauen begangene Gräueltat ist auf der Welt weit verbreitet. Schätzungen zufolge leben heute weit über hundert Millionen Frauen, die auf solche Weise verstümmelt wurden. Die Zahlen, nach Ländern geordnet, lauten wie folgt: Nigeria 33 Millionen; Äthiopien 24 Millionen; Ägypten 24 Millionen; Sudan 10 Millionen; Kenia 7 Millionen; Somalia 4,5 Millionen. Außerdem haben 90 Prozent der Mädchen in Dschibuti, Eritrea und Sierra Leone sowie 50 Prozent der Mädchen in Benin, Burkina Faso, der Zentralafrikanischen Republik, im Tschad, an der Elfenbeinküste, in Gambia, Guinea-Bissau, Liberia, Mali und Togo beschnittene Genitalien. Die Liste wäre beliebig fortzusetzen. Obwohl Afrika die ursprüngliche »Heimat« der Operation zu sein scheint, hat diese sich längst in den Nahen Osten ausgebreitet, wo sie in Bahrain, Oman, Jemen und den Vereinigten Arabischen Emiraten praktiziert wird, sowie nach Asien, wo sie in der moslemischen Bevölkerungsgruppe Malaysias und Indonesiens zahlreiche Anhänger hat.

Selbst in Ländern, wo man sie offiziell verboten hat, wird sie mit fast unverminderter Entschlossenheit weiterhin vorgenommen. In Ägypten zum Beispiel war sie gesetzlich untersagt worden – allerdings vergeblich, weil ein moslemischer Fundamentalist 1997 gegen die Regierung vor Gericht zog und den Prozess gewann.

Trotz dieser unerträglichen Situation verstecken sich die männlichen Diplomaten und Vertreter der Vereinten Nationen und anderer ohnmächtiger Organisationen hinter solch bequemen Phrasen wie: Man müsse »die örtlichen Traditionen und Sitten respektieren«. Da kann es kaum verwundern, dass sie selbst einem so wenig Respekt abnötigen.

Eben weil in letzter Zeit öffentliche Debatten über dieses Ritual geführt wurden, haben sich die Verstümmler (die an den Operationen gut verdienen) zusammengeschlossen und eine Gesellschaft zu ihrer eigenen Verteidigung gegründet. Sie bestehen nach wie vor darauf, dass die Beschneidung eines jungen Mädchens »eine einfache Methode ist, deren Promiskuität einzuschränken, die sonst zu häuslichen Auseinandersetzungen zwischen den Ehepartnern führen würde«. Und sie fordern ihre Regierungen auf, jeden mit einer Geldstrafe in Höhe von 500 000 Dollar zu belegen, der es wage, das Thema in den lokalen Medien zur Sprache zu bringen. Selbstverständlich bekämpfen medizinische Autoritäten dieses Ansinnen mit den ihnen zur Verfügung stehenden Mitteln.

In Ägypten, wo jeden Tag 3 000 Mädchen der Beschneidung unterzogen werden, hat ein führender muslimischer Theologe die Fatwa gegen jeden verhängt, der gegen die Beschneidung ist. Mit der Begründung, dass die Operation »ein löblicher Brauch« sei, der »unsere Frauen ehrt«, verkündete er, dass jeder Gegner der Beschneidung den Tod verdiene. Da lediglich 15 Prozent der Weltbevölkerung dem islamischen Glauben anhängen und nur wenige Menschen außerhalb des Islams (ganz zu schweigen von den vielen Gegnern *innerhalb* des Islams) diesen Brauch gutheißen, hat dieser Mann – der Scheich der Al-Azhar-Moschee in Kairo – also die Todesstrafe für mindestens 85 Prozent der Menschheit gefordert. Überdies fehlt diesem heiligen Mann jegliche Befugnis zu seiner Aussage, denn einerseits wird im Koran die weibliche Beschneidung gar nicht erwähnt, und andererseits gilt die Aussage Mohammeds: »Sie ist erlaubt, (aber) wenn ihr schneidet, dann nicht zu viel«, unter islamischen Gelehrten als »nicht authentisch«.

Die Anhänger des Scheichs setzen dessen feindselige Haltung rigoros in die Praxis um. Als eine ägyptische Reporterin unangenehme Fragen zur Beschneidung stellte, befahl ihr der Interviewte, den Mund zu halten: »Sonst werde ich dir und denen, die dich geboren haben, die Zunge abschneiden«, sagte er wörtlich. Und im Laufe eines weiteren bizarren Zornausbruchs erklärte er ihr, dass sie, hätte sie sich die Klitoris entfernen lassen, womöglich besser aussehen würde. (Die Beschneidung wird ja fälschlicherweise damit gerechtfertigt, dass sie das Gesicht einer Frau schöner mache.)

Zum Abschluss sollte noch kurz auf die neue Mode des genitalen Piercings eingegangen werden. Es unterscheidet sich in zweierlei Hinsicht von der genitalen Verstümmelung, die man gewöhnlich mit der weiblichen Beschneidung gleichsetzt. Erstens beruht es auf freiem Entschluss und wird nur an Erwachsenen vorgenommen, die damit einverstanden sind. Zweitens besteht seine Funktion darin, die weiblichen Genitalien zu verzieren, stärker hervorzuheben, zu stimulieren und das sexuelle Interesse darauf zu lenken, anstatt sie zu zerstören.

Warum irgendjemand allerdings den Wunsch haben sollte, sich Metallstifte oder Ringe in kleine Löcher stecken zu lassen, die in empfindliche Teile der Vulva gebohrt werden, können die meisten Menschen nur schwer verstehen, aber für eine kleine Minderheit ist genau dies zu einer aufregenden neuen Mode in der langen Geschichte des Körperschmucks geworden.

Die wichtigsten genitalen Piercings sind:

- *Das senkrechte Piercing durch die klitorale Kapuze.* Das ist die beliebteste Form des modernen genitalen Piercings. Es besteht aus einem dünnen, manchmal gebogenen Stift, der vertikal durch die Haut der Kapuze direkt über der Klitoris geht, und an dessen beiden Enden jeweils eine winzige Kugel befestigt ist. Die untere dieser Kugeln berührt demnach die Klitoris und kann bei bestimmten Körperbewegungen stimulierend wirken. Oder das Piercing besteht aus einem einfachen, vertikal in die Kapuze gesteckten Ring.
- *Das waagerechte Piercing durch die klitorale Kapuze.* In diesem Fall wird das Loch seitlich durch die klitorale Kapuze gestochen. Auch hier können Stifte oder Ringe eingeführt werden. Man sagt, diese Art von Piercing wirke dekorativer, aber weniger stimulierend.
- *Das klitorale Piercing.* Aus nahe liegenden Gründen kommt es äußerst selten vor. Die Klitoris ist für ein ergiebiges Piercing zu empfindlich und meistens auch zu klein.
- *Das Dreieck-Piercing.* Hierbei handelt es sich um ein waagerechtes Piercing am unteren Ende der klitoralen Kapuze. Während das vertikale Piercing durch die

klitorale Kapuze den vorderen Teil der Klitoris stimulieren kann, wird durch das Dreieck-Piercing deren hinterer Teil stimuliert.

- *Das Schamlippen-Piercing.* Die inneren oder die äußeren Schamlippen werden zu beiden Seiten der Klitoris oder des Scheideneingangs jeweils von einem Ring oder Stift durchbohrt.

Obwohl diese neue Faszination von gepiercten weiblichen Genitalien wahrscheinlich nicht mehr als eine vorübergehende Modeerscheinung ist, fällt sie doch unglücklicherweise in eine Phase, da so viele Anstrengungen unternommen werden, die ebenso gewaltsame wie sexualfeindliche Verstümmelung von Millionen von Mädchen durch Beschneidung zu unterbinden. Wenn einige moderne Frauen keine Mühe scheuen und ihre Genitalien unter starken Schmerzen durchstechen lassen, nur um einem trivialen Trend zu folgen, dann ist es sehr viel schwieriger, sich über andere, weitaus schwerwiegendere Entstellungen der Genitalien zu beklagen. Allerdings sollte dabei eines nicht vergessen werden: Auch wenn beide Verfahren einen chirurgischen Angriff auf die empfindliche Vulva darstellen, so zielt er im einen Fall doch darauf ab, das sexuelle Vergnügen zu steigern, während er es im anderen Fall zu zerstören trachtet.

21. DER PO

Der Po ist ziemlich zu Unrecht Zielscheibe des Spotts am weiblichen Körper geworden. Er gibt ein beliebtes Thema für schmutzige Witze ab – und die bringen die Leute zum Lachen. Der Arsch, der Hintern, das Gesäß, der Steiß, das Hinterteil, der Allerwerteste, der Popo, der Podex, der Pöter, der Tokus, der verlängerte Rücken, der Sterz, jemandes vier Buchstaben – egal, wie man die Pobacken nennt: Sie gelten entweder als etwas Lächerliches oder als etwas Obszönes. Selbst wenn sie aufgrund ihrer Nähe zu den Genitalien eine erotische Wirkung auszuüben scheinen, werden sie eher gezwickt oder geschlagen, erhalten sie eher einen Klaps, als dass sie liebevoll gestreichelt würden.

Man muss die Literatur schon genau durchsehen, um lobende Worte für diesen Bereich der weiblichen Anatomie zu finden. In seinem Roman *Lady Chatterley's Lover* (deutsch: *Lady Chatterley*) spricht D. H. Lawrence lyrisch über die »schläfrige, runde Stille der Pobacken«; Rimbaud bewundert sie als »zwei außergewöhnliche Bögen«, während Lord Byron bekennt, das weibliche Gesäß sei »ein seltsam' Ding, schön anzuseh'n«.

Neuere Autoren haben ziemlich rätselhafte Bemerkungen gemacht, nämlich dass der »Arsch das Gesicht der Seele des Sex« sei oder dass er »ein Büfett voller Vergnügen« biete. Der italienische Filmregisseur Federico Fellini erklärte, nicht minder rätselhaft, die »Frau mit großem Hintern« sei ein »molekulares Epos der Weiblichkeit« – ein Satz, der durch die Übersetzung ins Englische wohl etwas von seinem eigentlichen Inhalt eingebüßt hat. Der spanische Künstler Salvador Dalí ging noch einen Schritt weiter, als er die Überzeugung vertrat, »gerade durch den Arsch« könnten die »größten Geheimnisse des Lebens ergründet werden«.

Das sind allerdings nur vereinzelte wohlwollende Kommentare – Ausnahmen, die die Regel bestätigen. Denn normalerweise stößt man eher auf ironische oder vulgäre Äußerungen – und diese negative Einstellung besteht weiterhin fort, ungeachtet der Tatsache, dass der Po ein spezielles, ja einzigartiges Merkmal des Menschen darstellt. Er wurde ausgebildet, als unsere fernen Urahnen jenen wahrhaft gigantischen Fortschritt in ihrer Entwicklung machten und sich auf die Hinterbeine stellten. Die kräftigen Gesäßmuskeln dehnten sich extrem aus und ermöglichten so dem Körper, permanent in völlig aufrechter Position zu bleiben. Ebendiese Muskeln, die ihn unterhalb des Rückens mit jenem Paar fleischiger Halbkugeln ausstatteten, finden wir – voller Undank – heute so komisch.

Die Gründe für unsere Einstellung kann man leicht erkennen. Die Pobacken sind sozusagen nicht allein. Denn zwischen ihnen verbirgt sich der Anus, den Tag für Tag alle festen körperlichen Abfallprodukte – und gelegentlich auch die noch berüchtigteren Verdauungs-»Abgase« – passieren müssen. Außerdem werden, wenn wir uns nach unten beugen, die Genitalien sichtbar, eingerahmt von den beiden Kurven der Pobacken. Folglich sind Assoziationen mit Ausscheidungsvorgängen und Sex gar nicht zu vermeiden.

So gilt die Entblößung des Hinterns zwangsläufig als grobe Beleidigung – als symbolische Darmentleerung auf einen Feind – oder als derbe Obszönität, als schamlose Präsentation der Geschlechtsorgane. In der modernen Gesellschaft kann die öffentliche Zurschaustellung des nackten Hinterteils Reaktionen hervorrufen, die von verlegenem Lachen zu ernster Beschwerde, Empörung und gar Strafverfolgung reichen. Vor einiger Zeit setzte sich das Oberste Bundesgericht der Schweiz mit der heiklen Frage auseinander, ob die Entblößung eines Gesäßes »beleidigend« oder »unanständig« sei. Auf eben dieser feinen Unterscheidung gründete der Urteilsspruch. Eine Schweizerin hatte während eines heftigen Streits mit einer Nachbarin plötzlich »ihr nacktes Hinterteil enthüllt«. Da dies im Beisein von Kindern geschah, wurde sie wegen Erregung öffentlichen Ärgernisses verhaftet und von einer unteren gerichtlichen Instanz schuldig gesprochen. Nach reiflicher Überlegung hob das Oberste Bundesgericht diesen Schuldspruch auf und erstattete der Frau sogar die angefallenen Gerichtskosten. Es war nämlich zu der Überzeugung gekommen, »dass die Geste sicherlich ein beleidigendes Verhalten und als solches strafbar ist, dass sie aber nicht als obszön betrachtet werden kann, weil die Fortpflanzungsorgane nicht sichtbar waren«. Wenn sich die Frau bei ihrer provokativen Geste weiter nach unten gebeugt hätte, wäre der Schuldspruch vermutlich bestätigt worden.

Solche extremen Reaktionen auf entblößte Hinterteile sind heute in der westlichen Welt eher selten. So genannte »Flitzer«, Exhibitionisten bei Sportveranstaltungen oder anderen gesellschaftlichen Ereignissen, ernten meistens nur Gelächter – genauso wie die »*mooners*« an amerikanischen Colleges, die ihren nackten Hintern aus dem Fenster ihres Wohnheims strecken (und so symbolisch den »Mond«

aufgehen lassen). Als Ausdruck des Protests ist körperliche Nacktheit auch nicht mehr das, was sie einmal war.

Die Zurschaustellung des Hinterns wird manchmal durch Hinzufügung des Ausspruchs »*Kiss my arse!*« (»Leck mich am Arsch!«) noch beleidigender. Wörtlich genommen besteht die Kränkung in der Aufforderung zu einem demütigenden Akt der Unterwerfung. Im Grunde steckt aber noch mehr dahinter: Obwohl sich die beleidigende und beleidigte Person wahrscheinlich dessen nicht bewusst sind, praktizieren sie die moderne Version eines uralten magischen Brauches. Um diese Zusammenhänge zu verstehen, müssen wir uns zunächst dem antiken Griechenland zuwenden.

Die alten Griechen teilten die heutige Auffassung nicht. Für sie waren die Pobacken nicht in erster Linie Zielscheibe des Spotts. Vielmehr sahen sie in dieser Körperregion einen ungewöhnlich schönen Teil der Anatomie – wegen seiner anmutigen Krümmung, aber auch weil er einen starken Kontrast zum Steiß der Affen und Menschenaffen bildete. Diese wohlgeformten Halbkugeln unterschieden sich so sehr von den zähen Ballen verhärteter Haut (den Gesäßschwielen) am dürftigen Hinterteil der Affen, dass die Griechen sie – völlig zu Recht – als zutiefst menschlich betrachteten. Die kurvenreiche Göttin der Liebe, *Aphrodite Kallipygos* – wörtlich »die Göttin mit dem schönen Hintern« –, hatte dem Mythos zufolge einen Po, der ästhetisch anziehender war als jede andere Partie ihres Körpers. Ihr wurde eine so große Verehrung entgegengebracht, dass man an vielen Stellen Tempel für sie errichtete und damit den Hintern zum meistbewunderten Teil der menschlichen Anatomie machte.

Diese frühe Wertschätzung der Pobacken als eines exquisiten, für den Menschen charakteristischen Merkmals gab später Anlass zu einer weiteren Vorstellung: Wenn sich die Menschen nicht zuletzt durch ihr gerundetes Hinterteil von den Tieren unterschieden, dann müsse den Ungeheuern der Finsternis dieses besondere anatomische Detail fehlen. So kam es, dass der Teufel sich für alle Zeit den Ruf erwarb, ohne Hinterbacken zu sein. In Europa war man schon bald davon überzeugt, dass er trotz seiner Fähigkeit, eine menschliche Gestalt anzunehmen, diese Verwandlung niemals vollenden könne, weil es ihm trotz aller Versuche stets misslingen werde, den runden menschlichen Po nachzubilden. Auf das herrlichste, ganz einzigartige Kennzeichen des menschlichen Körpers hatte selbst er, der Inbegriff des Bösen, keinerlei Zugriff.

Diese Schwäche galt als eine Ursache seiner Qual und diente deshalb als einmalige Gelegenheit, den Teufel zu peinigen. Um seinen Neid zu erwecken, musste man ihm nur das nackte Hinterteil zeigen. Da ihn die plötzliche Entblößung an die eigene Schwäche erinnerte, musste er wegschauen, seinen unheilvollen Blick abwenden. Die Geste, ihm das Hinterteil darzubieten, schützte den Menschen also vor dem gefürchteten »bösen Blick«; sie wurde weithin als probates Mittel eingesetzt, die satanischen Mächte in die Flucht zu schlagen.

Derartige Zurschaustellungen des Hinterns galten nicht als obszön oder vulgär. An den Haupteingängen zahlreicher Festungen und Kirchen waren geschnitzte Bildwerke von Frauen angebracht, die ihre nackten Hinterteile stets dem Betrachter zuwandten, um so die bösen Geister zu vertreiben. In den damaligen deutschen Landen streckten die Frauen bei besonders furchteinflößenden nächtlichen Unwettern ihre unbedeckten Pobacken zur Haustür hinaus in der Hoffnung, auf diese Weise die Dämonen abzuwehren und vom Tod durch Blitz und Hagel verschont zu bleiben.

Mit großer Wahrscheinlichkeit gingen aus solchen Ritualen alle späteren Zurschaustellungen des »verlängerten Rückens« hervor. Die heutigen Flitzer und »*mooners*« führen also, ohne sich dessen bewusst zu sein, eine alte magische Tradition fort, die im Christentum fortlebte. Da der Teufel seine Rolle als Hauptfeind inzwischen eingebüßt hat, wird eine solche Entblößung nur noch als »grob« empfunden. Aus einem abergläubischen Akt der Gegenwehr wurde ziemlich rasch die unzüchtige Enthüllung einer körperlichen Tabuzone.

Aber wie lässt sich dann der Ausdruck »Kiss my arse!« erklären? Um diese Frage zu beantworten, muss man frühe Darstellungen des Teufels näher untersuchen. Was hat er anstelle der fehlenden Hinterbacken? Ein zweites Gesicht. Und ebendieses sollten die Hexen im Rahmen ihrer rituellen Zusammenkünfte während der Walpurgisnacht küssen. Gegen den Vorwurf, etwas Schmutziges getan und das Hinterteil des Teufels geküsst zu haben, brachten sie zu ihrer Verteidigung vor, sie hätten ja nur den Mund seines zweiten Gesichts geküsst.

All diese Aktivitäten entsprangen natürlich der lebhaften Phantasie mittelalterlicher Menschen, aber das tut nichts zur Sache. Die Legenden und Überzeugungen, die von einer abergläubischen Generation an die nächste weitergegeben wurden, stellten klar, dass das »Küssen des Arsches« die unflätige Handlung einer Anhängerin des Teufels und daher verabscheuungswürdig war. Mit dem Schwinden des Aberglaubens gingen auch seine ursprünglichen Sinnzusammenhänge allmählich verloren. Doch wie in vielen vergleichbaren Fällen überlebte der alte Ausdruck und wurde zu einer modernen Beleidigung.

Bislang haben wir die Entblößung des Hinterteils lediglich als feindseligen Akt betrachtet – als einen früher praktizierten Widerstand gegen dunkle Mächte oder als heutige Form der Kränkung. Aber sie hat noch eine völlig andere Bedeutung: Der Po übermittelt auch starke erotische Signale.

Die Weibchen vieler Affen- und Menschenaffenarten haben leuchtend farbige Hinterteile. Diese schwellen an, werden immer deutlicher sichtbar, wenn die Zeit des Eisprungs naht, und bilden sich danach wieder zurück. Folglich kann ein Männchen auf einen Blick erkennen, ob das Weibchen sexuell aktiv ist oder nicht. Die Paarung findet gewöhnlich nur dann statt, wenn beim Weibchen die Schwellung am auffälligsten ist.

Bei der Menschenfrau verhält es sich anders. Ihr Hinterteil wird mit dem Zyklus nicht größer und kleiner, sondern behält stets jene runde, vorspringende Form. Auch ihr Geschlechtstrieb bleibt fast ununterbrochen stark ausgeprägt. Da er ihrem Streben nach Paarbildung zugute kommt, hat sie ihn gleichsam extrem ausgedehnt, sodass sie prinzipiell immer für den Mann empfänglich ist. Sie kann den Geschlechtsakt vollziehen, auch wenn die Möglichkeit einer Schwangerschaft ausgeschlossen ist, eben weil er nicht mehr allein der Fortpflanzung dient. Als »Belohnung« trägt er dazu bei, die emotionale Bindung zwischen Frau und Mann zu festigen und so den Bestand der arterhaltenden familiären Einheit zu sichern. Wie bereits erwähnt, *machen* die Menschen buchstäblich *Liebe*, wenn sie Liebe machen, und zu diesem Zweck ist es wichtig, dass der weibliche Körper jederzeit seine erotischen Signale aussenden kann.

Man könnte nun folgendermaßen argumentieren: Wenn die menschlichen Gesäßmuskeln hauptsächlich die Funktion haben, die aufrechte Körperhaltung zu gewährleisten, dann kann die Frau gar nicht anders, als ihre gewölbten Pobacken ständig zur Geltung zu bringen. Doch in ihrem sexuellen Aspekt gehen diese weit über die Erfordernisse einer simplen Mechanik hinaus. Gemessen an der Körpergröße sind sie üppiger als beim Mann, nicht weil sie muskulöser wären, sondern weil sie viel mehr Fettgewebe enthalten. Dieses zusätzliche Fett wurde als »Vorratskammer für den Notfall« beschrieben – ähnlich dem Höcker eines Kamels –, doch ganz gleich, ob das stimmt oder nicht, es ist jedenfalls geschlechtsspezifisch und daher automatisch ein weibliches Sexsignal.

Dieses Signal wird durch zwei andere weibliche Eigenschaften noch betont: die nach hinten gerichtete Drehbewegung des Beckens und die beim Gehen sich wiegenden Hüften. Es wurde bereits darauf hingewiesen, dass die typische Frau – nicht zu verwechseln mit der Athletin, deren Körper durch spezielles Training tief greifend vermännlicht wurde – einen stärker durchgebogenen Rücken hat als der Mann. In normaler Ruheposition springt ihr Hinterteil – ungeachtet der Größe – weiter hervor als das seine. Wenn sie geht, erzeugt die andersartige Struktur der Beine und Hüften im weiblichen Skelett eine schwingendere Bewegung im Gesäßbereich. Platt gesagt: Wenn die Frau geht, wackelt sie mit dem Hintern.

Die Kombination dieser drei Merkmale – mehr Fett, deutlichere Vorwölbung und stärkere Schwingungsbewegung – übt auf den Mann einen intensiven erotischen Reiz aus. Dessen Ursache liegt nicht darin, dass die Frau ihr Gesäß absichtlich nach hinten streckt und es bewusst hin und her schwenkt, um von Männern bewundert zu werden, sondern einfach darin, dass ihr Körper so gebaut ist. Natürlich kann sie diese natürlichen Signale übertreiben, wenn sie das Risiko, wie eine Karikatur ihrer selbst zu erscheinen, bereitwillig eingeht und wild mit dem Po wackelt. (Kürzlich berichtete ein begeisterter Anhänger der Popsängerin Kylie Minogue, dass sie dies 251 Mal während eines einzigen Konzerts getan habe.) Doch selbst wenn eine Frau überhaupt keine Anstrengungen in dieser Richtung unternimmt, sendet ihre Anatomie im Namen des eigenen Geschlechts ständig erotische Signale aus.

Heute empfangen wir vielleicht weniger von diesen Signalen als in den frühen Phasen der menschlichen Entwicklungsgeschichte. Wahrscheinlich hatten die Frauen unserer Urahnen im Vergleich zu ihren modernen Nachfahrinnen viel größere Hinterbacken. Selbstredend gibt es keine Skelette, die zum Beweis dieser These herangezogen werden könnten, aber wenn wir die steinzeitlichen Felszeichnungen und Skulpturen betrachten, so stoßen wir überall auf äußerst üppige weibliche Hinterteile. Sie durchziehen die prähistorische Kunst vieler Kulturen, verschwinden dann aber allmählich, schrumpfen mehr und mehr auf moderne Maße, die, obzwar immer noch weitaus eindrucksvoller als jene der Männer, wesentlich weniger extrem sind. Diese frühen »Super-Hinterteile« haben daher Anlass zu zahlreichen Spekulationen gegeben.

Ein mögliches Szenario sieht folgendermaßen aus: Unsere urzeitlichen Ahnen vollzogen – wie andere Primaten – den Koitus von hinten, und also kamen die vormenschlichen sexuellen Signale vom weiblichen Hinterteil, wie es auch bei anderen Spezies der Fall war. Als sich dann allmählich die aufrechte Haltung entwickelte und die Gesäßmuskeln die Pobacken aufblähten, ging von dieser geschwollenen Form das neue menschliche Sexsignal aus. Frauen mit größeren »Ausbuchtungen« am Hinterteil übermittelten stärkere Signale; infolgedessen dehnte dieses sich immer weiter aus, bis es schließlich riesig war. Die sexuell anziehendsten Frauen hatten den Vorteil, dank ihrer »Super-Hinterbacken« ungewöhnlich intensive Signale übermitteln zu können, aber die Backen waren jetzt so groß geworden, dass sie den Geschlechtsakt – dem sie ja eigentlich Vorschub leisteten – zunehmend beeinträchtigten. Die Männer lösten das Problem dadurch, dass sie zum Koitus von vorn übergingen. Im Zuge dieser frontalen Annäherung zwischen den Geschlechtern nahmen die Brüste eine ständig geschwollene Form an und imitierten auf diese Weise die großen, halbkugeligen Pobacken. Nun konnten auch die »Super-Brüste«

sexuelle Signale aussenden, wodurch sie sozusagen die Aufgabe mit den Pobacken teilten, die nicht mehr so wuchtig sein mussten und zwangsläufig langsam kleiner wurden. Diese spätere, sowohl harmonischer gestaltete wie beweglichere Frau war gegenüber ihrer fettleibigen Vorgängerin im Vorteil – was allmählich zu deren Verdrängung führte.

Wenn diese spekulative Abfolge den Tatsachen entspricht, müssten sich heute noch beweiskräftige Überbleibsel finden, die die Hypothese bestätigen. Und solche Relikte gibt es tatsächlich – in den Wüsten Südwestafrikas, wo die Frauen des Buschmänner-Volkes weiterhin die gleichen enormen Pobacken wie die steinzeitlichen Figuren aufweisen. Ihre Konturen erreichen zum Teil erstaunliche Ausmaße und zeigen uns modernen Menschen, wie *alle* unsere weiblichen Vorfahren vor vielen tausend Jahren ausgesehen haben.

Manche Forscher haben den Einwand vorgebracht, dass es unsinnig sei, europäische Steinzeitmenschen – die vermutlich den Schöpfern der Steinzeitbilder als Modelle dienten – mit den heute lebenden Buschmännern im fernen Südwesten Afrikas zu vergleichen, aber sie übersehen dabei die eigentliche Entwicklungsgeschichte der Buschmänner. Deren Volk hält sich heute nämlich nicht deshalb in der abgelegenen Wüste auf, weil diese ihre bevorzugte Umgebung wäre, sondern weil sie den letzten Zufluchtsort auf der Erde darstellt, an dem die Buschmänner – ein absterbender Zweig der menschlichen Familie – sich niederlassen konnten. In weit zurückliegenden Zeiten bewohnten sie große Teile Afrikas, was ihre hinterlassenen Felsbilder auf wunderbare Weise belegen. Aber sie repräsentierten die Altsteinzeit, das Paläolithikum, in dem der Mensch hauptsächlich Jäger und Sammler war. Durch die Ankunft der Völker der Jungsteinzeit (Neolithikum), die zum ersten Mal Ackerbau betrieben, wurden die Buschmänner aus fast all ihren angestammten Gebieten verdrängt. Heute leben nur noch etwa 50 000 Buschmänner – kaum genug, um eine kleine Stadt zu bevölkern. In der Vorzeit indes waren sie eine der »tonangebenden« Gemeinschaften unserer Spezies – und so gibt es keinen Grund anzunehmen, dass sehr üppige Hinterbacken (deren Zustand man übrigens als »Fettsteiß« oder *Steatopygie* bezeichnet) eine seltsame Rarität in der Wüste gewesen sein sollen. Höchstwahrscheinlich waren in der urzeitlichen Jagdphase riesige Pobacken bei Frauen etwas völlig Normales; demnach entsprangen die weiblichen Figurinen viel eher der Wirklichkeit selbst als der erotischen Fantasie der damaligen Künstler.

Als die schlankeren und beweglicheren Frauen immer stärker in den Vordergrund traten, verschwand das Bild der voluminösen Hinterbacken allerdings nicht ganz aus dem menschlichen Unterbewusstsein. Von Zeit zu Zeit kam es im Laufe der Epochen auf ziemlich unerwartete Weise wieder zum Vorschein. Eine ganze

Reihe trivialer Kleidungsstücke und Tanzbewegungen überbetonte gerade den Pobereich. Sogar im strengen Viktorianischen Zeitalter bot sich dem männlichen Blick mit der Einführung der Tournüre – jenes unter dem Kleid getragenen Gesäßpolsters – eine neue, künstliche Version der Steatopygie dar. Reifen, Polster, Drahtgeflechte und Stahlfedern wurden eingesetzt, um die lange verlorenen, überaus molligen Vorwölbungen am Hinterteil nachzubilden. Die eleganten Damen, die in feiner viktorianischer Gesellschaft ihre Tournüren trugen, wären über einen derartigen Vergleich zweifellos entsetzt gewesen, aber aus heutiger Sicht erscheint er unausweichlich. Im 20. Jahrhundert dann erhielt der weibliche Po vor allem durch hochhackige Schuhe einen besonderen Akzent. Diese veränderten den Gang der Frau in der Weise, dass der Hintern auffällig nach oben und zur Seite gedrückt und so noch mehr gezwungen wurde, auf und ab und hin und her zu schwingen.

Auch ohne unnötige Übertreibung stellen die Pobacken weiterhin einen wichtigen erotischen Blickfang des modernen weiblichen Körpers dar. Lange Kleider, die die Beine verbergen, sind oft so geschnitten, dass sich die Umrisse des Pos und seine Bewegungen klar abzeichnen. Kurze Kleidungsstücke wie der Minirock der sechziger Jahre hoben ihn deutlich hervor – und enge Hosen, obschon sie das Fleisch bedeckten, ließen keinen Zweifel hinsichtlich der genauen Form der beiden Halbkugeln.

In den frühen achtziger Jahren gab es eine Phase, in der auf sorgfältig entworfene, eng sitzende und teure Jeans viel Wert gelegt wurde, die ganz gezielt als perfekte »Verkleidung« dienen sollten, um diesen Körperbereich als kühnes sexuelles Signal der gerade emanzipierten Frau zur Schau zu stellen. Der Autor eines Buches mit dem Titel *Rear View* (etwa: Ansichten vom Hinterteil), das zu jener Zeit erschien und sich ganz der erotischen Wirkung der weiblichen Pobacken widmete, bejubelte diese neue Modeära mit folgenden überschwänglichen Worten: »Der Angriff des Hinterns begann 1979, als eine Wortführerin ihr vibrierendes, rotierendes, gestyltes Gesäß den überraschten Fernsehzuschauern entgegenstreckte ... Das war der Anfang jenes kulturellen Phänomens, das als ›Designer-Jeans‹ bekannt wurde.«

Innerhalb weniger Jahre konkurrierten diese Designer-Jeans mit sackartigen Overallhosen, die ihre Form der Astronautenkleidung verdankten, und beiden Stilen gelang es, nebeneinander zu bestehen. Da die eine oder andere Art von Hosen die Welt der Damenmode zu dominieren begann und Röcke bei jüngeren Frauen zunehmend in Ungnade fielen, hatte die alte, grob geschnittene »Arbeitsjeans« ausgedient, wurde mehr und mehr Mühe darauf verwandt, jene weiblichen »Beinbekleidungen« zu kreieren, die den Pobereich betonten und verherrlichten.

Eine extreme Form dieses Modetrends tauchte 1992 auf, als ein junger englischer Designer seine so genannten »*bumsters*« (abgeleitet aus *bum*, Hintern) vorstellte. Bei diesen Hosen saß der Bund so tief, dass die Gesäßspalte für jeden sichtbar war. Damit begann eine Phase des »betonten Hinterteils«, die zu Ausdrücken führte wie »Po-Mode«, »Pobacken-Chic« und »dekolletierter Hintern«. Doch in der Modebranche waren nicht alle über diese Entwicklung entzückt; ein Kritiker bemerkte, die Haute Couture sei auf das Niveau eines »Bauarbeiterhinterns« herabgesunken.

Trotz solcher Vorbehalte erfreuten sich nun die weiblichen Hinterteile einer neuen erotischen Wertschätzung, die den sonst üblichen Spott ablöste, und als das 20. Jahrhundert zu Ende ging, schenkten immer mehr junge Menschen diesem Körperteil besondere Beachtung. Ein modebewusster Kommentator fühlte sich gar zu der Äußerung veranlasst: »Hintern sind die neuen Brüste«.

In den Vereinigten Staaten wurde zu jener Zeit eine neue Musikrichtung, der so genannte »Booty Rap«, populär. Vom schwarzen »Southern Rap« herstammend, breitete er sich von seiner Heimat in Miami aus – mit kernigen Songtiteln wie »Free your mind und your ass will follow« (etwa: »Hör auf, dir den Kopf zu zerbrechen, dann wird's auch deinem Arsch gut geh'n«).

Das Wort *booty* (eigentlich »Beute, Raub«) war nur ein weiterer Euphemismus für *buttocks* (»Pobacken«). Es entstand im 20. Jahrhundert, war dann aber auf den Slang schwarzer Amerikaner beschränkt. Richtig hip wurde es erst zu Beginn des 21. Jahrhunderts, sodass es 2002 zum ersten Mal in einem Wörterbuch auftauchte – zusammen mit dem Adjektiv *bootylicious*, das definiert wurde als »sexuell anziehend, insbesondere mit kurvenreichem Hinterteil«.

Die Sängerin und Schauspielerin Jennifer Lopez stand 1999 im Mittelpunkt dieses neuen Interesses am weiblichen Po, als amerikanische und europäische Zeitungen berichteten, sie hätte ihr in hohem Maße bewundertes Hinterteil für eine Milliarde Dollar versichert. Obwohl sie eine Gegendarstellung veröffentlichen ließ, war doch allein schon die Tatsache, dass so eine Geschichte erfunden werden und Schlagzeilen machen konnte, ein Hinweis darauf, welch große Aufmerksamkeit dieser Teil der weiblichen Anatomie im ausgehenden 20. Jahrhundert erregte. In Brasilien erfand man sogar ein neues Wort, *popozuda*, um eine Frau mit üppigem, schönem Po zu beschreiben, und die brasilianische Musikszene wurde immer stärker beherrscht vom Kult um den *Popozuda Rock 'n' Roll*. Die abgemagerten Models mit ihrem so genannten »Heroin-Chic« und Hinterteilen, die nur dreiviertel so groß waren wie die anderer Frauen, erschienen plötzlich viel weniger attraktiv.

In Großbritannien erfreut sich ein jährlicher Wettbewerb wachsender Beliebtheit, bei dem jene Frau den ersten Preis erhält, die zum »Rear of the Year« (»Hintern des Jahres«) gewählt wurde. Er hatte in den achtziger Jahren langsam begonnen, erregte aber bei Anbruch des 21. Jahrhunderts viel mehr Aufsehen. Auf beiden Seiten des Atlantiks wuchs die Zahl der Frauen, die eine Verschönerung ihres Hinterteils wünschten. In bestimmte Kleidungsstücke waren bereits Materialien eingearbeitet worden, die den weiblichen Po anhoben und stärker zur Geltung brachten, nun aber lockte die kosmetische Chirurgie; die ausführenden Ärzte berichteten von einer dramatisch gestiegenen Nachfrage nach üppigeren, durch Fettinjektionen oder Silikonimplantate vergrößerten Pobacken. Dieser operative Eingriff kostet immerhin 10 000 Dollar, doch der hohe Preis scheint keine besonders abschreckende Wirkung zu haben ...

Nicht nur die Vergrößerung der Pobacken ist sehr gefragt, sondern auch deren Straffung und Festigung, damit sie jünger und zugleich sinnlicher wirken, also in doppelter Hinsicht verschönert werden. Eines der Zentren für diese Art von Chirurgie ist Brasilien, wo Schätzungen zufolge nicht weniger als 1600 Schönheitschirurgen ihre Arbeit verrichten. Offenbar ist dieses Thema dort so wichtig, dass man in einem Hotelzimmer in Rio de Janeiro neben der unvermeidlichen Bibel wahrscheinlich auch verschiedene Prospekte konkurrierender Schönheitschirurgen vorfindet.

Es ist schwer zu sagen, wie lange der Trend zu fest gerundeten, großzügig proportionierten Hinterteilen noch anhalten wird, aber in der Welt der Mode und der Popkultur besinnt man sich in auffälliger Weise immer wieder auf den Po als primären erotischen Bereich. Obwohl wir die Fortbewegung auf allen vieren vor langer Zeit aufgegeben haben, weigert sich das weibliche Hinterteil beharrlich, aus dem Unterbewusstsein des Mannes zu verschwinden. Es tauchte sogar das Argument auf, das weltweite Symbol der Liebe in stilisierter Herzform sei im Grunde aus den Rundungen der Pobacken abgeleitet. Tatsächlich ähnelt es kaum dem Organ selbst, sondern – gerade wegen des Einschnitts oben – viel eher dem von hinten betrachteten weiblichen Gesäß. Auch diese tiefgründige Assoziation mag letztlich auf dessen ursprünglicher Gestalt in der Frühgeschichte beruhen.

Bislang haben wir die beleidigend wirkenden und die erotisch anziehenden Pobacken betrachtet, aber es gibt noch eine dritte Möglichkeit, diesen Körperteil zur Schau zu stellen, und die hat mit Fügsamkeit zu tun. Die Hinterbacken in demütiger, vornüber gebeugter Haltung zu zeigen, ist eine beschwichtigende Geste, die ein die Zeiten überdauerndes Verhaltensmuster darstellt. In dieser Hinsicht gibt es keinen Unterschied zwischen einem unterwürfigen Menschen und einem unterwürfigen Affen oder Menschenaffen. Jemand, der sein Hinterteil derart darbietet, gibt seinem Gegenüber zu verstehen: »Ich stelle mich dir in der passiven weiblichen Rolle zur Verfügung. Bitte zeig mir deine Dominanz, indem du mich besteigst, anstatt mich anzugreifen.« Unterwürfige Affen beiderlei Geschlechts präsentieren ihr Hinterteil dominanten Artgenossen oder -genossinnen. Diese attackieren ein solch gehorsames Wesen nur selten – entweder sie ignorieren es oder besteigen es kurz, um einige »formelle« Beckenstöße auszuführen. Als Zeichen der Beschwichtigung ist diese Haltung deshalb wichtig, weil sie einem schwachen Individuum erlaubt, sich in der Nähe eines starken Individuums aufzuhalten, ohne von ihm angegriffen zu werden.

In einigen Stammesgesellschaften wurde beobachtet, dass bei der Begrüßungszeremonie die Verbeugung mit dem Rücken zur begrüßten Person stattfindet. Das ähnelt so sehr der erwähnten »Präsentation des Hinterteils«, dass man den Bezug zu der typischen Beschwichtigungsgeste der Primaten kaum übersehen kann. Eine weitaus üblichere Form dieser Präsentation ergibt sich, wenn ein Kind zur Strafe »den Hintern versohlt bekommt«. Das Opfer muss sich zunächst vornüberbeugen, um die Beschwichtigungshaltung einzunehmen, die es, wäre es ein Affe, vor dem Angriff bewahren würde, und wird dann höchst unfair mit der Hand, einem Stock oder einer Peitsche malträtiert. Allerdings scheint einigen dominanten Menschen selbst diese demütigende Position mit erhobenem Hinterteil nicht zu genügen; auch andere Körperteile müssen ihre wütenden Attacken über sich ergehen lassen.

Wegen ihrer sexuellen Implikationen sind Kontakte mit dem Gesäß ziemlich eingegrenzt. Außerhalb der Sphäre der Liebespaare kann man nur dann jemandem zum Zeichen der Freundschaft einen Klaps auf den Po geben, wenn nicht die Gefahr einer sexuellen Anspielung besteht. Im Rahmen eines geselligen Beisammenseins kann diese Geste nämlich leicht missverstanden werden – weshalb man sein Gegenüber lieber auf die Schulter als auf den Po klopft, es sei denn, man möchte ihm bewusst sexuelle Andeutungen machen. Der Klaps auf den Po ist daher auf solche Situationen beschränkt, in denen ein Elternteil sein kleines Kind hätschelt oder in denen Sportler während harter Mannschaftswettkämpfe sich gegenseitig ermutigen beziehungsweise loben. In beiden Fällen sind sexuelle Assoziationen derart abwegig, dass es zu keinen Missverständnissen kommt. Dagegen können ältere Verwandte oder »Freunde der Familie«, die den Altersunterschied zu den halbwüchsigen Töchtern ausnutzen, indem sie ihnen den Po tätscheln und so eine sanfte sexuelle Berührung unter dem Deckmantel harmloser, pseudoelterlicher Zuneigung genießen, viel Ärger und Verdruss hervorrufen.

Zwischen Liebenden ist das Umfassen und Streicheln der Pobacken sowohl während des Werbens als auch beim Koitus selbst völlig normal. Es begleitet häufig das Vorspiel mit Küssen und Umarmungen, wobei diese sich von der Schulter auf das Gesäß verlagern, sobald die Erregung ansteigt. In altmodischen Tanzsälen, wo einander fremde Menschen das Vergnügen haben, sich tanzend im Arm zu halten, kann ein Mann aus dieser körperlichen Nähe Vorteile ziehen und die Hand am Rücken seiner Partnerin zum Gesäß hinabgleiten lassen. In der klassischen Filmszene, die diese Strategie karikiert, stellt er dann schnell fest, dass seine »unzüchtige« Hand an die ursprüngliche Stelle zurückgelegt wird.

Im Laufe der fortgeschrittenen Stadien des Geschlechtsakts verwandelt sich das sanfte Umfassen des Pos oft in ein zupackendes Greifen, das im Rhythmus der immer leidenschaftlicheren Beckenstöße erfolgt. Gerade während dieser Phase des Körperkontakts wird die halbkugelige Form der Pobacken in den Köpfen der Liebenden unauflöslich mit intensiven sexuellen Gefühlen verknüpft.

Erneut ist es diese sexuelle Assoziation, die gelegentlich heftige Proteste gegen jenen berüchtigten Zeitvertreib italienischer Männer auslöst, in aller Öffentlichkeit in weibliche Pos zu kneifen. Jede attraktive junge Frau, die durch die Straßen einer italienischen Stadt geht, muss damit rechnen, dass ein fremder Bewunderer das bei ihr macht. Je nach sozialem Hintergrund und persönlicher Einstellung reagiert sie darauf vielleicht mit Stolz, Heiterkeit, Verwirrung oder Wut. Lou d'Angelo, der Autor eines satirischen Werks mit dem Titel *How to Be an Italian* (1986), zählt die folgenden »drei wichtigsten Arten des Kneifens« auf:

- *Pizzicato.* Ein schnelles, eher zupfendes Kneifen mit Daumen und Mittelfinger. Für Anfänger zu empfehlen.
- *Vivace.* Ein heftigeres Kneifen mit der ganzen Hand, das in schneller Abfolge mehrmals ausgeführt wird.
- *Sostenuto.* Ein in die Länge gezogenes, ziemlich fest zupackendes, kreisendes Kneifen, das bei »Hüfthalterträgerinnen« anzuwenden ist.

Moderne Feministinnen finden dieses Thema schon lange nicht mehr besonders lustig und haben manchmal sogar zurückgeschlagen, indem sie in die Straßen ausschwärmten, um nach männlichen Hinterteilen Ausschau zu halten, in die sie dann, auf breiter Front angreifend, fest kniffen.

Für Verzierungen bieten die Pobacken nur wenige Anwendungsmöglichkeiten. Sie sind zu intim, um irgendwelche Gegenstände zur Schau zu stellen, und werden zu oft zum Sitzen benutzt, als dass man Schmuck daran befestigen könnte. Tätowierungen an dieser Körperstelle sind ebenfalls eher selten, außer bei den echten Fanatikern. Das einzige Beispiel geschmückter Hinterteile stammt aus dem im 17. Jahrhundert von John Bulwer verfassten Werk *Man Transformed*, wo der Autor eine besonders unglücklich aussehende Ureinwohnerin zeigt, von deren linker Gesäßbacke Edelsteine herabhängen. Bulwer kommentiert: »Was die schmutzigschönen Erfindungen einiger Völker angeht, so erinnere ich mich ... an eines, das sich mit einer absurden Art von Tapferkeit Löcher in die Hinterteile bohrte, daran Edelsteine aufgehängt wurden. Was sich mit Verlaub gewiss als eine unbequeme und lästige Mode erwies – und als sehr nachteilig für die sitzende Lebensweise.«

Zum Abschluss bleibt noch die Frage nach dem weiblichen Anus, der als sexuelle Öffnung benutzt wird. Schätzungen zufolge haben 50 Prozent der westlichen Frauen irgendwann in ihrem Leben den Analverkehr ausprobiert. Unter ihnen findet nur eine von zehn ihn so lohnend, dass daraus eine regelmäßige Praktik wird. In einigen Gebieten der Welt liegt die Ziffer wesentlich höher. Eine Umfrage unter 5 000 brasilianischen Paaren ergab, dass 40 Prozent auf dem Land und 50 Prozent in der Stadt »den Analverkehr als normalen Bestandteil der Sexualität betrachteten«.

Vom anatomischen Standpunkt aus betrachtet ist der Anus reichhaltig mit Nervenenden ausgestattet, sodass er durchaus eine Quelle körperlicher Freuden sein kann. Doch von seiner Funktion her ist er kein Eingang, sondern ein Ausgang, und die Evolution hat ihn nicht in der Weise entworfen, dass er die Penetration »willkommen heißt«. Biologisch gesprochen ist Analsex daher keine »natürliche« Aktivität; außerdem wird er weder durch spontan produzierte, gleitfähig machende Sekrete aus speziellen Drüsen noch durch andere Veränderungen begünstigt, die der vaginalen Penetration zugute kommen. Trotzdem ist der Anus im Laufe der Geschichte oft dazu gezwungen worden, die Rolle einer symbolischen Vagina zu spielen. Dafür scheint es vier Gründe zu geben.

In früheren Jahrhunderten, als noch keine Kondome in Umlauf waren, diente der Analsex als ebenso primitive wie effiziente Form der Empfängnisverhütung. Das führen zum Beispiel die präkolumbischen Tonfiguren aus dem alten Peru deutlich vor Augen. Wenn ein Paar beim Geschlechtsakt dargestellt wird, findet immer die vaginale Penetration statt – es sei denn, es liegt ein schlafender Säugling daneben. Wenn dies der Fall ist – womit der Künstler verdeutlicht, dass bereits eine Familie besteht –, dringt der Mann eindeutig durch den Anus der Frau ein.

Diese empfängnisverhütende Methode hat bis zum heutigen Tag in vielen Teilen der Welt überdauert, besonders in Lateinamerika sowie in einigen Regionen Afrikas und Asiens. Wo immer es aus irgendwelchen Gründen – Armut, Unwissenheit oder religiöse Dogmen – an Kondomen fehlt, wird aller Wahrscheinlichkeit nach – und den gesundheitlichen Risiken zum Trotz – die anale Penetration als einfache Form von Geburtenkontrolle ausgeübt.

Ein zweiter Grund besteht darin, dass der Analverkehr jungen Paaren gestattet, vor der Hochzeit sexuelle Kontakte zu haben, bei denen die Jungfräulichkeit der Partnerin gewahrt bleibt. Das betrifft insbesondere einige mediterrane Kulturen, in denen die Zurschaustellung der blutbefleckten Laken am Morgen nach der Hochzeitsnacht als Beweis des zuvor intakten Hymens der Braut weiterhin erforderlich ist.

Der dritte Grund hat mit der weit verbreiteten Abneigung des Mannes gegen Menstruationsblut zu tun. Da die Frau selbst während ihrer Regel sexuell empfänglich bleibt, möchten Männer oft auch in dieser Phase die körperlichen Freuden genießen, werden aber aufgrund der Blutung davon abgehalten. Durch Analsex lösen sie das Problem.

Neben den genannten drei Gründen – Vermeidung einer unerwünschten Schwangerschaft, Verletzung des Jungfernhäutchens vor der Hochzeit, Kontakt mit dem Menstruationsblut – gibt es noch einen vierten: Der Analsex stellt für Liebespaare, die sexuelles Neuland erforschen wollen, eine reizvolle Variante dar. Damit ist hinlänglich klar, warum diese häufig tabuisierte Praktik weithin Zuspruch findet.

22. DIE BEINE

Die erotische Bedeutung der Beine wird schon seit langem anerkannt. Als Maria Anna, die unschuldige 15-jährige Habsburger-Prinzessin (in Spanien Mariana de Austria genannt), 1649 mit König Philipp IV. von Spanien vermählt werden sollte, befand sich unter ihren Hochzeitsgeschenken auch ein Paar Strümpfe. Diese wurden von einem Gesandten brüsk abgelehnt mit dem ätzenden Kommentar: »Die Königin von Spanien hat keine Beine.« Als die junge Prinzessin das hörte, brach sie in Tränen aus, entsetzt über den Gedanken, dass man ihr nach der Heirat die Beine amputieren würde. Natürlich hatte der Abgesandte ihr im Grunde nur Folgendes mitteilen wollen: Da die Beine einer Königin nie zu sehen sind, macht es auch keinen Sinn, sie mit eleganten Strümpfen zu verschönern. In jenen Tagen hieß »Bein zeigen« für einen Seemann vielleicht so viel wie »flott aussehen«, aber für eine hochrangige Frau war es gleichbedeutend mit einer sexuellen Einladung.

Welche Merkmale der Beine haben dazu geführt, dass sie als derart sexy betrachtet werden? Ihre primäre Funktion besteht darin, aufrecht zu stehen und zu gehen. Obgleich sie sich eindeutig als reine Fortbewegungsorgane entwickelt haben, sind doch Männer überall auf der Welt geradezu von ihnen besessen, weil sie einen äußerst erotischen Bereich des weiblichen Körpers bilden. In Umkleidekabinen für Männer lautet eine der üblichen Fragen: »Stehst du eher auf Beine oder auf Brüste?« Der Ausdruck »auf Beine stehen« ist so tief im männlichen Denken verwurzelt, dass es sogar eine Publikation gibt, die sich ausschließlich der Vorliebe »beinfixierter« Männer widmet und mit folgendem Spruch Eigenwerbung betreibt: »Wenn Sie auf Beine stehen, ist *Leg World* (Die Welt der Beine) das richtige Magazin für Sie.«

Diese Besessenheit steigert sich bei manchen Männern zu einer ausgeprägten Form von Fetischismus. Der Fachbegriff dafür lautet *Partialismus*; er besagt, dass schon und nur ein Teil des weiblichen Körpers sexuelle Befriedigung zu gewähren vermag. Ein extremer »Beinmann« interessiert sich nicht für die übrigen Körperpartien der Frau und kann zum Beispiel schon dadurch befriedigt werden, dass er ein Paar Nylonstrümpfe liebkost.

Ein solches Verhalten ist zwar relativ selten, doch selbst unter normalen heterosexuellen Männern, die weiterhin alle Teile des weiblichen Körpers sexuell anziehend finden, scheint es eine unerklärliche Vorliebe für die Beine zu geben. Es lohnt sich also, zunächst die Gründe für deren Sex-Appeal und dann ihre Funktion als Fortbewegungsorgan zu untersuchen.

Die erste und vielleicht augenfälligste sexuelle Assoziation liegt in der Art und Weise begründet, wie die beiden Beine zusammengefügt sind. Jedes Mal, wenn eine Frau die Beine bewegt, öffnet, schließt oder kreuzt, lenkt sie die Aufmerksamkeit unweigerlich auf jene Stelle, wo sie sich treffen – und die natürlich *der* Fixpunkt ist, auf den sich das männliche Interesse richtet. Es ist fast so, als glichen die Beine in den tieferen Schichten des männlichen Bewusstseins zwei Pfeilen, die auf das »Land der Verheißung« am weiblichen Schritt deuten.

In diesem Zusammenhang wurde das Öffnen der Beine stets als eine mit sexueller Bedeutung geladene Geste betrachtet, selbst dann, wenn eine Frau dadurch nur eine bequemere Ruheposition einnimmt. Das kommt daher, weil für den Koitus von vorn die Beine der Frau zumindest ein wenig gespreizt sein müssen; diese Stellung hat die männliche Phantasie in Witzen oft mit sexueller Großzügigkeit gleichgesetzt. (Zum Beispiel hieß es über eine sexuell aktive Frau: »Sie musste in einem Y-förmigen Sarg bestattet werden« oder »Ihre Beine waren phänomenal – niemals waren sie parallel.«)

Zwangsläufig wies man in Büchern mit Anstandsregeln junge Frauen an, die gespreizte Beinstellung tunlichst zu vermeiden. Noch 1972 hielt es Amy Vanderbilt für notwendig, amerikanische Frauen zu informieren, dass jene Sitzhaltung »elegant« sei, bei der »der Zeh des einen Fußes zum Spann des anderen zeigt und die Knie dicht aneinander liegen«. Sämtliche Haltungen, bei denen die Beine – ob sitzend oder stehend – zusammengezogen sind, haben etwas Formelles, Steifes, betont Höfliches oder Unterwürfiges. Die »anständige« junge Dame, die in Gesellschaft schicklich auf ihrem Stuhl sitzt, wobei ihr linkes Knie das rechte berührt, zeigt eine völlig neutrale Beinstellung, die ihr einen Ausdruck von »Korrektheit« verleiht.

Die einzige Alternative zu gespreizten oder aneinander gedrückten Beinen sind gekreuzte Beine. Diese dritte Grundposition strahlt eine gewisse Ungezwungenheit aus. Im 19. Jahrhundert war es Frauen aus feiner Gesellschaft verboten, sie in der Öffentlichkeit einzunehmen, und selbst heute noch wird sie in den spießigeren Handbüchern zum tadellosen Benehmen missbilligt. Auch an dieser Stelle soll Amy Vanderbilt, die Nestorin der modernen amerikanischen Sitten, zu Wort kommen: »Das Kreuzen der Beine wird bei Frauen zwar nicht mehr als männlich angesehen, aber es gibt trotzdem gute Gründe, derlei so weit wie möglich zu vermeiden. Erstens entstehen dadurch an dem unteren Bein und Oberschenkel unschöne Ausbuchtungen. Zweitens können gekreuzte Beine, wenn der Rock kurz getragen wird, unanständig oder zumindest aufdringlich wirken. Drittens sollen sie Krampfadern Vorschub leisten, indem sie die Blutzirkulation beeinträchtigen.« Anschließend warnt die Autorin vor den Gefahren, während eines Einstellungsgesprächs die Beine übereinander zu schlagen, weil die Ungezwungenheit der Pose den Eindruck von Unbescheidenheit oder Nachlässigkeit erwecken könne.

Der Unterschied in der Gemütsverfassung, der zwischen den streng und ordentlich zusammengedrückten und den entspannt und salopp gekreuzten Beinen zum Ausdruck kommt, bemisst sich danach, inwieweit die betreffende Person bereit ist, sich aus einer bequemen Sitzhaltung zu erheben. Liegen die Beine eng aneinander, besteht eine von Rücksicht und Respekt gekennzeichnete Bereitschaft zum Handeln. Dagegen weist die überkreuzte Beinstellung darauf hin, dass sich die Person »behaglich eingerichtet« hat und nicht die Absicht verspürt, ebenso aufmerksam wie höflich aufzuspringen.

Wenn wir nun die überkreuzten Beine einmal näher betrachten, so ergeben sich folgende Möglichkeiten, dies zu tun:

- *Knöchel über Knöchel.* Das ist die moderateste und förmlichste der überkreuzten Haltungen. Der »Überkreuzungseffekt« ist äußerst gering, sodass die Position sich nur leicht von jener unterscheidet, bei der die Beine parallel aneinander liegen.
- *Wade über Wade.* Dies ist keine der üblichen Varianten. Die ihr zugrunde liegende Stimmung ähnelt der mit überkreuzten Knöcheln – förmlich und korrekt. Es sind die beiden einzigen Varianten, die gewisse hochrangige Individuen in der Öffentlichkeit zeigen. Doch die Königin von England zum Beispiel wurde noch nie mit gekreuzten Waden fotografiert.
- *Knie über Knie.* Das ist die erste der wirklich ungezwungenen Stellungen, die am häufigsten zu sehen ist, wenn Menschen ohne formellen Anlass zusammenkommen. Bei Frauen, die einen Rock tragen, kann sie dazu führen, dass ein Oberschenkel unabsichtlich entblößt wird. Eben deshalb wird sie – bewusst oder unbewusst – benutzt, um sexuelle Signale auszusenden.
- *Oberschenkel über Oberschenkel.* Hier haben wir es mit einer extremeren Version der zuvor genannten Position zu tun, insofern die Beine so eng wie möglich übereinander liegen. Da der weibliche Beckengürtel breiter ist, wird diese Haltung von Frauen mühelos eingenommen, von Männern dagegen nur selten.

- *Wade über Knie; Knöchel über Knie; Knöchel über Oberschenkel.* Diese drei miteinander zusammenhängenden Stellungen erfordern, dass ein Bein hoch auf das andere gezogen wird. Tut dies eine mit einem Rock bekleidete Frau, so exponiert sie nicht nur ihre Oberschenkel, sondern auch den Bereich zwischen den Beinen. Daher sind solche Haltungen fast ausschließlich auf Männer beschränkt; nur gelegentlich tauchen sie bei einer Frau in Hosen auf. Aufgrund ihrer maskulinen Ausrichtung werden diese Posen besonders von Machos bevorzugt, die ihr Geschlecht betonen wollen (oder von Frauen, die zeigen möchten, dass sie »zu den Jungs gehören«.)
- *Die umeinander geschlungenen Beine.* Dabei wird ein Bein um die Wade des anderen geschlungen und mit dem Fuß dort festgehalten. Diese Stellung übermittelt ein starkes feminines Signal, gerade weil die meisten Männer sie nicht einzunehmen vermögen. Erneut ist es der breitere weibliche Beckengürtel, der den Unterschied bewirkt.
- *Fuß an Wade.* Bei dieser speziellen Form des übergeschlagenen Beines kommt der eine Fuß an der Wade des anderen Beines zu liegen. Auch hier handelt es sich um eine ausgesprochen weibliche Haltung, da sie für den Mann äußerst unbequem ist – wieder einmal wegen des anatomisch anders gestalteten Beckengürtels.

Diese verschiedenen Stellungen der Beine tauchen immer wieder bei fast allen formellen oder weniger formellen Zusammenkünften auf; sie stellen eine Art von Körpersprache dar, die unterbewusste Stimmungssignale zwischen den anwesenden Personen übermittelt. Abgesehen davon, dass sie die bereits erwähnten sexuellen Botschaften an das männliche Geschlecht aussenden, können zwei Freundinnen sie untereinander benutzen, um so ihr Einverständnis zu bekunden. Wenn zwei Frauen ähnliche Ansichten über ein bestimmtes Thema haben, kreuzen sie höchstwahrscheinlich auch die Beine in ähnlicher Weise, während sie plaudernd zusammensitzen. Wenn jedoch eine der beiden dominanter ist und ihren Status zur Geltung bringt, kreuzt sie sicherlich die Beine anders als die unterlegene Gesprächspartnerin. Ihre Beine übermitteln die unausgesprochene Botschaft: »Ich bin anders als du.«

Wenn Frauen nebeneinander sitzen, ist die Richtung, in welche die überkreuzten Beine gehalten werden, ebenfalls viel sagend. Sind die beiden sich freundlich gesinnt, zeigt das obere Bein zur Gefährtin. Herrscht dagegen Missstimmung zwischen ihnen, deutet dieses Bein anderswohin, wodurch es die Neigung des Körpers in die »negative« Richtung noch verstärkt.

Die überkreuzte Beinstellung enthält ein letztes, bedeutsames Element, das damit zu tun hat, wie fest die Beine aneinander gepresst sind. Im Allgemeinen kann man mit einiger Sicherheit folgende Feststellung treffen: Je stärker der Druck, desto defensiver die Einstellung der betreffenden Frau. Die zuvor erörterte gespreizte Beinstellung offenbarte ein grundsätzliches Selbstvertrauen. In gewisser Hinsicht sind die gekreuzten Beine das Gegenteil der gespreizten Beine, weshalb man argumentierte, dass alle Menschen, die ihre Beine verschränken, auf Abwehr bedacht seien. Das ist eine allzu grobe Vereinfachung, denn viele Leute fühlen sich in der Haltung mit überkreuzten Beinen einfach wohler und nehmen diese auch dann ein, wenn sie allein sind. Richtig ist aber auch, dass eine Person, die sich in Gesellschaft unwohl fühlt, die Beine vermutlich heftiger zusammenpresst als im Zustand innerer Entspannung, und dieses Detail bleibt nicht unbemerkt, selbst wenn sich die anderen ringsum der eigenen Reaktionen gar nicht bewusst sind. Umeinander geschlungene Beine und übereinander gelegte Oberschenkel sind jene Varianten, die eine derartige »Verteidigung des Unterleibs« sehr deutlich vor Augen führen.

Wenn eine Frau die Verteidigungshaltung übertreibt und ihre Beine extrem gegeneinander drückt oder sie fast schmerzhaft umeinander schlingt, hat dies allerdings keine schützende Funktion mehr; viel eher entwickelt sich daraus ein spezieller erotischer Reiz, weil »die Dame allzu heftig protestiert«. Tatsächlich sind die von den weiblichen Beinen übermittelten sexuellen Signale so stark, dass lediglich eine harmonische Mischung aus den beiden extremen Stellungen – fest geschlossene und weit geöffnete Beine – davor gefeit ist, Aufmerksamkeit zu erregen und stimulierend zu wirken.

Ein weiterer sexueller Aspekt der Beine zeigt sich darin, in welcher Weise sie durch Kleidung verhüllt werden. Im Laufe der Geschichte haben die großen Religionen die völlige Bedeckung der weiblichen Beine bevorzugt – womit man deren erotisches Potenzial nur einmal mehr bestätigte. Frauen, die sich gegen solche Bevormundung auflehnten, machten ihre Röcke immer kürzer, weshalb puritanische Autoritäten jede zusätzliche Zurschaustellung der Beine als leichtfertig und zügellos brandmarkten; doch mit der Zeit wurde die jeweilige Länge dann oft zur allgemein akzeptierten Norm. Um zu schockieren, musste man also die Entblößung so lange weitertreiben, bis das ganze Bein sich den Blicken darbot und nur noch der Bereich um den Schritt durch ein schmales Stück Stoff bedeckt war.

In der westlichen Kultur variierte von Epoche zu Epoche der Anteil der nackten, sichtbaren Haut am weiblichen Bein beträchtlich. Im vorletzten Jahrhundert verschwand es für lange Zeit ganz, und schon ein flüchtiger Blick auf einen Knöchel galt als schockierend. Diese Unterdrückung des »erotischen Beines« war derart heftig und umfassend, dass schon die Bezeichnung selbst in vornehmen Kreisen verboten war. In den Vereinigten Staaten bezeichnete man die Beine als *limbs* (»Gliedmaßen«). Andere Euphemismen lauteten zum Beispiel *extremities* (»Extremitäten«), *understandings* oder *underpinners* (etwa: »Untergestelle«) und *benders* (etwa: »Beuger«). Bei Tisch wurde aus einem Hühnerbein »dunkles Fleisch«.

Heute haben wir Mühe, uns in ein soziales Klima hineinzuversetzen, in dem solche weit hergeholten, prüden Stilblüten gedeihen konnten, tatsächlich aber waren Beine lange Zeit ein Tabuthema. Erst nach dem Ersten Weltkrieg kamen sie aus ihrem Versteck hervor – und selbst dann noch sorgten sie häufig dafür, dass die Augenbrauen nach oben gingen. Die rebellischen jungen Frauen der zwanziger Jahre entblößten mutig ihre Waden und sogar ihre Knie, was für einige Männer einfach zu viel war. Diese vertraten mit allem Nachdruck die Ansicht, die neue Mode bewirke einen Sittenverfall und das »moderne Mädchen« benehme sich wie eine Dirne. Vielen weiblichen Angestellten wurde untersagt, die neuen, kürzeren Röcke bei der Arbeit zu tragen. Ein Mann, der als angesehener Rechtsanwalt beschrieben wird, äußerte die Klage: »Die Provokation der seidenen Beine und halbnackten Oberschenkel … war erschütternd und niederschmetternd.«

Derartige Kommentare sind insofern bedeutsam, als sie erneut auf die äußerst starken sexuellen Signale hinweisen, die von den Beinen junger Frauen ausgehen. Der Grund dafür ist augenfällig genug. Je mehr von zwei Beinen sichtbar wird, desto leichter kann man sich den Punkt vorstellen, wo sie sich treffen. Allerdings wäre es ein Irrtum, daraus zu schließen, dass die Veränderungen der Rocklänge während des 20. Jahrhunderts lediglich die Schwankungen der sexuellen Gewohnheiten in der Gesellschaft widerspiegeln. Wenn wir die im Laufe der Jahrzehnte bald kürzeren, bald längeren Röcke betrachten, so zeigt sich, dass in Phasen wirtschaftlichen Aufschwungs kurze Röcke in Mode kamen, auf die dann in Phasen wirtschaftlichen Abschwungs lange Röcke folgten. Die kurzen Röcke der goldenen zwanziger Jahre wurden abgelöst von den langen Röcken der in Depression verharrenden dreißiger Jahre; die langen Röcke der entbehrungsreichen Nachkriegszeit in der zweiten Hälfte der vierziger Jahre verwandelten sich in die knappen Miniröcke der flotten sechziger Jahre. Diese wiederum machten den langen Röcken in den siebziger Jahren Platz, da Rezession herrschte. Es scheint, als bekundeten junge, von gesellschaftlichen Stimmungen beeinflusste Frauen ihr jeweiliges Maß an Optimismus und Selbstvertrauen durch die Höhe ihres Rocksaums. Insofern eine optimistische Einstellung mit lebhafter Sexualität einherging, könnte man sagen, dass kürzere Röcke eine Gesellschaft mit größerer sexueller Energie widerspiegelten, aber das trifft den Punkt nur zum Teil. Zum Beispiel waren die langen Röcke in den siebziger Jahren gewiss nicht das Resultat prüder Lebensformen.

Tatsache ist, dass sowohl der kurze wie der lange Rock den mehr oder weniger entblößten Beinen eine erotische Anziehungskraft geben kann. Der Erstere hat den

Vorteil, dass er die »unteren Gliedmaßen« ständig betont, wodurch sie immer wieder den Blicken der Männer ausgesetzt sind; zugleich hat er den Nachteil, dass der Gewöhnungseffekt deren Reaktionen abstumpft. Wie jede Stripteasetänzerin weiß, beginnt die Nummer stets mit vollständig bedecktem Körper; erst das langsame Ausziehen der einzelnen Kleidungsstücke verleiht den zum Vorschein kommenden Beinen einen so starken sexuellen Reiz. Daher hat der lange Rock den Vorteil, dass er, wenn er gehoben oder abgelegt wird, eine enorme stimulierende Wirkung ausüben kann – aber auch den Nachteil, dass er die vom Bein ausgehenden sexuellen Signale die meiste Zeit gleichsam abblockt.

Die sehr kurzen Röcke symbolisieren mehr noch als jeden sexuellen Aspekt ein Gefühl von Freiheit. Frauen in kurzen Röcken können forsch ausschreiten, in die Welt hinausgehen, ja förmlich in sie hineinspringen. Jene in langen, wallenden oder engen, röhrenförmigen Röcken werden von diesen umschlungen und zurückgehalten. Die explosionsartige Vermehrung langbeiniger Mädchen in Mini- oder Mikrorock während der sechziger Jahre war die Folge der neu entdeckten Freiheit aufgrund der Erfindung der Antibabypille und der boomenden Wirtschaft. Die langen Beine übermittelten die soziale Botschaft: »Wir jungen Frauen sind im Aufbruch.«

Als die achtziger Jahre gekommen waren, zeigte sich, wohin der Aufbruch sie geführt hatte – nämlich zu der feministischen Bewegung und einem neuerlichen Kampf um echte sexuelle Gleichberechtigung. Im Zuge dieser Entwicklung vollzog sich ein weiterer Wandel. Während die diffuse wirtschaftliche Lage eine diffuse Rockmode – hier lang, dort mittel oder kurz – entstehen ließ, wich die avantgardistische weibliche Bevölkerungsgruppe diesem Thema ganz aus, indem sie zur »gleichberechtigten Beinkleidung« überging und Männermode trug – Jeans sowie enge und weite Hosen. Diese Kleidungsstücke, die ebenso wie die kurzen Röcke zunächst empörte Reaktionen hervorriefen, sodass ihre Trägerinnen aus elitären Kreisen ausgeschlossen wurden, fanden bald in immer mehr Bereichen Zustimmung. (Zu Beginn des 21. Jahrhunderts zogen 84 Prozent der jungen Frauen Londons die Hose dem Rock vor.)

Wie kurze und lange Röcke hatten auch enge Damenhosen einen Vorteil und einen Nachteil. Zum ersten Mal enthüllten sie die genaue Form jener Stelle, wo die Beine zusammenlaufen. Dadurch bekamen sie einen starken erotischen Reiz. Zugleich jedoch »verunstalteten« sie die glatte Form der Beine, indem sie deren sanft gebogene Konturen mit unschönen Knicken und Falten bedeckten. Außerdem vermittelten sie den Eindruck einer schützenden Rüstung, die die Beine umschloss und ihnen so die Möglichkeit nahm, von Männern direkt berührt zu werden. In der männlichen Vorstellung ist es leicht, einen Rock hochzuheben, aber ein Kampf, eine Jeans auszuziehen.

Auch wenn die westliche Welt in ihrer Einstellung zu entblößten Beinen zunehmend liberal geworden ist, sodass Frauen ganz nach Belieben kurze oder lange Röcke, enge oder weite Hosen tragen können, ohne den geringsten Zwang, eine strenge gesellschaftliche Norm zu erfüllen, gibt es doch in anderen Teilen der Welt weiterhin massive Beschränkungen. Die Gesetze islamischer Länder, die von intoleranten religiösen Führern tyrannisiert werden, verbieten nach wie vor jedwede Zurschaustellung der Beine in der Öffentlichkeit. Auch das kommunistische China stand fast während des gesamten 20. Jahrhunderts im Zeichen der Repression – aber das ändert sich jetzt dank der Angleichung der ehemaligen chinesischen Planwirtschaft an die Prinzipien des so genannten freien Marktes. Daher ist es symptomatisch, dass am Ende des Jahrhunderts weibliche Beine mit Sex-Appeal erstmals im chinesischen Fernsehen auftauchten.

Obwohl heute ein starker Drang nach Modernisierung die chinesische Gesellschaft beherrscht, konnte er sich doch nicht ungehindert ausbreiten. Noch im Jahre 1998 reichte zum Beispiel eine Gruppe von Studenten eine offizielle Beschwerde ein und forderte, dass »vom Bildschirm dieser Werbeschund verschwinden soll, der den weiblichen Körper zur Schau stellt, um damit Kosmetik und andere Produkte zu verkaufen«. Die Behörden nahmen dies ernst genug, um ein Verbot der unangemessen entblößten Frauenbeine im Fernsehen zu erlassen, aber innerhalb weniger Wochen waren die attraktiven Beine wieder da, und der Verkauf der Schönheitsprodukte ging weiter. Die willkommene Liberalisierung des modernen China scheint jetzt unaufhaltsam fortzuschreiten.

Die erotische Anziehungskraft der »unteren Gliedmaßen« hat auch mit ihrer Glätte zu tun. Ein Dichter aus dem 17. Jahrhundert, der über die Beine seiner Geliebten nachsann, schrieb: »Gern küsst' ich meiner Julia zartes Bein,/Dem Ei gleich ist es weiß und haarlos rein.« Die eiglatte Beschaffenheit der Haut am weiblichen Bein (manchmal im Badezimmer mit kleinen Tricks vervollkommnet) unterscheidet sich deutlich von der Behaartheit des männlichen Beines, und dieser Unterschied dient als ein starkes Geschlechtssignal.

Häufig wurden Strümpfe aus reiner Seide oder Nylon benutzt, um den weiblichen Beinen ein noch glatteres Aussehen zu verleihen. Eine weitere Entwicklung in dieser Richtung ist der »aufsprühbare Strumpf« oder »Luftstrumpf«. Dabei wird aus Dosen ein feiner Nebel aus Seidenpuder aufgesprüht, der an den Beinen haften bleibt und einem normalen Strumpf täuschend ähnlich ist. Er besitzt den Vorteil, dass er weniger wärmt, kein Wasser durchlässt und nie Laufmaschen bekommt. Besonders in Japan hat sich diese Technik als äußerst erfolgreich erwiesen. Dort gibt es heute über 12 Millionen arbeitende Frauen, denen es von Seiten der Firmen untersagt ist, nackte Beine zu zeigen, und so stellt der aufsprühbare Strumpf die ideale Lösung für sie dar. Er bewirkt, dass ihre Beine am Arbeitsplatz glatt, elegant und »bekleidet« erscheinen und dass zugleich die Nachteile der üblichen Strümpfe oder Strumpfhosen vermieden werden.

Einen typischen Geschlechtsunterschied bildet auch die kurvenreiche Form des weiblichen Beines, wenn man es mit dem eher knorrigen, muskulären Bein des Mannes vergleicht. Solche sanften Kurven gefallen seinem Blick – wiederum weil sie sich vom Bau seiner eigenen Beine abheben, aber auch weil sie auf einen kräftigen und gesunden Körper hindeuten. Abgemagerte, knochige Beine, wie sie manchmal in der Welt der Haute Couture beliebt sind, aber auch mollige, schlaffe Beine wirken auf Männer nicht attraktiv – geben sie doch in beiden Fällen nicht gerade zu erkennen, dass die junge Frau auf dem Höhepunkt ihrer körperlichen Leistungsfähigkeit ist. Hingegen assoziiert das urtümliche männliche Bewusstsein kurvenreiche, nicht zu dünne und nicht zu dicke Beine mit einer körperlichen Verfassung, die sich gut für die Fortpflanzung eignet. Und es ist erwiesen, dass diese »Eignung zur Fortpflanzung« in allen menschlichen Kulturen den Reiz und die Anziehungskraft der Frau wesentlich erhöht.

Schließlich ist mit sehr langen weiblichen Beinen noch ein besonderer Vorteil verbunden. Die merkwürdige, immer wieder zu hörende Beschreibung einer erotischen Frau lautet: »Ihre Beine gehen bis zu den Achselhöhlen.« Als 1 000 Männer gefragt wurden, welche Schauspielerin ihrer Meinung nach die schönsten Beine habe, war diejenige, die auf den ersten Platz kam (Nicole Kidman), gerade auch bekannt für ihre besonders langen Beine. Der Grund für den Sex-Appeal langer Frauenbeine ist nicht schwer ausfindig zu machen. Erwachsene Frauen haben Beine, die sowohl relativ als auch absolut betrachtet länger als die von Kindern sind. Während der Pubertät setzt in den Beinen ein Wachstumsschub ein und folglich deuten lange Beine auf den Beginn sexueller Reife hin. Eine ungewöhnlich langbeinige Frau sendet daher extrem weibliche Signale aus. In den vierziger Jahren des 20. Jahrhunderts machten sich Pin-up-Künstler und Cartoonisten dieses Merkmal zunutze, indem sie in ihren Zeichnungen die Beine manchmal bis zu eineinhalb Mal länger gestalteten als die ihrer lebenden Modelle. Wären sie noch weiter gegangen, dann hätten die gezeichneten Beine eindeutig spinnenartig und grotesk gewirkt, aber es gab eine optimale Form von Verschönerung, die den Cartoon-Frauen eine gesteigerte erotische Anziehungskraft verlieh.

Von jener Zeit an, im Laufe der gesamten zweiten Hälfte des 20. Jahrhunderts und bis in unsere Tage hinein scheinen die realen Frauen immer längere Beine ausgebildet zu haben. Das ist natürlich eine optische Täuschung, die durch die wachsende Vorliebe der Modehäuser, High-Society-Fotografen und Filmregisseure für langbeinige Frauen hervorgerufen wurde. Dieser Prozess setzte sich Jahr um Jahr fort, sodass es heute einem kurzbeinigen Model schier unmöglich ist, in irgendeinem Modehaus oder einem anderen Bereich der Glamourwelt Arbeit zu finden.

Zusammenfassend lässt sich also sagen, dass weibliche Beine aus folgenden Gründen sexuell anziehend sind: weil der Punkt, an dem sie sich treffen, die erotische Aufmerksamkeit der Männer erregt; weil ihre variierenden Stellungen – von weit offen bis fest übereinander geschlagen – erotische Signale aussenden können; weil der unterschiedliche Grad ihrer Bedeckung eine erotische Entblößung verborgener Haut gestattet; weil ihre glatten Kurven die weibliche Körpergestalt noch betonen; und weil ihr verstärktes Wachstum in der Pubertät eine zum Teil extreme Länge erzeugt, die Signale sexueller Bereitschaft übermittelt.

Gehen wir nun vom Sex-Appeal der Beine über zu ihrer Biologie und Anatomie. Die Beine machen ungefähr die Hälfte der Körpergröße aus. Wenn Künstler den menschlichen Körper naturgetreu skizzieren, unterteilen sie ihn in etwa vier gleiche Abschnitte: von der Fußsohle bis zur Kniescheibe, von dort bis zum Schambereich, von dort bis zu den Brustwarzen und von dort bis zum Scheitel. Mit anderen Worten: Die Beine nehmen die Hälfte des gesamten Körpers ein. Das ist die Körperform eines durchschnittlichen Erwachsenen.

Die längsten bei einem Teenager gemessenen Beine der Welt – 124 Zentimeter auf eine Körpergröße von 190 Zentimetern – liegen um 30,5 Zentimeter über dem Durchschnitt und zeigen damit an, wie unterschiedlich die Beine bei erwachsenen Frauen gestaltet sein können.

Das Skelett des Beines enthält vier Knochen: den wuchtigen Oberschenkelknochen (*Femur*), der den längsten Knochen im menschlichen Körper bildet; die Kniescheibe (*Patella*), welche die Vorderseite des Scharniergelenks am unteren Ende des Oberschenkelknochens schützt; das Schienbein (*Tibia*), dessen Bewegungen mit denen des Oberschenkelknochens koordiniert sind; und schließlich das Wadenbein (*Fibula*), das parallel zum Schienbein verläuft.

Angetrieben von seinen kräftigen, wohlgeformten Beinen ist der weibliche Körper schon über 2 Meter in die Höhe und sogar 7,50 Meter in die Weite gesprungen. Ein von Frauen veranstalteter Marathontanz hat sich Woche um Woche in die Länge gezogen und sage und schreibe 214 Tage gedauert, bis die Teilnehmerinnen am Rande der völligen Erschöpfung waren. Solche von Stärke und Ausdauer geprägten Meisterleistungen sind ein bemerkenswertes Zeugnis dafür, welche Entwicklung die Beine der Frau im Laufe mehrerer Millionen Jahre durchgemacht haben.

Über den weiblichen Gang wurde schon viel geschrieben. Schon lange sind Beobachter davon fasziniert, wie die Gangart von Frau zu Frau und von Kultur zu Kultur wechselt. Bezeichnenderweise ist der weibliche Schritt kürzer als der männliche, aber die persönlichen Unterschiede zwischen den Frauen sind enorm; viele berühmte Frauen machen beim Gehen derart typische Bewegungen, dass sie leicht imitiert werden können. Als Beispiel dafür braucht man nur die Namen Mae West oder Marilyn Monroe zu nennen. Auf der kulturellen Ebene gibt es ebenfalls große Unterschiede – etwa zwischen japanischen und amerikanischen Frauen. Die Japanerinnen zeichnen sich bei förmlicheren Gangarten aus, während die Amerikanerinnen in den zwangloseren Gangarten besser sind.

Bei der menschlichen Spezies wurden insgesamt 36 verschiedene Arten des zweifüßigen Ganges identifiziert – vom langsamen Schlendern mit ungefähr einem Schritt pro Sekunde über den Spaziergang mit zwei Schritten pro Sekunde bis zum schnellen Spurt mit vier oder fünf Schritten pro Sekunde –, doch nur neun von ihnen zeigen eine geschlechtsspezifische Tendenz und verdienen daher an dieser Stelle eine kurze Erwähnung.

- *Das Stelzen* ist der Gang von Menschen, deren Beine nicht mühelos ganze Schritte machen können. Sie bewegen sich mit sehr kleinen Schritten vorwärts. Das ist typisch für Frauen, die sehr enge Röcke oder unbequeme Schuhe tragen.
- *Das Trippeln* ist ein Gang, bei dem man schnelle und zugleich sehr kleine Schritte macht. Im Grunde stellt es eine Übertreibung der weiblichen Gangart dar, insofern die ohnehin schon kurzen Schritte noch mehr verkürzt werden. Es gilt als Ausdruck von »affektierter Genauigkeit«.
- *Das Gleiten* ist eine elegante Version des Trippelns. Durch kurze, anmutige Bewegungen der Füße scheint der Körper vorwärts zu gleiten wie auf Rädern. Ehemals weit verbreitet unter hochrangigen Frauen in einigen Teilen Europas, ist es heute hauptsächlich auf Japan beschränkt. Um diese Wirkung zu entfalten, muss man einen knöchellangen Rock tragen, der die Bewegungen der Füße verdeckt.
- *Das Hüpfen* ist typisch für einen Teenager, wenn er mit federnden Schritten geht, die den Körper jedes Mal hüpfen lassen. Es handelt sich um einen fröhlichen Gang, der deutlich Wohlbefinden und Zuversicht zum Ausdruck bringt.
- *Das Schreiten* ist eine »coole« und zugleich sehr entschlossene Gangart, die sich durch ungewöhnlich große Schritte kennzeichnet. Man sieht es besonders bei jenen Frauen, die die energische Art des kräftigeren männlichen Schrittes nachahmen.
- *Das Wackeln* ist der erotische Gang der Frau, die ihre Geschlechtssignale mit größter Intensität aussenden möchte. Dabei verlagert sie das Gewicht des Oberkörpers abwechselnd von der einen Hüfte auf die andere. Wenn sie dies übertreibt, wird ihr Gang schnell zum Gegenstand anzüglicher Witze. Marilyn

Monroe verstärkte ihr berühmtes Wackeln, indem sie hochhackige Schuhe trug, bei denen der eine Absatz etwas kürzer war als der andere.

- *Das Huschen* ist ein ängstlicher weiblicher Gang, voll kurzer, unentschlossener, hastiger Bewegungen hierhin und dorthin – ein Flattern wie das von Vögeln, die die Richtung ändern.
- *Das Tänzeln* ist ein verspielter schneller Gang, bei dem die Frau nicht unbedingt notwendige kleine Sprünge macht. Es ist die beschleunigte Version des Hüpfens mit schwungvolleren Beinbewegungen.
- *Das schnelle Laufen* ist deshalb von besonderem Interesse, weil die Frau diese Bewegung etwas anders ausführen muss als der Mann. Der Grund dafür liegt in ihrem Körperbau, in der Art und Weise, wie ihre Beine am Beckengürtel befestigt sind. So wie dieses anatomische Merkmal die Frau dazu befähigt, ihre Beine extrem zu kreuzen (nämlich umeinander zu schlingen), bewirkt es bei ihr auch eine andere, gleichsam rotierende Beinbewegung, die beim sprintenden Mann fehlt. Dieser Unterschied wird dadurch verdeckt, dass wir viel öfter Athletinnen als weniger sportliche Frauen rennen sehen und dass die Besten ihrer Disziplin unter Millionen von Frauen gerade wegen ihrer ungewöhnlich maskulinen Laufart ausgewählt werden. Ihre Körper weisen nicht die typisch weiblichen Kurven und vorspringenden Brüste auf, ihre Fettschichten sind auf ein Minimum reduziert und ihre Beine schnellen beim Laufen fast pfeilgerade nach vorn, verwischen alle Spuren der sonst üblichen Kreisbewegung. Eben diese Läuferinnen verfolgen wir dann am Bildschirm. Beobachten wir hingegen eine weniger muskulöse, korpulentere Frau dabei, wie sie laufend einen Bus zu erwischen versucht, ist die Kreisbewegung der Beine nur allzu offensichtlich. Diese nicht sehr graziöse Laufart gibt zu erkennen, dass der weibliche Körperbau darauf »spezialisiert« ist, Kinder zu gebären, und hierfür einige seiner athletischen Fähigkeiten geopfert hat, die sich als spezielles Merkmal des urzeitlichen jagenden Mannes entwickelten.

Einige Gangarten der Frauen werden durch innere Gefühlszustände hervorgerufen, andere durch gesellschaftliche Regeln. Diese waren von Epoche zu Epoche verschieden; in sittenstrengeren Zeiten legte man genau fest, wie sich eine Dame in der Öffentlichkeit zu bewegen habe. Vor hundert Jahren wurde sie angewiesen, »forsches Schreiten« und »leichtfertiges Schlendern« ebenso zu vermeiden wie Trippeln, Schlurfen und Hasten. Ein Handbuch in der Nachfolge des »Knigge« beschreibt eine Frau mit einwandfreiem Gang auf folgende Weise: »Ihr Körper ist vollkommen im Gleichgewicht, sie hält sich gerade, ohne dabei je steif zu wirken. Sie macht Schritte von mittlerer Länge und geht aus den Hüften, nicht aus den

Knien. Keinesfalls lässt sie die Arme hin und her schwingen, noch gestikuliert sie beim Gehen mit den Händen.«

Solche Regeln des »guten Benehmens« klingen heute seltsam, wenn eine Frau einfach aus der Haustür tritt und die Straße hinuntergeht, ohne auch nur einen flüchtigen Gedanken daran zu verschwenden, wie sie einen Fuß vor den anderen setzt. Diese neue Ungezwungenheit hat dazu geführt, dass sich individuelle Gangarten unbeeinflusst von restriktiven gesellschaftlichen Verhaltensmaßregeln entwickeln konnten, wodurch sie jetzt in weitaus größerer Vielfalt vorhanden sind.

Abschließend verdient noch eine Beinbewegung der Frau besondere Erwähnung, ungeachtet der Tatsache, dass sie rapide aus der modernen Gesellschaft verschwindet – der Knicks. Hierbei handelt es sich um eine ehrerbietige Begrüßungsgeste, bei der ein Fuß hinter den anderen gesetzt und die Knie leicht gebeugt werden. Eigentlich stellt sie eine angedeutete Verbeugung dar, einen zur Hälfte ausgeführten Kniefall. Heute ist sie zumeist beschränkt auf Frauen, die eine königliche Hoheit begrüßen, aber in früheren Zeiten wurde sie weithin benutzt als höfliche Form der Begrüßung, oft kombiniert mit einem Neigen des Kopfes. Das taten sowohl Frauen wie Männer, doch dann, im 17. Jahrhundert, wurden beide Bewegungen – das Beugen der Knie und das Neigen des Kopfes – voneinander getrennt. Den Frauen blieb der Knicks vorbehalten, den Männern die Verbeugung. In einem Bereich des öffentlichen Lebens ist diese Geschlechtertrennung heute freilich aufgehoben: im Theater und in der Oper. Hier ahmen die Schauspielerinnen und Sängerinnen ihre männlichen Kollegen nach und danken dem Publikum eher mit einer Verbeugung als mit einem Knicks für den Beifall – es sei denn, das von ihnen dargestellte Stück spielt zu jener Zeit, in der die korrekte Begrüßung aus Knicks *und* Verbeugung bestand. Nur in solchen Augenblicken sieht man noch die ursprüngliche Version der beiden miteinander verbundenen Bewegungen, verkörpert von Schauspielerinnen, die auf diese Weise im Einklang mit den Umgangsformen der damaligen Epoche bleiben möchten.

23. DIE FÜSSE

Der menschliche Fuß ist ein weiteres anatomisches Detail, das als Geschlechtssignal dient – groß beim Mann, klein bei der Frau. Der weibliche Fuß ist kleiner und schmaler als der männliche. Letzterer hat eine durchschnittliche Länge von 26,8 Zentimetern, Ersterer von 24,4 Zentimetern. Genauer gesagt, die weibliche Ferse ist im Vergleich zum Vorderfuß (oder zum Fußballen) enger als die des Mannes.

Wie bei anderen Körperpartien wurde auch hier der Größenunterschied endlos überbetont und ausgenutzt. Wenn ein kleiner Fuß ein weibliches Merkmal ist, dann folgt daraus, dass ein winziger Fuß ultraweiblich ist; unter diesem Denken haben im Laufe der Geschichte unzählige Frauen gelitten. Auf der Suche nach der Schönheit zierlicher Füße wurden diese zusammengedrückt, gequetscht, eingezwängt und entstellt. Doch bevor wir diese schmerzhaften Veränderungen näher untersuchen – was hat es mit dem Fuß selbst eigentlich auf sich?

Wir betrachten das aufrechte Stehen als selbstverständlich, aber es ist eine Haltung, die nur sehr wenige Säugetiere einnehmen können. Der menschliche Fuß – von Leonardo da Vinci als Meisterwerk der Technik bezeichnet – macht sie möglich. Anatomisch betrachtet hat der Fuß 26 Knochen, 114 Bänder und 20 Muskeln; damit muss er unser Gleichgewicht gewährleisten und uns zum Gehen, Laufen, Springen, Tanzen und Treten befähigen. Man hat errechnet, dass die Füße einer durchschnittlich aktiven Frau während ihres Lebens mehr als 270 Millionen Mal auftreten. Das ist eine ungeheure Aufgabe, über die wir uns jedoch kaum Gedanken machen. Unseren Blicken zumeist entzogen, verrichten die Füße mühelos ihre Arbeit und lenken uns durch wechselnde Umgebungen. Wir werden praktisch nur dann daran erinnert, wie wunderbar sie funktionieren, wenn uns die Augen im Stich lassen und wir im Halbdunkel eine Treppe hinauf- oder hinuntergehen und einen Schritt zu viel oder zu wenig machen. Da wir eine Stufe erwarteten, die nicht vorhanden ist, oder auf eine stoßen, mit der wir nicht rechneten, fahren wir erschreckt zusammen und verlieren das Gleichgewicht. In solch seltenen Augenblicken wird uns bewusst, welch großartige Leistung unsere Füße zu *jedem* Zeitpunkt vollbringen.

Wenn wir uns bewegen, setzt sich jeder Schritt aus drei Funktionen zusammen. Zunächst wird der Aufprall gedämpft, wenn der Fuß den Boden berührt; dann wird der Körper abgestützt, indem der Fuß unser Gewicht trägt; und schließlich wird die Fortbewegung bewerkstelligt, da er uns nach vorn schiebt. Um diese dreifache Aufgabe auf wirksame Weise zu erfüllen, mussten wir im Laufe der Evolution ein kleines Opfer bringen – wir haben, im Gegensatz zu anderen Primaten, keine abstehenden großen Zehen mehr. Diese kamen in eine Reihe mit den kleineren Zehen und können deshalb nicht wie unsere Daumen zum Greifen von Gegenständen benutzt werden. Infolgedessen sind wir beim Bäumeklettern weitaus weniger gewandt; aber das ist nur ein kleiner Verlust gemessen an jenem enormen Gewinn, den uns das leichtfüßige Gehen und Laufen beschert.

Die Spezialisierung des Mannes auf die Rolle des kooperierenden Jägers brachte es mit sich, dass ihm größere Füße von großem Nutzen waren, da er sie für die Ausübung der Jagd benötigte. Auf dem Fuß der Frau hingegen lag kein derartiger evolutionärer Druck, weshalb er kleiner und beweglicher blieb. Im Bestreben, diese weibliche Eigenschaft noch stärker hervorzuheben, haben Frauen jahrhundertelang ihre Füße in unbequem enge Schuhe gezwängt.

Die Schuhmacher haben sich dreier Kunstgriffe bedient, um die Füße ihrer Kundinnen kleiner erscheinen zu lassen, als sie tatsächlich sind, und deren Schuhe so angefertigt, dass sie zu eng, zu spitz und hochhackig waren. Dadurch wurde der Fuß erstens zusammengedrückt, zweitens in eine elegante, schnittige Form gebracht und drittens durch den hohen Absatz gleichsam verkürzt. Zusammen mögen diese Veränderungen des natürlichen Zustandes den Fuß sexuell anziehender machen, aber sie setzen ihn auch starken Belastungen aus. Es ist daher kein Zufall, dass 80 Prozent der Patienten, die sich an den Füßen operieren lassen, Frauen sind.

Die extreme Form des »modischen Schuhs« beeinträchtigt das gesamte Gleichgewicht des weiblichen Körpers, verursacht Bein-, Rücken- und sogar Kopfschmerzen, doch die tief sitzende Angst vor der Hässlichkeit großer Füße treibt Frauen dazu, diese Leiden auf sich zu nehmen. Ausdrücke wie »Quadratlatschen« oder »Gänsefuß« bestärken sie eher noch in ihrem Tun.

Eine Frau, die mit zwei großen, männlich wirkenden Füßen durch die Welt gehen muss, gilt auf jeden Fall als so sonderbar, dass der amerikanische Jazzpianist Fats Waller ihr einen ganzen Song widmen konnte, der nichts als Hohn und Spott bietet – was besonders in den folgenden Zeilen zum Ausdruck kommt: »Up in Harlem at a table for two/There were four of us – me, your big feet and you./From your ankles up I'd say you sure look sweet,/From there down there's just too much feet./Yes, your feet's too big. Can't use you cos your feet 's too big … Oh your pedal extremities are colossal./To me you look like a fossil …« (Oben in Harlem, an einem Tisch für zwei, da saßen wir vier – ich, deine großen Füße und du. Von deinen Knöcheln aufwärts, würd' ich sagen, siehst du entzückend aus, von dort abwärts ist einfach zu viel Fuß. Ja, deine Füße sind zu groß. Kann dich nicht brauchen, weil deine Füße zu groß sind … O deine Fuß-Gliedmaßen sind riesig. Für mich siehst du aus wie ein Fossil …)

So ist es kein Wunder, dass viele Frauen alles Mögliche unternommen haben, um diese Gliedmaßen auf ein Mindestmaß zu reduzieren. In früheren Jahrhunderten erreichte die Leidenschaft für kleine Füße eine solche Intensität, dass sich elegante Damen ihre kleinen Zehen amputieren ließen, wodurch sie beim Hineinschlüpfen in ihre umso engeren und spitzeren Schuhe einen zusätzlichen Vorteil hatten.

Das Stichwort »Amputation« ruft unwillkürlich die Erinnerung an die grausame Geschichte von Aschenbrödel wach. Die heutige filmische Version von Walt Disney wirkt ziemlich harmlos, doch das Märchen selbst ist blutig und brutal. Ein Prinz war auf der Suche nach einer Braut, die jedoch seiner Forderung nach ausgeprägt weiblichen Zügen entsprechen und deshalb sehr kleine Füße haben musste. Ein winziger Pelzpantoffel diente dazu, die Anwärterinnen auf die Probe zu stellen. Zwei Schwestern meldeten sich, von denen eine jede unbedingt die Auserwählte sein wollte. Die Ältere versuchte ihren Fuß in den Pantoffel zu zwängen, aber er passte nicht; daraufhin gab ihr die Mutter den Rat, sich den großen Zeh abzutrennen, und erklärte, dass sie nach der Heirat ohnehin nie mehr gehen müsse, also keinerlei Schaden erleiden würde. Das Mädchen hackte sich den großen Zeh ab und presste ihren blutenden Fuß in den Pantoffel – doch als sie mit dem Prinzen davonritt, bemerkte er das Blut, das aus dem Pantoffel sickerte und ihre Strümpfe befleckte. Er brachte sie zu ihrer Mutter zurück, die ihm umgehend die andere Tochter anbot. Dieses unglückliche Mädchen musste sich einen Teil der Ferse abschneiden lassen, um den Fuß in den Pantoffel stecken zu können. Wieder waren es die Blutflecken, die alles verdarben, und so wurde auch die zweite Tochter vom Prinzen verschmäht. Erst dann entdeckte er Aschenbrödel, deren winziger Fuß sofort wie angegossen passte; und so wurde sie die sittsame Gemahlin des fürstlichen Fußfetischisten.

Die äußerst merkwürdige Voraussetzung der Geschichte – dass ein adliger Mann eine Frau ungeachtet all ihrer anderen Eigenschaften nur wegen der kleinen

Füße akzeptabel findet – scheint vom heutigen Publikum übersehen worden zu sein. Das kommt offenbar daher, dass die moderne Version die beiden Schwestern in »hässliche Entlein« verwandelt hat, während Aschenbrödel immer sehr hübsch ist. Aber das ist eine Mogelei. Der Prinz stellte nur *eine* Forderung an die Braut, nämlich dass ihr Fuß in den winzigen Pelzschuh passen sollte. Um zu verstehen, warum er allein dem Fuß eine solche Bedeutung beimaß, muss man wissen, dass dieses Volksmärchen ursprünglich aus China stammt, wo das Einschnüren der Füße junger Mädchen jahrhundertelang ein weit verbreiteter Brauch in angesehenen Familien war. Dort galten kleine Füße als das entscheidende Merkmal von Schönheit.

Dieser Brauch entsprang im 10. Jahrhundert und bestand knapp über 1 000 Jahre fort. Angesichts seiner Grausamkeit ist es erstaunlich, dass er erst zu Beginn des 20. Jahrhunderts verboten wurde. Als man ihn noch pflegte, geschah das Folgende: Solange ein Mädchen noch klein war, durfte es frei herumlaufen, doch schon bald – gewöhnlich zwischen dem sechsten und achten Lebensjahr – musste es die Qual durchleiden, dass seine Zehen an die Fußsohle gebunden wurden. Zuerst wusch man ihm die Füße in warmem Wasser und massierte sie. Dann wickelte man eine 5 Zentimeter breite und 305 Zentimeter lange Bandage um die vier kleinen Zehen und bog sie gewaltsam nach unten. Anschließend schlang man die Bandage straff um die Ferse und zog die gebogenen Zehen und die Ferse enger zusammen. Der Rest wurde wieder und wieder um diese beiden Partien herumgewickelt, um sicherzustellen, dass die Zehen sich nicht befreien und in die normale Position zurückkehren konnten. Nur der große Zeh entging dieser Strafe, blieb unverbunden.

Mädchen, die bei dieser Prozedur schrien, wurden geschlagen. Trotz ihrer starken Schmerzen zwang man sie, auf den gequetschten Füßen zu gehen, damit diese ihre neue, entstellte Form beibehielten. Alle zwei Wochen wurde ein neues Paar Schuhe darüber gestreift, das jeweils immer zweieinhalb Millimeter kleiner war als das vorige. Das unglaubliche Ziel bestand darin, die Länge des Fußes auf ein Drittel seiner üblichen Größe zu reduzieren – nämlich auf den viel gepriesenen »Goldenen Lotus«, der etwa siebeneinhalb Zentimeter maß.

Wenn diese Mädchen das Erwachsenenalter erreicht hatten, waren sie verkrüppelt, unfähig, normal zu gehen, und in ihren körperlichen Tätigkeiten stark eingegrenzt. Das war der gesellschaftliche »Bonus« für die Missbildung. Die jungen Frauen hatten nicht nur winzige, »äußerst weibliche« Füße, sondern waren auch buchstäblich außerstande, ihren Ehemännern davonzulaufen. Außerdem verfügten sie damit stets über ein Statussymbol, denn sie konnten natürlich keinerlei schwere Arbeit verrichten. Erst im Zuge der Modernisierung Chinas im 20. Jahrhundert und der Ablösung der herrschenden Mandarine wurde diese bizarre Form weiblicher Verstümmelung abgeschafft.

Der Reiz der chinesischen »Fußmarter« lag auch im Sexuellen begründet. Der »Goldene Lotus« – so nannten die männlichen Bewunderer den winzig kleinen Fuß – hatte auf seltsame Weise eine erotische Bedeutung. Es heißt, dass die Liebhaber der Mädchen deren Füße während des Vorspiels nicht nur küssten, sondern den ganzen Fuß in den Mund nahmen und begierig an ihm lutschten. Stärker sadistisch veranlagte Männer genossen die Leichtigkeit, mit der sie ihre Frauen beim Liebesakt zum Schreien bringen konnten, indem sie einfach die verkrüppelten Füße drückten. Wenn sie dann noch die beiden Füße aneinander legten, bildeten diese aufgrund ihrer Deformation eine Pseudo-Öffnung, die als eine Art Vagina benutzt werden konnte. Man sagte auch, die Vagina selbst würde verschönert durch den gestelzten Gang, verursacht durch die bandagierten Füße: »Je kleiner der Fuß der Frau, desto wunderbarer die Falten der Vagina.«

Zusätzlich zu diesen und weiteren, noch ausgefalleneren erotischen Fantasien in Bezug auf den Goldenen Lotus wirkte gerade die Hilflosigkeit der Frauen mit gebundenen Füßen sexuell stimulierend. Durch ihre an einer bestimmten Körperstelle angebrachten Fesseln waren sie den Männern völlig ausgeliefert und litten jahrhundertelang unter deren Joch.

Auch in anderen Teilen der Welt ist die Symbolik des Fußes oft sexuell geprägt, selbst ohne Fesseln. Es wurde weithin die Überzeugung vertreten, ungewöhnlich große Füße beim Mann ließen auf einen großen Penis schließen – und ungewöhnlich kleine Füße bei der Frau auf eine kleine Vagina. Doch derlei Ansichten stellen nur eine grobe Vereinfachung des biologischen Geschlechtsunterschiedes hinsichtlich der Größe des Fußes dar.

Der Schuh diente häufig als Symbol der weiblichen Genitalien, was in folgendem Spruch zum Ausdruck kommt: »The old woman who lived in a shoe/Had so many children she didn't know what to do.« (Die alte Frau, die in einem Schuh wohnte [deren Leben sich also um die Genitalien drehte], hatte so viele Kinder, dass sie nicht wusste, was sie tun sollte.) Das erklärt auch, warum Schuhe hinten an das Auto abreisender Flitterwöchner gebunden werden und warum ein romantischer Liebhaber manchmal Champagner aus dem Schuh seiner Angebeteten trinkt. Einem französischen Brauch zufolge soll die Braut ihre Hochzeitsschuhe immer behalten und nie weggeben, wenn sie mit ihrem Gatten für alle Zeit glücklich zusammenleben möchte. Und sizilianische Mädchen, die einen Mann suchten, schliefen stets mit einem Schuh unter ihren Kopfkissen.

Diese und viele andere Bräuche bestätigen die symbolische Verbindung zwischen Schuh und Sexualität.

Sowohl der Schuh wie auch der Fuß selbst spielen eine große Rolle in der sonderbaren Welt der Fetischisten. Jene Männer, die erotisch fixiert sind auf Frauenschuhe, interessieren sich zumeist ausschließlich für die extreme Form der Stöckelschuhe. In den bizarren Fantasien der Masochisten wird gerade dieser Schuh zu einer brutalen Waffe der Folter, der sie sich freiwillig unterziehen, wenn die Domina mit ihren scharfen und spitzen Absätzen auf ihrem Körper herumtrampelt.

Der nackte Fuß hingegen stellt eine andere Art von Fetisch dar. Er wird geküsst, liebkost, geleckt und gelutscht. Dabei nimmt der obsessive Mann möglicherweise eine devote Haltung ein. Er mag zu Füßen der dominanten Partnerin kauern, ihre Befehle ausführen und sich so ganz ihren Füßen widmen. Er kann jedoch auch selbst in der dominanten Position sein, mit einer hilflosen Partnerin ihm gegenüber, die er sanft quält, indem er ihre Füße durch seinen Mund sensibilisiert – bis zu dem Punkt unvorstellbarer Freuden. Oder es werden überhaupt keine sadomasochistischen Elemente mit einbezogen; der Mann streichelt und küsst den Fuß der Frau, um die Erregung während des üblichen Vorspiels zu steigern.

Den meisten Menschen kommen all diese Varianten erotischer Aufmerksamkeit, die dem einfachen Fuß zuteil wird, äußerst seltsam vor. Schließlich sind die Füße fast während des ganzen Tages in eine »Lederhülle« eingeschlossen, welche die Entwicklung von Bakterien und sogar Pilzen fördert. Übler Fußgeruch ist so weit verbreitet, dass es spezieller Produkte bedarf, um ihn zu bekämpfen. Der Gedanke daran macht die Füße nicht gerade zum höchsten Objekt der Begierde. Warum also finden nichtsdestotrotz gewisse Individuen diesen nicht sexuellen Körperteil sexuell so stimulierend? Weshalb bemerkte kein geringerer Experte auf diesem Gebiet als Casanova, dass »Männer mit starkem sexuellem Verlangen sich vom weiblichen Fuß merklich angezogen fühlen«?

Darauf gibt es zwei Antworten. Die eine hat mit Duftdrüsen zu tun, die andere mit sexueller Symbolik. An den Füßen befinden sich besondere Duftdrüsen, die persönliche Signale des jeweiligen Menschen übermitteln. Wenn wir die ganze Zeit barfuß gingen, würden wir auf all unseren Wegen automatisch eine Duftspur hinterlassen. Bis zum heutigen Tag können einige Mitglieder von Stammesgesellschaften durch Beschnüffeln eines Pfades diesen Geruch wahrnehmen und genau sagen, wer ihn wann beschritten hat. Wenn das zu weit hergeholt scheint, muss man sich nur einmal vergegenwärtigen, dass ein Bluthund in achtzehn Minuten einen menschlichen Geruch, der vierundzwanzig Stunden alt ist, über fünf Kilometer verfolgen kann – ungeachtet anderer starker Gerüche, die seinen Weg kreuzen.

In urzeitlicher Vergangenheit, da wir unbekleidet waren, brachte dieses Geruchssignalsystem des menschlichen Fußes zweifellos einen gewissen Nutzen, aber im modernen Stadtleben hat sich das geändert. Im Innern unserer luftdichten Schuhe vermehren sich Bakterien schnell, schlagen Drüsensekrete bald um. Wenn wir die Schuhe nicht wechseln und unsere Füße nicht täglich waschen, verwandelt sich ihr angenehmer, natürlicher Geruch in Gestank. In der Anspannung und Unruhe des heutigen Lebens merken wir manchmal, dass unsere Handflächen schwitzen, doch wir nehmen nicht wahr, dass auch unsere in Schuhe eingeschlossenen Füße auf ganz ähnliche Weise Schweiß absondern. Diese Feuchtigkeit kann nicht verdunsten, so wie die Natur es beabsichtigte, und infolgedessen leiden unsere Füße.

Daher ist es nicht überraschend, dass die Vorstellung, Füße zu küssen oder Zehen zu lutschen, auf viele Menschen eher abstoßend als erotisierend wirkt. Sie denken an den Fuß, wie er heute allzu oft ist, und nicht daran, wie er sein sollte. Wenn er im Schlafzimmer aus seinem »Schuhgefängnis« befreit, im Badezimmer gereinigt und dann den Zärtlichkeiten eines Liebhabers überlassen wird, stellt er eine völlig andere sexuelle Offerte dar. Plötzlich ist er das wohlriechende Objekt, das die Natur sozusagen im Sinn hatte, und ein enger Kontakt mit ihm kann sowohl für die Frau als auch für ihren hingebungsvollen Liebhaber aufregend sein.

Neben diesem urtümlichen Reiz macht sich außerdem eine symbolische Anziehung bemerkbar. Den Zeh einer Frau zu lutschen, gibt dem sinnlichen Mann das Gefühl, die Lippen um eine riesige Brustwarze, eine überdimensionale Klitoris oder gar eine weibliche Zunge zu schließen. Erneut mag diese Assoziation einigen Menschen weit hergeholt erscheinen, aber aufgrund zahlreicher psychologischer Studien weiß man inzwischen sehr wohl, dass in Augenblicken sexueller Erregung bestimmte Organe leicht zu »anatomischen Echos« anderer Organe werden. Im sexuell stimulierten Gehirn verwandeln sich Lippen in Schamlippen, entpuppt sich die Mundhöhle als Vagina, ähneln steife Finger dem Penis, gleichen die Brüste den Pobacken.

Darüber hinaus sind die weiblichen Füße während des Vorspiels keineswegs unempfindlich – ja das Küssen, Lutschen und Lecken sensibilisiert sie in hohem Maße. Aus ihren Schuhen befreit, zeigen sie eine Empfänglichkeit für Berührungen, die äußerst erotisch werden kann. In den Sekunden des Orgasmus sieht man, wie die Zehen sich spreizen oder zusammenkrampfen, als würden die Füße alle Anstrengungen unternehmen, um an den ekstatischen Reaktionen des Körpers teilzuhaben.

Zusammenfassend kann man also feststellen, dass die weiblichen Füße trotz der schrecklichen Misshandlungen, die ihnen in früheren Zeiten widerfahren sind, weiterhin eine äußerst erogene Zone bilden – sowohl für die Frau als auch für ihren männlichen Partner.

In einem nicht sexuellen Kontext ist der weibliche Fuß häufig benutzt worden als Fixpunkt für die Zurschaustellung eines hohen gesellschaftlichen Status. Diese hat verschiedene Formen angenommen, zu denen etwa exotische teure Schuhe gehören, goldene Fußspangen, mit Edelsteinen besetzte Zehenringe oder zeitaufwändige Verzierungen der Zehennägel.

Einige äußerst privilegierte Frauen haben ihre Macht und ihren Reichtum durch die Größe ihrer Schuhkollektionen demonstriert. Ein auffälliges Beispiel aus der jüngeren Vergangenheit ist der »stählerne Schmetterling« der Philippinen, Imelda Marcos, die Frau des Diktators, die ständig um die Welt reiste, um neue Schuhe zu kaufen. Angeblich besaß sie mehr als 3 000 Paar davon, die sie in fünf verschiedenen Räumen des Präsidentenpalastes in Manila unterbrachte. Nachdem ihr Mann, Präsident Ferdinand Marcos, abgesetzt worden war, klagte man sie an, »das Vergnügen an ihren Füßen« über die grundlegenden Bedürfnisse ihrer Untertanen gestellt zu haben. Sie konterte, dass sie die Schuhe als »ein Symbol der Liebe und des Dankes« gesammelt und jedenfalls nicht 3 000 sondern nur 1 060 Paare besessen habe. Merkwürdigerweise werden von diesen 1 060 Paaren jetzt 1 220 in dem kürzlich eröffneten Philippines Footwear Museum gezeigt. Übrigens geht man davon aus, dass Mrs. Marcos inzwischen eine neue Kollektion von 2 000 weiteren Paaren aufgebaut hat.

Noch extremer war jener Fall von Kaiserin Eugénie, der Gemahlin Napoleons III., die sich weigerte, ein Paar Schuhe mehr als einmal zu tragen. Zum Glück hatte sie sehr kleine Füße, sodass ihre täglich abgelegten Schuhe zusammengetragen und an Waisenhäuser geschickt werden konnten, wo verarmte, barfüßige Mädchen sie anzogen.

Das vielleicht außergewöhnlichste Beispiel luxuriöser Damenschuhmode wurde im Frühjahr 2003 im Londoner Kaufhaus Harrods ausgestellt. Ein Paar rote Stöckelschuhe aus der Hand des Designers Stuart Weitzman, inspiriert von den magischen rubinroten Pantoffeln Dorothys in *The Wizard of Oz* (*Der Zauberer von Oz*), wies 642 Rubine auf, die in fadendünn ausgezogenes Platin eingesetzt waren. Es stand zum Verkauf für sage und schreibe eine Million englische Pfund (ungefähr 1,5 Millionen Euro).

Zuletzt muss noch darauf hingewiesen werden, dass die Sehnsucht nach anormal kleinen Füßen nicht der Vergangenheit angehört, sondern auch heute noch Schmerzen verursacht. Die modernen Schuhdesigner stellen abermals unbarmherzige Anforderungen an ihre eleganten Kundinnen. Bezaubernd schöne Schuhe werden immer enger und spitzer, weshalb man 2003 prophezeite, dass die künftigen Entwürfe um 20 Prozent enger und spitzer sein werden als je zuvor. Das hat manche Frauen in den Vereinigten Staaten dazu veranlasst, eine »Entfernung des kleinen Zehs« als neue Form der kosmetischen Chirurgie ins Auge zu fassen. Pediater (»Fußärzte«, Spezialisten für Fußoperationen) haben sich bislang geweigert, diesen Eingriff vorzunehmen, aber einige von ihnen sind durchaus einverstanden mit der weniger drastischen Maßnahme, den zweiten oder dritten Zeh zu verkürzen, indem sie ein kleines Stück Knochen entfernen. Dadurch können die betreffenden Frauen ihre neu gestalteten Füße in noch vorteilhaftere, noch winzigere Designerschuhe zwängen. Aschenbrödel lebt.

BIBLIOGRAPHIE

1. DIE EVOLUTION

Morris, Desmond: *The Human Sexes*, London: Network Books 1997.

2. DAS HAAR

Aurand, A. Monroe: *Little Known Facts about the Witches in Our Hair. Curious Lore about the Uses and Abuses of Hair throughout the World in all Ages*, Harrisburg, PA: Aurand Press 1938.

Berg, Charles: *The Unconscious Significance of Hair*, London: Allen & Unwin 1951.

Cooper, Wendy: *Hair: Sex, Society, Symbolism*, London: Aldus Books 1971.

Corson, Richard: *Fashions in Hair*, London: Peter Owen 1965.

Macfadden, Bernard: *Hair Culture*, New York: Macfadden 1939.

McCracken, Grant: *Big Hair: A Journey into the Transformation of Self*, London: Indigo 1997.

Powers, Rosemary: »The Human Form in Palaeolithic Art«, in: *Modern Geology* 19 (1994), S. 109–346.

Severn, Bill: *The Long and Short of it: Five Thousand Years of Fun and Fury over Hair*, New York: David McKay 1971.

Sieber, Roy und Frank Herreman (Hg.): *Hair in African Art and Culture: Status, Symbol and Style*, München: Prestel 2000.

Trasko, Mary: *Daring Do's: A History of Extraordinary Hair*, Paris: Flammarion 1994.

Woodforde, John: *The Strange Story of False Hair*, London: Routledge 1971.

Yates, Paula: *Blondes: A History From Their Earliest Roots*, New York: Putnam 1984.

Zemler, Charles de: *Once Over Lightly: The Story of Man and His Hair*, New York: Selbstverlag 1939.

3. DIE AUGENBRAUEN

Cosio, Robyn und Cynthia Robin: *The Eyebrow*, New York: Regan Books, 2000.

Herrera, Hayden: *Frida Kahlo: Malerin der Schmerzen, Rebellin gegen das Unabänderliche*, Bern: Scherz, 1983, Frankfurt/Main: Fischer 1987. (*Frida: A Biography of Frida Kahlo*, New York: Harper & Row 1983.)

Lavater, Johann Caspar: *Physiognomische Fragmente: Zur Beförderung der Menschenkenntnis und Menschenliebe*, 4 Bde., Leipzig 1775–1778, Zürich 1968–1970.
Parker, Nancy und Nancy Kalish: *Beautiful Brows: The Ultimate Guide to Styling, Shaping, and Maintaining Your Eyebrows*, New York: Three Rivers Press 2000.

4. DIE OHREN

Mascetti, Daniela und Amanda Triossi: *Earrings from Antiquity to the Present*, London: Thames & Hudson 1999.

5. DIE AUGEN

Argyle, Michael und Mark Cook: *Gaze and Mutual Gaze*, Cambridge: Cambridge University Press 1976.
Coss, Richard: *Mood Provoking Visual Stimuli*, Los Angeles: University of California Press 1965.
Eden, John: *The Eye Book*, New York: Viking Press 1978.
Elworthy, Frederick Thomas: *The Evil Eye*, London: John Murray 1895.
Gifford, Edward: *The Evil Eye*, New York: Macmillan 1958.
Hess, Eckhard H.: *Das sprechende Auge: Die Pupille verrät verborgene Reaktionen*, München: Kindler 1982. (*The Tell-Tale Eye*, New York: Van Nostrand Reinhold 1975.)
Maloney, Clarence: *The Evil Eye*, New York: Columbia University Press, 1976.
Potts, Albert M.: *The World's Eye*, Lexington: University Press of Kentucky 1982.
Walls, Gordon Lynn: *The Vertebrate Eye*, New York: Hafner 1967.

6. DIE NASE

Gilman, Sander L.: *Making the Body Beautiful: A Cultural History of Aesthetic Surgery*, Princeton, NJ: Princeton University Press 1999.
Glaser, Gabrielle: *The Nose: A Profile of Sex, Beauty and Survival*, New York: Simon & Schuster 2002.

7. DIE WANGEN

Baird, John F.: *Make-up*, New York: Samuel French 1930.
Bates, Brian und John Cleese: *The Human Face*, London: BBC Books 2001.
Brophy, John: *The Human Face*, London: Harrap 1945.
–: *The Human Face Reconsidered*, London: Harrap 1962.
Izard, Carroll E.: *The Face of Emotion*, New York: Appleton-Century-Crofts 1971.
Liggett, John: *The Human Face*, London: Constable 1974.
McNeill, Daniel: *Das Gesicht: Eine Kulturgeschichte*, Wien: Kremayr & Scheriau 2001, München: btb 2003 (*The Face: A Guided Tour*, Boston: Little Brown 1998.)
Picard, Max: *The Human Face*, London: Cassell 1931.

8. DIE LIPPEN

Anonym (The Bridgeman Art Gallery): *Lips in Art*, London: MQ Publications 2000.
Ragas, Meg Cohen und Karen Kozlowski: *Read My Lips: A Cultural History of Lipstick*, San Francisco: Chronicle Books 1978.

9. DER MUND

Beadnell, C. M.: *The Origin of the Kiss*, London: Watts 1942.

Blue, Adrianne: *Vom Küssen, oder Warum wir nicht voneinander lassen können*, München: dtv 1997. (*On Kissing: From the Metaphysical to the Erotic*, London: Weidenfeld & Nicolson 1996.)

Garfield, Sydney: *Teeth, Teeth, Teeth*, London: Arlington Books 1972.

Huber, Ernst: *Evolution of Facial Musculature and Facial Expression*, Baltimore: Johns Hopkins Press 1931.

Morris, Hugh: *The Art of Kissing*, London: Doubleday 1977.

Perella, Nicholas James: *The Kiss, Sacred and Profane*, Berkeley: University of California Press 1969.

Phillips, Adam: *On Kissing, Tickling and Being Bored*, London: Faber & Faber 1993.

Tabori, Lena: *Kisses*, London: Virgin 1991.

10. DER HALS

Dubin, Lois Sherr: *The History of Beads*, London: Thames & Hudson 1995.

12. DIE ARME

Comfort, Alex: *Joy of Sex. Freude am* Sex, Frankfurt/Main: Ullstein 1976. (*The Joy of Sex*, New York: Crown 1972.)

Friedel, Ricky: *The Complete Book of Hugs*, New York: Evans 1998.

Stoddart, Michael D.: *The Scented Ape: The Biology and Culture of Human Odour*, Cambridge: Cambridge University Press 1990.

Watson, Lyall: *Der Duft der Verführung*, Frankfurt/Main: Fischer 2001. (*Jacobson's Organ: And the Remarkable Nature of Smell*, London: Allen Lane 1999, New York: Norton 2000.)

13. DIE HÄNDE

Gröning, Karl: *Hände berühren, begreifen, formen*, München: Frederking & Thaler 1999.

Harrison, Ted: *Stigmata: A Medieval Mystery in a Modern Age*, New York: St. Martins Press 1994.

Lee, Linda und James Charlton: *The Hand Book: Interpreting Handshakes, Gestures, Power Signals and Sexual Signs*, Englewood Cliffs, NJ: Prentice-Hall 1980.

Morris, Desmond: *The Human Sexes*, London: Network Books 1997.

Napier, John: *Hands*, London: Allen & Unwin 1980.

Sorrell, Walter: *The Story of the Human Hand*, Indianapolis: Bobbs-Merrill 1968.

Ward, Anne u. a.: *The Ring: From Antiquity to the Twentieth Century*, London: Thames & Hudson 1981.

Wilson, Frank R.: *Die Hand: Geniestreich der Evolution*, Stuttgart: Klett-Cotta 2000. (*The Hand: How Its Development Shaped the Brain, Language and Human Culture*, New York: Pantheon Books 1998.)

14. DIE BRÜSTE

Anonym: *Breasts in Art*, London: MQ Publications 2000.
Ayalah, Daphna und Isaac J. Weinstock: *Breasts*, London: Hutchinson 1980.
Burr, Timothy: *BISBA (Burr Identification System for Breast Analysis)*, Trenton, NJ: Hercules Publishing 1965.
Holledge, James: *The Cult of the Bosom: The Ups and Downs of the Bosom Over the Ages*, Sydney: Horwitz 1966.
Latteier, Carolyn: *Breasts: The Women's Perspective on an American Obsession*, Binghamton, NY: Haworth Press 1998.
Levy, Mervyn: *The Moons of Paradise: Reflections on the Breast in Art*, London: Arthur Baker 1962.
Niemoeller, A. F.: *The Complete Guide to Bust Culture*, New York: Harvest House 1939.
Prose, Francine u. a.: *Master Breasts*, New York: Aperture Foundation 1998.
Snoop, Fabius Zachary: *From Monotremes to Madonna: A Study of the Breast in Culture and Religion*, London: John Bale 1928.
Spiegel, Maura und Lithe Sebesta: *The Breast Book: An Intimate and Curious History*, New York: Workman 2002.
Stoppard, Miriam: *The Breast Book*, New York: Penguin Books 1996.
Wilson, Robert: *Book of the Breast*, Chicago: Playboy Press 1974.
Witkowski, G. J.: *Anecdotes historiques et religieuses sur les seins*, Paris: A. Maloine 1903.
Yalom, Marilyn: *A History of the Breast*, New York: Alfred A. Knopf 1997.

15. DIE TAILLE

Bulwer, Johannes (John): *A View of the People of the Whole World*, London: William Hunt 1654.
Fontanel, Beatrice: *Support and Seduction*, New York: Harry N. Abrams 1997.
Fowler, Orson S.: *Intemperance and Tight Lacing*, New York: Fowlers & Wells 1846.
Lord, William Barry: *The Corset and the Crinoline*, London: Ward, Lock & Tyler 1868.
Moore, Doris Langley: *The Woman in Fashion*, London: Batsford 1949.
Santé, Madame de la: *The Corset Defended*, London: Carler 1865.
Steele, Valerie: *The Corset: A Cultural History*, New Haven, CT: Yale University Press 2001.
Waugh, Norah: *Corsets and Crinolines*, London: Batsford 1954.
Zilliacus, Benedict: *The Corset*, Helsinki 1963.

17. DER BAUCH

Flugel [Fluegel], John Carl: *The Psychology of Clothes*, London: Hogarth Press 1930.
Hobin, Tina: *Belly Dancing*, London: Duckworth 1982.
Laver, James: *Modesty in Dress*, London: Heinemann 1969.

18. DER RÜCKEN

Draspa, Jenny: *Bad Backs & Painful Parts*, Chester: Whitefriars 1996.
Inglis, Brian: *The Book of the Back*, London: Ebury Press 1978.

19. DAS SCHAMHAAR

Kiefer, Otto: *Kulturgeschichte Roms unter besonderer Berücksichtigung der römischen Sitten*, Berlin: Aretz 1933. (*Sexual Life in Ancient Rome*, London: Routledge 1934.)

Licht, Hans (d.i. Paul Brandt): *Lebenskultur des alten Griechenland*, Berlin: Aretz 1925. (*Sexual Life in Ancient Greece*, London: Routledge 1932, 1963.)

Manniche, Lise: *Liebe und Sexualität im alten Ägypten*, Düsseldorf: Artemis/Patmos 1988. (*Sexual Life in Ancient Egypt*, London: Kegan Paul 1987.)

20. DIE GENITALIEN

Bryk, Felix: *Circumcision in Man and Woman: Its History, Psychology and Ethnology*, New York: American Ethnological Press 1934.

Chalker, Rebecca: *The Clitoral Truth: The Secret World at Your Fingertips*, New York: Seven Stories Press 2000.

Denniston, George C. und Marilyn Fayre Milos: *Sexual Mutilations: A Human Tragedy*, New York: Plenum Press 1997.

Dingwall, Eric John: *The Girdle of Chastity*, London: Routledge 1931.

Ensler, Eve: *Die Vagina-Monologe*, Hamburg: Edition Nautilus 2000. (*The Vagina Monologues*, New York: Villard Books 1998.)

Fisher, Seymour: *The Female Orgasm*, London: Allen Lane 1973.

Frankfort, Ellen, *Vaginal Politics*, New York: Quadrangle Books 1972.

Ladas, Alice Kahn u.a.: *Der G-Spot: Das stärkste erotische Zentrum der Frau*, München: Heyne 1983. (*The G-Spot, and Other Recent Discoveries about Human Sexuality*, New York: Holt, Rinehart & Winston 1982.)

Loughlin, Marie H.: *Hymeneutics*, London: Associated University Presses 1997.

Lowry, Thomas P.: *The Classic Clitoris: Historic Contributions to Scientific Sexuality*, Chicago: Nelson-Hall 1978.

Ridley, Constance Marjorie: *The Vulva*, Philadelphia: Saunders 1975.

Salmansohn, Karen: *The Clitourist: A Guide to One of the Hottest Spots on Earth*, New York: Universe Publishing 2002.

Schwarz, Kit: *The Female Member*, London: Robson Books 1989.

Walker, Alice und Pratibha Parmar: *Warrior Marks: Female Genital Mutilation and the Sexual Blinding of Women*, New York: Harcourt Brace 1993.

Weir, Anthony und James Jerman: *Images of Lust: Sexual Carvings on Medieval Churches*, London: Batsford 1986.

21. DER PO

Aubel, Virginia (Hg.): *More Rear Views*, New York: Putnam 1984.

Hennig, Jean-Luc: *The Rear View*, London: Souvenir Press 1995.

Tosches, Nick: *Rear View*, New York: Putnam 1981.

22. DIE BEINE

Anonym: *Sheer Silk Legs*, London: J & G Trading Co. 1970.

Karan, Donna u. a.: *Beine*, Hamburg: S & L MedienContor 1998. (*The Leg*, London: Thames & Hudson 1998.)

Platinum: *Footwork*, New York: Star Distributors, 1990.

23. DIE FÜSSE

Anonym: *Foot Steps*, North Hollywood, CA: Holly Publications 1989.

Arnot, Michelle: *Foot Notes*, London: Sphere Books 1982.

Gaines, Doug (Hg.): *Kiss Foot, Lick Boot: Foot, Sox, Sneaker & Boot Worship*, San Francisco: Leyland Publications 1995.

Jackson, Beverly: *Splendid Slippers: A Thousand Years of an Erotic Tradition*, Berkeley, CA: Ten Speed Press 1997.

Levy, Howard S.: *Chinese Footbinding*, London: Neville Spearman 1966.

Vanderlinden, Kathy: *Foot: A Playful Biography*, New York: Douglas & McIntyre 2003.

Wigglesworth, Linda: *The Sway of the Golden Lotus: Chinese Costumes and Textiles*, London 1996 (Katalog der Ausstellung über eine Kollektion chinesischer Schuhe für bandagierte Füße).

ALLGEMEIN

Angier, Natalie: *Frau: Eine intime Geographie des Körpers*, München: Bertelsmann 2000. (*Woman: An Intimate Geography*, Boston: Houghton Mifflin 1999.)

Baron-Cohen, Simon: *Vom ersten Tag an anders: Das weibliche und das männliche Gehirn*, Düsseldorf: Walter Verlag 2004. (*The Essential Difference*, London: Allen Lane 2003.)

Biss, Hubert E. J.: *Atlas of the Anatomy and Physiology of the Female Human Body*, London: Baillier, Tindall & Cox 1951.

Boston Women's Health Collective: *Unser Körper, unser Leben: Handbuch von Frauen für Frauen*, Reinbek: Rowohlt, 2 Bde. 1980. (*Our Bodies, Ourselves: A Book by and for Women*, New York: Simon & Schuster 1976.)

Broby-Johansen, Rudolf: *Body and Clothes*, London: Faber & Faber 1968.

Campbell, Anne (Hg.): *The Opposite Sex: The Complete Guide to the Differences between the Sexes*, London: Ebury 1989.

Cassou, Jean und Geoffrey Grigson: *The Female Form in Painting*, London: Thames & Hudson 1953.

Comfort, Alex: *The Anxiety Makers: Some Curious Preoccupations of the Medical Profession*, London: Nelson 1967.

–: *Joy of Sex. Freude am* Sex, Frankfurt/Main: Ullstein 1976. (*The Joy of Sex*, New York: Crown 1972.)

Davis, Kathy: *Reshaping the Female Body*, New York: Routledge 1995.

Devine, Elizabeth: *Appearances: A Complete Guide to Cosmetic Surgery*, London: Piatkus, 1982.

Dickinson, Robert Latou: *Human Sex Anatomy*, Baltimore: Williams & Wilkins 1949.

Dolezal, Seemanthini Niranjana: *Gender and Space: Femininity, Sexualization and the Female Body*, New Delhi: Sage Publications 2000.
Ford, Clellan S. und Frank A. Beach: *Patterns of Sexual Behaviour*, London: Eyre & Spottiswoode 1952.
Fryer, Peter: *Mrs Grundy: Studies in English Prudery*, London: Dennis Dobson 1963.
Gabor, Mark: *The Pin-up: A Modest History*, London: Pan 1972, Köln: Taschen Verlag 1999.
Gamman, Lorraine und Merja Makinen: *Female Fetishism*, New York: New York University Press 1995.
Gardiner, Leslie E.: *Faces, Figures and Feelings*, Brighton: Burstock Courtenay Press 1971.
Garland, Madge: *The Changing Form of Fashion*, London: Dent 1970.
Ghesquiere, J. u. a.: *Human Sexual Dimorphism*, London: Taylor & Francis 1985.
Gifford-Jones, W.: *On Being A Woman*, New York: McMillan 1971.
Goldman, George D. und Donald S. Milman (Hg.): *Modern Woman: Her Psychology and Sexuality*, Springfield, IL: Charles C. Thomas 1969.
Goldstein, Laurence (Hg.): *The Female Body: Figures, Styles, Speculations*, Ann Arbor: University of Michigan Press 1991.
Goodman, W. Charisse: *The Invisible Woman: Confronting Weight Prejudice in America*, Carlsbad, CA: Gurze Books 1995.
Gröning, Karl: *Geschmückte Haut: Eine Kulturgeschichte der Körperkunst*, München: Frederking & Thaler 2001. (*Decorated Skin*, London: Thames & Hudson 1997.)
Guthrie, R. Dale: *Body Hot Spots*, New York: Van Nostrand Reinhold 1976.
Hales, Dianne: *Just Like a Woman*, London: Virago Press 1999.
Jacobus, Mary, E.F. Keller und Sally Shuttleworth (Hg.). *Body/Politics: Women and the Discourses of Science*, New York, London: Routledge 1990.
Jennings, Thomas: *The Female Figure in Movement*, New York: Watson-Guptill Publications 1971.
Katchadourian, Herant A. und Donald T. Lunde: *Biological Aspects of Human Sexuality*, New York: Holt, Rinehart & Winston 1972.
Kiefer, Otto: *Kulturgeschichte Roms unter besonderer Berücksichtigung der römischen Sitten*, Berlin: Aretz 1933. (*Sexual Life in Ancient Rome*, London: Routledge 1934.)
Kinsey, Alfred C. u. a.: *Das sexuelle Verhalten der Frau*, Frankfurt/Main: Fischer 1954, 1970. (*Sexual Behavior in the Human Female*, Philadelphia: Saunders 1953, Neuausgabe Bloomington: Indiana University Press 1999.)
Krafft-Ebing, Richard von: *Psychopathia sexualis: Eine klinisch-forensische Studie*, Stuttgart: Enke 1886, Berlin: Matthes & Seitz 1997.
Kupfermann, Jeanette: *The MsTaken Body*, London: Robson 1979.
Lang, Theo: *The Difference between a Man and a Woman*, London: Michael Joseph 1971.
Lanson, Lucienne: *From Woman to Woman: A Gynaecologist Answers Questions about You and Your Body*, New York: Alfred A. Knopf 1975.
Licht, Hans (d.i. Paul Brandt): *Lebenskultur des alten Griechenland*, Berlin: Aretz 1925. (*Sexual Life in Ancient Greece*, London: Routledge 1932, 1963.)

Lloyd, Barbara und John Archer (Hg.): *Exploring Sex Differences*, London: Academic Press 1976.
Lloyd, Charles W.: *Human Reproduction and Sexual Behaviour*, London: Kimpton 1964.
Maccoby, Eleanor E. (Hg.): *The Development of Sex Differences*, Stanford, CA: Stanford University Press 1966, London: Tavistock 1967.
Maccoby, Eleanor E.: *Psychologie der Geschlechter: Sexuelle Identität in den verschiedenen Lebensphasen*, Stuttgart: Klett-Cotta 2000. (*The Two Sexes: Growing Up Apart, Coming Together*, Cambridge, MA: Harvard University Press 1998.)
Markun, Leo: *The Mental Differences between Men and Women: Neither of the Sexes Is to an Important Extent Superior to the Other*, Girard, KS: Haldeman-Julius Publications 1927.
Masters, William H. und Virginia E. Johnson: *Die sexuelle Reaktion*, Reinbek: Rowohlt 1970 (*Human Sexual Response*, Boston: Little Brown 1966, London: Churchill 1966.)
Masters, William H., Virginia E. Johnson und Robert C. Kolodny: *Liebe und Sexualität*, Berlin: Ullstein 1987. (*Masters and Johnson on Sex and Human Loving*, Boston: Little Brown 1985.)
McDowell, Colin: *Dressed to Kill*, London: Hutchinson 1992.
Montagu, Ashley: *The Natural Superiority of Women*, London: Allen & Unwin 1954.
Moore, Doris Langley: *The Woman in Fashion*, London: Batsford 1949.
Morris, Desmond: *Der nackte Affe*, München: Droemer Knaur 1968. (*The Naked Ape*, London: Jonathan Cape 1967.)
–: *Der Menschen-Zoo*, München: Droemer Knaur 1969. (*The Human Zoo*, London: Jonathan Cape 1969.)
–: *Liebe geht durch die Haut: Die Naturgeschichte des Intimverhaltens*, München: Droemer Knaur 1972. (*Intimate Behaviour*, London: Jonathan Cape 1971.)
–: *Der Mensch, mit dem wir leben: Ein Handbuch unseres Verhaltens*, München: Droemer Knaur, 1978. (*Manwatching*, London: Jonathan Cape 1977.)
– u. a.: *Gestures*, London: Jonathan Cape 1979.
–: *The Book of Ages*, London: Jonathan Cape 1983.
–: *Körpersignale*, München: Heyne 1986. (*Bodywatching*, London: Jonathan Cape 1985.)
–: *Bodytalk: Körpersprache, Gesten und Gebärden*, München: Heyne 1995. (*Bodytalk*, London: Jonathan Cape 1994.)
–: *The Human Animal*, London: BBC Books 1994.
–: *The Human Sexes*, London: Network Books 1997.
–: *Body Guards*, Shaftesbury: Element Books 1999.
–: *Peoplewatching: The Desmond Morris Guide to Body Language*, London: Vintage 2002.
Morgan, Peggy (Hg.): *The Female Body: An Owner's Manual*, Emmaus, PA: Rodale Press 1996.
Nicholson, John: *Men and Women: How Different are They?*, New York: Oxford University Press 1993.
Parker, Elizabeth: *The Seven Ages of Woman*, Baltimore: Johns Hopkins Press 1960.

Ploss, Hermann Heinrich: *Das Weib in der Natur- und Völkerkunde. Anthropologische Studien*, Leipzig: Grieben 1885, 11. Auflage, Hg. Max und Paul Bartels Berlin: Neufeld & Henius 1927. (*Woman: An Historical, Gynaecological and Anthropological Compendium*, London: Heinemann 1935.)
Prevention Magazine: *The Female Body*, Emmaus, PA: Rodale Press 1996.
Psychology Today, Redaktion (Hg.): *The Female Experience*, Del Mar, CA 1973.
Rilly, Cheryl: *Great Moments in Sex*, New York: Three Rivers Press 1999.
Robinson, Julian: *Body Packaging: A Guide to Human Sexual Display*, Los Angeles: Elysium 1988.
St. Paige, Edward: *Zaftig: The Case for Curves*, Seattle: Darling & Co. 1999.
Sherfey, Mary Jane: *Die Potenz der Frau: Wesen und Evolution der weiblichen Sexualität*, Köln: Kiepenheuer & Witsch 1974. (*The Nature and Evolution of Female Sexuality*, New York: Random House 1972.)
Short, Roger V. und Evan Balaban (Hg.): *The Differences between the Sexes*, Cambridge: Cambridge University Press 1994.
Shorter, Edward: *Der weibliche Körper als Schicksal: Zur Sozialgeschichte der Frau*, München: Piper 1984. (*A History of Women's Bodies*, London: Allen Lane 1983.)
Siems, Andreas Karsten (Hg.), *Sexualität und Erotik in der Antike* (Wege der Forschung, 605), Darmstadt: Wiss. Buchgesellschaft 1988.
Steele, Valerie: *Fashion and Eroticism*, New York: Oxford University Press 1985.
–: *Fetisch: Mode, Sex und Macht*, Berlin: Berlin Verlag 1996. (*Fetish: Fashion, Sex and Power*, New York: Oxford University Press, 1996.)
Stewart, Lea P., Pamela Cooper und Sheryl Friedley: *Communication between the Sexes: Sex Differences and Sex-Role Stereotypes*, Scottsdale, AR: Gorsuch Scarisbrick, 1986.
Thesander, Marianne: *Wonderbra und Wespentaille: Die weibliche Silhouette im Wandel*, München: Ullstein 2001 (*The Feminine Ideal*, London: Reaktion Books 1997.)
Turner, E. S.: *A History of Courting*, London: Michael Joseph 1954.
Walker, Alexander: *Beauty in Women Analysed and Classified*, Glasgow: Thomas D. Morison 1892.
Warner, Marina: *In weiblicher Gestalt: Die Verkörperung des Wahren, Guten und Schönen*, Reinbek: Rowohlt 1989. (*Monuments and Maidens: The Allegory of the Female Form*, New York: Simon & Schuster 1985, London: Weidenfeld & Nicolson 1985, Berkeley: University of California Press 2001.)
Wildeblood, Joan: *The Polite World*, London: Davis-Poynter 1973.
Woodforde, John: *The History of Vanity*, Stroud: Alan Sutton 1995.
Wykes-Joyce, Max: *Cosmetics and Adornment: Ancient and Contemporary Usage*, New York: Philosophical Library 1961.

REGISTER

DANKSAGUNG

Den folgenden Personen möchte ich meinen besonderen Dank aussprechen: meiner Frau Ramona für ihren unaufhörlichen Zuspruch und ihre konstruktive Kritik; meinem Kollegen Clive Bromhall für viele wertvolle Diskussionen; Marcella Edwards, Caroline Michel, Dan Franklin und Ellah Allfrey von Random House für ihr sachkundiges Lektorat; sowie Nadine Bazar für ihre gewissenhafte Bildrecherche.

BILDNACHWEIS

HAAR: Seite 1 oben: Aquarius Library; unten: Perou/www.perouinc.com; Seite 2 oben: Powerstock.com/E. Bernager; unten: Magnum Photos/Ferdinando Scianna; Seite 3 oben: Gettyimages/Hulton Archives; unten: Rex Features/Still Press Agency. AUGENBRAUEN: Seite 1 oben: Rapho/Françoise Huguier; unten: Corbis/Bettmann; Seite 2 oben links: AKG Images; oben rechts: Hutchison Library/Sarah Errington; unten links: Gettyimages/Maurizio Cigognetti; unten rechts: Rex Features. OHREN: Seite 1 oben links: Rex Features/Mark Campbell; oben rechts: Robert Estall Photo Library/Carol Beckwith/Angela Fisher; unten links: Rex Features/Royal Geographical Society/C. Boulanger. AUGEN: Seite 1 oben rechts: Aquarius Library; unten links: Rex Features/Richard Jones; unten rechts: Photolibrary.com; Seite 2 oben: Colin Campbell; unten links: Topham Picturepoint/IMAS; unten rechts: Powerstock.com/Baldomero Fernandez. NASE: Seite 1 oben: Robert Estall Photo Library/Angela Beckwith/Carol Beckwith; unten: Eye Ubiquitous/Bennett Dean. WANGEN: Seite 1 oben links: Magnum Photos/Bruno Barbey; oben rechts: Robert Estall Photo Library/Carol Beckwith; unten links: Eye Ubiquitous/Frank Leather; unten rechts: Popperfoto.com. LIPPEN: Seite 1 oben links: Kobal Collection; unten links: Hutchison Library/Michael Macintyre; unten rechts: Gettyimages/Paul Chesley; Seite 2: Gettyimages/Robert Daley; Seite 3 oben links: Gettyimages/Jacques Jangoux; oben rechts: Corbis/Hulton Deutsch Collection; unten links: Rex Features. MUND: Rex Features. HALS: Seite 1 oben links: Corbis/Jeremy Horner; oben rechts: Robert Estall Photo Library; unten links: Photolibrary.com; unten rechts: Hutchison Library/Michael Macintyre. SCHULTERN: Seite 1 links: Perou/www.perouinc.com; rechts: Corbis/Pierre Vauthey. ARME: Seite 1 oben links: Rex Features; oben rechts: Hutchison Library/Michael Macintyre; unten links: Katz Pictures. HÄNDE: Seite 1 oben: Hutchison Library/Michael Macintyre; unten Topham Picturepoint/Image Works; Seite 2 Topham Picturepoint/Image Works. BRÜSTE: Seite 1 oben: Theartarchive; unten: Kobal Collection; Seite 2 oben links: Gettyimages; oben rechts: Gettyimages /Hulton Archive; unten links: Corbis Sygma/Stephane Cardinale. TAILLE: Seite 1 links: Corbis/Eric Robert; oben rechts: Mary Evans Picture Library; unten rechts: Corbis/Archivo Iconografico, S.A. HÜFTEN: Seite 1 oben: Gettyimages/Ron Chapple; unten: Topham Picturepoint. BAUCH: Seite 1 oben: Rex Features/Yael Tzur; unten: Robert Estall Photo Library/Carol Beckwith. RÜCKEN: Seite 1: Rapho/Laurent Monlau/Marie-José Crespin's jewellery ornaments, fashion stylist from Dakar, Senegal; Seite 2 links: Magnum Photos/Eve Arnold; rechts: Photolibrary.com. SCHAMHAAR: Seite 1 oben links: Rex Features; oben rechts: Magnum Photos/Thomas Hoepker; unten links: Rex Features. PO: Seite 1 oben links: Rex Features/Edward Hirst; oben rechts: Rex Features/Juergen; unten links: Rex Features; Seite 2: Katz Pictures/FSP. BEINE: Seite 1 links: Rex Features; oben rechts: Topham Picturepoint/PA; unten rechts: Topham Picturepoint. FÜSSE: Seite 1 oben: AKG Images; unten: Rex Features /SIPA Presss; Seite 2 oben: Rex Features; unten: Topham Picturepoint/PA.